이중톈 미학강의

이중톈 미학강의

이중톈 | 곽수경 옮김

김영사

이중톈 미학강의

지은이_ 이중톈
옮긴이_ 곽수경

1판 1쇄 발행_ 2009. 1. 30.
1판 7쇄 발행_ 2022. 4. 10.

발행처_ 김영사
발행인_ 고세규

등록번호_ 제406-2003-036호
등록일자_ 1979. 5. 17.

경기도 파주시 문발로 197(문발동) 우편번호 10881
마케팅부 031)955-3100, 편집부 031)955-3200, 팩스 031)955-3111

값은 뒤표지에 있습니다.
ISBN 978-89-349-3312-0 03100

홈페이지_ www.gimmyoung.com   블로그_ blog.naver.com/gybook
인스타그램_ instagram.com/gimmyoung   이메일_ bestbook@gimmyoung.com

좋은 독자가 좋은 책을 만듭니다.
김영사는 독자 여러분의 의견에 항상 귀 기울이고 있습니다.

이것은 미학에 관한 책입니다.

미학은 다양한 방식으로 이야기할 수 있습니다. 이 책에서는 '문을 부수고 들어가는 방식'을 사용했습니다. '부순다'는 비판을 의미하며, 곧 청산하거나 깨끗이 정리함을 뜻합니다. 그리고 문제를 중심으로 역사를 이야기하거나 또는 역사적으로 문제를 이야기하려고 했기 때문에, 이 책의 부제는 '미학의 문제와 역사'라고 할 수도 있습니다.

역사를 다 이야기했고, 문제도 분명하게 밝혔으며, 결론도 합리적으로 도출했습니다. 이는 문화대혁명 시기에 유행했던 "먼저 부수고 나서 그 속에서 건설한다"라는 구호와 같습니다.

그리고 강의를 하듯이 글을 쓴 것은 특별한 이유가 있는 것이 아니라 선생으로서의 습성 때문입니다.

이것으로 서문을 대신하겠습니다.

이중톈

차 례

미학의
문을
두드리다

입장권을 제공하지 않는 미학

반갑습니다.

오늘부터 미학을 강의하겠습니다. 으레 그렇듯 서론부터 시작해볼까요? '미학이란 무엇인가?'부터 말입니다. 이 문제는 아주 상투적이기도 하고 멍청하기도 해서 좀 우습군요. 지금은 이미 한물간 문제니까 말입니다. 요즘은 다들 거두절미하고 주제로 달려드는 것을 좋아하니 '원 나이트 스탠드' 같지요. 애석하게도 학문은 '원 나이트 스탠드'가 아니라 '결혼에 대한 이야기'입니다.

결혼을 이야기하려면 상대방의 집안을 잘 알아야 합니다. 이름은 뭐고, 본적은 어디고, 형제는 몇 명이나 되며, 가산은 얼마나 있는지, 뭐 그런 것들 말입니다. 그렇지 않으면 결혼을 잘못했다며 평생 후회해야 합니다. 옛말에, 남자는 직업을 잘못 선택할까 걱정하고 여자는 남편감을 잘못 고를까 걱정한다고 합니다. 물론 이건 다 옛말입니다. 지금은 그렇지 않지요. 직업을 잘못 선택했으면 업종을 바꾸면 되고 남편감을 잘못 골랐으면 재혼을 하면 되니까요. 하지만 재혼도 결국은 귀찮은 일입니다. 더군다나 학문상의 '배우자'를 잘못 선택했다면 아무도 여러분의 청춘을 보상해주지 않습니다.

학문이 어째서 '결혼에 대한 이야기'와 같을까요? 학문은 주요하게는 문화의 축적이자 계승입니다. 물론 학문 연구는 창조적이기도 해야 합니다. 하지만 축적과 계승이 우선이기 때문에 학문은 그 기초 위에서 창조를 해야 합니다. 다만 당장의 문제를 해결하기 위해서라면 기술로 충분하며 학문은 필요치 않습니다. 기술에도 축적과 계승의 문제가 존재하지만, 기술에 정통한 사람이라면 이 과정이 압축되거나 생략될 수 있습니다. 가령 컴퓨터를 사용할 때 386이든 486이든 시대에 맞게 쓰면 되는 것이지, 반드시 286부터 시작할 필요는 없는 것이나 마찬가집니다. 이것이 기술과 학문의 차이입니다. 인간에게 학문이 필요한 까닭은 인간이 문화를 가지고 있기 때문인데, 문화는 조금씩 축적되고 세대를 이어 계승되어야 합니다. 학문은 주로 이런 작업을 합니다. 그래서 학문은 '과거의 사랑'이 아닌 '영원한 사랑'을 추구해야 합니다.

여러분은 어쩌면 이렇게 얘기하고 싶을지도 모르겠습니다. "선생님, 뭐 착각하고 계신 것 아니세요? 우리는 학문이 아니라 미학을 배우려고 하는 건데요. 우리가 선생님께 미학 수업을 들으러 온 이유는 이 수업을 듣고 나면 '어디 써먹을 데가 있을까' 해서입니다. 가령 옷을 사고 여자 친구를 고르는 방법 같은 것들 말입니다. 미학을 배우면 적어도 영화를 보고 음악을 듣고 그림과 조각을 감상할 줄은 알게 되겠죠. 우리는 미학이 무엇인지를 정확하게 알 필요도 없고 미학의 내력 같은 것도 알 필요가 없습니다. 선생님께서 곧바로 결론을 우리들에게 말해주면 그걸로 됐지, 그렇게 번거롭게 할 필요가 없어요."

만약 그렇다면, 정말로 단지 옷을 사고 여자 친구를 고르는 방법을 배우기 위해서 미학을 배우려고 한다면 여러분은 여기에 있어서는 안 됩니다. 난 그런 것들은 할 줄 모르니까요. 나만 그런 것이 아니라 아마 명성이 자자한 주광첸朱光潛 같은 미학가들도 그럴 겁니다. 주광첸 선생의 사진을 한 장 본 적이 있는데, 단추도 제대로 잠그지 못했더군요. 그런 분이 어떻게 옷을 제대로 살 줄 알 것이며 여자 친구를 제대로 고를 줄 알겠습니까? 그분에게 아내가 있긴 하지만 그 점은 그분이 미학가라는 사실과 아무런 관계도 없습니다. 역사적으로 가장 위대한 미학가였던 칸트는 아내 없이 평생 독신으로 살았으며 여인이나 예술품을 감상할 줄 몰랐습니다. 여러분이 만약 칸트에게 그런 것들을 물어본다면 그야말로 장님에게 길을 물어보는 것이나 마찬가집니다.

영화를 보고 음악을 듣고 그림과 조각품을 감상하는 데에 미학이 관여하기는 합니다. 그러나 미학이 관여하는 방식은 영화학이나 음악학, 미술학과 다릅니다. 가령 어떤 그림이 잘 그려졌는지, 어디가 좋고 어디가 나쁜지 하는 것에는 기준의 문제가 존재합니다. 이런 기준들은 종종 아주 구체적입니다. 동양화의 '필묵筆墨'이 좋은 예입니다. 많은 사람들이 동양화를 볼 때는 붓의 터치와 묵의 농담을 가리키는 필묵을 잘 살펴야 한다고 주장합니다. 동양화의 주요 도구와 재료는 붓과 묵입니다. '필'에는 구鉤, 늑勒, 준皴, 점點이 있고, '묵'에는 홍烘, 염染, 파破, 적積이 있는데, 이것들은 모두 동양화를 그리는 기법입니다. 필은 형태를 잡고 묵은 음양을 나눕니다. 이렇게 동양화 특유의 시각적 형상이 만들어집니다. 그래서 동양화는 필묵을 대단히 중시합니다. 만약 여러분이 필묵을 볼 줄 안다면 어느 정도는 동양화에 정통했다고 할 수 있습니다.

그렇지만 어떤 사람은 이런 의견에 반대하며 "필묵은 영寒이다"라고 말합니다. 즉 필묵이 필요치 않다는 말이지요. 또 다른 사람은 즉각 그를 비판하며 "필묵이 없는 것이 영이다"라고 말합니다. 이렇게 해서 필묵은 학술적인 문제가 됩니다. 이 문제는 논쟁이 될 수 있으며, 당연히 논쟁을 벌여야 합니다. 그렇지만 이 문제는 미학이 아닌 미술학의 문제입니다. 미학은 이런 구체적인 문제에 관여하지 않기 때문입니다. 미학은 동양화가 필묵을 중시하는지, 서양화가 붓의 터치를 중시하는지 하는 데는 관여하지 않습니다. 심지어 색채, 선, 구도와 같은 동양화와 서양화 모두의 '공통' 문제에도 관여하지 않습니다. 미학은 이런 '소소한 일'에는 관여하지 않고 오로지 예술에 기준이 가능한지, 어떻게 가능한지 하는 근본적인 문제에만 관여할 뿐입니다. 좀 더 자세하게 말하자면, 그 근본적인 문제란 예술품을 감상하는 데 도대체 기준이 존재할 수 있는가, 존재할 수 있다면 이 기준은 어떤 원칙을 근거로 세워져야 하는가 하는 것들입니다.

다시 필묵을 가지고 이야기해보겠습니다. 앞에서 어떤 사람들은 "필묵은 영이다"라고 하고 또 어떤 사람들은 "필묵이 없는 것이 영이다"라고 한다고 말했습니다. 그들이 아무리 논쟁을 벌여도 그 문제는 미술학의 범주에 속합니다. 하지만 만약에 어떤 사람이 뛰쳐나와 "지금 당신들이 말하는 것들이 모두 영이오. 어떤 그림이 잘 그린 것인지 못 그린 것인지는 원래 특정한 규범이 없기 때문이오. 어진 사람은 어진 것을 보고 지혜로운 사람은 지혜로운 것을 본다고 했으니, 각자 느끼기에 좋으면 좋은 거고 나쁘면 나쁜 거지 기준이 어디 있겠소?"라고 했다고 합시다.

이 문제는 다 빈치의 예를 통해 살펴보겠습니다. 아, 이왕 말이 나온 김에 한마디 하자면, 이 위대한 화가의 이름은 정확하게 말하면 레오나르도 다 빈치라고 해야 합니다. '다 빈치'란 '빈치에서 왔다' 혹은 '빈치 사람'이라는 뜻이고 '레오나르도'가 그의 이름이니까요. '레오나르도 다 빈치'란 바로 '빈치에서 온 레오나르도'라는 말인데, 중국 사람들이 샹청項城 사람인 위안스카이袁世凱를 '위안샹청袁項城'이라고 부르고 난피南皮 사람인 장즈둥張之洞을 '장난피張南皮'라고 부르는 것과 비슷합니다. 당시 사람들은 다들 이렇게 불렀습니다. '피렌체에서 온 미켈란젤로'라는 식으로 말입니다. 그래서 레오나르도 다 빈치를 다 빈치라고만 부르면 잘못입니다. 레오나르도라고 부르거나 아니면 레오나르도 다 빈치라고 불러야 합니다. 다만 사람들이 이렇게 부르다 보니 굳어져서 굳이 따질 필요가 없어진 것이지요.

그러면 다시 조금 전의 그 문제로 돌아가 봅시다. 만약 어떤 사람이 예술에는 근본적으로 무슨 기준이라는 게 없고, 다 빈치의 〈모나리자〉는 엉터리라고 했다고 칩시다. 적어도 뒤샹Marcel Duchamp이 모나리자에게 수염을 그린 후에는 엉터리가 되긴 했습니다. 뒤샹은 다들 알고 있지요? 뒤샹은 프랑스의 예술가로, 다다이즘Dadaism의 거장입니다.

1919년에 뒤샹이 파리에서 인쇄된 〈모나리자〉를 한 장 산 후, 연필로 그녀의 양쪽 뺨에 위로 삐쳐 올라간 카이젤수염과 턱에 염소수염을 그린 다음에 이니셜로 제목을 붙였습니다. 그러자 그 작품은 뒤샹의 것이 되었는데, 〈L.H.O.O.Q〉 혹은 〈수염 달린 모나리자〉라고 부릅니다. 1939년에 다시 뒤샹은 단색 그림을 한 점 그렸는데, 이번에는 모나리자의 얼굴은 빼고 지난번에 그녀의 얼굴에 그렸던 수염만 그린 다음 〈L.H.O.O.Q의 카이젤수염과 염소수염〉이라고 이름을 붙였습니다. 뒤샹은 세상을 떠나기 3년 전인 1965년에 뉴욕에서 또다시 인쇄된 〈모나리자〉 한 장을 샀습니다. 이번에는 수염을 그리기조차 귀찮았는지 그냥 〈L.H.O.O.Q의 카이젤수염과 염소수염이 면도되다〉라는 제목만 붙였습니다. 그렇게 해서 뒤샹은 〈면도한 모나리자〉라는 또 한 폭의 '후세에 전해질 작품'을 '완성'했습니다.

참 우스운 이야기지요? 하지만 많은 사람들이 웃지 못했습니다. 왜냐하면 뒤샹이 모나리자의 얼굴에 카이젤수염과 염소수염을 그린 그림을 보고, 예술가들은 물론이고 우리들도 뜻밖이라거나 이상하다거나 어색하다고 느끼지 않았기 때문입니다. 카이젤수염과 염소수염은 마치 원래부터 그 여인의 얼굴에 있었던 것 같았습니다. 그래서 모든 사람들이 깜짝 놀랐습니다. 아니, 그토록 오랫동안 미녀의 기준으로 여겨지던 모나리자가 뜻밖에도 사실은 남자도 아니고 여자도 아닌 녀석에 지나지 않았던가 하고 말입니다.

그렇다면 예술에 기준이 있을까요?

사람들이 동양화에 필묵이 필요한지에 대한 문제를 가지고 논쟁을 벌이고 있을 때에는 예술의 기준 문제를 논하기 어렵습니다. 하지만 토론의 주제가 필묵이 필요한가에서 기준이 필요한가로 바뀐다면 문제의 성질도 미술학에서 미학으로 변합니다. 문제가 이미 필묵이라는 구체적인 기준에서 예술의 기준이 가능한지, 어떻게 가능한지로 바뀌었기 때문이지요. 이 문제는 이미 미술의 범위를 벗어나기 때문에 미학일 수밖에 없습니다.

이제 우리는 이미 미학이 대충 어떤 것인지 알게 되었습니다. 미학은 '문제의 문제', '기준의 기준'을 연구하는 학문입니다. 다시 말해서 미학이 연구하는 것은 예술과 심미 중에서 근본성과 보편성을 띤 문제들입니다. 예를 들면, 미학은 도시계획과 같습니다. 도시계획은 해당 도시의 규모와 인구가 얼마나 되며, 도로는 어디에 건설하고 집은 어디에 지어야 할지에 관해서만 관여합니다. 집을 어떤 식으로 지을지에 대해서는 관여하지 않습니다. 물론 이 예가 딱 들어맞는 것은 아닙니다. 도시계획은 건설하기 이전의 문제지만 미학은 예술창작 이후의 일이니까요. 그리고 도시계획은 일단 법규로 만들어지고 나면 책임을 져야 하지만 미학은 어떤 일도 관여할 수 없습니다. 예술가는 결코 미학가의 '계획'에 근거해서 창작하지 않습니다. 그들은 그야말로 자신이 좋아하는 것을, 자신이 좋아하는 방식대로 합니다. 그래서 미학은 종종 실제 상황에 맞지 않아 쓸모없다고 비판받는 중국의 도시계획보다 더욱 쓸모가 없습니다.

바로 미와 예술의 가장 추상적이면서도 가장 근본적인 문제를 연구하는 학문이기 때문에, 미학은 곧바로 예술의 전당으로 통하는 자유이용권을 제공하지 않습니다. 모두들 방금 내가 한 말에 주목해주기 바랍니다.

하나는 '곧바로'이고 또 하나는 '자유이용'입니다. 그렇다면 곧바로 통하는 입장권은 있을까요? 있습니다. 음악학, 미술학, 연극학, 무용학 같은 개별 예술학은 이런 입장권을 팝니다. 이런 개별 예술학에는 모두 얼마간의 입문서가 있고 입문 방식이 있어서, 이런 방식들을 분명하게 알면 들어갈 수 있습니다. 하지만 그런 입장권은 자유이용권이 아닙니다. 음악의 입장권을 가지고 미술의 문을 열 수 없습니다. 무용의 입장권을 가지고 연극의 문을 열 수 없으며, 심지어는 연극의 입장권을 가지고 영화의 문을 들어갈 수도 없습니다. 영화에는 연극성이 있는데도 말이지요.

음악, 미술, 연극, 무용, 영화 등등에 모두 관여하는 것은 미학과 예술학뿐입니다. 예술학은 더욱 정확하게는 일반예술학이라고 해야겠지요. 일반예술학은 각 개별 예술의 공통법칙을 거시적이고 총체적으로 연구하는 학문 분야로, 미학과 개별 예술학의 중간에 위치합니다. 이 문제를 좀더 명확하게 살펴보도록 합시다.

대체로 예술을 연구하는 학문에는 세 종류가 있습니다. 그중에서 예술실천과 가장 가까운 것은 음악학, 미술학, 연극학, 무용학, 영화학 같은 개별 예술학입니다. 이 학문들은 각각의 개별 예술을 연구하며, 자기 장르만을 연구할 뿐 다른 장르는 연구하지 않습니다. 만약 다른 장르를 연구하려면 비교연구를 합니다. 하지만 예술에는 개성이 있는 한편 공통성도 있습니다. 그렇지 않으면 어떻게 '예술'이라고 부르겠습니까? 그래서 각 예술들을 통합해서 연구하는 학문이 있는데, 그것이 바로 일반예술학입니다. 일반이란 개별이 아니며 특수가 아닙니다. 그래서 일반예술학은 개별 예술학보다 추상적입니다.

하지만 일반예술학보다 더 추상적인 것이 있습니다. 바로 미학입니다. 미학은 예술의 근본 문제를 연구하며, 예술 중의 철학 문제 혹은 철학 중의 예술 문제를 연구합니다. 일반예술학은 각 개별 예술을 한데 모아서 연구할 뿐이지만, 미학은 이들의 전체적인 특징과 전체 법칙의 총체적 근원을 연구해야 합니다. 그래서 미학은 '원예술학元藝術學'이라고 불리기도 합니다. 예를 들면, 미학은 예술이라는 회사의 이사장과 같습니다. 그는 원칙적인 문제만 처리할 뿐, 구체적인 문제나 집행에는 관여하지 않습니다. 집행은 사장의 일입니다. 사장은 일반예술학, 개별 예술학은 지사장에 해당합니다. 미학은 아무것에도 관여하지 않지만, 한편으로는 모든 것에 다 관여하기도 합니다. 미학에서 원칙이 만들어지니까요. 일반예술학과 개별 예술학에서 연구를 진행할 때는 항상 이 점을 언급해야 합니다. 이 각도에서 이야기를 한다면 미학은 최고의 '자유이용권'이기도 합니다.

하지만 '자유이용권'이기는 해도 곧바로 통하는 것이 아니기 때문에 쓸모는 없습니다. 가지고 있어도 문 하나 제대로 지날 수 없으니 아예 소용이 없지요. 더 솔직하게 말하면, 미학에서는 본래 입장권을 팔지도 않습니다. 이사장이 입장권을 파는 것을 본 적이 있습니까? 일반예술학도 입장권을 팔지 않습니다. 입장권을 파는 사장이 있습니까? 개별 예술학은 입장권을 팔기는 하지만 자기네 지사에서만 사용할 수 있는 입장권을 팔 뿐, 본사에서도 사용할 수 있는 자유이용권은 팔지 않습니다. 그래서 여러분이 아무리 예술의 전당으로 곧바로 통하는 자유이용권을 사려고 해도 그런 것은 존재하지 않습니다.

미학과 예술은 쓸모가 없다

미학의 이런 성질은 늘 사람들의 분노와 불만을 불러일으킵니다. 많은 사람들이 미학가들을 비난하며 대중이 2000~3000년 동안이나 당신들을 키워주었는데 입장권 한 장도 꺼내놓지 못하고 있으니 당신들이 무슨 쓸모가 있느냐고 말합니다.

그런 심정은 이해할 수 있습니다. 어떤 때는 나 자신조차도 수천 년간이나 연구를 하고서도 여전히 무슨 말을 하는지 모를 이 학문이 헛소리를 지껄이고 있는 게 아닐까 회의를 느끼기도 합니다. 나는 '미학으로 밥을 먹는' 숱한 사람들이 헛소리를 지껄이고 있다는 사실을 분명히 인정합니다. 나 자신도 그런지 모르지요. 그래서 종종 차라리 이놈의 미학이란 걸 없애버리고 말까 생각하기도 합니다.

하지만 그러면 또 다른 문제가 생길 겁니다. 미학을 없앨 수는 있어도 미를 없앨 수는 없으니까요. 생활은 미로 가득 차 있고 모두들 미를 사랑하지만, 미가 무엇인지 정확하게 말하기는 힘듭니다. 참으로 지혜로운 종種인 우리 인간이 '미가 무엇인가'라는 이 '최소한'의 문제조차 대답을 하지 못한다면 말이 아니겠지요? 그때는 또 누군가 미학을 하는 사람들이 어디에 있는지, 그 사람들을 찾아오라고 쑥덕거릴지도 모르겠습니다.

사실 이것이 미학의 첫 번째 역할입니다. 인류의 호기심을 만족시키고 이미 알고 있는 세계와 미지의 세계를 탐색하고자 하는 바람을 만족시키는 것 말입니다. 인류의 역사를 보면, 결코 직접적인 쓸모는 없더라도 인류의 문화를 위해서 없어서는 안 될 많은 일이 있습니다. 이런 일들에 대한 평가는 지나치게 눈앞의 이익에만 급급하면 안 됩니다. 중국인에게는 좋지 않은 전통이 하나 있는데, 바로 하늘이 무너질까 걱정하는 기杞나라 사람을 비웃는다는 것입니다. 기인지우杞人之憂, 즉 기우杞憂라는 말은 어떤 기나라 사람이 하늘이 무너지면 몸 둘 곳이 없을 것이라 걱정하여 식음을 전폐했다는 고사에서 유래한 것인데, 기나라 사람이 하늘이 무너질까봐 걱정한 것이 정말로 우스운 일일까요?

나는 그렇게 생각하지 않습니다. 적어도 하늘이 어떤 것인지를 정확하게 알지 못했을 때, 무슨 근거로 하늘이 무너지지 않으리라고 감히 확신할 수 있었을까요? 물론 하늘이 오늘은 그다지 무너질 것 같지 않고 내일도 뭐 썩 그럴 것 같지는 않습니다. 하지만 내일의 내일은? 내일의 내일 그다음의 어느 날에는 어떨까요? 실제로 천체물리학자들은 우주와 지구에 나이가 있다는 사실을 명확하게 밝혔습니다. 출생한 날이 있으니 사망할 날도 있을 겁니다. 그때는 또 어떻게 해야 할까요? 하늘이 도대체 무너질까 무너지지 않을까를 확실하게 알아봐야지, 당연히 무너지지 않을 거라고 생각할 일이 아닙니다. 하늘이 무너질까 아닐까를 확실하게 알려면 먼저 하늘이 어떤 것인지, 하늘과 땅은 또 어떤 관계가 있는지를 분명하게 알아야 합니다. 이렇게 해서 자연과학이 세워졌습니다. 자연과학의 전제는 바로 기나라 사람의 걱정입니다. 하늘이 무너질 것을 걱정한 기나라 사람이 없었다면 과학적 탐색도, 과학적 정신도 없었을 것입니다.

겉으로는 아무런 쓸모도 없어 보이는 많은 것들이 사실은 종종 가장 쓸모 있는 것이 될 수 있습니다. 예술이 그렇습니다. 예술은 그냥 보기에 아무 쓸모도 없는 것 같습니다. 고대 그리스의 철학가인 플라톤도 그림 속의 구두는 신을 수 없고 그림 속의 사과는 먹을 수 없으며, 시인이 아무리 생생하게 마술馬術을 묘사해도 막상 자신은 말을 탈 줄 모른다고 말했습니다. 예술이 무슨 쓸모가 있습니까?

한번은 저우구청周谷城과 량쓰청梁思成이 인민대회당에서 대화를 나눈 적이 있습니다. 저우구청이 량쓰청에게 "이 벽화가 무슨 쓸모가 있습니까?"라고 물었습니다. 다들 알다시피 량쓰청은 청화淸華대학교 건축과 학과장으로, 건축의 대가입니다. 그래서 다들 그분이 그 벽화의 용도를 설명해주리라 기대했습니다. 아, 그런데 량쓰청이 뜻밖에도 씨익 웃으면서 "벽면을 채워주지요"라고 하지 않겠습니까? 저우구청이 또 "이 병풍은 무슨 쓸모가 있습니까?"라고 물으니 량쓰청이 "바람을 막아주지요"라고 대답했습니다. 저우구청이 다시 "용 아홉 마리가 그려져 있는 저 구룡벽九龍壁은 또 무슨 쓸모가 있습니까?"라고 물었더니, 량쓰청은 이번에는 "액땜을 해주지요"라고 대답했더랍니다. 우습지요? 당시에 그 두 사람도 서로 마주 보며 웃었습니다. 그 의미는 아주 확실합니다. 쓸모없다는 뜻입니다.

표면적으로 보았을 때 예술이라는 이 놀이는 확실히 조금도 쓸모가 없습니다. 예술이 밥을 대신해줄 수 있습니까? 옷을 대신해줄 수 있습니까? 예술로 적을 방어하고 나라를 지킬 수 있습니까? 마르크스는 비판의 무기는 무기의 비판을 대체할 수 없고, 물질적인 것은 오직 물질로만 훼손할 수 있다고 말했습니다. 노래로 적을 쫓아버릴 수 있다는 말은 다 헛소리입니다. 예술은 기껏해야 보조적인 역할을 할 뿐이어서 아군의 사기를 북돋우거나 적군의 전투의지를 동요시킬 뿐입니다. 물론 이것도 무조건 그런 것이 아니라 초나라와 한나라가 서로 싸울 때의 사면초가四面楚歌처럼 특수한 상황이 만들어져야 가능합니다.

예술은 이처럼 아무짝에도 쓸모가 없지만 그렇다고 해서 또 아예 없어서도 안 됩니다. 이 세상에 예술이 없는 민족이 있습니까? 예술이 없는 시대가 있습니까? 예술이 없는 계급이 있습니까? 판허潘鶴의 조각품 중에 중국 공산당이 지휘했던 장정長征 길에 오른 두 홍군紅軍 전사를 형상화한 것이 있습니다. 그들은 남루한 옷을 걸치고 굶주림과 추위에 시달리면서도 피리를 불고 있는데, 피리를 부는 사람이나 듣는 사람이나 모두 피리의 가락에 취한 듯합니다. 당시는 전쟁 시기였는데도 이런 모습이었으니 평화로운 시기에는 더 말할 나위도 없이 노래하고 춤추며 아주 태평스러웠겠지요.

많은 민족이 경제는 발전하지 못하고 과학은 낙후되어 있으며 생활수준은 형편없는 상태입니다. 그러나 문자조차 없는 원시 민족도 예술은 다 가지고 있습니다. 다윈이 한번은 어떤 섬에 갔는데 그곳의 토착민들이 벌거벗은 채로 찬바람 속에서 오들오들 떨고 있었습니다. 다윈은 그들이 옷을 만들어 입을 수 있도록 자신이 가지고 있던 붉은 천을 꺼내 주었습니다. 그런데 아, 글쎄. 이 토착민들이 그 자리에서 이 붉은 천을 가늘고 기다랗게 찢어서 손과 발, 허리에다 묶고는 춤을 추기 시작하는 것이 아니겠습니까. 이 사건은 다윈의 시야를 크게 넓혀주었습니다. 그 토착민들에게는 옷이 없을 수는 있어도 예술이 없을 수는 없었으며 미가 없을 수는 없었던 것입니다. 이와 유사한 예는 아주 많습니다. 인류의 문화와 문명에서 예술은 가장 일찍 탄생했습니다. 과학이나 철학보다 훨씬 빠르며 거의 도구 다음이었습니다. 이 사실은 예술에 쓸모가 아주 많다는 것을 말해줍니다. 무슨 쓸모가 있는가 하는 것은 물론 미학이 밝혀야 할 일이지만 여기서 그것을 말하면 이야기가 초점에서 벗어나기 때문에 지금은 말할 수 없습니다.

미학에 관해서 좀 더 말해봅시다. 미학도 쓸모가 없습니다. 예술이 쓸모가 없다는 점은 이미 확인했고, 미학은 그 쓸모없는 예술로 통하는 입장권조차 만들어내지 못한다고 했으니 미학이야말로 쓸모없음의 지존이 아니겠습니까? 그런데도 만약 미학도 예술과 마찬가지로 크게 쓸모가 있다고 한다면 그것이 무엇일지 아주 궁금하지 않습니까?

먼저 미학이 무엇을 하는 것인지 말해봅시다. 한마디로 미학은 미와 예술을 연구하는 학문입니다. 인류에게는 예술이 있고 미와 미감을 포함해서 심미도 있습니다. 이 점에는 다들 이견이 없을 것입니다. 하지만 인간은 동물과 달라서 어떤 현상에 맞닥뜨리게 되면 의문을 제기합니다. 그 의문이란 크게 무엇인가, 왜인가, 어떻게 해야 하는가의 세 가지입니다. 이렇게 해서 각종 학문 분야가 탄생하게 되었습니다.

예를 들어, 어떤 사람이 하늘의 각종 천체, 즉 태양과 달과 별을 보고 저게 뭘까 의문을 가졌다고 합시다. 이렇게 해서 천문학이 생기게 되었습니다. 그는 사과가 익으면 나무에서 떨어지지만 달은 그렇지 않은 것을 보고는 왜 그런지 알고 싶어졌습니다. 이로써 물리학이 생겨났습니다. 그는 어떤 사람은 가난하고 어떤 사람은 부유하며, 어떤 때는 의식이 풍족하고 어떤 때는 통화가 팽창하는 것을 보고 어떻게 해야 하는지 알고 싶어졌습니다. 이렇게 해서 경제학이 생겼습니다. 지금 그는 생활 속에 미가 있는 것을 발견하고 미가 무엇인가를 알고 싶어졌고, 동일한 대상에 대해 어떤 사람은 아름답다고 느끼지만 어떤 사람은 그렇지 않다고 느끼며 심지어 자기 자신조차도 어떤 때는 아름답다고 느끼지만 어떤 때는 아름답지 않다고 느끼는 것을 보고는 왜 그런 것인가를 알고 싶어졌습니다. 그는 또 사람들이 모두 미를 사랑하는 것을 보고 자신도 좀 더 아름다워지고 싶어졌고, 그러려면 어떻게 해야 하는지를 알고 싶어졌습니다. 그래서 미학이 생겼습니다.

하지만 '어떻게 해야 하는가'를 알려면 '왜 그런가'를 알아야 하며 '왜 그런가'를 알려면 '무엇인가'를 알아야 합니다. 그래서 '미란 무엇인가' 하는 것이 바로 미학의 기본 문제입니다.

'미란 무엇인가' 하는 문제는 아주 간단해 보이지만 사실은 매우 어렵습니다. 고대 그리스의 철학가인 플라톤은 대화체로 된 『대히피아스편』이라는 글을 썼습니다. 거기에서 대화를 하는 두 사람 중에서 한 사람은 자신이 옳다고 여긴 그리스의 귀족 히피아스이고 다른 한 사람은 바로 플라톤의 스승이자 위대한 철학가인 소크라테스입니다. 히피아스는 거침없고 무인방자한 사람이었습니다. 그래서 소크라테스가 '미란 무엇인가' 묻자 그는 한 치의 망설임도 없이 입에서 나오는 대로, "그건 너무 쉬운 문제군요. 미란 바로 아름다운 아가씨가 아닙니까"라고 말했습니다. 소크라테스는 머리를 끄덕이며, "그래요, 그래. 아름다운 아가씨는 당연히 미가 맞지요. 그렇다면 암말은 어떤가요? 몸통에 균형이 잡히고 털빛이 반들반들 윤이 나며 날듯이 달리는 암말은 미가 아니란 말인가요?『일리아스』와 『오디세이아』에서는 신께서도 그런 암말을 찬양했다고 했는데 설마 미가 아닌 것은 아니겠지요?"라고 말했습니다. 히피아스도 고개를 끄덕이며, "맞아요, 맞아. 미는 아름다운 암말입니다"라고 말했습니다. 소크라테스가 "또 그렇다면 흙으로 빚은 항아리는 어떻습니까? 양쪽에 귀가 달렸고 2리터의 물을 담을 수 있는 아주 잘 빚은 항아리는 미가 아니란 말인가요?" 하고 물었습니다. 히피아스는 하는 수 없이 이번에도 "미는 아름다운 항아리입니다"라고 말했습니다. 소크라테스는 웃으면서, "그대가 보기에 미란 아름다운 아가씨고, 아름다운 암말이고, 아름다운 항아리라면, 존경하는 히피아스 선생, 미가 도대체 무엇이란 말이오?"라고 물었습니다.

이번에는 히피아스가 대답을 하지 못했습니다.

사실 히피아스뿐만이 아니라 우리도 사고의 방향을 바꾸지 않는다면 대답을 할 수 없습니다. 실제로 플라톤의 이 이야기는 우리에게 암시하는 바가 매우 큰데, 감각적이고 구체적인 심미 현상에서 출발하면 영원히 이 문제에 대답을 할 수가 없다는 사실입니다. 여러분은 혹시 "그럼 미가 설마 감각적 구체具體가 아니란 말인가"라고 물을지도 모릅니다. 그렇습니다. 아름다운 아가씨, 아름다운 암말, 아름다운 항아리, 아름다운 풍경, 아름다운 음악과 무용처럼 우리가 일상생활 속에서 대하는 '미'는 모두 감각적 구체입니다. 아가씨, 암말, 항아리, 풍경, 음악, 무용과 같은 이런 심미 대상은 감각적 구체일 뿐만 아니라 그것들이 가지고 있는 '미'까지도 감각적 구체입니다. 이 세상에 추상적이고 감지할 수 없는 '미'는 없습니다. 미는 개념으로 존재할 수 없습니다. 심미 대상이든 대상의 미든 미는 모두 감각적 구체입니다.

하지만 누군가 우리에게 아가씨, 암말, 항아리, 풍경, 음악, 무용의 '미'가 도대체 무엇인가를 분명하게 말하라고 한다면, 우리는 틀림없이 대답하지 못할 것입니다. 아가씨의 눈이 아름답고 암말의 털빛이 아름다우며 항아리의 모양이 아름답다고 할 수는 있지만, 미가 곧 눈, 털빛, 모양이라고 말할 수는 없습니다. 만약에 미가 곧 눈, 털빛, 모양이라고 한다면 어째서 똑같이 눈, 털빛, 모양을 가지고 있는 다른 아가씨, 다른 암말, 다른 항아리는 아름답지 않은 걸까요? 더군다나 아가씨의 눈이 아름답다고 대답을 한다면 이 문제는 이미 주제를 벗어나게 됩니다. 왜냐하면 우리가 의문을 가지는 것은 아가씨의 미가 어디에 있는지, 혹은 아가씨가 왜 아름다운가가 아니라, 아가씨의 미가 무엇인지에 관한 것이기 때문입니다.

결국 눈이라고 대답해서는 안 되지 않겠습니까? 만약 눈이라고 한다면 단순히 눈이기만 하면 될까요? 그녀의 눈을 다른 사람에게 갖다 놓는다면 어떻게 될까요? 그리고 그 아가씨의 미가 눈에 있다고 친다면, 또 눈의

미란 무엇인지 의문을 가질 수 있습니다. 어쩌면 여러분은 그녀의 눈이 크다고 대답할지도 모르지요. 하지만 그 역시 주제를 벗어나서 '무엇인가'가 아니라 '왜인가'에 대한 대답이 됩니다. 만약 백번 양보해서 그것이 '왜인가'에 대한 대답이라고 하더라도 그 답에는 문제가 있습니다. 단지 눈이 크다고 해서 다 아름다울까요? 소는 눈이 아주 큰데 왜 아름답지 않을까요?

미란 비록 눈, 털빛, 모양과 같은 감각적 구체를 벗어날 수 없지만 또 한편으로 눈, 털빛, 모양과 동일하지 않습니다. 미는 눈, 털빛, 모양과 같은 감각적이고 구체적인 대상을 초월합니다.

감각적이고 구체적인 대상을 초월한 것이 바로 추상입니다. 그리고 추상적이기 때문에 비로소 보편성을 가집니다. 아가씨, 암말, 항아리든, 풍경, 음악, 무용이든 어떤 사물도 이런 추상적이고 보편적인 성질을 가지기만 하면 미적입니다. 하지만 이런 성질을 갖지 않은 아가씨, 암말, 항아리, 풍경, 음악, 무용은 미적이지 않습니다. 아름다운지 아닌지는 전적으로 그들 혹은 그것들이 우리가 '미'라고 부르는 이런 성질이나 가치를 가질 수 있느냐 없느냐에 달려 있습니다. 그것을 가질 수 있다면 그저 항아리에 불과하더라도 아름답지만, 그렇지 못하다면 설령 공주라도 아름답지 않습니다. 아름다움과 아름답지 않음은 그 대상이 공주든 항아리든 상관이 없습니다.

아가씨, 암말, 항아리, 풍경, 음악, 무용과 같은 모든 사물에 보편적으로 사용할 수 있는 성질이나 가치는 확실히 추상적일 수밖에 없습니다. 추상적이 아니라면 만물을 망라할 수 없고 어디든지 다 들어맞을 수 없습니다. 하지만 미는 추상적이어서는 안 됩니다. 우리는 추상적인 것을 마주하게 되면 심미를 진행할 수 없기 때문입니다. 추상적인 개념 앞에서는 어떤 미감도 얻을 수 없기 때문에 이것은 미가 없다는 말이나 마찬가집니다. 한편으로 추상적인 보편일 수밖에 없으면서 다른 한편으로는 반드시 감각적 구체여야 하기 때문에 미는 모순입니다. 혹은 '미는 무엇인가'라는 말이 모순이라고 할 수 있습니다.

자, 어떻습니까? '미란 무엇인가'라는 이 문제가 간단해 보이지만 실제로는 아주 어렵지 않습니까?

철학의 칼로 예술의 수수께끼를 풀다

여기까지 듣고 나니 여러분은 벌써 좀 참기가 힘들어졌을지도 모르겠습니다. "우리는 미학을 배우면 쓸모가 있는지 없는지 알고 싶지, 미학이 공부하기 어려운지 아닌지는 알고 싶지 않습니다. 그런데 뭣 하러 우리에게 이런 것들을 말하십니까"라고 할 사람도 있을 것 같군요.

그럼 이 문제에 대해 정식으로 대답하겠습니다.

하지만 역시 좀 멀리서부터 이야기를 시작하겠습니다. 사실 그렇게 멀지도 않습니다. 내가 말하려는 대상은 바로 여러분이니까요. 아니, 그렇다고 해서 여러분이 아름다운지 아닌지를 이야기하겠다는 것이 아니라 교육에 관해서 말하려고 합니다. 여러분은 왜 대학을 다니려고 하고 왜 대학에 와서 고등교육을 받으려고 합니까? 이 문제를 분명히 하지 않고 미학이 어렵다고 말해서는 안 됩니다. 다른 어떤 학문도 반드시 쉽다고 할 수는 없습니다.

교육의 목적은 일반적으로 지식을 주고받는 것, 즉 선생은 지식을 전달해주고 학생은 지식을 받아들이는 것이라고 이야기되며, 공부를 잘하고 못하고는 축적된 지식의 양으로 평가됩니다. 그렇지 않다면 대학 입학 시험지가 그렇게 두툼하니 한 뭉치나 될 필요가 있겠습니까? 시험지는 실지로 여러분에게 '배움이 끝났으니 어디 한번 따져보자'하는 도구입니다. 너는 고등학생이잖아? 너는 초등학교를 다녔고 중고등학교를 다녔고 곧 졸업을 할 거잖아? 아주 많은 지식을 배우지 않았니? 그러니 한번 계산을 해보자고. 도대체 얼마나 많은 지식을 가지고 있는지 말이야.

그렇다면 우리는 왜 지식을 배우려고 하는 걸까요? 왜냐하면 '아는 것이 힘이다'라고 말하기 때문입니다. 하지만 중국인에게는 '아는 것이 밑천이다'라고 할 수 있겠군요. 과거에는 이런 밑천이 있었다면 공명을 도모해서 말단관직 정도는 차지하고, 처자까지 영화를 누리게 하며 조상의 이름을 떨치게 할 수 있었습니다. 지금은 이런 밑천이 있으면 어쨌든 좋은 직장을 찾을 수 있고 밥을 먹을 수 있습니다. 잘되면 빌 게이츠처럼 돈벼락을 맞을지도 모르지요. 지금은 '지식경제시대'입니다.

어쨌든 지식이 있으면 뭔가 크게 다르고, 적어도 여자 친구 앞에서 무식하게 보이지는 않을 수 있습니다. 한마디로 말해서, 교육의 목적은 지식이고 지식은 유용한 것으로 간주됩니다. 지금 대학에서는 유용한 지식을 전달하지 않는 강좌에 수강생이 매우 적은 현상이 나타나고 있습니다. 우리 이 강좌에 학생들이 이렇게 많은 이유는 미학을 배우면 옷을 잘 사고 여자 친구를 잘 고를 줄 알게 될 것이라고 오해했기 때문입니다. 그런데 막상 와보니 그런 게 아니라서 사기를 당했다는 사실을 알게 되었겠지요.

이런 식으로 유용함만을 추구하는 것은 교육의 본래 목적에서 아주 동떨어진 것입니다. 교육의 본래 목적은 인간의 전면적이고 자유로운 발전입니다. 전면적이고 자유롭게 발전을 하기 위해서는 공부를 하고 나면 어떤 쓸모가 있을까만을 생각해서는 안 됩니다. 쓸모가 없어 보이는 지식도 배워야 합니다. 쓸모 있는 것도 배우고 쓸모가 없어 보이는 것도 배워야만 전면적이고 풍부하며 자유로울 수 있게 됩니다. 오직 '쓸모 있는' 것만 배우고 '쓸모없는' 것은 배우지 않는다면 장차 기형적인 사람, 하나의 도구에 불과하게 됩니다.

지금 우리의 교육은 지나치게 실용적 이성과 도구적 이성을 중시하고 '전문 인재' 양성을 강조해서, 결국 많은 사람들이 전공에 관련된 것 이외에는 아무것도 알지 못한다는 심각한 문제점을 가지고 있습니다. 물론 나는 전공을 제대로 공부하는 것을 반대하지 않지만, 전면적이고 자유로운 발전을 더욱 주장하며 먼저 진정한 사람이 되라고 더욱 주장합니다. 만약에 사람이 사람이 아니라면 어떻게 인재가 될 수 있겠습니까? 기껏해야 도끼나 컴퓨터 같은 도구에 지나지 않을 것입니다. 하물며 실용적 공리의 입장에서 본다고 할지라도 교육을 오직 쓸모 있는 지식의 수용이라고 보는 데는 역시 문제가 있습니다. 인류의 지식은 큰 바다처럼 넓어서 아무도 끝까지 다 섭렵할 수 없기 때문입니다. 가장 쓸모 있는 학문만을 골랐다고 치더라도 수업에서 다 이야기할 수 없을 것이며, 실제로 사용해야 할 때에도 여전히 부족할 것입니다. 이것이 바로 첫 번째 측면입니다.

두 번째, 교육은 결코 지식의 전수와는 다르며, 지식이 많을수록 좋다는 말과는 더욱 다릅니다. '지식이 많을수록 반동적이다'는 말은 물론 잘못입니다. 하지만 '지식이 많을수록 총명하다'라고도 볼 수 없습니다. 지식이 많아도 멍청한 사람이 있습니다. 실제로 어떤 사람이 많은 지식을 가지고 있는 경우, 그 사람이 열심히 노력했다는 것은 증명할 수 있지만 그 사람이 총명하다는 것은 증명할 수 없습니다. 물론 지식이 많은데 지능지수가 아주 낮을 수는 없겠지요. 하지만 나는 여러분에게 "만 권의 책을 읽고 나니 붓을 들면 신이 들린 듯 글이 써졌다"라는 말은 기만이라는 점을 알려주고 싶습니다. 책을 많이 읽으면 책벌레가 되지, 어떻게 '신이 들린 듯 글을 쓸' 수 있을까요? 국수도 제대로 삶을 줄 모를 텐데 어디 글을 쓰겠습니까? '신이 들린 듯 글을 쓰는' 사람들은 원래 그런 재능이 있었는데 다만 '만 권의 책을 읽고' 나자 '호랑이가 날개를 단 것처럼' 능력을 꽃피우게 되었을 뿐입니다. 만약 원래 멍청이였다면 날개를 달아줘 봤자 소용이 없습니다. '멍청이가 날개를 단 것 같다'라는 말을 들어본 적이 있습니까?

그래서 단순한 지식 주입은 결코 좋은 교육이 아닙니다.

좋은 교육은 당연히 방법의 전수, 즉 지식을 획득하고 지식을 사용하는 방법을 전수하는 것입니다. 이는 두 종류의 사람에 비유할 수 있습니다. 여러분에게 한 사람은 금은보화를 한 보따리 안겨주고, 또 한 사람은 보물창고를 여는 열쇠를 주면서 문을 여는 방법을 가르쳐준다면, 여러분은 어느 쪽을 선택하겠습니까? 그래서 나는 교육이 적어도 프로그램을 복제하는 것이어야지, 오직 데이터만 입력하는 것이어서는 안 된다고 말합니다. 지식은 데이터에 비유할 수 있고, 방법은 프로그램에 비유할 수 있습니다.

데이터의 입력에는 끝이 없습니다. 게다가 아무리 많이 입력해도 데이터는 프로그램이 없으면 연산을 할 수 없으니 쓰레기나 마찬가지입니다. 나는 이런 학자들을 많이 알고 있는데, 그들은 지식으로 이야기하자면 정말 하늘에 대해서는 절반을 알고 땅에 대해서는 모든 것을 알고 있을 정도로 엄청나지만 아무런 연구 성과도 내지 못합니다. 그들에게 지식은 프로그램 없이 그저 뒤죽박죽 쌓여 있는 데이터이기 때문입니다. 이런 사람은 왕쉬王朔의 말을 빌리면 "아는 것만 많은 인간"이고, 내 식으로 표현하면 '쓰레기통'입니다. 쓰레기통 안에 쓰레기(지식)가 많을수록 그가 쓰레기통이라는 사실을 증명할 수 있을 뿐입니다.

하지만 교육의 가장 높은 경지는 방법을 전수하는 것이 아니라 지혜를 깨우쳐주는 것입니다. 만약 지식의 전수를 데이터 입력에 비유하고, 방법의 전수를 프로그램 복제에 비유한다면, 지혜를 깨우쳐주는 것은 프로그램 설계에 비유할 수 있습니다. 달리 말하면, 여러분에게 프로그램 설계를 가르치면 적어도 프로그램을 자동으로 복제하고 데이터를 얻을 수 있어야 한다는 말입니다.

지혜가 생기면 지식이 없어도 지식을 얻을 수 있으며, 방법이 없어도 방법을 배울 줄 알게 됩니다. 게다가 지혜를 가진 사람은 어떤 지식을 얻었고 어떤 방법을 사용할 줄 알게 되었는지를 막론하고 그것들을 자유자재로 운용할 수 있습니다. 프로그램 설계자에게 프로그램이 없을 수 없는 것처럼, 지혜를 가지고 있는 사람에게 방법이 없을 수 없습니다. 반대로 지혜가 없다면 그의 컴퓨터 활용 능력에는 한계가 있게 됩니다. 그는 현행 프로그램 안에서만 연산을 할 수 있을 테니까요. 방법조차 없다면 고작해야 콤팩트디스크CD 한 장을 계산할 수 있을 뿐이니 컴퓨터라고 할 수도 없습니다. 이렇게 보면 방법과 지혜가 더욱 중요하지 않습니까?

미학의 진정한 의의는 지혜를 깨우치는 데 있습니다. 미학에는 당연히 많은 지식이 있지만 우리가 앞에서 말했던 것처럼 이런 지식들은 아무런 쓸모도 없습니다. 미학은 우리가 옷을 사고 여자 친구를 고르는 것을 도와주지 못할 뿐만 아니라, 심지어 예술 감상도 도와줄 수가 없어 정말 텅 빈 이름뿐이니 '미학'이라는 이름이 아까울 따름입니다. 실제로 이런 지식들과 데이터들은 그것의 프로그램을 운용하는 데만 역할을 할 뿐입니다. 그래서 데이터가 아니라 프로그램이야말로 미학의 정수입니다.

그렇다면 미학을 연구하려는 것도 아닌데 미학의 프로그램이 우리에게 무슨 쓸모가 있을까요? 겉으로는 아무런 쓸모도 없어 보입니다. 하지만 앞에서 말했듯이 아무런 쓸모가 없어 보이는 것에도 분명히 쓸모가 있습니다. 미학의 큰 쓸모란 바로 지혜를 깨우쳐준다는 것입니다. 미학의 프로그램은 본질적으로 철학에 속하기 때문입니다. 지금 여러분 중 많은 사람들은 머리가 아파오기 시작했을 것이고, 어떤 학생들은 벌써 머리가 복잡해져서 두 배는 커졌을 것입니다. "뭐라고? 철학이라고? 나는 또 미에 관해 배우는 학문인가 생각했더니. 한나절을 주무르고는 그거라니. 일찍 좀 말해주시죠"라고 말하고 싶지요?

미안하지만 그럴 수는 없습니다. 그랬다면 여러분은 벌써 죄다 도망을 가고 말았을 테니까요. 그렇습니다. 많은 사람들의 눈에 철학은 무미건조하고 보기 싫고 보기만 해도 두려운, 혹은 보기만 해도 혐오스러운 것일 겁니다. 많은 철학 책과 철학 수업이 확실히 이런 느낌을 준다는 사실을 인정합니다. 하지만 나는 이것이 철학 자체의 성질도 철학 자신의 잘못도 아닌 일부 철학장이들의 문제라는 사실을 분명하게 말하고자 합니다. 그들은 철학을 지식으로 바꾸고 데이터로 바꾸었지만, 그 지식과 데이터는 쓸모가 없기 때문입니다. 이렇게 해서 아주 많은 사람들이 철학을 배우고 싶어 하지 않게 되었습니다.

하지만 예술 방면의 지식 같은 어떤 지식들은 비록 쓸모는 없지만 재미있습니다. 그리고 철학은 수학과 마찬가지로 그 재미가 지식이 아니라 방법에 있습니다. 프로그램을 삭제해버리면 무미건조하고 재미없는 데이터만 잔뜩 남게 될 텐데 어떻게 싫증이 나지 않을 수 있겠습니까? 더욱 끔찍한 것은 이른바 철학의 존엄이나 신성성神聖性을 지키기 위해 그들이 신장新疆 투르판吐魯番에서 출토된 미이라처럼 엄숙한 표정을 짓자, 철학이 더욱 두려운 것이 된 일입니다. 무미건조하고 난해하며 재미도 없으면서 쓸모도 없으니 누가 배우려고 하겠습니까?

하지만 이것은 철학의 본모습이 아니며 철학의 본모습이어서도 안 됩니다. 철학의 본래의 의미는 '지혜를 사랑하는 것'입니다. 철학에서 가장 중요한 것은 사랑하는 마음으로, 세계, 인생, 진리 그리고 지혜에 대한 사랑입니다. 사랑이 설마 무미건조하고 보기 싫고 보기만 해도 두렵거나 혐오스러운 것일까요? 하물며 철학의 사랑은 다름이 아니라 바로 지혜인데도 말입니다. 지혜가 설마 무미건조하고 보기 싫고 보기만 해도 두렵거나 혐오스러운 것은 아니겠지요?

그래서 나는 지혜도 없고 지혜를 사랑하지도 않는 사람들은 철학을 이야기할 자격이 없다고 생각합니다.

미학이 무미건조하고 보기 싫은 것이어서는 더더욱 안 됩니다. 미학은 지혜를 사랑할 뿐만 아니라 미와 예술에 관한 지혜를 사랑하기 때문입니다. 지혜에 사랑을 더하고 다시 미와 예술을 더했는데도 무미건조하고 보기 싫고 보기만 해도 두렵거나 혐오스럽지는 않겠지요?

그렇다면 왜 미학도 사람들에게 철학과 같은 인상을 줄까요? 여기에는 앞에서 말한 원인 외에 한 가지 원인이 더 있습니다. 바로 많은 사람들이 미학의 진정한 의의가 지혜를 깨우치는 데 있다는 것을 의식하지 못하기 때문입니다. 우리는 어떤 학문이 일단 강의실에서 강의할 수 있는 학문 분야가 되고 나면, 약간 CD처럼 되어버린다는 사실을 알고 있습니다. 미학이라는 이 CD에는 세 가지 내용이 담겨져 있습니다. 첫째는 데이터고 둘째는 프로그램이며 셋째는 프로그램에 관한 프로그램입니다. 하지만 우리들은 뒤의 이 두 가지 내용이야말로 미학의 정수라는 사실을 의식하지 못하기 때문에 이 CD를 복제할 때 종종 첫 번째 내용만을 복제합니다. 학생들은 이 부분만 요구할 줄 알고 선생도 종종 이 부분만 주는 걸 알 뿐입니다.

한비자韓非子가 말한 고사 중에 초楚나라 사람이 화려하게 장식한 목란 상자에 진주를 넣어서 정鄭나라로 팔러 갔는데 상자가 예쁘다고 생각한 정나라 사람이 상자만 사고 진주는 돌려주었다는 이야기가 있습니다. CD를 복제할 때 데이터만 복제하는 것은 결국 자연스레 한비자가 말한 그 고사처럼 겉모습에만 혹해서 상자만 사고 정작 귀중한 구슬은 돌려주는 꼴이 됩니다. 게다가 그 '상자'는 보기는 좋지만 쓸모는 없는 것입니다.

아니, 아니, 쓸모가 없는 데다 보기도 좋지 않습니다.

하지만 미학은 이래서는 안 됩니다. 펑유란馮友蘭은 왜 철학을 배워야 하는지에 대해, 인간이 철학을 원하는 이유는 스스로 만족하며 살기 위함이라고 말한 적이 있습니다. 우리도 그 말을 흉내 내어, 인간이 미학을 원하는 이유는 스스로 만족하면서도 마음 편하게 살기 위해서라고 할 수 있습니다. 나는 미학이 철학의 검劍을 사용해서 예술의 수수께끼를 푼다고 말합니다. 그러려면 지혜도 있어야 하고 경험도 있어야 합니다. 지혜는 철학에서 나오고 경험은 예술에서 나오며, 그것들은 미학에 집약되어 있습니다. 만약 어떤 사람에게 지혜도 있고 경험도 있다면 그의 학문은 무미건조하고 보기 싫은 것이어서는 안 됩니다. 그 사람 자체도 아주 재미있는 사람이어야 합니다. 여러분은 그런 사람이 되고 싶지 않습니까?

그런 수준까지는 도달하지 못한다 하더라도 미학은 적어도 우리들을 조금은 똑똑하게 만들어줄 수 있습니다. 미학의 기본 문제를 해결하는 일은 아주 어렵기 때문입니다. 그 자체가 바로 일종의 도전이며 단련이기도 합니다. 옛사람들은 마치 옥돌을 깎고 다듬고 쪼고 갈아서 좋은 옥을 만들어내듯이 온 힘을 쏟아 공부해야 한다는 의미로 절차탁마切磋琢磨란 말을 했습니다. 미학은 바로 가장 좋은 숫돌입니다. 그 자체는 칼이 아니라서 고기를 자를 수 없지만, 여러분의 칼을 날카롭게 갈아줄 수 있어서 여러분이 아주 잘 사용할 수 있도록 해줍니다.

이것으로 나는 하려던 말을 다 했습니다. 이제 선택은 여러분이 하기 바랍니다. 데이터를 원하는 사람은 지금 나가도 좋습니다. 이런 데이터는 아무런 쓸모가 없고 내 손에는 칼도 없기 때문입니다. 하지만 프로그램이나 숫돌을 원하는 사람은 계속 남아서 내 강의를 듣기 바랍니다.

미학은 곧 미학사, 미학사는 곧 미학

지금 여기에 남아 있는 사람들은 모두 프로그램을 원하는 사람들이지요? 자, 그러면 지금부터는 지혜란 무엇인가에 대해 말하겠습니다.

지혜란 무엇일까요? 지혜는 지식과 다릅니다. 지식은 사물과 관련이 있고 지혜는 인생과 관련이 있습니다. 지식은 사회에 속하고 지혜는 개인에 속합니다. 지식은 전수될 수 있지만 지혜는 넘겨줄 수 없습니다. 이것은 컴퓨터와 마음의 차이기도 합니다. 컴퓨터 안에 있는 프로그램은 복제할 수 있지만 사람 마음속에 있는 지혜는 영원히 그 사람 자신에게만 속합니다.

그럼 여러분이 여기 있어봤자 소용없다는 말과 뭐가 다르겠습니까? 그래서 여러분은 이렇게 말하고 싶을지도 모르겠군요. "지혜가 전수될 수 없는 것이라면 선생님이 지혜를 가지고 있어도 우리에게 전수할 수 없는 데다가 하물며 선생님에게 지혜가 있는지 없는지도 모르는데 우리가 계속 여기에 앉아서 무엇을 하겠습니까? 빨리 수업을 마칩시다."

하지만 잠깐만 기다려보세요. 그래도 아직은 해줄 말이 좀 있습니다. 지혜는 비록 넘겨줄 수는 없지만 깨우치게 해줄 수는 있습니다. 더구나 철학은 결코 지혜 그 자체가 아니라 지혜에 대한 사랑입니다. '지혜의 학문'이 아니라 '지혜를 사랑하는 학문'입니다. 사랑은 생겨나게 할 수 있습니다. 어떤 사람이 지혜에 대한 사랑을 가지고 있다면 다른 사람에게도 똑같이 그 사랑이 생겨나게 할 수 있습니다. 그리고 미학은 지혜에 대한 사랑일 뿐 아니라 미와 예술에 관한 지혜에 대한 사랑입니다.

더군다나 지혜는 깨우칠 수 있습니다. 그 방법은 바로 지혜를 펼쳐놓는 겁니다. 구체적으로 미학의 경우라면 역사적으로 진정한 미학가들의 지혜를 모두 펼쳐놓아야 합니다. 미학의 문제는 아주 어려울지도 모릅니다. 하지만 2000~3000년 동안 역사상의 진정한 미학가들이 이 어려운 문제들을 해결하기 위해 얼마나 많은 지혜를 짜냈겠습니까? 이런 지혜들을 모두 펼쳐놓는다면 설마 우리가 그 속에서 시사점과 계발을 얻지 못하겠습니까?

미학의 진정한 의의는 이와 같은 시사점과 계발에 있습니다. 그 이유는 첫째, 미학이라는 이 CD에 아주 많은 데이터가 있다고 하더라도 이 데이터는 쓸모가 없기 때문에 마음대로 미와 예술의 전당을 출입하는 입장권으로 볼 수 없습니다. 둘째, 이 데이터는 심지어 데이터가 아니기도 합니다. 역사적으로 미학가들이 비록 '미란 무엇인가'에 대해 대답을 내놓기는 했지만, 그 대답들이 미학의 모든 문제를 한 방에 다 날려버리지도 못했고 사람들의 공인도 얻지 못한 데다, 공인을 얻었다 하더라도 입장권으로 간주할 수는 없기 때문에 단지 '데이터가 아닌 데이터'라고 할 수 있을 뿐입니다.

가치가 있는 것은 이들 데이터의 배후에 숨어 있는 프로그램, 다시 말해서 미학가들이 각자의 결론을 얻기 위해 사용한 사유 패턴과 사상 방법입니다. 실제로 진정한 사상가들은 결론을 그다지 중시하지 않았습니다. 마르크스는 철학은 결코 사람들에게 결론을 믿을 것을 요구하지 않으며 다만 풀리지 않는 의혹덩어리를 검증해주기를 요구할 뿐이라고 했습니다. 철학가인 저우궈핑周國平은 『시인철학가詩人哲學家』의 서문인 「철학의 매력哲學的魅力」에서 훌륭한 철학가는 결코 사람들에게 이미 만들어진 답안을 제공하지 않는다고 정확하게 설명했습니다.

그런 답안은 없습니다. 진정한 철학가는 위대한 문제 제기자의 역할을 할 뿐입니다. 그들은 우선 근본적인 문제들을 제기한 다음에 전심전력으로 거기에 뛰어들어 지칠 줄도 모르고 사고함으로써 우리들이 사고하고 탐색할 수 있도록 계발해주고 이끌어줍니다. 그가 해답을 찾았는지 못 찾았는지는 결코 중요하지 않습니다. 그들이 자신의 결론을 가지고 있지 않다는 말이 아니라 다만 문제가 결론보다 더 중요하다는 말입니다. 결론은 시대착오적일 수 있지만 문제는 영원히 변함없이 존재합니다. 게다가 문제 제기와 해결만이 지혜를 깨우칠 수 있지, 결론은 아무런 쓸모가 없습니다.

이는 또한 인문학과 자연과학, 사회과학의 차이이기도 합니다. 학술 연구에는 두 종류가 있습니다. 하나는 과학적 연구고 하나는 비과학적 연구입니다. 자연과학은 가장 전형적인 과학적 연구고 사회과학은 비전형적인 과학적 연구입니다. 그리고 철학, 미학, 문학예술에 대한 연구, 즉 문학과 예술학은 모두 비과학적 연구입니다.

과학적 연구와 비과학적 연구의 가장 중요한 차이는 과학적 연구의 결론은 증명, 즉 사실이든 거짓이든 증명해야 한다는 데에 있습니다. 사실로 증명되는 것을 진리라고 하고 거짓으로 증명되는 것을 오류라고 하며 증명되지 않은 것은 가설이라고 합니다. 과학적 연구의 결론은 모두 가설에서 시작됩니다. 그래서 증명해야 합니다. 일단 증명이 되고 나면 그 결론은 진리로서 인정을 받거나 오류로서 역사 무대에서 퇴출되는 두 가지 출로만을 가질 뿐입니다. 그래서 과학은 시대착오적일 수 있습니다. 가령 천동설은 오류로 증명된 이후에는 다시는 과학 지식으로 전수되지 못하고 잘못된 예로서만 인용됩니다.

여기에서 우리는 반드시 두 가지를 설명해야 합니다. 첫째, 어떤 결론이 설령 오류로 증명되었다고 하더라도 그것이 정말로 확실하게 증명되었다면 그 연구 과정 또한 과학적 연구가 될 수 있습니다. 과학은 정확함과는 다르고 다만 실증과 같습니다. 충분히 실증할 수 있기만 하다면 과학적 연구입니다. 천동설과 에테르설이 그렇습니다. 에테르설이란 천체 사이가 에테르라고 하는 어떤 물질로 가득 차 있다고 여기는 생각입니다. 지금 이 가설은 거짓으로 증명되었습니다. 천체 사이는 에테르로 차 있는 상태가 아니라 진공입니다. 또한 태양이 지구를 중심으로 도는 것이 아니라 지구가 태양을 중심으로 돌고 있습니다. 하지만 충분히 증명되었기 때문에 천동설과 에테르설은 여전히 과학적 연구입니다. 물론 과학적 연구의 결론은 즉각적으로 증명되지 않지만, 논리적으로 증명할 수 있는 것이기만 하다면 언젠가는 충분히 증명될 수 있으며 그렇게 되면 그것은 곧 과학적 연구가 됩니다. 이것이 둘째입니다.

비과학적 연구는 그와 반대입니다. 비과학적 연구의 결론은 사실로 증명될 수 없을 뿐만 아니라 거짓으로 증명될 수도 없습니다. 지금도 할 수 없고 미래에도 할 수 없으며 그 언젠가도 할 수 없습니다. 예를 들어 사람의 본성은 본래 선하다거나 악하다는 것을 어떻게 증명할 수 있겠습니까? 『홍루몽紅樓夢』의 주제가 무엇인지를 무슨 수로 증명하겠습니까? 『홍루몽』의 작가라고 여겨지는 조설근曹雪芹을 지하에서 불러내서 물어볼까요? 하물며 그가 『홍루몽』의 작가인지조차도 확실치 않은데 말입니다. 그리고 작가가 누구인지 정확하게 밝혀졌거나 작가 본인이 살아 있다고 하더라도 쓸모가 없습니다. 왜냐하면 작가도 진실을 말하지 않을 테니까요. 작가 중에는 속내를 감추고 거드름을 피우며 쇼를 하는 사람이 적지 않습니다.

더욱 중요한 것은 비과학적 연구의 결론은 반드시 사실이나 거짓을 증명해야 할 필요가 없다는 점입니다. 인문학의 임무는 결론이 아니라 문제 제기니까요. 사상가에게는 문제가 결론보다 훨씬 중요합니다. 결론은 증명될 수 없지만, 문제는 지혜를 깨우치고 사상을 연마할 수 있게 하기 때문입니다.

역사적으로 진정한 미학가는 위대한 문제 제기자였습니다. 그들은 부단히 문제를 제기하고 부단히 그 문제들을 해결했습니다. 왜냐하면 '미란 무엇인가'와 같은 문제는 사실 '최종 답안'이 없기 때문입니다. 그러므로 저마다 부분적으로 이 해답에 다가갈 수 있을 뿐이지, 이 해답을 완벽하게 규명할 수는 없습니다. 각각의 미학가들이 얻은 결론에는 저마다 문제가 있습니다. 그래서 후대 사람들은 당연히 그에게 질문을 하려고 합니다. 그렇게 해서 새로운 문제가 제기됩니다. 이들 새로운 문제들은 또 해결이 되어야 하기 때문에 해답이 나오고, 이 해답들은 또 더욱 새로운 문제를 낳아 누군가의 질문과 해결을 기다립니다. 그렇게 해서 미학의 전체 역사가 구성되었고 미학이 구성되었습니다.

미학이 일련의 문제 제기와 해답으로 구성되어 있다는 말은 미학이 곧 미학사라는 말과 같습니다. 이 관점에 동의하지 않는 사람도 있을 것입니다. 사실 대부분의 대학에서는 미학 원리와 미학사를 각각 다른 과목으로 분리 개설하고 있습니다. 원리는 원리이고 사史는 사입니다. 하지만 나는 '미학 원리'라는 것에 대해 줄곧 의문을 가져왔습니다. 미학 원리? 역사적으로 정말 많은 미학 원리가 있습니다. 소크라테스와 플라톤에서 칸트와 헤겔에 이르기까지, 저마다의 학설이 있는데 대학에서는 다들 어떤 미학 원리를 강의하는 걸까요?

대학에서는 물론 서양의 미학 원리가 아니라 중국의 미학 원리를 강의하려고 할 것입니다. 하지만 중국의 미학가도 제각각입니다. 차이이蔡儀

파도 있고 주광첸파도 있고 리쩌허우李澤厚파도 있으며 뤼잉呂燊과 가오얼타이高爾泰파도 있습니다. 이 파들은 전통적인 4대 유파고 지금은 또 후실천미학後實踐美學과 같은 많은 새로운 유파들이 생겼습니다. 이들 유파의 관점은 첨예하게 대립해서 함께 거론하는 것 자체가 불가능한데 어떤 유파를 강의해야 하는 걸까요? 당연히 대학에서의 미학 원리란 어느 하나만을 강의해서는 안 되며 교재도 그런 식으로 편찬해서는 안 됩니다. 교재, 특히 이른바 '전국에서 통일적으로 사용하는 교재'는 '공정'해야 하기 때문에 어떤 한 유파 쪽에 엉덩이를 붙이고 앉아 있어서는 안 됩니다.

그러다 보니 결국 미학 원리는 으레 그러려니 하는 사이비 같은 것이 되고 맙니다. 이런 교재를 가지고 미학을 이야기하는 것은 학생들을 망치는 일입니다. 그래서 대학원생이 입학하면 나는 그들에게 내 첫 번째 임무는 그들의 머릿속에 있는 하드웨어를 포맷하는 것이라고 말합니다. 하지만 그 일은 종종 아주 힘이 들고 효과는 미미하기 짝이 없습니다. 그들의 하드웨어는 문서 작성이 된 뒤 읽기 전용으로 변해버린 것 같습니다. 내가 어떤 프로그램을 깔고 어떤 데이터를 입력하든지 간에, 자신이 원래 가지고 있던 그 프로그램에 따라 이해하고 연산을 하니 결국은 뒤죽박죽이 되어버립니다. 그래서 나는 어떤 때는 차라리 아무 책도 읽어본 적은 없지만 이해가 빠른 학생을 받기를 원하는데, 백지 상태가 직접 이론 훈련과 사유 훈련을 시키기에 훨씬 좋기 때문입니다.

물론 미학사만 강의를 하고 미학 원리를 이야기하지 않아도 문제입니다. 이렇게 말하면 모두들 이상하다고 생각할 것입니다. 원리를 빼고 역사만 강의하는 데는 없으니까요. 철학과에서도 철학 원리가 선두에 서 있고 그다음이 중국철학, 서양철학, 중국철학사, 서양철학사입니다. 중국철학과 서양철학은 철학과 학생들만 배우고 철학 원리는 전교생이 모두 배워야 합니다. 일반 사람들의 인식 속에서 무슨 무슨 사史는 다소 '전문'적인 것이고, 무슨 무슨 원리나 개론은 모두가 수강할 수 있는 것임을 알 수 있습니다. 게다가 미학사라는 말은 듣는 즉시 옷을 사고 여자 친구를 고르는 것과는 무관하다는 것을 알 수 있어, 틀림없이 들으려고 하는 학생이 거의 없겠지요. '미학 개론'이라고 이름을 붙이면 일부 학생들을 속여서 듣게 할 수 있습니다.

그래서 나는 절충안을 생각해냈는데, 미학 원리와 미학사를 하나로 묶어 '미학의 문제와 역사'라고 하고 강의하는 것입니다. 사람들을 속이기 위해 이 이름을 쓰지 않고 계속 '미학 원리'라고 하면서 실제로는 '미학의 문제와 역사'를 강의하는 겁니다. 적의 관심을 엉뚱한 곳으로 돌려놓고 기습을 하는 식이거나 아니면 쇠머리를 걸어놓고 돼지고기를 파는 식입니다. 아니, 아닙니다. 돼지머리를 걸어놓고 쇠고기를 파는 것이지요.

이처럼 내가 생각해낸 방식대로 하는 것은 전혀 어렵지 않습니다. 어렵지 않을 뿐만 아니라 불변의 진리이기도 합니다. 미학이 곧 미학사고 미학사가 곧 미학이기 때문입니다. 이것은 미학이라는 이 학문 분야의 특수성으로 결정된 것입니다. 헤겔이 철학과 철학사의 관계를 강의할 때, 철학사는 결코 죽은 사람의 뼈가 잔뜩 쌓여 있는 전쟁터가 아니다. 그와는 꼭 반대로 각각의 철학은 일찍이 그랬고 또 여전히 그런 것은 필연적이라고 했습니다. 헤겔의 말처럼 이전 시대 철학의 성과 위에 새로운 시대의 철학이 발전하는 형태를 띠었기 때문에 어떤 철학도 소멸되지 않았던 것입니다. 모든 철학 유파는 총체의 한 부분, 하나의 고리로서 철학 속에 긍정적으로 보존됩니다. 그가 원래 했던 말은 대충 이런 뜻입니다. 바꿔 말하면, 각각의 철학의 관점은 모두 합리적이었고 어떤 역사 시기나 역사 단계에서는 필연적으로 출현해야 했던 것들이었습니다. 그 관점이 출현했을 때, 그 관점은 이미 이전 역사 단계를 포함하는 동시에 다음 역사 단계를 위해 준비를 합니다. 철학은 바로 이렇게 하나하나의 역사 단계와 고리로 이루어지며, 이 역사 단계와 고리의 총화입니다.

철학은 레몬유칼리나무와 같습니다. 레몬유칼리나무는 쉬지 않고 껍질을 벗으려 합니다. 한 겹씩 껍질을 벗을 때마다 나이테가 하나씩 생겨납니다. 그렇다고 해도 레몬유칼리나무가 바로 가장 바깥쪽 나이테, 그 층의 껍질, 그 층의 나무줄기라고만 할 수 없습니다. 레몬유칼리나무를 파악하려면 나무 전체를 잘 알아야 합니다.

철학이 그렇고 미학도 그렇습니다.

철학과 미학은 사상이자 사상의 사상이기 때문입니다. 그것들은 '문제의 문제', '기준의 기준'을 연구합니다. 그래서 철학사, 미학사와 종교사, 예술사는 다릅니다. 한 권의 종교사는 반드시 종교일 필요가 없으며 한 권의 예술사 또한 반드시 예술일 필요가 없습니다. 더욱이 종교사와 예술사를 연구하는 사람이 반드시 신도이거나 예술가일 필요도 없습니다. 하지만 한 권의 철학사는 동시에 반드시 철학이어야 합니다. 철학사를 이야기하는 것은 의식적이든 무의식적이든 자신의 철학적 관점을 이야기하는 것입니다. 마찬가지로 한 권의 미학사 역시 반드시 미학이어야 합니다. 미학사를 이야기하는 것은 자신의 미학적 관점을 이야기하는 것이니까요.

게다가 자신의 미학적 관점을 가지고 있지 않다면 그는 미학사를 제대로 이야기할 수 없습니다. 마찬가지로 미학사적 훈련과 연구가 없다면 진정으로 자신의 미학 체계를 수립할 수 없습니다. 그런 사람들은 잡다한 미학적 관점을 커다란 접시 위에 끌어 모아놓고 각종 재료들을 뒤섞어 잡채 같은 요리로 만들 것입니다. 그게 아니면 미학사를 여러 가지 열매를 꼬치에 꿰어 과일꼬치로 만들 것입니다. 솔직히 말해서 이런 미학 원리와 미학사는 읽지 않아도 됩니다.

이제 우리는 기본적인 미학의 성질을 알게 되었습니다. 남은 문제는 어떻게 하는가에 달렸습니다.

데이터가 아닌 프로그램에 집중하라

사실 이 문제에 대해서는 벌써 해답을 알려주었는데, 그 해답이란 미학과 미학사를 하나의 총체로 파악하고 미학의 문제와 역사를 파악하는 것입니다. 이렇게 해서 우리는 다소 어리석기는 하지만 유일하게 유효한 방법을 가지게 되었는데, 처음부터 시작하는 것입니다.

역사 연구에는 다양한 방법이 있을 수 있습니다. 가령 황런위黃仁宇가 『1587 만력 15년 아무 일도 없던 해萬歷十五年』에서 사용한 방법은 '절편법切片法'이라고 불러도 무방합니다. 이 책은 마치 의사가 병리 검사를 하는 것처럼 하나의 표본을 취해서 연구를 했습니다. 셰몐謝冕과 멍판화孟繁華가 책임편집한 『백년중국문학총계百年中國文學總系』도 마찬가집니다. 이 책에서는 100년간의 중국문학사에서 '전형적 의의'를 가진 11개의 연도年度를 선택해서 고찰했습니다. 하지만 이런 방법은 문학사와 예술사에서는 가능하지만 철학사와 미학사에서는 적합하지 않습니다. 철학사와 미학사에서는 그들 간의 논리적 연계가 가장 중요하기 때문입니다.

철학사와 미학사의 연구에는 일반적으로 두 가지 방법이 있는데, 하나는 '반격을 가해서 빼앗겼던 것을 되찾는 방법'이고 또 하나는 '넝쿨을 더듬어가면서 차근차근 참외를 따는 방법'입니다. 이른바 '반격을 가해서 빼앗겼던 것을 되찾는 방법'이란 바로 당대의 미학사조에서 시작해 그 근원으로 거슬러 올라가는 방법을 말합니다. 하지만 이런 방법은 연구는 가능하지만 가르치는 데에는 그다지 적합하지 않습니다. 마르크스는 다른 사람에게 설명을 해주는 방법과 연구를 하는 방법은 다르다고 말한 적이 있습니다. 가르치는 목적은 다른 사람이 이해하고 알도록 해주는 데 있습니다. 그래서 나는 다른 사람을 가르칠 때에는 아주 성실하고 정직하게 시간적 순서에 따르는 '넝쿨을 더듬어가면서 차근차근 참외를 따는 방법'이 좋다고 생각합니다.

혹시 이렇게 말할 학생이 있을지도 모르겠습니다. "선생님, 그렇게 번거롭게 할 필요가 있습니까? 우리에게는 그런 인내심이 없단 말입니다. 우리도 선생님의 관점에 동의하니까 중요한 것은 프로그램이지 데이터가 아니라고 한다면 선생님이 프로그램을 복제해서 우리에게 주면 되지 않습니까?" 물론 나도 그렇게 해서 아주 간단하게 해결해버리고 싶습니다. 그렇게 하면 우리가 여기에 앉아서 한도 끝도 없이 시간을 낭비할 필요가 없어질 테니 얼마나 좋겠습니까? 하지만 애석하게도 그럴 수가 없습니다. 미학과 철학의 그 프로그램은 마우스를 한 번 누르는 것으로 복제할 수 있는 것이 아니므로, 여러분 자신이 직접 연습을 하지 않으면 안 됩니다. 미학의 진정한 의의는 지혜를 깨우치는 데 있기 때문입니다. 아무리 훌륭한 철학, 아무리 훌륭한 미학이라도 지혜의 깨우침에 일종의 가능성을 제공할 수 있을 뿐입니다. 지혜의 획득은 각자에게 달렸지, 다른 사람이 도와줄 수 있는 것이 아닙니다.

이것은 농담이 아니라 정말 경험에서 우러나온 말입니다. 지금 많은 학생들, 특히 대학원생들은 모두 교수가 직접 해답과 방법을 주는 것을 좋아합니다. 가장 좋기로는 아직 많이 알려지지 않아서 자기가 마음대로 해석하고 적용할 수 있는 성질을 가진 것들인데, 가령 '담론'이니 '패러다임'

이니 '포스트모던'이니 '간주체성間主體性'이니 하는 새로운 조류입니다. 이런 것들은 일단 손에 넣었다 하면 자유롭게 휘두를 수 있기 때문에 많은 학자들도 수입하고 보급하며, 심지어 이런 무기의 제조를 좋아합니다.

하지만 이런 방법을 사용해서 쓴 논문은 실속이라고는 하나도 없으면서 겉으로만 그럴싸한 빈 깡통이라 용인할 수 없습니다. 그래서 이런 학위논문을 심사할 때마다 나는 해당 학생에게 좀 '애'를 먹이려고 합니다. 물론 정말 얼토당토않은 것이 아니라면 통과시켜주기는 합니다. 통과가 안 되면 서로 간에 체면이 말이 아니지요. 특히 그의 지도교수가 나와 절친한 사이라면 결국에는 통과를 시켜야 합니다. 하지만 해당 학생에게 '애'를 먹이기로 한 이상 시원스레 통과시켜줄 수는 없습니다. 나는 그에게 학술 연구는 과일을 파는 것이 아니기 때문에 '도소매를 겸하듯' 잡다한 방식을 사용할 수 없으며, 또한 강호江湖에 사는 것이 아니기 때문에 '초연한 마음으로 세상을 떠돌아다니듯' 내용과 동떨어진 이론을 제멋대로 해석해서 사용할 수 없다는 사실을 주지시킵니다.

나는 새로운 개념이나 새로운 방법의 사용을 반대하지는 않지만 너무 손쉽게 가져다 써서는 안 된다고 생각합니다. 간주체성을 이야기하려면 간주체성이 주체성에 대해 상대적으로 쓰이는 말이라는 사실을 분명히 알아야 합니다. 그래서 주체성을 제대로 알지 못하면 간주체성도 알 수 없습니다. 그런데 주체성을 제대로 알려면 또 반드시 객체성을 제대로 알아야 하고, 주객체의 논쟁을 제대로 알아야 하며 철학의 기본 문제를 제대로 알아야 합니다. 이런 이야기를 듣고 나니 우리 수업에도 아직은 진득하니 시간을 더 들여야 할 것 같지 않습니까?

학문을 하려면 미련스러워 보일 정도로 시간을 들여야 할 필요가 있습니다. 앞에서 이야기한 필묵을 가지고 생각해봅시다. 여러분이 도대체 '필묵이 영'인지, 아니면 '필묵이 없는 것이 영'인지를 분명하게 알고 싶다면, 먼저 필묵이 무엇이고 언제 생겨났으며 동양화와는 도대체 어떤 관계가 있고 역사적으로 필묵 문제에 대해 어떤 의견들이 있었는지 등등에 대해 제대로 알아야 합니다. 여러분은 근원을 찾는 이런 과정 속에서 훈련이 되어, 실속이라고는 하나도 없으면서 겉으로만 그럴싸한 빈 깡통이 되지 않을 것입니다. 물론 이렇게 하더라도 요령이 있어야 합니다.

'요령이 있다'는 말은 미련한 시간을 들이되 죽은 학문을 하지 않는다는 의미입니다. 미련한 시간을 들이는 데에는 약간 멍청한 경향이 있어야 하고, 살아 있는 학문을 하는 데에는 총명함이 있어야 합니다. 미학을 배우는 것은 더욱 그렇습니다. 미학은 미와 예술에 관한 지혜니까요. 자, 미, 예술, 지혜 중에서 어떤 것이 멍청한 것일까요?

정말로 멍청한 사람은 어떤 연구도 할 수가 없습니다. 그런 사람은 기껏해야 약간의 자료의 성질을 띤 일을 할 수 있을 뿐입니다. 그가 기꺼이 미련한 시간을 들인다면 아주 많은 지식과 데이터를 얻을 수 있을 것입니다. 또 일부 기본적인 분류 관리 방법을 제대로 알고 있다면 수집한 지식과 데이터를 부문별로 분류해서 잘 보관해두었다가 필요할 때 찾아 쓸 수도 있습니다. 자료카드나 색인을 만드는 것이 바로 이 작업입니다. 이 두 가지가 만들어졌다면 그는 조그마한 한약방을 열 수 있습니다. 그 안에는 당귀, 황기, 당삼, 숙지 등등 온갖 한약재들이 다 있지만 어떤 병도 고칠 수가 없습니다. 우리 학술계에 이런 한약방이 아주 많지 않습니까?

병을 치료할 수 있는 사람은 의사입니다. 의사에는 평범한 의사, 양의良醫, 명의의 세 종류가 있습니다. 평범한 의사와 양의의 차이는 의술에도 있고 도덕성에도 있습니다. 양의와 명의의 차이는 전적으로 이해력에 달려 있습니다. 명의에게 정말 '조상대대로 전해오는 비방'이 있는 것이 아니며 그 비방이라는 것도 대부분 속임수입니다. 명의와 양의가 쓴 처방에 아주 큰 차이가 있을 수 없습니다. 어떤 약이 어떤 병을 치료하는가 하는 데는 일정한 규칙이 있고, 그 규칙은 오랜 세월 동안 부단한 시행착오를 통해 얻은 경험이기 때문에 일반적으로는 크게 어긋날 수 없습니다. 그들의 차이는 아마도 단지 이 약을 조금 더 많이 쓰고 저 약을 조금 덜 쓰는 데 있을 텐데, 그 조금의 차이가 효과에서 아주 큰 차이를 불러옵니다. 진찰을 할 때 이 점을 알아내는 것이 예술입니다. 예술의 고하高下와 우열은 종종 그 조금의 차이에서 비롯되는데, 소위 '조금만 보태면 길고 조금만 빼면 모자라는' 딱 알맞은 그것입니다.

이런 '딱 알맞은 것'은 가르칠 수 없고 오로지 스스로 깨달아야 합니다. 학문을 하고 글을 쓰고 심지어 요리를 하는 것도 마찬가집니다. 훌륭한 요리사가 요리를 할 때 어디 조리법을 보고 어디 '과학적 측량'을 하던가요. 되는 대로 소금과 설탕을 넣고 마음대로 파와 마늘과 생강을 넣는 것처럼 보이지만 완성된 요리는 정말 맛있습니다. 반면에 여러분은 요리책을 보고 조리법대로 만들지만 제대로 만들지 못합니다. 조리법에는 종종 '소금 적당량, 파 약간'이라고 적혀 있습니다. 적당량이 얼마나 되고 약간이란 또 얼마를 말하는 걸까요? 그것은 전적으로 여러분 자신의 감으로 만들어보고 체득해야지 아무도 가르쳐줄 수 없습니다.

글쓰기도 마찬가집니다. 문학사에 '한 자 스승'이란 것이 있지 않습니까? 글에서 딱 한 글자를 고쳤는데 전체 글이 선명하고 살아 숨을 쉬니 어찌 탁월한 깨달음이 아니겠습니까. 왕궈웨이王國維는 "붉은 살구나무가지 끝에 봄기운이 요란하다紅杏枝頭春意鬧", "구름이 달을 가리니 꽃이 그림자를 희롱하는구나雲破月來花弄影"라는 시에서 "요란하다鬧"라는 한 글자, "희롱하다弄"라는 한 글자가 시의 경지를 전부 다 표현해주었다고 말했습니다. 첸중수錢鍾書는 "푸른 버드나무는 연기 바깥으로 추위가 가벼워졌음을 알려주고綠楊烟外曉寒輕, 붉은 살구나무가지 끝에 봄기운이 요란하다"에서 "가벼워졌다輕"라는 글자를 사용해서 기온을 무게를 잴 수 있는 것처럼 묘사한 것은 꽃을 다투어 소리를 내는 것처럼 표현한 것과 더불어 서로 방법은 다르지만 똑같이 절묘함이 있다고 했습니다. 이것이 모두 총명함이고 모두 깨달은 것입니다. 솔직히 말해서 총명함이 없고 깨달음이 없으면 문학가나 예술가가 될 수 없습니다. "천재는 노력에서 나온다"는 말은 거짓말입니다.

다른 얘기를 좀 더 해봅시다. 장사를 하고 정치를 하고 용병과 전쟁을 하는 것은 모두 같은 이치입니다. 이른바 '용병술이 귀신같다', '기발한 계략으로 승리한다'라는 말에서 귀신같고 기발하다고 하는 그 순간의 승패와 손익을 컴퓨터가 계산해낼 수 있을까요? 그것은 컴퓨터로 계산할 수 있는 것이 아니라 깨닫는 것입니다. 컴퓨터가 인간을 대체할 수 없는 까닭은 컴퓨터가 엄청난 속도로 계산을 함에도 불구하고 오직 주어진 것만 계산할 수 있을 뿐, 지혜를 가지고 있지도, 깨달음을 가지고 있지도 않기 때문입니다. 청나라 말기에 아주 유명했던 후쉐옌胡雪岩은 상인의 신분으로 고위관직에 올랐던 인물이었습니다. 그는 견습공 출신으로, 교양도 없고 경영학 석사MBA도 아니지만 내가 볼 때 어떤 교수도 그를 업신여길 수 없습니다. 그와 같은 총명함을 지닌 사람은 극소수이기 때문입니다.

다른 예를 들어보겠습니다. 어떤 공장에서 새 기계를 들여와 설치를 마쳤는데 작동을 하지 않았습니다. 아무리 조사를 해봐도 결함을 찾을 수가 없어서 기사를 불렀습니다. 그 기사는 기계를 중심으로 세 바퀴를 돌아보더니 망치로 어딘가를 한 번 두드렸습니다. 그랬더니 기계가 돌아가기 시작했습니다. 사장이 그에게 얼마냐고 묻자 1000달러라고 말했습니다. 사장이 겨우 망치질 한 번 하고서 1000달러를 달라는 말이냐고 불만스러워했습니다. 그러자 기사는 망치질 한 번은 1달러고 어디를 쳐야 하는지를 아는 것이 999달러라고 말했습니다. 내 생각에는 이건 결코 많은 액수가 아닙니다. 어디를 두드려야 하는지 아는 사람이 없었으니까요. 그런데 그 기사는 어떻게 알았을까요? 거기에는 딱 두 가지 원인이 있습니다. 하나는 그가 기계 수리를 하며 미련한 시간을 많이 들였다는 것이고, 또 하나는 그가 열심이었고 이해력이 뛰어났으며 비결을 갈고 닦았다는 것입니다. 결국 다른 사람은 한나절을 끙끙거려도 해결할 수 없었지만 그는 그저 망치질 한 번으로 해결했던 것이지요.

그래서 장차 무엇을 하든지 간에 약간의 멍청함뿐 아니라 약간의 총명함도 있어야 합니다. 가장 좋기로는 멍청함도 있고 총명함도 있는 것입니다. '멍청함'이란 교활한 수단을 쓰지 않고 간사한 짓을 하지 않으며, 아주 진지하고 착실해서 심지어는 다른 사람들이 바보라고 여길 정도로 미련한 시간을 아낌없이 투자하는 것을 말합니다. 이것은 무술에서 말뚝처럼 서 있는 동작에 비유할 수 있는데, 발꿈치가 흔들리지 않고 제대로 서려면 튼튼한 기초를 닦아야 합니다. 하지만 그 동작을 한 채 마냥 그곳에 서 있을 수만은 없겠지요? 공격을 해야 합니다. 그렇다고 무턱대고 싸울 수도 없습니다.

태극권에서 상대방의 힘을 역이용함으로써 아주 작은 힘으로 엄청난 기세로 공격하는 상대방을 무너뜨리고, 오吳나라의 명장 주유周瑜가 제갈량과 담소를 나누는 가운데 적의 배가 불에 타 재가 되고 연기가 되게 했던 것처럼, 여유를 가지면서도 효과적으로 일을 처리하는 방법을 배워야 합니다. 이렇게 하려면 총명함이 있어야 합니다. 요컨대 총명함은 있되 멍청함이 없으면 경망스럽고, 멍청함은 있되 총명함이 없으면 정체되니 둘 다 좋지 않습니다. 이 두 가지를 모두 갖는 것이 가장 좋습니다.

미학은 충분히 우리에게 이런 훈련을 할 수 있게 해줍니다. 미학은 철학과 예술 사이에 끼어 있기 때문입니다. 철학은 수학처럼 논리가 치밀하고 신중하며 아주 착실한 작업을 요구합니다. 그래서 철학가들은 모두 약간 멍청합니다. 물론 위대한 철학가는 총명하지만 이것은 문제가 되지 않습니다. 뒤에서 칸트에 관해 이야기를 할 텐데 심미의 비밀에 대한 칸트의 해석은 천재적인 추측입니다. 아인슈타인의 상대성 이론 역시 마찬가집니다. 그들의 결론의 도출과 추리는 아주 치밀합니다. 철학을 배우면 논리적 사유를 훈련할 수 있습니다.

예술은 일종의 천재적인 작업으로, 총명함이 없으면 예술을 배울 수 없습니다. 그래서 총명함이 없는데 예술을 배우면 예술장이가 됩니다. 그는 아마도 데생을 아주 잘하고 피아노도 아주 잘 치겠지만, 그의 그림이나 피아노 소리는 생기가 전혀 없어서 기술이라고 부를 수 있을 뿐 예술이라고 부를 수는 없을 것입니다. 다 총명함이 없기 때문입니다. 물론 위대한 예술가들도 어느 정도 멍청함을 가지고 있습니다. 예술에 집착하지 않으면 예술적 성취를 이룰 수가 없기 때문입니다. 무엇을 하든지 약간의 멍청함뿐만 아니라 약간의 총명함도 있어야 한다고 하는 그 말이 역시 딱 맞습니다. 여러분이 이렇게 할 수 있다면 지금 우리가 하고 있는 쓸모없는 이 수업이 결코 헛수고는 아니라고 할 수 있습니다.

자, 이것으로 서론은 다 말했습니다. 물론 아직 '미학이 무엇인가'에 대해서는 말을 하지 않았습니다. 이 문제는 굳이 내가 뭐라고 이야기하지 않더라도 강의가 전부 끝나고 나면 저절로 알게 될 것입니다.

미란
무엇인가

플라톤, 객관미학의 기초를 세우다

지금부터는 정식으로 미학을 이야기하겠습니다.

어디서부터 이야기를 시작해볼까요? 이 수업의 이름을 '미학의 문제와 역사'라고 붙였으니 당연히 문제에서부터 시작해야겠지요. 미학의 기본 문제는 바로 '미란 무엇인가'입니다. 이 문제가 없으면 미학도 있을 수 없습니다. 그래서 이 문제가 이미 유행이 지나서 더 이상 연구를 하겠다고 이 길로 들어서는 사람도 없고, 많은 사람들이 보기에 영락없는 촌뜨기처럼 보인다고 하더라도 우리는 여전히 이 문제에서부터 이야기를 시작해야 합니다.

이 문제는 고대 그리스의 철학가 플라톤이 가장 먼저 제기했습니다. 고대 그리스는 서양문화의 발원지이고, 고대 그리스·로마의 미학은 서양미학사의 첫 번째 역사 단계입니다. 음, 참으로 공교롭지요. 미학의 기본 문제가 마침 미학사의 첫 번째 역사 단계에서 제기됨으로써 문제와 역사가 딱 일치하게 되었던 것입니다.

사실 이 일치는 우연이 아니라 필연입니다. 이 일치는 나무에 비유할 수 있는데, 나무는 반드시 씨를 심고 난 후에야 싹을 틔웁니다. 나무에 뿌리가 생기고 싹이 트고 가지가 뻗치고 잎이 나고 꽃이 피고 열매를 맺는 것은 모두 이 씨앗이 있기 때문입니다. 이를 '논리와 역사의 일치'라고 부릅니다. 씨앗과 씨앗이 함유하고 있는 생명의 요소가 바로 논리입니다. 뿌리가 자라고 싹을 틔우고 가지를 뻗고 잎이 나고 꽃이 피고 열매를 맺는 것은 역사입니다. 논리와 역사는 일치합니다. 이 나무가 장차 어떤 모습으로 자라든지, 원래의 씨앗과 새싹의 모습과는 완전히 다른 모습으로 자라든지 어쩌든지를 막론하고, 뿌리는 항상 그곳에 있습니다. '미란 무엇인가'라는 문제는 곧 미학의 씨앗이며 뿌리입니다. 뿌리가 깊어야만 잎이 무성할 수 있습니다. 미학의 뿌리를 찾는 것만이 우리의 이해가 깊어질 수 있는 길입니다.

그래서 미학의 기본 문제가 필연적으로 미학사의 첫 번째 역사 단계에서 제기될 수 있었던 것입니다. 또한 그래서 플라톤은 이 문제를 제기하면서 인류 전체의 미학사를 위해 기초를 세웠던 것입니다.

그렇다면 플라톤은 미학을 위해 어떤 멜로디를 확정했을까요?

첫째, 플라톤은 미학의 기본 문제인 '미의 본질'을 확립했습니다. 칸트 이후로는 사람들이 이미 이 문제를 그다지 토론하지 않았지만, 그렇다고 결코 미학의 기본 문제가 외면당했다는 말은 아닙니다. 이 문제는 사라지지 않고 때때로 튀어나와 우리를 귀찮게 합니다. 사람들도 단지 방법을 바꿔 빙빙 돌아 이 문제와 왕래하고 있습니다.

논리실증주의를 예로 들어볼까요? 논리실증주의는 미학의 기본 문제의 토론에 반대합니다. 그들은 심지어 미학이 있다는 것에도 회의적인 눈길을 보냅니다. 그들이 보기에 미니, 추醜니, 선善이니, 악惡이니 하는 것들은 모두 정서적인 태도에 불과하기 때문에 과학적 진리가 없을 뿐만 아니라 객관적인 유효성도 없습니다. 예를 들어 '물건을 훔치는 것은 잘못이다'라는 말이 반드시 옳다고 할 수는 없습니다. 물건을 훔쳤다거나 훔치지 않았다고 하는 사실은 증명할 수 있습니다. 하지만 잘못인지 아닌지 말하기는 쉽지 않습니다. 친구의 식권을 훔쳤다면 당연히 잘못이지만 적의 정보를 훔친 것은 잘한 일입니다. 그런데 어떻게 한마디로 '물건을 훔치는 것은 잘못'이라고 단정 지을 수 있겠습니까?

마찬가지로 '이 장미꽃은 붉다'는 사실은 증명할 수 있지만 '이 장미꽃은 아름답다'는 뭐라고 하기가 쉽지 않습니다. 여러분이 아름답다고 하는 것을 나는 정말 보기 싫어 죽겠다고 할 수도 있습니다. 그래서 '이 장미꽃은 아름답다'라는 것은 장미꽃이라는 사실판단에 아름답다는 정서 판단이 더해진 것에 불과합니다. '이 장미꽃은 아름답다'라는 말은 '이 장미꽃은 아!'라고 말하는 것이나 마찬가집니다.

그러나 논리실증주의는 비록 미에는 과학적 진리와 객관적 유효성이 없지만 미학은 심미적 심리학과 사회학적 원인을 연구할 수 있다고 생각했습니다. 분석철학은 더 멀찌감치 떨어져서 아예 미학을 없애버리자고 주장했습니다. 그들은 "미가 무엇이란 말인가? 미는 바로 서로 다른 사물들이다. 다만 우리가 이 사실을 확실히 하지 않았기 때문에 '미'라고 하는 이 글자를 흐리멍덩하게 아무 데에나 적용하는 것일 뿐이다"라고 했습니다. 그들은 이것이 바로 '미란 무엇인가'라는 미학의 기본 문제에 대한 '간단명료한 대답'이라고 말합니다. 따라서 분석철학자들은 미학의 어리석음이 본래 존재하지도 않는 타이틀을 세우려고 기도하는 데 있다고 조롱합니다. 근본적으로 무슨 미학이라는 것은 없고 문학비평이나 음악비평의 원칙만 있는지도 모릅니다. 이것 참, 뿌리도 없는 녀석이 남의 전공을 끌어다 쓴 셈이군요.

하지만 이는 바로 미학의 기본 문제가 멀리 돌아갈 수 없다는 증거이기도 합니다. 멀리 돌아갈 수 없기 때문에 미학을 뿌리째 뽑아버리려고 할 수밖에 없는 것입니다. 다시 말해서 미학이 존재하는 이상 언젠가는 이 문제에 대답을 해야 한다는 말입니다. 여러분이 미학을 없애버릴 능력이 있지 않은 한은 말입니다.

이것이 바로 플라톤이 확정지은 첫 번째 멜로디입니다.

둘째, 플라톤은 미학에서 '미란 무엇인가'라고 할 때의 그 '미'란 감각적이고 구체적인 개별 사물이 아니라 모든 '아름다운 사물'이 공통으로 가지고 있고, 그로 인해 객관적 보편성을 지니는 추상적 형식이나 추상적 속성이라고 알려주었습니다. 미는 구체적인 어떤 사람이나 어떤 물건에 속하지는 않지만 각각의 사람이나 물건과 관계가 있습니다. 그 관계란 한마디로 미를 얻는 사람이 바로 아름다운 사람이라는 것입니다. 플라톤의 말을 빌리면 "일체의 아름다운 사물은 모두 미를 원천으로 삼기 때문에 일체의 아름다운 사물은 미가 있어야 비로소 미가 된다"는 것입니다.

하지만 미 자체는 독립적이고 자유로워서, 사람에 우선하고 사람의 바깥에 있으며 사람의 주관적 의지로 전이되지 않습니다. 플라톤은 그것을 '미 자체'라고 불렀습니다. 미학의 임무는 미를 찾고 미의 법칙을 탐색하고 본질을 밝혀 규범화된 언어로 이야기하는 데 있습니다. 이 임무의 완성은 결코 쉽지 않습니다. 플라톤보다 100여 년이나 앞섰던 피타고라스와 피타고라스학파에서부터 칸트 미학 이전에 이르기까지 서양의 미학가들은 모두 자신들의 지혜로운 두뇌를 사용해서 죽을힘을 다해 미를 찾았습니다. 그리고 2000~3000년 동안이나 찾았는데도 찾을 수가 없자 하는 수 없이 깔끔하게 포기해버렸습니다.

어째서 찾지 못했을까요? 그 원인에 대해서는 다음에 다시 말하겠습니다.

이것이 플라톤이 확정한 두 번째 멜로디입니다.

셋째, 바로 앞의 이 결론으로부터 이야기를 끌어내보겠습니다. 미가 일종의 추상적 형식 혹은 추상적 속성인 이상, 미에 대한 연구는 철학적일 수밖에 없습니다. 마찬가지로 미는 보편성을 지니고 있어서, 그것을 가지고 있는 사람은 아름답고 그렇지 않은 사람은 아름답지 않다고 한 이상 미는 곧 객관적인 것이고 사람의 주관적인 의지로 전이되지 않습니다. 실제로 우리가 '미란 무엇인가'라고 물었을 때는 이미 미를 객관적이라고 간주하고 있는 것입니다. 만약 미가 주관적이라서 아무나 사랑하고 마음대로 할 수 있다면 그런 것을 물어서 뭣하겠습니까?

이렇게 플라톤은 칸트 이전의 서양미학을 위해, 미의 연구는 '미란 무엇인가'에 관한 연구이고 미의 객관성에 관한 연구이며 미의 철학이라고 하는 전체적인 멜로디를 확정했습니다.

미의 철학은 미학을 구성하는 가장 중요한 부분입니다. 20세기 이전에는 그것이 기본적으로 서양미학의 주된 줄기였습니다. 이 기나긴 역사 동안 미학사에 이름을 올리고 있는 사람은 소크라테스, 플라톤, 아리스토텔레스, 플레하노프, 샤프츠버리, 허치슨, 버크, 흄, 라이프니츠, 바움가르텐, 칸트, 실러, 셸링, 헤겔, 마르크스, 크로체처럼 하나같이 철학가입니다. 비록 칸트에게서 '미의 철학'이 '심미의 철학'으로 바뀌었고, 헤겔에게서 '예술의 철학'으로 바뀌었다고 해도 결국은 여전히 철학입니다. 그리고 미학을 없애버리자고 주장한 것도 철학, 그중에서도 분석철학이었습니다.

미학은 이렇게 철학과 끊을 수 없는 인연을 가지고 있습니다. 이 사실은 우리가 철학을 좋아하는지 좋아하지 않는지에 전혀 아랑곳하지 않습니다. 여러분이 철학을 좋아하지 않아도 철학은 여러분을 좋아합니다. 여러분이 미학의 영업허가증을 취소하고 싶어도 철학가의 서명을 받아야 합니다.

이는 참으로 납득하기가 힘듭니다. 감각적이고 구체적인 미는 극히 선명하고 생동적인 반면, 이성적이고 사유적인 철학은 대단히 추상적이고 근엄합니다. 그런데 그것들이 어떻게 함께할 가능성이 있으며, 어떻게 함께할 수 있는 걸까요?

그런데 사실은 또 이상하지 않습니다. 철학과 미, 심미, 예술은 적어도 어떤 부분에서는 공통점을 가지기 때문인데, 그것은 이 분야들이 모두 과학이 아니라는 점입니다. 이 분야에서 사고하고 대답하려고 하는 것은 과학은 사고할 수 없고 대답할 수 없는 문제, 즉 인간의 본질과 행복이며, 유한과 무한, 순간과 영원입니다. 이런 것들은 과학이 해결할 수 없습니다. 과학은 우리의 생활을 더욱 쾌적하고 편리하게 하며 많은 물질을 향유하게 해줄 수는 있지만 그것을 행복이라고 보장하지는 못합니다. 과학은 심지어 도난방지용 이중문 같은 안전장치를 제공해줄 수는 있지만 안전감을 보장해주지는 못합니다.

반대로 이중문이 생기고 난 후로는 더욱 안전감이 없어진 것 같습니다. 우리가 고양이 눈이라고 부르는 조그마한 이중문의 투시경 구멍을 통해 바깥을 살필 때, 이 세계가 우리에게 여전히 친근감과 믿음을 줄 수 있을까요? 과거에는 '개가 집을 지키고 있었기 때문에 개의 눈이 사람을 우습게 봤는데' 지금은 '이중문에 달린 고양이 눈이 사람을 의심스레 살핀다'는 사람도 있습니다. 과거에는 '가랑비를 맞으며 나귀를 타고 험하디험한 검문劍門 지역으로 들어가자니' 길은 좀 걷기가 힘들었지만 참으로 낭만적이었습니다. 하지만 지금은 비행기를 타니 빠르기는 하지만 약간 소포를 부치는 것 같은, 그것도 고속우편EMS을 부치는 것 같은 느낌을 받게 됩니다. 가장 납득하기 힘든 점은 생활이 갈수록 편리해지고 신속해지는데도 사람들은 갈수록 시간이 없다는 사실입니다. 이게 도대체 어찌 된 일인가 하는 것은 과학기술이 대답해주고 해결해줄 수 있는 문제가 아닙니다.

우리는 도대체 왜 사는 걸까요? 우리의 생활은 도대체 어떤 의의와 가치가 있는 것일까요? 우리가 어떻게 해야 세상에 부끄럽지 않고 인생에 부끄럽지 않을 수 있을까요? 순간적이고 유한한 존재인 인간이 어떻게 무한과 영원을 주재할 수 있을까요? 우리를 곤혹스럽게 하는 이런 문제들 역시 과학이 대답할 수 없으며 그저 예술과 철학에 호소할 수 있을 뿐입니다. 물론 예술과 철학이 이 문제들을 최종적으로 해결해줄 수 있다는 말이 아닙니다. '종극終極적 관심'에 속하는 이런 문제는 아무도 대답해줄 수 없지만, 예술과 철학은 적어도 대답을 하려고 시도를 해볼 수 있습니다. 이처럼 부단한 질문과 대답 속에서 우리의 영혼은 안정과 평온을 얻게 되는 것입니다.

예술과 철학에는 공통점이 아주 많습니다. "술을 마주하고 노래를 하니 인생이 얼마이던가, 아침이슬처럼 덧없는 인생, 지난간 세월은 얼마나 괴로웠던가"라고 한 조조曹操의 시가 설마 철학이 아닐까요? 고갱의 그림의 주제인 '우리는 어디에서 왔고 어디로 가며 우리는 누구인가'는 더더욱 철학입니다. 철학과 예술의 차이점은 다만 철학의 대답은 사고에 의지하지만 예술의 대답은 느끼고 깨닫는 데 의지한다는 것뿐입니다. 그러나 철학과 예술은 모두 문제를 제기하려고 하며 위대한 철학가와 위대한 예술가는 모두 위대한 문제 제기자입니다. 그리고 그들이 제기하는 문제는 모두 인생에 관한 것들이며 최종적인 결론이 없습니다. 최종적인 결론이 없기 때문에 철학과 예술은 영원히 시대착오적일 수 없고 영원히 생명력을 가지게 됩니다. 예술과 철학은 그야말로 동전의 양면입니다.

더군다나 미학은 원래 철학의 검劍으로 예술의 의혹을 풉니다. 그러니 어떻게 미학이 미학이기 이전에 철학이 아닐 수 있겠습니까?

철학이 미와 예술과 이렇게 인연이 있으니 철학은 당연히 미와 예술에 대해 의문을 던지려고 합니다. '미는 무엇인가', '심미는 무엇인가', '예술은 무엇인가'라고 말입니다. 이것들이 바로 넓은 의미에서 '미의 철학'의 전체 내용을 구성하고 있습니다. 하지만 문제가 '미란 무엇인가'에서 '심미란 무엇인가', '예술이란 무엇인가'로 바뀌게 되자 미학은 어느 정도 철학과 거리를 가지게 되었습니다. 심미적 심리학과 일반예술학 같은 것으로요. 음, 그 원인은 나중에 다시 말하도록 하겠습니다. 좁은 의미의 미의 철학은 오로지 '미란 무엇인가'라는 문제에 대한 철학적 토론만을 가리킵니다. 이것은 주로 고대 그리스에서 칸트 이전까지의 시기에 집중되어 있습니다. 나는 이 시기를 '미의 철학적 단계'라고 부릅니다.

이로써 미의 철학적 역정을 살펴보았습니다. 하지만 우리는 미학사가 아니라 미학의 문제를 이야기하고 있기 때문에 지금은 전체가 아니라 그것의 제1악장만을 고찰할 수 있습니다.

미는 과연 객관적인가

미의 철학적 역정은 고대 그리스에서 시작되었습니다.

고대 그리스 미학의 시조는 플라톤이 아니라 피타고라스입니다. 피타고라스는 피타고라스학파를 창시한 인물입니다. 피타고라스학파는 일군의 수학자와 물리학자와 천문학자들로 구성된 비밀 집단이었습니다. 하지만 그들은 철학적 관심과 철학적 두뇌를 가진 수학자와 물리학자와 천문학자였으며, 적어도 피타고라스 본인은 그랬습니다. 이 점으로 그는 인류의 미학사에서 지극히 중요한 지위를 차지하게 됐습니다. 말이 나온 김에 여담을 하자면, 피타고라스는 아주 잘생긴 사람이었습니다. 그는 신체가 미끈하고 풍채가 당당했으며 하얀 무명 옷을 즐겨 입었고 음악과 운동과 채식을 좋아해서 그야말로 '백마 탄 왕자님'이었습니다. 이렇게 볼 때 그가 최초의 미학가가 되었다는 사실은 결코 이상한 일이 아닌 듯합니다.

여기에서 굳이 피타고라스학파가 철학적 관심과 철학적 두뇌를 가진 수학자와 물리학자와 천문학자로 구성되었다는 사실을 말하는 이유는 바로 그들이 결코 일반적인 현상의 기술과 법칙의 탐색에 만족하지 않고 세계의 근원을 찾으려고 했다는 점을 상기시키기 위해서입니다. 그들은 세계의 근원을 수數라고 생각했습니다. 어떤 사물이든 그리고 그 사물들 사이에 어떤 관계가 있든 모두 수로 환원할 수 있기 때문입니다. 그들은 "수는 만물의 본질이다. 규칙을 가지고 있는 우주의 전체 조직은 수 그리고 수의 관계의 조화로운 체계다"라고 말했습니다. 수가 만물의 본질인 이상, 수는 당연히 미의 본질이기도 합니다.

문제는 세계에는 미뿐 아니라 추도 있다는 것입니다. 추 역시 수로 환원될 수 있지 않겠습니까? 그렇다면 어떤 수와 수의 관계가 미일까요? 조화입니다. 조화로운 수와 수의 관계가 미입니다. 이 결론의 근거는 음악에서 가져왔습니다. 적어도 우리는 음악으로부터 이 결론을 증명할 수 있습니다. 가령 피아노 건반에서 한가운데 있는 도의 진동주파수는 초당 260회입니다. 이 중간 도보다 8도가 높은, 즉 한 옥타브가 높은 도의 진동주파수는 초당 520회로, 정확히 2배입니다. 만약 솔이라면 진동주파수는 초당 390회로, 중간 도의 1.5배입니다. 자, 이처럼 모든 악음樂音은 수로 환원할 수 있으며 그들 간의 관계는 아주 조화롭다는 것을 알 수 있습니다. 실제로 최초로 수의 비례를 사용해서 서로 다른 음정을 표시한 것이 피타고라스학파였습니다. 가령 여덟 번째 음정은 1대2, 다섯 번째 음정은 2대3, 네 번째 음정은 3대4라는 것입니다. 이처럼 피타고라스와 피타고라스학파는 미학사상 처음으로 미는 수와 수의 조화라고 하는 창시적 성질을 가진 최초의 명제를 도출했습니다.

이번에는 10이라는 숫자를 가지고 말해봅시다. 10은 피타고라스학파에서 대단히 신성하고 중요한 수입니다. 모든 사물은 10개의 대립으로 환원될 수 있으며 우주도 10개의 천체로 환원될 수 있기 때문이지요. 그러면 10개의 천체란 무엇일까요? 태양, 달, 지구, 금성, 목성, 수성, 화성, 토성, 은하. 9개밖에 안 됩니까? 하나가 더 있어야 하는데 아직도 못 찾고 있는 걸까요? 피타고라스는 이 열 번째 천체에 바로 '반대지구'라는 이름을 만들어줬습니다. 피타고라스학파의 이 날조에 대해, 헤겔은 그들이 도

대체 그것을 지구의 반대쪽이라고 상상한 건지 아니면 완전히 다른 또 하나의 지구라고 상상한 건지 아직도 결정할 수 없다고 빈정거렸습니다.

피타고라스는 이 10개의 천체가 모두 움직이고 있다고 했습니다. 하지만 그것들은 서로 크기가 다르고 속도도 다르며 상호 간의 거리도 다르기 때문에 다른 소리를 냅니다. 다행히 이들 수의 관계는 1대2, 2대3, 3대4 등과 같이 음정학音程學에 부합하고 조화롭습니다. 따라서 이 천체들은 지극히 아름다운 음악, 우주의 음악, 천체의 음악을 연주할 수 있지만 안타깝게도 우리는 들을 수 없습니다. 그러나 피타고라스가 보기에 들을 수 없는 것은 존재하지 않는 것과는 달랐습니다. 우리가 지구의 움직임을 느끼지는 못하지만 지구는 여전히 움직이고 있는 것처럼 말입니다.

그다음으로 예를 들 수 있는 것이 '황금분할비', 즉 1:0.618입니다. 이 비율은 정오각 별에 대한 연구를 통해 얻은 것입니다. 정오각 별은 세 개의 이등변삼각형을 포개어 만들어졌는데 이 이등변삼각형의 밑변과 다른 한 변의 비율이 바로 1:0.618입니다. 정오각 별은 피타고라스학파에게 매우 중요했습니다. 전하는 바에 의하면, 피타고라스학파의 회원들이 입었던 하얀 무명천의 피타고라스 복장 위에 오각 별을 수놓아 그들의 회원증으로 삼았다고 합니다. 황금분할비는 '수의 조화'이기 때문에 매우 중요합니다. 고대 그리스에서 황금분할비는 건축, 조각, 회화와 같은 많은 예술 영역에서 광범하게 응용되어 지금도 곳곳에서 그 흔적을 쉽게 찾아볼 수 있습니다. 가장 아름다운 인체도 황금분할비와 일치한다고 합니다. 하반신과 상반신, 팔과 다리 말입니다. 다들 수업이 끝나고 나면 돌아가서 각자 한번 재보십시오. 물론 이것은 몸매가 좋은 사람들에게만 해당됩니다.

그래서 엥겔스는 피타고라스학파가 처음으로 우주의 법칙성을 이야기했다고 평가했습니다. 당연히 미의 법칙성도 처음으로 이야기되었습니다. 혹은 피타고라스학파에서 미는 자연계 고유의 법칙성으로 규정되었다고 할 수 있습니다. 미학의 임무는 자연계 고유의 법칙성 발견입니다.

피타고라스가 미의 합법칙성을 제기했다고 한다면 소크라테스는 미의 합목적성을 제기했습니다. 소크라테스는 다들 알고 있을 겁니다. 헤겔은 그를 "세계사적 의의를 가진 인물"이라고 칭했습니다. 소크라테스는 일생동안 단 한 편의 글도 남기지 않았습니다. 요즘 같은 시대라면 그에게 어떤 직함을 내려야 할지 참으로 난감할 것입니다. 하지만 그는 많은 명언과 이야기를 남겼습니다. 그의 명언과 이야기들은 거의 모두 '세계사적 의의를 가진 것'들입니다. 용기, 관용, 웅변, 정의를 위해 죽음도 두려워하지 않은 기질 그리고 그의 악처까지도 포함해서 말입니다. 소크라테스의 아내는 아주 유명합니다. 크산티페라는 그녀의 이름이 표독스런 여자라는 말과 동의어라는 사실까지도 말입니다. 한번은 크산티페가 욕을 하면서 물 한 대야를 소크라테스의 머리 위에 퍼부었는데, 소크라테스는 오히려 아주 태연하게 크산티페가 천둥을 치니 하늘에서 비가 오는구나 했답니다.

크산티페는 물론 자신의 남편이 얼마나 위대한 사람인지 몰랐습니다. 아내들은 보통 그렇습니다. 아내들은 대부분 자신의 남편이 뭐 그리 대단하지 않다고 생각합니다. 아니면 엄청 위대하다고 생각하거나. 게다가 크산티페가 보기에 소크라테스는 무슨 공헌을 하는 것 같지도 않았고 그저 매일 왔다 갔다 하며 사람들과 변론을 했을 뿐이었지요. 소크라테스의 명언 중에서 가장 유명한 말이 바로 "너 자신을 알라"입니다. 고작 자신이 아주 무지하다는 사실을 알 뿐인 사람이 뭐 그리 대단해 보였겠습니까? 하지만 소크라테스는 결코 자신에게 그런 아내가 있는 것이 썩 나쁜 일이라고 여기지 않았던 것 같습니다. 그는 결혼을 앞둔 학생에게 "축하하네. 자네가 좋은 아내를 얻었다면 자네는 행복한 사람이 될 테니까 말이야"라고 말했습니다. 그 말을 들은 학생이 "만약에 저와 결혼할 여성이 나쁜 아내라면 어떻게 될까요?"라고 물었습니다. 그러자 소크라테스는 "그러면 나는 더욱 축하를 할 것이네. 왜냐하면 자네는 틀림없이 철학가가 될 것이기 때문이지"라고 말했답니다.

자, 소크라테스에 관한 이야기는 이쯤에서 마치고 그의 미학에 관해 이야기해봅시다. 소크라테스는 어떤 물건이 아름다운지 아닌지는 법칙에 부합하는지 아닌지가 아니라, 목적에 부합하는지 아닌지에 달려 있다고 생각했습니다. 가령 창과 방패가 아름다운지 아닌지를 밝히려면 그것들이 언제 사용되는지를 보아야 합니다. 진격을 할 때는 창이 아름답지만 방어를 할 때는 방패가 아름답습니다. 반대의 경우라면 아무리 좋은 창, 아무리 좋은 방패라도 추합니다. 또 나무로 만든 국자가 아름다운지 금으로 만든 국자가 아름다운지 역시 그것들이 어떤 것과 짝을 이룰지 따져봐야 합니다. 흙으로 빚은 항아리인지, 금으로 만든 그릇인지 말입니다. 만약 흙으로 빚은 항아리와 함께 사용될 거라면 나무로 만든 국자가 아름다울 것이고 금으로 만든 국자는 아름답지 않을 것입니다. 반대의 경우에도 마찬가지입니다.

그래서 소크라테스는 미는 바로 적합한 것이고 쓸모 있는 것이라는 미학적 결론을 내렸습니다.

물론 소크라테스의 사상이 이렇게 단순하지는 않으며 그의 의의는 더욱 단순하지 않습니다. 이 점에 대해서는 잠시 후에 다시 이야기하겠습니다. 여기에서는 먼저 플라톤에 대해 말하겠습니다. 플라톤 역시 정말 대단한 사람입니다. 그는 '미의 선지자先知者'라고 불렸고 '미를 사랑하는 사람, 지혜를 사랑하는 사람, 사랑의 신과 미의 신을 가장 공경한 사람'이라고 불렸습니다. 그는 고대 그리스의 가장 위대한 철학가이자 미학가였습니다.

플라톤은 소크라테스의 학생이었습니다. 그는 방법론에서 소크라테스의 원칙을 계승했는데, 미의 본질을 찾으려면 일부 구체적인 미적 사물에 국한될 수 없으며 '세상의 일반적 법칙'을 찾아야 한다는 것입니다. '세상의 일반적 법칙'에 의거하면 모든 미적 현상을 해석할 수 있습니다. 플라톤은 이것이 이데아라고 생각했습니다.

이데아란 바로 개념이며 혹은 만물의 보편적 형식이라고 하기도 합니다. 세상의 많고 많은 사물은 천태만상이고 제각각이지만 모두 하나의 보편적인 형식을 가지고 있는데, 그것이 이데아입니다. 탁자를 예로 들어봅시다. 이 세상에는 무수한 탁자가 있지만 그것들은 모두 '탁자'라고 불리고 또 모두 '탁자'이기도 합니다. 아무리 이상하고 특이한 탁자라고 해도 역시 '탁자'입니다. 따라서 '탁자'라는 이 개념은 이 세상의 모든 탁자가 공통적으로 가지고 있는 보편적인 형식이며 탁자의 이데아입니다. 마찬가지로 세상의 많고 많은 아름다운 사물이 천태만상이고 제각각이지만 그것들을 모두 '아름답다'라고 하는 이상, 그것들도 모두 하나의 보편적인 형식을 가지고 있다고 할 수 있습니다. 이 형식이 바로 '미'이며 또한 '미의 이데아'입니다. 그래서 플라톤은 미가 이데아라는 미학적 결론을 도출했습니다.

이 결론은 미의 객관성과 보편성이라는 객관 미학의 원칙을 위해 하나의 확실한 형식을 찾았습니다. 확실한 형식을 가지게 되자 객관 미학은 단단하게 발을 붙이게 되었고 서양미학사에서 2000여 년이나 강력하게 군림할 수 있었습니다. 하지만 동시에 성가신 것도 따라왔는데, '미'를 파악하는 방법을 모른다는 점이었습니다. 미가 만약 히피아스의 말처럼 아가씨, 암말, 항아리, 풍경, 음악, 무용 같은 것이라면 그런대로 파악하기가 쉽습니다. 어쨌든 그것들은 모두 확실한 '실체'니까요. 하지만 이데아는 허무맹랑한 것으로, 볼 수도 없고 만질 수도 없는데 어떻게 심미를 진행할 수 있겠습니까?

　플라톤은 심미에 이르는 길도 있다고 말했습니다. 심미에 이르는 길은 광기mania입니다. 진정한 미, 혹은 절대적 진선미는 오직 이데아의 세계에만 존재하기 때문입니다. 이데아의 세계는 영혼만이 도달할 수 있는 곳입니다. 그곳에 도달하려면 죽을 수밖에 없습니다. 그래서 살아 있는 사람이 이데아에 들어가려면 '거짓으로 죽을' 수밖에 없습니다. 이것이 바로 광기입니다. 물론 여기에서 말하는 광기란 우리가 일반적으로 말하는 병적인 광기가 아니라 신神적인 광기를 가리킵니다. 이 광기에는 세 가지가 있습니다. 고급한 것은 이지적 광기이고 저급한 것은 종교적 광기이며 이 양자 사이에 있는 것이 시적인 광기, 즉 영감靈感입니다. 영감은 시인이 광적인 상태에서 신과 교통하며 자신도 모르는 사이에 '신이 내려준 진리', 즉 '신의 느낌'을 말하는 것이기 때문에 '영감'이라고 불립니다. 그리고 '영감'이라는 단어는 아주 정확하게는 '신의 통역'이라고 번역할 수 있습니다.

　시적인 광기가 바로 예술입니다. 그래서 예술은 철학보다는 낮고 종교보다는 높습니다. 철학은 이지적 광기입니다. 철학은 철학가가 곧바로 이데아의 세계로 들어가서 이데아를 파악하는 것이며 이데아에 대해 자각적으로 파악하는 것입니다. 이데아에 대한 예술의 파악은 자각적인 것이 아니라 '신의 느낌'의 결과이기 때문에 철학보다 낮습니다. 하지만 예술은 어쨌든 '신이 내려준 진리'를 말하기 때문에 맹목적으로 신앙하는 종교적 광기보다 높습니다. 물론 여기에서 말하는 예술은 '광기의 예술'이나 '영감의 예술'을 가리키며 '모방의 예술'은 포함되지 않습니다. '모방의 예술'은 수공업자가 만들어내는 제품이기 때문에 시인의 작품과 함께 논할 수 없습니다. 플라톤이 보기에 '모방의 예술'은 진실하지 않고 부도덕하며 쓸모가 없기 때문에 근본적으로 없어져야 합니다. 여기에 대해서는 여섯 번째 강의의 제1절에서 다시 이야기하겠습니다.

앞에서 이야기한 것은 서양미학의 첫 번째 역사 단계인 고대 그리스·로마 미학 중에서도 첫 번째 고리인 '미의 연구'입니다. 여기에서 우리는 피타고라스, 소크라테스, 플라톤이 모두 '미란 무엇인가'를 둘러싸고 연구했다는 것을 쉽게 알 수 있습니다. 하지만 플라톤의 학생이었던 아리스토텔레스에 이르면 화제가 바뀌어서 '예술의 연구'로 변하는데, 그것이 바로 『시학』입니다. 거기에서 다시 플레하노프에 이르면 '미와 예술의 연구'로 변합니다. 플레하노프는 서양미학사에서 최초로 미와 예술을 하나의 미학 체계 속에 성공적으로 통일시킨 인물입니다. 하지만 우리는 오직 미학사만 이야기하는 것이 아니기 때문에 플레하노프에 관해서는 넘어가고 아리스토텔레스는 뒤에서 다른 문제를 논하면서 이야기할 것입니다. 플레하노프에 관해서는 이 책의 364쪽을 참고하기 바랍니다.

그러면 첫 번째 고리인 '미의 연구'를 봅시다. 피타고라스, 소크라테스, 플라톤의 삼중창을 통해서 우리가 볼 수 있는 것은 바로 미는 객관적이라는 공통된 기조基調입니다. 미는 피타고라스에게는 객관적 법칙이었고 소크라테스에게는 객관적 목적이었으며 플라톤에게는 객관적 이데아였습니다. 어쨌든 미는 객관적입니다. 이는 또한 전체 고대 그리스·로마 미학의 기조였으며 심지어 칸트 이전까지 서양미학의 공통된 기조였습니다.

그리고 이후의 미학가들 또한 확실히 기본적으로는 이들의 범주를 벗어나지 않았으며, 이들의 길에서 도망치지 않았습니다. 그들은 사물의 객관적 속성으로부터 답을 찾았거나(피타고라스의 방식), 사물의 객관적 관계에서 답을 찾았거나(소크라테스의 방식), 미를 일종의 객관적 정신으로 귀결시켰습니다(플라톤의 방식). 하지만 객관 미학의 멜로디를 부르고 또 부르다 보니 더 이상 부를 수가 없게 되었습니다. 왜 그랬을까요? 이것이 바로 우리가 토론하려고 하는 문제입니다.

주관 미학으로 나아가다

먼저 피타고라스, 소크라테스, 플라톤 이 세 사람을 살펴봅시다. 피타고라스는 확실한 객관 미학파입니다. 그에게 미는 수와 수의 조화였습니다. 수보다 더 객관적인 게 있을까요? 수는 객관에 그치는 정도가 아니라 측량도 할 수 있습니다. 그래서 피타고라스는 미학사상 최초의 객관파이자 가장 철저한 객관파입니다.

하지만 소크라테스는 말하기가 쉽지 않습니다. 표면적으로는 객관파처럼 보입니다. 미는 적합한 것이고 쓸모 있는 것이며, 관계에 있고 목적에 있다고 한 그의 주장은 모두 객관적입니다. 하지만 미가 적합한 것이고 쓸모 있는 것이라고 한다면 과연 누구에게 적합해야 하고 누구에게 쓸모가 있어야 하는지를 묻지 않을 수 없습니다. 물론 사람입니다. 미가 관계에 있고 목적에 있다면 또 누구와 관계가 있고 누구의 목적이 있는 걸까요? 역시 사람입니다. 그렇다면 사람의 목적은 주관적일까요, 아니면 객관적일까요? 적합하다, 적합하지 않다는 것은 주관적일까요, 아니면 객관적일까요? 플라톤은 이데아란 더 이상 객관적일 수 없을 정도로 객관적이며 '영원히 스스로 존재하는 것'이자 '천국의 최고의 선이며 최고의 미'라고 말했지만, 이데아는 오직 플라톤의 머릿속에만 존재하는 것일 뿐 결코 객관적으로 존재하지 않습니다.

사실상 고대 그리스·로마의 객관 미학은 소크라테스에게서 이미 미묘한 변화를 일으켰습니다. 그 변화란 미를 사물의 속성에서 인간과 사물의 관계로 바꾸었다는 것입니다. 속성은 객관적입니다. 길이, 너비, 높이, 부드러움, 딱딱함, 차가움, 더움은 모두 객관적이며 측량할 수 있는 것입니다. 그러나 관계는 말하기가 쉽지 않습니다. 그리고 소크라테스가 보기에 '미'라고 부를 수 있는 관계는 '선'이기도 했습니다. 그는 아름다운 것은 선한 것이라고 말했습니다. 아름다운가, 아닌가는 그것이 자신의 목적을 위해 제대로 활동하고 있는가를 보아야 했습니다. 제대로 활동하면 선한 것이고 아름다운 것이며, 그렇지 못하면 악한 것이고 추한 것이었습니다. 이렇게 되자 이것들은 이미 대단히 주관적인 기준이 되어버렸습니다.

원래의 길에서 꺾어진 이 길은 확실히 아주 크게 휘어버렸습니다. 여기에서 미학의 눈길은 이미 사물(수와 수의 조화)에서 인간(관계, 목적)으로 방향을 바꾸었습니다. 바로 카시러가 말했던 것처럼, 소크라테스와 소크라테스 이전의 사상을 구분 짓는 표지는 바로 인간의 문제에 있습니다. 소크라테스는 '과거의 모든 문제들이 모두 새로운 이성의 중심을 지향했기 때문에 새로운 눈길로 다루었습니다.' 그것이 인간입니다. 그래서 카시러는 소크라테스의 철학을 '엄격한 인간학적 철학'이라고 말했습니다. 하지만 이런 인간학적 철학은 여전히 객관주의의 형식으로 출현했습니다. 인간의 목적성은 객관적인 목적이자 신의 목적이라고 간주되었습니다. 그리고 현실의 인간의 목적성은 신의 목적에 부합할 때만이 선한 것이고 미적인 것이었습니다. 이 점에 대해서는 다음에 다시 말할 것입니다.

마찬가지로 객관 미학에서 주관 미학으로의 전환은 이때까지 약간의 추세만 있었을 뿐이었습니다. 미는 여전히 의심할 여지없이 객관적인 것이라고 간주되고 일컬어졌습니다. 이것은 결코 이상한 일이 아니었습니다. 미학이라는 나무는 그때 막 싹을 틔웠으니까요. 싹을 틔우고 성장해서 꽃을 피우고 열매를 맺으려면 시간이 흘러야 하고 비바람도 맞아야 했던 것입니다.

자, 시간은 훌쩍 뛰어넘어 이제 18세기가 되었습니다.

너무 빠른가요? 하지만 빨리 넘어가지 않을 수 없습니다. 벌써 참기 힘들어하는 학생들이 생기기 시작했으니까요. 이런 무미건조한 철학적 문제들은 확실히 졸리긴 합니다. 하지만 곧 재미있는 일들이 있을 테니 조금만 참아주기 바랍니다. 플라톤에서부터 18세기까지의 시기 중에서 뛰어넘은 부분은 이후 수업에서 보충될 것입니다.

18세기에는 버크라는 중요한 미학가가 있었습니다. 버크는 아주 재미있는 사람입니다. 그 이유는 그가 객관 미학이 어쩔 수 없이 주관 미학을 향했다는 점을 완전히 드러냈기 때문입니다. 버크는 학술적으로 영국 경험론파에 속했습니다. 그래서 그는 영국 경험론파의 다른 미학가들과 마찬가지로 피타고라스의 방식을 따랐고 사물의 객관적 속성에서 해답을 찾았습니다. 하지만 이미 피타고라스에서 20여 세기가 흐른 뒤였기 때문에 영국 경험론파는 피타고라스학파에 비해 훨씬 뛰어나고 정교했습니다. 그래서 먼저 영국 경험론파 철학을 개략적으로 설명할까 합니다.

영국 경험론파 철학은 베이컨과 홉스에서 시작되었고 로크가 체계화했습니다. 로크가 피타고라스보다 뛰어나고 정교한 부분은 사물의 속성을 분류했다는 데 있습니다. 첫 번째 종류는 사물의 연장延長, 형태, 크기, 운동, 수를 포함해서 '일차 감각 성질'이라고 불렀습니다. 두 번째 종류는 색, 소리, 냄새, 맛 등으로 '이차 감각 성질'이라고 불렀습니다. 이렇게 분류한 기준은 조금만 생각해보면 쉽게 알 수 있습니다. '일차 감각 성질'은 순純 객관적인 것으로, 측량할 수 있는 것들입니다. 반면 '이차 감각 성질'은 조금 어렵습니다. 색깔이 보기 좋은지 아닌지, 소리가 듣기 좋은지 아닌지, 냄새가 향기로운지 아닌지는 자로 재거나 저울로 달아볼 수도 없고 사람의 감각에 근거해서 판단해야 하는데, 감각은 또 사람에 따라 다릅니다. 그래서 어느 정도 주관성을 가질 수밖에 없습니다.

샤프츠버리와 허치슨은 버크의 방법론을 미학에 적용했습니다. 그들은 미란 곧 '이차 감각 성질'이라고 생각했습니다. 색깔이 보기 좋은지 아닌지, 소리가 듣기 좋은지 아닌지, 냄새가 향기로운지 아닌지, 아가씨가 예쁜지 아닌지 하는 것은 사람들의 감각에 근거해서 판단해야 합니다. 똑같은 소리에 대해서 듣기 좋다고 하는 사람도 있고 듣기 싫다고 하는 사람도 있습니다. 동일한 아가씨에 대해서도 예쁘다고 말하는 사람이 있고 예쁘지 않다고 말하는 사람이 있습니다. 그래서 미는 '이차 감각 성질'입니다.

그렇다면 미라는 이 '이차 감각 성질'은 어떤 감각에 근거해서 파악해야 할까요? 샤프츠버리는 그것을 '심안心眼'이라고 했고 허치슨은 '제6감'이라고 말했습니다. 왜냐하면 색채, 소리, 냄새, 맛, 질감이라는 이 '이차 감각 성질'은 시각, 청각, 후각, 미각, 촉각이라는 다섯 종류의 감각에 근거해서 파악되기 때문입니다. 미는 '이차 감각 성질'에 속하지만 '미각美覺'이라는 감각이 없는 이상, 피타고라스가 '반대지구'를 만들어낼 수밖에 없었던 것처럼 허치슨도 '제6감'을 발명했던 것입니다. 참 우스운 일이지만 이것은 객관 미학이 실제로는 이미 더 이상 어찌할 수 없는 막다른 골목으로 들어섰음을 의미합니다.

버크는 '제6감'에 동의하지 않았습니다. 그는 이런 주장은 근거가 없으며, 해부학도 미학을 도와줄 수 없다고 보았습니다. 버크는 미감의 근원을 그가 '일반 사회생활의 정감'이라고 불렀던 사회정감에서 찾아야 한다고 생각했는데, 그 사회정감이란 사랑이고 동정입니다. 이에 따라 그는 미란 바로 '물체 중에서 사랑이나 그와 유사한 정감을 일으킬 수 있는 어떤 성질과 어떤 성질들'이라고 하는 미에 관한 정의를 도출했습니다.

겉으로 볼 때 버크 역시 객관 미학파이며 피타고라스파입니다. 그는 미를 사물의 속성이며, '물체 중의 어떤 성질과 어떤 성질들'이라고 인식했기 때문입니다. 하지만 만약에 이렇게만 말했다면 뭐 희귀하거나 신선할 것도 없습니다. 이런 주장은 이미 오래전부터 있었으니까요. 하지만 버크는 진지해서 사랑스러운 사람이기도 했습니다. 진지한 사람은 어떤 면에서는 사랑스럽지 않습니까? 그렇다면 버크의 어떤 점이 사랑스러울까요? 그는 중국의 많은 미학가들처럼 교활하게 둘러대지 않고 '미는 객관적인 것이다'라고 말하고는 그만이었습니다. 그는 미를 '물체 중의 어떤 성질과 어떤 성질들'이라고 인식했을 뿐만 아니라 이런 성질들을 일일이 말하려고 했습니다. 가령 작고 정교함, 매끄러움, 서서히 변화함, 모나지 않음, 연약함, 그리고 색채가 선명하면서도 강렬하지 않음 등등과 같이 말입니다.

하지만 이것은 칼자루를 상대에게 넘겨준 꼴이 되고 말았습니다. 버크는 미학사상 가장 많은 비난을 받았습니다. 미가 작고 정교함이라고 했나요? 그렇다면 파리는 작고 정교한데 어째서 아름답지 않지요? 미가 매끄러운 거라고요? 대머리도 아주 매끄러운데 어째서 아름답지 않을까요? 다시 말해서 매끄러운 것이 물론 아름다울 수 있지만 그렇다고 해서 거친 것이 반드시 아름답지 않다고 할 수는 없습니다. 화강암은 거칠수록 좋으니까요. 그리고 작고 정교한 것은 아름답지만 거대한 것 역시 아름답지 않다고 할 수 없습니다. 만약 반드시 작고 정교해야만 아름답다고 한다면 설마 건물은 쓰레기통보다 못할까요? 버크가 말한 작고 정교함, 매끄러움, 연약함이 모두 미가 맞다고 치더라도 그것은 단지 서양 사람들이 생각하는 동양 여성의 미처럼 미의 일종일 뿐입니다.

하지만 우리는 어쩌면 버크를 오해하고 있는 건지도 모릅니다. 그는 미가 곧 작고 정교함, 매끄러움, 서서히 변화함, 모나지 않음이라고 생각할 정도로 어리석지 않았습니다. 또 그는 이런 몇 가지 '속성'을 가져다가 '미가 무엇인가'라는 이 천고의 난제를 단번에 해결할 수 있다고 기대하지도 않았습니다. 그는 다만 예를 들었을 뿐입니다. 그리고 이 몇 가지 예들로 '사랑스런 성질'을 설명하려고 했을 뿐입니다. 그렇다고 한다면 여기에는 당연히 문제가 없습니다. 작고 정교함, 매끄러움 등등은 언제나 상대적으로 사랑스런 편이니까요. 이른바 상대적이란 동일한 대상과 동일한 사물을 두고 하는 말입니다. 가령 매끄러운 유리는 매끄럽지 않은 유리보다 좋고, 강아지는 늙은 개보다 사랑스럽지 않습니까? 우리가 강아지를 쓰다듬을 때는 강아지의 털이 매끄러운 것을 좋아하지 않습니까? 남성들은 여자 친구를 '새끼고양이'라고는 불러도 '암소'라고는 부르지는 않지요.

그래서 작고 정교함, 매끄러움 등은 언제나 상대적으로 사랑스러운 편입니다. 사랑스러운 것에 대해서는 사람들이 아름답다고 느끼기가 쉽습니다. 사랑스러운 '새끼고양이' 같은 그녀는 볼수록 예쁘지 않습니까? 그래서 버크는 어떤 사물이 가지고 있는 '미의 성질'은 그 사물의 '사랑스런 성질'이라고 생각했던 것입니다. 이와 반대로 거대함, 강력함, 어두움, 빔, 장려함, 무한함 같이 '숭고한 성질'은 '두려운 성질'입니다.

우리가 일반적으로 말하는 미는 우아미를 가리키는 것으로, 서양미학사에서는 숭고와 상대적입니다. 숭고는 두려운 성질이며 미는 사랑스러운 성질로 표현됩니다. 따라서 미는 바로 물체 중에서 사랑이나 사랑과 유사한 정감을 일으킬 수 있는 어떤 성질과 성질들입니다. 바꿔 말하면 어떤 사물이 아름다운가 아닌가 하는 것은 그것이 사랑이나 사랑과 유사한 정감을 일으킬 수 있는가 아닌가를 보고, 미는 사랑이나 사랑과 유사한 정감에 근거해서 증명한다는 말입니다. 그렇다면 우리는 사랑과 정감이 주관적인 것인지 아니면 객관적인 것인지를 생각해봐야 합니다. 물론 사랑과 정감은 주관적입니다. 그러면 주관에 의거해야 비로소 증명될 수 있고 성립될 수 있고 존재할 수 있는 미가 객관적인 것일 수 있을까요?

그래서 객관 미학은 늘 불가피하게 주관 미학을 향해 걸어갑니다. 가고 또 가다보면 지나쳐 버려서 자신도 그 사실을 느끼지를 못합니다. 사실 버크 이전에 샤프츠버리와 허치슨이 이미 이런 경향을 보였습니다. 샤프츠버리와 허치슨이 말한 '제6감'은 인류가 선천적으로 가지고 있는 미추선악을 변별하는 능력을 가리킵니다. 그 능력이 대상에게 미적 성질을 부여합니다. 다시 말해서 어떤 물건이 아름다운 이유는 결코 그것이 '미의 속성'이나 '미의 이데아'를 가지고 있어서가 아니라 사람이 그것에서 미를 느끼기 때문입니다. 그것의 미는 사람이 그 사물에게 부여한 것이고 사람의 미감(제6감)이 부여한 것입니다. 그래서 '물체 속에는 결코 미의 근원이 없'으며 '진정한 미는 아름답게 만드는 사람이지 아름답게 만들어지는 사물이 아닙니다'. 이것이 주관 미학이 아니면 무엇이겠습니까?

버크와 대체로 동시대였던 흄은 더욱 시원스레 주관 미학의 큰 깃발을 내걸었습니다. 그는 "미는 사물 자체의 속성이 아니라 감상자의 마음속에만 존재하는 것이다"라고 분명하게 선포했습니다. 예를 들어 원형圓形의 미는 원형이 "사람의 마음속에서 만들어내는 효과"일 뿐입니다. "만약 여러분이 이 원 자체에서 미를 찾으려고 한다면 감관을 사용하든지, 아니면 수학적 추리를 사용하든지 간에 모두 헛수고입니다." 그래서 "사람들마다 마음속에서 서로 다른 미를 보게 됩니다. 어떤 사람은 추라고 느끼지만 다른 사람은 미라고 느낄 수 있습니다." 미는 주관적인 것입니다.

하지만 흄은 여전히 미에는 기준이 있다고 생각했습니다. 사람의 마음은 다 다르지만 인성은 서로 같기 때문입니다. 영혼이 가장 아름다운 사람들의 일치된 판결이 "바로 심미취미와 미의 진정한 기준"입니다. 하지만 이런 '객관성'은 이미 그다지 객관적이지 않게 되었습니다. 게다가 그의 이런 주장 역시 논란의 여지가 있습니다. 어떤 사람이 '가장 영혼이 아름다운가' 하는 문제가 그렇지요.

신학적 목적론으로 나아가다

객관 미학의 두 번째 문제는 그것이 결국은 불가피하게 신학적 목적론을 향해 나아가야 했다는 것입니다.

소크라테스에 대해 말해봅시다. 앞에서 이미 소크라테스의 미학적 관점이 '미는 곧 적합이다'라고 밝힌 바 있습니다. 예를 들어 창은 진격에는 적합하지만 방어에는 적합하지 않으며, 방패는 그와 반대입니다. 그래서 적합성은 상대적이며 심지어 주관적이기까지 합니다.

하지만 이것은 단지 우리의 이해일 뿐 소크라테스는 결코 이렇게 생각하지 않았습니다. 그가 보기에 현실 속의 적합은 당연히 상대적인 것이지만 일체의 상대적인 적합을 초월한 절대적 적합이 있었습니다. 그것은 바로 인간과 신의 적합 혹은 인간과 신의 목적의 부합입니다. 그리고 현실의 인간의 목적성은 신의 목적에 부합할 때에만 비로소 선하고 아름다우며, 비로소 선할 수 있고 아름다울 수 있습니다. 따라서 인간의 주관적인 적합은 실제로는 객관적인 것으로 신의 목적에 부합할 뿐이며, 인간의 입장에서 보면 단순히 쓸모 있는 것이지만 신에게는 예술품과 같은 조화입니다. 어쩐지 이 세상의 모든 것이 이렇게 적합하다 했더니 원래 모두 신의 목적을 구현했던 것입니다.

이렇게 해서 원래 주관에 속하는 것(적합)이 객관적인 것으로 변했습니다. 자칫 주관으로 향할 뻔했던 미학이 새로이 객관의 옥좌로 돌아갔는데, 이것은 정말 '절묘한 논리'가 아닐 수 없습니다.

그들이 이렇게 한 것은 당연합니다. 이렇게 하지 않았다면 자신의 학설을 그럴 듯하게 끼워 맞추기가 힘들었을 테니까요. 객관론을 견지하는 것은 정말 쉽지 않습니다. 내가 알기로 여기에는 적어도 두 가지 난제가 있습니다. 첫째는 미가 무엇인지를 확실하게 말할 수 있어야 합니다. 미가 객관적이라고만 말해서는 안 되고, 객관적인 무엇인지를 확실하게 말해야 합니다. 만약에 미가 주관적이라고 한다면 이 문제는 비교적 쉽게 해결할 수 있는데, 미는 일종의 감각 운운하며 대처할 수 있습니다.

둘째는 미의 내력을 분명하게 말해야 한다는 것입니다. 단지 미는 객관적인 무엇이라고만 해서는 안 되고 그것이 어디에서 왔으며 어째서 미인지를 분명하게 말해야 합니다. 만약 미가 주관적이라고 한다면 이 문제는 또 비교적 해결하기가 쉽습니다. 가령 못생긴 오리 새끼가 왜 아름다운지 묻는 질문에 '제 눈에 안경'이라고 대답하면 되니까요. 하지만 객관 미학을 견지하기는 매우 곤란합니다.

고대 그리스의 객관 미학가들은 첫 번째 문제에 대해서는 미는 수와 수의 조화다, 미는 적합이다, 미는 이데아다 등과 같이 대답을 했기 때문에 문제라고 생각하지 않았습니다. 그들에게 문제는 미가 어디에서 오는가, 미는 왜 미인가 하는 데에 있었습니다. 그들은 여기에 많은 에너지를 소모했습니다.

아리스토텔레스는 '과학'적 노력을 기울였습니다. 플라톤이 소크라테스의 학생이었던 것처럼 아리스토텔레스는 플라톤의 학생이었습니다. 아리스토텔레스의 가장 유명한 말은 바로 "나는 내 스승을 사랑하지만 진리를 더욱 사랑한다"라는 말입니다. 그래서 그의 미학은 방법과 관점을 막론하고 스승이었던 플라톤과 아주 다릅니다.

아리스토텔레스는 냉정한 이성주의자입니다. 그의 결론은 모두 과학적 연구와 논리적 추리를 통해 도출되었습니다. 동시에 그는 현실적인 경험주의자이기도 합니다. 따라서 그는 플라톤의 "당연히 그럴 것이다"라는 말을 믿지 않았습니다. 그는 잘 갖추어진 자신의 과학적 연구 방법을 가지고 있었습니다. 그 방법은 우선 이데아라고 하는 것들은 믿을 수 없다고 생각하는 것이었습니다. 믿을 수 있는 것은 감각적이고 구체적인 개별 사물이었습니다. 아리스토텔레스는 그것들을 '제1실체'라고 불렀습니다. 과학적 연구는 당연히 '제1실체'에서 출발하고 그런 다음에 그것의 원인을 찾으며, 그렇게 해서 전체 우주의 현실 형상을 구성해야 했습니다. 아리스토텔레스의 이 방법은 대단히 과학적이라고 할 수 있습니다.

그렇다면 사물의 원인은 무엇일까요? 아리스토텔레스는 사물의 원인에는 크게 두 종류가 있다고 말했습니다. 하나는 질료인質料因이고 또 하나는 형상인形象因입니다. 형상인에는 운동인運動因과 목적인目的因이 포함됩니다. 이렇게 해서 사물의 원인에는 질료인, 형상인, 운동인, 목적인 네 가지가 있습니다. 예를 들어 여기에 플라스틱으로 만든 페트병이 하나 있다고 합시다. 플라스틱은 질료고 병은 형상입니다. 형상은 분명히 질료보다 중요합니다. 왜냐하면 우리는 그것을 플라스틱이 아니라 병이라고 부르기 때문입니다. 병이 우선이고 그다음이 페트병이나 유리병입니다. 그래서 형상인이 가장 중요한 원인입니다. 적극적이고 능동적인 형상이 있어야만 동력을 일으키고 목적을 실현하며 질료를 규격화할 수 있습니다. 그래서 형상인이 가장 중요합니다.

형상은 또한 질료보다 한 등급 위입니다. 가령 벽돌은 진흙으로 만듭니다. 진흙을 놓고 말하면 벽돌은 형상입니다. 벽돌은 진흙보다 상급이기 때문에 형상은 질료보다 등급이 높습니다. 하지만 집으로 말하자면 벽돌은 질료이고 집이야말로 형상입니다. 형상과 질료는 부단히 상승하는 서열 속에 놓여 있다고 볼 수 있습니다. 저급한 사물의 형상은 고급한 사물의 질료이며 그것들은 또 모두 한 등급이 더 높은 형상을 가지고 있습니다. 이렇게 한 등급 한 등급씩 따져가다 보면 반드시 최고의 절대 형상이 있습니다. 운동인으로서의 최고 절대 형상은 '제1의 추동력'이며, 목적인으로서의 최고 절대 형상은 '최종 목적'입니다. 그것은 모든 형상의 형상, 모든 동력의 동력, 모든 목적의 목적이며 그 자체는 틀림없이 질료가 없는 것으로, '순수 형상'입니다. 그렇다면 그것은 무엇일까요? 혹은 그것은 무엇이어야 하며 무엇일 수밖에 없을까요?

아리스토텔레스에게는 신이었습니다.

신은 최고의 형상이고 모든 형상의 형상으로, 이 말은 곧 신이 가장 위대한 예술가라는 말과 같습니다. 왜냐하면 예술은 다른 것이 아니라 질료에 형상을 부여한 것이기 때문입니다. 예를 들어 진흙은 본래 한 푼의 가치도 없습니다. 하지만 진흙공예가가 그것을 주무르고 나면 약간의 돈을 받고 팔 수 있는 것이 됩니다. 만약에 예술가가 주무른다면 아주 많은 돈을 받을 수 있습니다. 예술가가 진흙에 형상을 부여하면 그것은 예술품으로 변하기 때문입니다. 예술은 곧 질료에 형상을 부여하는 것이며 이 형상을 통해 인간의 목적을 실현합니다.

따라서 무릇 형상의 부여를 통해 목적을 실현하는 활동이 바로 예술입니다. 이것은 고대 그리스인의 예술관이기도 합니다. 고대 그리스에서는 조각과 회화가 예술이었고 공예와 기교도 예술이었을 뿐 아니라 정치와 법률조차 예술이었습니다. 나중에 그것들을 구별하기 위해 조각, 회화, 음악 등을 '미의 예술'이라고 부르고 그 밖의 것들은 '실용예술'이라고 불렀습니다.

하지만 아무리 위대한 예술가라고 하더라도 신에 비할 수는 없습니다.

신은 모든 형상을 부여한 존재고 신의 목적은 최고의 목적이기 때문입니다. 게다가 신은 자신의 목적을 그야말로 완벽하게 실현했습니다. 그래서 신은 가장 위대한 예술가입니다. 우주 만물은 신의 예술품이며 인간은 신이 만든 예술품 중에서 가장 우수한 것이고 신의 최고의 회심작입니다. 인간은 신과 마찬가지로 예술 창작에 종사할 수 있으니까요. 물론 인간의 예술은 신과 비교할 수 없지만 동물 같은 것들에 비하면 수준이 훨씬 높습니다. 인간의 예술은 신의 예술을 모방할 수 있으며 신의 목적을 구현할 수 있으니까요. 신의 목적은 바로 조화이며, 이 세상 모든 사물의 조화로운 발전이며, 유기적인 연계입니다. 이 역시 미입니다.

확실히 미는 신의 목적, 혹은 신의 목적의 실현이라고 할 수 있습니다. 예술품이 그렇고 사람도 그렇습니다. 그것들이 신의 목적을 실현했기 때문에 미야말로 비로소 예술이고 예술품입니다. 신은 객관적인 것이고 신의 목적 또한 객관적인 것이기 때문에 미는 객관적인 것입니다.

자, 어떻습니까? 객관 미학이 신학적 목적론을 향해 나아갔지 않습니까?

실제로 여러분이 미를 객관적인 것이라고 규정하고, '소의 머리를 걸어놓고 돼지고기를 파는' 객관론이 아니라 여러분의 이론을 좀 더 철저하게 하고자 한다면 오직 두 갈래 길 외에는 다른 어떤 출로도 없습니다. 이 두 갈래 길이란 바로 주관론을 향해 나아가거나 신학적 목적론을 향해 나아가는 것입니다. 그 이유는 미가 주관적인 것이라고 한다면 미에 대해서 사회학적 해석과 심리학적 해석을 할 수 있기 때문입니다. 하지만 미가 객관적인 것이라고 인정을 하고 또 그것이 어떻게 된 일인지를 확실하게 말하려면 과학적 해석을 하지 않으면 안 됩니다.

안타깝게도 과학은 만능이 아닙니다. 행복, 자유, 미와 같은 것들은 과학이 해석할 수 없습니다. 행복, 자유, 미는 측량할 수 없을 뿐 아니라 화학 분석을 할 수도 없으니까요. 산의 높이가 얼마고 꽃의 붉기가 얼마이며 사과의 당도가 얼마나 되는지는 말할 수 있지만, 데이터를 가지고 그것들이 아름답다는 것은 증명할 수 없습니다. 세계에는 미의 원자, 미의 분자, 미의 세포, 미의 도량형이란 없으며 행복의 분자, 자유의 분자도 없습니다. 이것들은 과학이 해석할 수 있는 문제가 아닙니다.

과학이 안 된다면 철학은 어떨까요? 철학은 가능합니다. 행복, 자유, 미는 바로 철학의 문제니까요. 다만 여러분이 그것들이 객관적이라고 말하려면 마찬가지로 그것들이 객관적인 무엇이며 이 객관적인 무엇은 어디에서 온 것이고 왜 본래 그곳에 있었는가와 같은 물음에 대답해야 합니다. 자연미를 가지고 말해봅시다. 자연미는 객관 미학에서 아무리 해도 풀기 힘든 옭매듭 같은 것입니다. 옭매듭이라고 하는 이유는 객관 미학을 주장하는 사람은 자연미가 객관적이 아닐 수 있다는 것을 아무리 해도 납득할 수 없기 때문입니다.

어떤 객관파 미학가가 나에게 "인류가 탄생하기 이전에도 눈부신 태양, 찬란한 아침노을, 아름다운 봄 경치는 당연히 객관적으로 존재하고 있었겠지요?"라고 아주 당당하게 질문을 합니다. 나는 이렇게 대답합니다. "인류가 탄생하기 이전에도 태양, 아침노을, 봄 경치는 분명 객관적으로 존재하고 있었습니다. 하지만 그것들이 눈부시고 찬란하고 아름다웠는지는 모르겠습니다. 눈부시고 찬란하고 아름답다는 것은 모두 인간의 느낌이니까요. 자연계는 눈부신지 아닌지, 찬란한지 아닌지, 아름다운지 아닌지에 신경을 쓰지 않습니다. 만약 당신이 자연계에 원래 그런 평가가 있었다고 생각한다면 당신은 나에게 그것이 어떻게 원래부터 그런 평가가 있었는지를 설명해주어야 합니다. 마찬가지로 만약 당신이 자연미가 객관적이라는 주장을 견지하려면 당신은 객관적인 자연미가 어떻게 생성되었고 도대체 어디에서 온 것인가에 대해 대답을 해야 합니다"라고 말입니다.

객관적인 자연미는 어디에서 온 것일까요? 자연계란 본래 아름다운 것이라고 말해서는 안 됩니다. 그런 말은 문제에 대답하지 않은 것이나 마찬가집니다. 왜냐하면 어떤 결론이 본래 맞는 것이고 어떤 일이 본래 좋은 것이라는 말은 어떤 연구도 하지 않겠다는 것과 같기 때문입니다. 오직 문화대혁명 시기에만 사람들이 '문화대혁명은 그냥 좋은 것이다, 그냥 좋은 것이다, 그냥 좋은 것이다'라며 논리를 전혀 따지지 않았습니다.

우리는 이렇게 말해서는 안 되고 논리를 따져야 하지 않을까요? 논리를 따지기란 정말 쉽지가 않습니다. 과학은 우주의 기원, 지구의 기원, 생명의 기원, 인간의 기원에 대해서는 대답할 수 있지만 미의 기원에 대해서는 대답을 할 수 없으며, 왜 우주가 아름답게 보이고 지구가 아름답게 보이며 생명이 아름답게 보이고 인간이 아름답게 보이는지에도 대답할 수가 없습니다. 여러분이 보기에 자연계는 분명 아주 아름답고 조화로울 것입니다. 하늘에는 해와 달이 있고 땅에는 산과 개울이 있으며 이른 새벽에는 눈부시게 아름다운 새벽노을이 있고 밤중에는 휘영청 밝은 달이 있습니다. 낮이 지나가면 어두운 밤이 오고 겨울이 지나가면 봄이 오며 아침과 저녁, 일 년 사계절은 제각각 모두 다른 모습으로 나타납니다. 이런 것들은 대단히 조화로울 뿐만 아니라 우리를 지겹게 하지도 않습니다. 누가 이처럼 질서정연하게 조종할 수 있겠습니까? 신입니다.

그래서 라이프니츠는 세계는 조화롭고 완벽한 시계이고 신은 시계공이라고 말했습니다.

신만이 적절히 배치할 수 있고 신만이 해석할 수 있으며 신만이 객관미학을 도와줄 수 있습니다. 드라마주제가에서 노래하는 것처럼 "하늘에는 태양이 있고 물속에는 달이 있네. 나는 모르겠네, 나는 모르겠어, 정말 모르겠다"입니다. 정말로 나는 자연계가 어떻게 그렇게 다양하고 신기한 미를 가지고 있는지를 알지 못하며, 왜 동해에 북을 두드리는 것과 같은 힘찬 파도소리가 있고 뤼산^{廬山} 산에 시와 같은 정취가 있는지를 알지 못하며, 왜 "바람이 숲을 스치며 내는 소리가 마치 피리를 불고 거문고를 탈 때 나는 소리처럼 조화롭기 그지없고 샘물이 돌에서 솟아나는 소리가 마치 구슬이나 종을 두드리는 소리처럼 조화로운지"를 알지 못합니다. 마찬가지로 나는 객관 미학의 범위 내에서 이런 모든 것들이 신의 창조와 조종으로 귀결되지 않는다면 다른 어떤 출로가 있는지도 모릅니다.

출로를 찾지 못했으면서도 신에게로 귀결하려 하지 않거나 신에게 귀결될 수 없다면 또 어떻게 해야 할까요?

막다른 골목으로 들어갈 수밖에 없을 것입니다.

막다른 골목으로 들어가다

실험미학을 예로 들어보겠습니다.

실험미학은 아마 객관 미학에서 최후의 '원시 부락'일 것입니다. 그리고 그들은 첫 번째 '원시 부락'이었던 피타고라스학파와 마찬가지로 미를 사물의 속성으로 결론지었습니다. 하지만 그들은 다소 '과학적'이었습니다. 그들은 엉터리로 추측을 한 것이 아니라 실험을 했으니까요. 그들이 사용한 구체적인 방법은 피실험자들을 실험실로 불러서 한 문제씩 한 문제씩 질문을 하는 것이었습니다. 내 추측으로는 실험이 외부의 간섭을 받지 않도록 하기 위해서, 즉 실험의 객관성을 확보하기 위해서 실험실은 당연히 외부와 차단되었고 엄숙했으며 잡다한 장식품들이 없어서 취조실과 흡사했을 것인데 다만 다른 점이 있다면 '솔직히 자백하면 관대하게 처리하고 반항하면 엄벌에 처한다'와 같은 표어는 없었을 것입니다.

실험미학가들은 피실험자들에게 몇 가지 물건을 보여주었습니다. 그 물건들이란 빨간색, 노란색, 푸른색, 녹색, 직선, 곡선, 직사각형, 정사각형, 삼각형, 원형과 같은 순수한 도형과 색깔들이었습니다. 이것 역시 실험의 '과학성'과 '객관성'을 확보하기 위해서였습니다.

만약 그들에게 보여준 원형이 순수한 도형이 아니라 여자 아이의 얼굴이었다면 사정은 좀 복잡해지지 않았겠습니까? 만약 순수한 타원형이라면 피실험자들은 아주 객관적이라는 느낌을 받을 것입니다. 실험미학가는 이런 도형과 색을 피실험자들에게 보여주고 어떤 것이 아름답고 어떤 것이 아름답지 않은지를 물었습니다. 이렇게 해서 약간의 데이터를 얻은 다음에 가장 높은 점수를 근거로 삼았습니다. 여기에서 일반적인 통계 처리 방법처럼 최고 점수와 최하 점수를 버린 것이 아니라 최고 점수를 취했다는 점은 다소 문제의 여지가 있어 보입니다. 어쨌든 많은 데이터가 모이자 결론도 도출되었습니다. 가령 피실험자들은 타원형이 원형보다 아름답다고 생각했으며, 가장 추하다고 느낀 것은 아주 가늘고 기다란 직사각형이었고 황금분할비를 가장 좋아했다는 것 등이었습니다.

나는 이들 미학가들이 진지하다는 점을 조금도 의심치 않습니다. 하지만 나는 그들이 진지하게 헛소리를 지껄이고 있다고 생각합니다. 왜냐하면 여태껏 심미 활동에는 추상적인 타원형과 직사각형이 없었기 때문입니다. 모든 타원형과 직사각형은 구체적인 어떤 물건입니다. 타원형 쟁반은 아마도 아름답겠지만 타원형의 자라는 반드시 아름답다고 할 수 없습니다. 공금 처리를 해주어야 하는 영수증에 찍힌 도장들은 모두 타원형인데 돈을 지불해야 하는 사장에게는 어째서 아름답지 않을까요? 반대로 성조기에는 가늘고 기다란 직사각형이 아주 많이 있습니다. 실험미학가들의 논리에 따르면 미국인들은 모두 '미를 구별하지 못하는 미맹美盲'이 아닐까요?

다시 말해서 하나의 형상, 하나의 색깔이 아름다운가 아닌가는 그것이 어느 곳에 사용되었는지를 보고 무엇과 어우러지며 어떻게 어우러지는지를 보아야 합니다.

빨간색은 녹색과 어우러지면 예쁘지 않습니다. 하지만 '푸른 숲 속의 한 점 붉은색'은 아주 보기가 좋습니다. 또 빨간색이 파란색과 어우러지면 개도 싫어할 정도로 보기 싫습니다. 하지만 파란 바다 위의 붉은 일출은 아주 장관입니다. 미는 고립적으로 존재할 수 없습니다. 예를 들어 관우關羽의 수염은 아름답습니다. 그래서 관우를 멋진 수염을 가진 사나이라는 뜻의 미염공美髥公이라는 별칭으로 부르지 않습니까. 측천무후의 눈썹은 아름답습니다. 당나라의 시인 낙빈왕駱賓王은 그녀를 비난하는 글에서 "입궁을 하자 질투를 하며 아름다운 눈썹이 남에게 뒤질세라 오만한 기색을 드러내었다. 소매로 얼굴을 가린 채 남을 비방하고 애교를 떨어 결국에는 임금을 미혹시켰다"라고 했을 정도입니다. 여기에서 측천무후의 눈썹이 매우 아름답다는 것을 알 수 있습니다. 하지만 관우의 수염과 측천무후의 눈썹을 서로 맞바꾼다면 어떻게 될까요?

음, 실험미학이 이처럼 동분서주하며 열심히 노력했지만 무슨 쓸모가 있습니까? 기껏해야 객관 미학이 이미 기량을 다했다는 사실을 입증했을 뿐이었습니다.

이번에는 중국의 객관 미학파를 이야기해보겠습니다. 1950~60년대에 중국미학계에는 객관파에 속하는 사람이 아주 많았습니다. 당시에는 미가 객관적이라는 주장은 유물론이고, 미가 주관적이라는 주장은 관념론이라고 간주하는 관념이 있었기 때문입니다. 유물론은 좋은 사람이고 관념론은 나쁜 사람이었습니다. 모두들 좋은 사람이 되고 싶었기 때문에 다들 미는 객관적이라고 말했던 것입니다.

하지만 진정으로 철저한 객관파는 딱 한 사람 차이이였습니다. 나는 그를 대단히 존경합니다. 그는 중국에서 첫 번째 미학가라고 불릴 자격을 가진 사람이라고 생각합니다. 중국의 미학가들 중에서 나는 특별히 두 사람을 존경하는데 한 사람은 차이이, 또 한 사람은 쭝바이화宗白華입니다. 쭝바이화의 저술은 그다지 많지 않으며 그나마 영향력이 가장 큰 『미학산책美學散步』은 논문집입니다. 그리고 이 논문집 속의 일부 문장들은 엄격하게 말하면 논문이라고 할 수 없고 산문, 수필이라고 할 수 있습니다. 요즘 시대라면 적당한 직함을 붙여주기가 정말 힘들 것입니다. 하지만 쭝 바이화는 진정으로 미학의 정수를 파악했습니다. 『미학 산책』이라는 이 작은 책에서 하고 있는 한 마디는 다른 책에서 일만 마디로 말하는 내용을 담고 있어서 백 마디만 해도 한 권 분량의 내용이 될 정도입니다. 누군가 쭝바이화의 한 마디로 리쩌허우가 글을 한 편 썼고, 리쩌허우의 글 한 편으로 어떤 사람은 책 한 권을 쓴다고 말했는데 이 말은 결코 과장이 아닙니다.

차이이는 쭝바이화와는 반대입니다. 차이이는 정식으로 저서가 있습니다. 이들 저서들은 모두 스스로 체계를 세워 논리가 빈틈이 없으며 진정한 이론적 형태를 갖추고 있습니다. 다시 말해서 차이이는 남의 의견에 부화뇌동하고 궤변을 늘어놓으며 생떼를 쓰거나 여기저기서 잡다한 이론들을 끌어온 것이 아니라, 자신의 미학적 관점과 내적 논리와 이론적 체계를 가지고 있었습니다. 이는 중국에서는 쉽지 않은 일입니다.

더욱 쉽지 않은 것은 차이이의 철저한 이론입니다. 그가 철저하다는 것은 그가 미를 객관적이라고 인식했을 뿐만 아니라 객관적인 무엇이라고 대답했기 때문인데, 그마저도 다른 '객관파'와는 달리 그저 큰 소리로 한 번 외치고는 그만이었습니다. 그렇다면 차이이는 미란 객관적인 무엇이라고 말했을까요? 전형이라고 했습니다. 전형이란 곧 종種의 진화성입니다. 가령 사람은 원숭이보다 더욱 진화성을 가지며 더욱 전형성을 구비하고 있습니다. 따라서 가장 아름다운 원숭이도 사람에 비하면 아름답지 않습니다.

맞는 말입니다. 하지만 매화는 어떨까요? 매화는 식물이기 때문에 동물인 파리에 비하면 당연히 진화성이 없는 편이지만 왜 매화는 파리보다 아름다운 걸까요? 그리고 만약 미가 곧 전형이라면 전형적인 빈대는 아름다운가요? 차이이는 빈대는 하등동물이기 때문에 전형성을 갖지 못한다고 대답했습니다. 맞습니다. 어떤 빈대도 쌍꺼풀을 가지고 있지 않습니다. 그렇다면 지주地主는 어떨까요? 전형적인 지주가 있을까요? 있습니다. 그래서 어떤 사람이 "전형적인 지주는 아름답습니까?" 하고 물었습니다. 차이이는 하는 수 없이 지주 계급의 눈에는 아름답고 농민 계급의 눈에는 아름답지 않다고 말했습니다. 하하. 미는 객관적인 것이라고 하지 않았습니까? 그런데 어떻게 어떤 사람은 아름답다고 느끼고 어떤 사람은 아름답지 않다고 느낄 수 있는 걸까요?

군이 계급성을 이야기하지 않는다고 하더라도 이 말에는 문제가 있습니다. 예를 들면 전형적인 남자는 당연히 아름답습니다. 소위 미남자란 남성적인 특징을 가장 잘 구현하는 사람입니다. 우스갯소리를 하나 하겠습니다. 어느 날 미국의 노부인 네 명이 앉아서 허풍을 떨었습니다. 첫 번째 노부인이 "우리 아들은 신부야. 그 애가 걸어 들어오니 모든 사람들이 일어나서 '오, 아버지'라고 하더군" 하고 말했습니다. 두 번째 노부인이 우리 아들은 "주교야. 그 애가 걸어 들어오니 모든 사람들이 일어나서 '오, 각하閣下'라고 했어"라고 말했습니다. 세 번째 노부인이 "우리 아들은 대주교야. 그 애가 걸어 들어오니 모든 사람들이 일어나서 '오, 전하殿下'라고 했어"라고 말했습니다. 모두들 네 번째 노부인을 바라보면서 마음속으로 설마 저 할멈이 자기 아들이 교황이라고 말하지는 않겠지 생각했습니다. 그런데 네 번째 노부인이 "우리 아들은 신부도, 주교도 아니야. 그 애는 아주 평범한 젊은이지. 하지만 그 애는 키가 크고 근육이 발달해서 아주 섹시해. 그 애가 걸어 들어오니 모든 여인들이 일어나서는 '오, 하느님'이라고 하더군" 하고 말할 줄 누가 알았겠습니까. 전형적인 남자는 아름답지 않습니까?

마찬가지로 전형적인 여인도 아름답습니다. 이른바 미녀란 여성적인 특징을 가장 잘 구현한 사람을 말합니다. 미녀는 모두 전형적인 여인이기 때문에 『수호지水滸誌』에 나오는 고대수顧大嫂나 손이낭孫二娘처럼 건장하고 잔인한 여성은 미녀라고 부를 수 없을 것입니다. 그렇다면 전형적인 남자도 아니고 여자도 아닌 경우는 어떨까요? 가령 내시 같은 그런…….

이런 문제들에 대해서 차이이는 제대로 대답하지 못했습니다. 그로서도 더 이상 어쩔 수가 없었던 것 같습니다.

그리고 그럭저럭 객관파라고 할 수 있는 사람이 리쩌허우입니다. 내가 그럭저럭이라고 하는 이유는 그는 철저한 객관파가 아니기 때문입니다. 그의 관점은 '미는 객관성과 사회성의 통일이다'라는 것입니다. 이 말은 논리적으로 통하지 않습니다. 무엇이 '객관성과 사회성의 통일'입니까? 주관과 객관의 통일이나 자연과 사회의 통일이라면 몰라도, 어디에 '객관성과 사회성의 통일'이란 것이 있습니까? 객관성과 사회성은 동일한 층위의 개념이 아닌데 그것들을 어떻게 통일시킨다는 말일까요? 이건 비유를 하자면, A는 남자아이와 학생의 통일이고 B는 여인과 선생의 통일이라면 원래 미는 바로 남학생과 여선생이라는 건가요? 무슨 말을 하는 건지 도대체 알 수가 없습니다.

백번 양보해서 그것이 논리적으로 말이 된다고 치더라도 그럭저럭입니다. 그리고 이런 주장은 마찬가지로 문제가 있습니다. 미의 객관적 사회성이 무엇일까요? 리쩌허우는 아주 '통속'적이라고 하는 예, 즉 오성홍기를 예로 들었습니다. 그는 이렇게 말했습니다. "우리가 오성홍기가 아름답다고 느끼는 이유는 결코 붉은 천과 몇 개의 노란 별 자체가 아름답기 때문이 아니다. 오성홍기의 미는 오성홍기가 중국을 대표하고 독립적이고 자유롭고 행복하며 위대한 국가와 인민과 사회를 대표하는 데 있으며, 이렇게 대표하는 것은 객관적 현실이다. 바로 그렇기 때문에 비로소 아름답다. 오성홍기의 미는 인간의 주관적 의식과 취향에 의존하지 않는 객관적인 것일 뿐만 아니라 사회생활을 벗어나서 존재할 수 없는 사회적인 것이다. 미는 객관성과 사회성의 통일이다."

과연 그럴까요? 말이 나온 김에 한마디 하자면, 나는 여러분이 이후로 나의 관점을 포함해서 어떤 주장을 듣든 '과연 그런가?' 하고 물어보기를 바랍니다. 지금 우리는 리쩌허우에게 '과연 그런가? 오성홍기의 미는 정말로 객관적이며 사람들의 주관적 의식과 취향에 의존하지 않는 것인가?'라고 물어야 합니다. 정말로 그렇다면 어떤 사람이든 모두 그것이 아름답다고 느낄 것입니다. 하지만 나는 반드시 그렇지는 않다고 봅니다. 가령 장제스蔣介石 같은 사람은 오성홍기를 아름답다고 느끼지 않을 겁니다. 타이완의 전 총통이었던 천수이벤陳水扁 역시 그럴 겁니다. 천수이벤은 하나의 중국이라는 원칙조차도 받아들이지 않았는데 오성홍기가 아름답다고 느낄 수 있겠습니까? 웃기는 소리지요. 오성홍기가 아름답다고 느끼는 사람은 리쩌허우가 말한 '일어선 중국 인민'뿐입니다. 오성홍기의 미는 바로 '일어선 중국 인민'의 주관적 의식과 취향에 의한 것인데 그것이 어떻게 객관적일 수 있겠습니까?

그래도 일단 그렇다고 칩시다. 우리는 또 이어서 리쩌허우의 논리에 따라 하나의 깃발이 중국을 대표하고 독립적이고 자유로우며 행복하고 위대한 나라와 인민과 사회를 대표하기만 하면 아름다운지 물을 수 있습니다. 그렇다면 오성홍기가 지금과 같은 모양인지 아닌지는 결코 중요하지 않습니다. 그러면 어째서 애초에 국기 도안을 공모하고 그것을 수정하려고 했던 걸까요? 다들 알다시피 오성홍기는 처음에는 지금과 같은 모양이 아니었습니다. 최초의 설계도는 커다란 오각 별이 정중앙에 있고 나머지 4개의 오각 별이 네 귀퉁이에 있는 것이었습니다. 하지만 그 역시 마찬가지로 중국을 대표하고 독립적이고 자유롭고 행복하며 위대한 국가와 인민과 사회를 대표하는 것이 아니었던가요? 누가 보든 오성홍기는 처음

도안보다 지금의 모양이 훨씬 보기 좋다는 것을 알 수 있습니다.

리쩌허우조차도 그 안에 '이른바 형식미'의 문제가 있다는 사실을 인정했습니다. 형식미는 설마 미가 아닐까요? 실제로 오성홍기가 무엇을 대표하고 상징하고 있는가는 근본적으로 미학의 문제가 아니라 정치학의 문제입니다. 오성홍기가 어떤 모양이고 오각 별이 어떻게 배열되었는가 하는 것이야말로 미학의 문제입니다. 리쩌허우가 미학을 방치해놓고 미학을 이야기하는데 어떻게 다른 사람을 믿고 따르게 할 수 있겠습니까?

리쩌허우 자신도 형식미의 문제가 있다는 것을 인정했는데, 내가 보기에 형식미는 미학의 가장 중요한 문제이며 적어도 피할 수 없는 문제입니다. 미에서 형식은 가장 순수한 것인 반면 내용은 종종 정치 문제, 윤리 문제와 같은 비미학적인 문제와 뒤섞이곤 하기 때문입니다. 만약 여러분이 형식미라는 가장 순수한 문제조차도 제대로 말하지 못한다면 여러분의 미학은 의심스러운 것입니다. 그렇다면 형식미의 객관성과 사회성은 무엇이며 그것은 또 어떻게 통일되는 걸까요?

괜히 교활하게 궤변을 늘어놓으며 이 문제가 복잡하다느니 운운할 필요가 없습니다. 더 이상 방법이 없다면 그것은 미가 객관적이라고 억지를 부리려고 하기 때문입니다. 억지를 부리려고 하면 제대로 말이 되지 않으니 복잡해지기 마련입니다.

그런 의미에서 오히려 서양의 일부 미학가들의 의식은 아주 또렷합니다. 그들은 미의 객관론을 견지하고 '미란 무엇인가'라는 이 길을 따라 앞으로 나아갔지만 마침내 이 길이 근본적으로 통하지 않는다는 것을 발견했습니다. 실제로 지금 미의 객관론을 견지하는 것은 적어도 서양에서는 이미 상당히 이론적 용기가 필요한 일이 되었습니다. 그래서 상당수의 미학가들이 미의 객관론을 미의 주관론으로 바꿨으며, 미학 자체도 '미의 연구'에서 '심미의 연구'로 바뀌었습니다.

셋째마당

심미란
무엇인가 :
칸트 미학

근대 미학의 아버지, 칸트

지난 수업에서는 서양미학사에서 첫 번째 역사 단계인 고대 그리스·로마의 미학을 이야기했습니다. 이 시기에 미는 객관적이라고 여겨졌습니다. 미의 연구는 곧 미의 객관성 연구이기도 했고 미의 철학이기도 했습니다. 하지만 이 시기에는 '미학'이라는 학문 분야가 없었으며 전문적인 미학 저서도 없었습니다. 미학 사상은 모두 철학 사상 속에 포함되어 있었고 미학가는 기본적으로 철학가였습니다. 미학이 독립적인 학문 분야가 된 때는 1750년 이후입니다.

1750년에 독일의 철학가인 바움가르텐이 『에스테티카Ästhetik』라는 책을 출판했는데 그 말을 번역하면 '미학'입니다. 바움가르텐은 인류가 추구하는 기본 가치가 모두 진선미라는 것을 발견했습니다. 진에는 논리학이라는 전문 연구 분야가 있었고 선에도 윤리학이라는 전문 연구 분야가 있었습니다. 유독 미만이 독자적인 학문 분야가 없었기 때문에 만들어야 했는데 바움가르텐은 그것을 에스테티카라고 불렀던 것입니다. 이전에 이런 명칭을 사용했던 사람은 없었으며, 바움가르텐이 제일 먼저 그것을 '미학'이라는 독립적인 학문 분야에 사용했습니다. 그래서 학술계는 일반적으로 1750년을 미학의 생일로 간주하고 바움가르텐을 '미학의 아버지'

라고 부릅니다.

하지만 이 '미학의 아버지' 바움가르텐은 정확하게 말하면 그저 '대부'라고 할 수 있을 뿐입니다. 그는 단지 미학에 이름을 붙여주었을 뿐이지 진정으로 미학을 독립적인 학문 분야로 수립한 것은 아니기 때문입니다. 바움가르텐은 학통상으로 대륙 합리론파에 속하는 인물입니다. 문예부흥 이후부터 칸트 이전까지 유럽 철학과 미학은 주로 영국 경험론과 대륙 합리론으로 나눌 수 있습니다. 앞에서 말했었던 샤프츠버리, 허치슨, 버크, 흄이 바로 영국 경험론파입니다. 대륙 합리론파의 미학가로는 주로 라이프니츠, 볼프, 디드로와 바움가르텐이 있습니다.

이 두 미학학파는 방법론에서 아주 차이가 큽니다. 영국 경험론파는 먼저 개인의 미감을 확정한 다음에 그것의 보편적 기준과 미의 개념을 찾았습니다. 반면 대륙 합리론파는 먼저 미의 보편적 개념을 확정한 다음에 다시 그것을 인식하고 실현하는 특수한 방법을 찾았습니다. 이를 좀 더 정확하게 말하면, 영국 경험론파는 미감으로부터 미를 이야기했고 대륙 합리론파는 미로부터 미감을 이야기했다고 할 수 있습니다. 그들 둘은 꼭 반대였던 것입니다.

그러나 이들이 사용한 방법은 달랐지만 결론은 같았습니다. 논의를 거듭하다 보니 객관 미학에서 주관 미학으로 바뀌었던 것입니다. 잠시 이 과정을 설명하겠습니다. 대륙 합리론파 미학은 라이프니츠로부터 시작되었습니다. 라이프니츠의 사상과 방법은 플라톤의 노선에 속하는데, 미를 일종의 객관 정신이라고 결론지었습니다. 다만 라이프니츠는 미를 '이데아'가 아니라 '예정조화'라고 불렀습니다.

라이프니츠는 인간이 선천적으로 '일반개념'이라는 선험적 이성 인식을 가지고 있고, 우주 역시 '예정조화'라는 자연적 이성 구조를 가지고 있다고 생각했습니다. '예정조화'란 우주는 탄생하기 전부터 조화로운 것이라고 규정되었다는 말입니다. 그래서 우주는 창조되자마자 곧 시계처럼 바늘, 태엽, 톱니바퀴, 나사가 모두 아주 적절하게 배치되었고, 조화로운 총체가 되었습니다. 태엽만 감아주면 시침과 분침이 정확하게 째깍거리며 움직이기 시작합니다. 이 시계를 창조한 것이 신입니다. 물론 태엽을 감는 것도 신이고 제일 처음 태엽을 감았던 것도 신입니다.

그래서 우리의 이 세계는 모든 가능한 세계 중에서 가장 좋은 것이며 미학의 관점에서 보면 가장 아름답기도 합니다. 다양하면서도 통일된 조화로운 원칙을 가장 완벽하게 구현했으니까요. 물론 라이프니츠는 이 세계에는 그다지 좋지 않은 것도 있으며 추도 있고 악도 있다는 것을 인정했습니다. 그러면서도 그는 여기에 대해 아주 낙관적인 태도를 취했는데, 이런 추니 악이니 하는 것들은 전체적인 미를 부각시켜주고 보충시켜주는 것에 불과하기 때문에 걱정할 필요가 없다고 말했습니다. 이런 것들이 있으면 전체는 더욱 아름다워지는데, 예쁜 여자아이의 얼굴에 뽀루지가 하나 나면 더욱 예뻐 보일 수 있는 것과 같은 이치입니다.

요컨대 미는 사물의 질서이고 다양한 통일이며 우주의 조화와 완벽함입니다. 이런 조화와 완벽함은 신이 '예정한' 것이며 신만이 그 내력을 압니다. 하지만 인간에게 일이 전혀 없는 것은 아닙니다. 인간은 이 조화와 완벽함을 인식하고 파악할 수 있는데, 선천적으로 일종의 선험적인 이성 인식 능력을 가지고 있기 때문입니다. 각 사람들의 정신은 모두 무늬가 있는 대리석판으로, 철학가의 무늬도 있고 예술가의 무늬도 있습니다. 이들 선천적 '무늬'는 후천적 지식의 기본 맥락을 결정합니다. 그래서 철학가의 두뇌는 또렷하고 예술가의 인식은 모호합니다. 모호해도 상관없습니다. 라이프니츠는 "음악은 의식이 수를 세는 것이지만 의식은 자신이 수를 세고 있다는 것을 알지 못한다"라는 명언을 남겼으니, 그렇게까지 분명하지 않아도 상관없는 것이지요.

심미가 우주와 세계의 조화롭고 완벽한 이성 구조를 분명하게 할 수는 없더라도, 그것을 느낄 수 있다면 됩니다. 이 역시 일종의 인식, 즉 비논리적인 감성적 형상의 인식입니다. 미는 감관을 통해 인식한 완벽함입니다. 뒤의 이 말은 라이프니츠의 제자인 볼프가 보충한 것입니다. 볼프가 원래 했던 말은 "미는 사물의 완벽함에 있으며, 오직 그 사물이 그것의 완벽함에 의거해서 우리의 쾌감을 쉽게 일으키기를 원한다"입니다. 다시 말해서 미는 감성을 통해 인식한 완벽함입니다.

이 말은 바움가르텐에 이르러 미묘한 변화를 일으켰습니다. 볼프가 라이프니츠의 제자였듯 바움가르텐은 볼프의 제자였습니다. 미는 감성 인식의 완벽함이라는 바움가르텐의 관점 또한 아주 유명합니다. 그렇다면 '인식한 완벽함'이라는 볼프의 관점과 '인식의 완벽함'이라는 바움가르텐의 관점에는 어떤 차이가 있을까요? 곰곰이 생각해보면 양자가 매우 다르다는 것을 알 수 있습니다. 감성으로 인식한 완벽함은 사물 고유의 완벽함이고 객체에 속하는 것이며, 감성에 근거해서 인식하려고 하는 것에 불과합니다. 하지만 감성 인식의 완벽함은 자신을 인식한 완벽함이고 주체에 속하는 것이 됩니다. 따라서 라이프니츠와 볼프에게 미는 객관적인 것이었지만 바움가르텐에게 이르러서는 '주객이 전도되어' 주관적인 것이 되었습니다. 바움가르텐은 라이프니츠–볼프학파 안에서 '평화적인 변화와 발전'을 이루었습니다.

더욱 중요한 것은 다음의 사실입니다. 즉 미를 사물의 완벽함으로 보는 것은 미학을 사물에 관한 학문으로 간주하는 것이고, 미를 인식의 완벽함으로 보는 것은 미학을 인간에 관한 학문으로 간주하는 것입니다. 따라서 바움가르텐은 획기적인 이정표입니다. 그는 근대 미학의 대문을 열어젖히고 찬란한 태양이 미학의 무대를 비추게 했습니다.

그러나 바움가르텐은 근대 미학의 대문을 열어젖히기는 했지만 정작 그 안으로 들어가지는 않고 입구에서 서성거렸습니다. 그에게 심미는 여전히 일종의 인식이라 다소 모호할 따름이었습니다. 라이프니츠의 말을 빌리면 '뚜렷하면서도 혼란스런 인식'입니다. 혼란스럽다는 것은 논리적 분석을 거치지 않았기 때문이고, 뚜렷하다는 것은 생동적인 형상을 띠기 때문입니다. 요즘 유행하는 말로 하면 바로 형상사유 혹은 감성 인식입니다.

이런 사유와 인식 자체는 완벽할 수 있지만 아무리 완벽해진다고 하더라도 '뚜렷하면서도 혼란스런 인식'입니다. 그것을 보상케Bosanquet는 "이성의 기형적 변체"라고 불렀고 크로체는 풍자적으로 "출로가 없는 거짓이면서도 거짓이 아닌 진실, 이성이면서 이성이 아닌 뛰어난 지혜, 이성적 판단이면서도 이성적 판단이 아닌 감상鑑賞, 감성적이고 물질적이면서도 감성적이지 않고 물질적이지 않은 정감의 미궁"이라고 불렀습니다. 바움가르텐은 이 미궁을 걸어 나가지 못했기 때문에 기껏해야 미학의 대부일 뿐입니다.

근대 미학의 진정한 아버지는 칸트입니다. 칸트만이 진정으로 미의 비밀을 밝혔으며, 미학을 지속적으로 발전할 수 있는 사통팔달의 큰길과 빛으로 가득 찬 탄탄대로로 끌어올렸기 때문입니다.

칸트 미학은 우리의 이 수업에서 중점이면서 난점이기도 합니다. 왜냐하면 칸트 미학을 분명히 하려면 칸트의 철학을 확실히 말해야 하지만 칸트의 철학은, 아이고, 정말 너무도 난해하고 너무도 말하기가 어렵습니다. 칸트의 책은 그의 3대 비판인『순수이성비판』,『실천이성비판』,『판단력비판』은 물론이고 그나마 가장 '통속'적인『실천적 인간학』도 아주 어렵습니다. 내가 읽었을 때는 잠시만 조심하지 않으면 금세 딴생각을 하곤 했습니다. 솔직히 말하자면, 미학과 가장 관계가 깊은『판단력비판』도 읽지 않을 수 없었기 때문에 억지로 읽어나갔습니다. 만약 그것을 곧이곧대로 강의한다면 이 수업은 할 수 없을 것입니다. 칸트의 원문을 읽어줄 수도 없지만, 설령 읽어준다고 해도 이해하지 못할 테니까요.

그래서 나는 내가 이해한 방식대로 풀어서 이야기를 할 것이며 철학 부분은 빼고 미학에 관해서만 이야기할 것입니다. 미학도 그의 원문은 읽지 않고 그의 의미만을 다룰 것입니다. 심지어 어떤 것들은 나의 이해를 곁들일 것입니다. 이렇게 하면 여러분이 조금 더 받아들이기가 쉽겠지만 당연히 그다지 '정통'적이지는 않을 것입니다. 하지만 우리의 목적은 지혜를 깨우치는 데 있지 않습니까? 그 목적에 도달할 수만 있다면 수단을 가리지 말고 정통인지 아닌지는 상관하지 맙시다. 하지만 그 전에 확실히 해둘 점은 논문을 이렇게 써서는 안 된다는 것입니다. 내 말을 베껴놓고 칸트의 말이라고 해서는 안 됩니다. 칸트 미학을 엄숙하고 진지하게 연구하려면 그의 원서를 읽고 그의 철학에서부터 시작해야 합니다.

내가 이해한 바로 칸트가 '코페르니쿠스식 혁명'을 일으켰다고 하는 까닭은 그가 고대 그리스·로마 이래로 미학의 출발점과 방법론을 뒤집었다는 데에 있습니다. 코페르니쿠스 이전에는 모두들 당연히 지구가 중심이고 태양이 지구 주위를 회전한다고 생각했습니다. 코페르니쿠스가 있고 나서부터 우리는 비로소 원래는 그와는 반대로, 지구가 태양 주위를 회전한다는 사실을 알게 되었습니다. 마찬가지로 칸트 이전의 사람들은 미학은 당연히 먼저 '미란 무엇인가'를 대답하고 난 후에 '심미란 무엇'이며, '미감은 무엇인가'를 대답할 수 있어야 한다고 생각했습니다. 칸트는 그것을 뒤집었습니다. 그는 미학의 출발점을 심미와 미감에 두었고 미학의 기본 문제를 '미란 무엇인가'에서 '심미란 무엇인가'로 바꾸었습니다. 그래서 '코페르니쿠스식 혁명'이라고 하는 것입니다.

칸트는 심미를 '취미 판단'이라고 불렀습니다. 취미 판단이라는 이 개념은 아주 재미있습니다. 취미 판단에서는 심미 활동과 그 밖의 정신 활동,

가령 인식 활동, 도덕 활동의 공통점을 보는데, 그 공통점은 표면적으로 봤을 때 모두 일종의 '판단'이라는 것입니다. '이 꽃은 아름답다'는 문장은 '이 꽃은 빨갛다', '이 사람은 고상하다'와 마찬가지로 판단문처럼 보입니다. 바로 이런 착각 때문에 미는 객관적이고 빨갛다, 고상하다와 마찬가지로 대상에 속한다고 오해하게 됩니다. 이것은 정말로 오해입니다.

미감 판단은 사실 판단, 감관 판단, 논리 판단, 도덕 판단과는 본질적으로 완전히 다릅니다. 사람들이 그것들을 똑같은 것으로 취급하는 이유는 진지하게 연구를 하거나 분석하지 않고 '당연히 그럴 것이라고 생각'했기 때문입니다. 학문을 할 때는 당연히 그럴 것이라고 생각해서는 안 되며 '독단론'과 '회의론'적인 태도를 취해도 안 됩니다. 칸트는 독단론과 회의론에 불만이었습니다. 그는 독단론을 이치를 따지지 않는 전제주의에 비유하고, 회의론을 질서를 파괴하는 유목민족에 비유했는데 이 양자는 모두 사람들이 싫어하는 것입니다. 칸트는 비판을 주장했습니다. 칸트가 말한 비판은 우리가 통상적으로 이해하는 비판과는 다릅니다. 그것은 비평이나 질책, 반박이 아닙니다. 칸트에게 비판이란 지식을 캐묻는 것이 가능한지, 가능하다면 어떻게 가능한지입니다. 이것을 구체적으로 미학에 적용하면 심미를 캐묻는 것이 가능한지, 가능하다면 어떻게 가능한지가 됩니다. 좀 더 정확하게 말하면, 심미란 어떤 것인가에 대해서 하나하나 분명하게 밝혀야지 그냥 당연히 그럴 것이라고 생각해서는 안 된다는 말입니다.

그런 이유로 칸트는 자신의 저명한 『판단력비판』에서 취미 판단의 네 가지 계기를 제기했는데, 이것이 바로 이해利害가 없으면서 유쾌함이 생겨나는 것, 개념이 아니면서도 보편성을 가지는 것, 목적이 없는 합목적성, 공통감입니다.

공리를 초월하는 유쾌감

칸트의 『판단력비판』은 미감적 판단력 비판과 목적론적 판단력 비판으로 구성되어 있는데, 첫 번째 부분이 미학입니다. 미감적 판단력 비판 부분은 미감적 판단력의 분석론과 미감적 판단력의 변증론이라는 두 부분을 포함합니다. 분석론은 다시 미의 분석과 숭고의 분석이라는 두 부분을 포함합니다. 이 중에서 우리는 주로 '미의 분석'에 관해서 말할 것인데, 이 문제를 확실하게 하고 나면 칸트의 미학 사상이 대체로 분명해지기 때문입니다.

칸트의 '미의 분석'은 미감, 즉 심미의 유쾌함이라는 특수한 성질에서 시작되었습니다.

칸트는 취미는 미를 판단하는 일종의 능력으로, 어떤 대상이 아름다운가 아닌가를 판단할 때 우리는 그것이 우리에게 지식을 줄 수 있는가 아닌가를 보는 것이 아니라, 우리에게 유쾌함을 줄 수 있는가 아닌가를 본다고 말했습니다. 이어서 그는 그렇기 때문에 취미 판단은 지식에 근거한 판단이 아니며 논리적이 아니라 심미적이라고 말했습니다.

다시 말해서 미는 미감에 근거한 판단이고 미감은 일종의 유쾌감입니다.

미감이 일종의 유쾌감이라는 것은 우리의 경험으로 증명할 수 있습니다. 우리는 아름다운 사물을 볼 때 항상 유쾌해집니다. 찬란한 아침노을, 눈부신 태양, 봄바람 속에서 망울을 터뜨리려고 하는 꽃봉오리, 가을날 탐스러운 열매가 주렁주렁 달린 가지. 이런 것들은 모두 우리에게 유쾌함을 느끼게 합니다. 그렇기 때문에 자꾸 보고 싶어 하는 것입니다. '재구매율'이라는 말이 있지 않습니까? 예쁜 여자가 어깨를 스치고 지나가면 우리는 참지 못하고 고개를 돌려 그녀를 봅니다. 만약 유쾌하지 않다면 왜 그러겠습니까? 따라서 미감은 유쾌감입니다. 모든 미감은 다 유쾌감입니다.

여러분 중에는 혹시 이렇게 질문하는 학생이 있을지도 모르겠습니다. 찬란한 아침노을, 눈부신 태양, 봄바람 속에서 망울을 터뜨리려고 하는 꽃봉오리, 가을날 탐스러운 열매가 주렁주렁 달린 가지가 모두 우리에게 유쾌함을 느끼게 한다고 이야기했지만, 만약 그날 기분이 좋지 않다면 그것들을 보고서도 유쾌함을 느끼지 못할 것이라고 말입니다. 물론 그럴 때가 있습니다. 하지만 그때 그 사람은 유쾌함뿐만 아니라 그것들이 아름답다고 느끼지도 못할 것입니다. 여기에 대해서 그는 또 그것들이 아름답다는 것은 인정하지만 다만 유쾌하지 않을 뿐이라고 반박할 수도 있는데, 그것들이 아름답다는 것을 인정한다는 말은 그가 일찍이 유쾌한 적이 있었다는 것을 말합니다.

그가 기분이 좋지 않아서 그것들을 보고도 유쾌하지 않다고 한다면 그에게 근본적으로 그것들을 감상할 마음이 없기 때문입니다. 만약 그가 정말로 그것들을 감상했다면 그의 기분도 좋아졌을 겁니다. 그래서 어떤 사람이 기분이 좋지 않을 때 우리는 종종 밖에 나가서 거닐면서 마음을 풀고 대자연을 보라고 권하곤 합니다. 대자연의 미가 우리의 마음을 편안하게 해주기 때문입니다. 물론 기분이 좋지 않을 때 대자연을 감상하고 싶긴 하지만 그것들이 아름답다고 느낄수록 마음이 더욱 괴로워질 때도 있습니다.

"나라는 망했어도 산과 강은 그대로 있고 성곽에는 봄이 와 초목이 무성하다. 시절을 한스럽게 생각하니 꽃(을 보고)도 눈물짓고 이별을 슬퍼하니 새(소리에)도 놀란다"라고 노래한 시인도 있지 않습니까? 시인은 아름다운 풍경을 보았는데도 즐겁지 않았던 것은 물론이고 오히려 깊이 상심을 했습니다. 이것은 바로 그가 일찍이 대단히 유쾌했던 적이 있었다는 사실을 말해줍니다. 이전에 대단히 유쾌했기 때문에 이때 더욱 깊이 상심한 것인데, 그 미가 파괴되었거나 곧 파괴될 것이기 때문입니다. 그래서 이런 불쾌함은 미가 일으킨 것이 아니라 미의 파괴와 훼멸과 상실로 야기된 것입니다. 이는 진정한 심미 상태에 있는 미는 사람을 유쾌하게 한다는 것을 역설적으로 말해주는 것이기도 합니다. 미감은 유쾌감입니다.

현대 예술 중에는 대변을 병 속에 넣어둔 것처럼 결코 유쾌감을 주지 못하는 것도 있습니다. 그런 것들에는 유쾌감은 물론이고 미라고 느끼지도 못합니다. 그 밖에도 쓰레기, 가래, 토사물처럼 많은 것들이 불쾌감을 주며 아름답지도 못합니다. 아름답지 않은 것은 곧 유쾌하지 않은 것인데 이는 또한 미적인 것이 곧 유쾌한 것임을 반증합니다. 물론 현대 예술의 상황은 더욱 복잡합니다. 어떤 현대 예술가들은 고의로 추를 표현하고 악을 표현합니다. 예를 들면 폐기된 자동차 부품과 잡다한 공업 폐기물을 가지고 지구본을 만든 후에 〈암〉이란 제목을 붙여 지구가 암에 걸렸다는 의미를 표현합니다. 그 작품으로 사람들에게 경고를 하며 우리 모두가 지구가 암에 걸렸다는 메시지에 주목하기를 바랍니다. 그 작품은 물론 우리에게 유쾌감을 줄 수 없으며 아름다움을 느끼게 할 수도 없습니다.

그렇다면 비극은 어떨까요? 비극감도 유쾌감일까요? 그렇습니다. 사람들은 비극을 보면 당연히 울려고 합니다. 울지 않으면 비극이라고 할 수 없습니다. 하지만 울고 난 다음에는 마음이 아주 편안해집니다. 이는 비극감 역시 결국은 일종의 유쾌감이라는 사실을 말해줍니다. 그렇지 않으면 많은 사람들이 기회가 있을 때마다 비극을 보려고 애를 쓰고, 정해진 시간과 정해진 장소에 함께 모여 한바탕 크게 울며 뭘 하는 건지 납득할 수 없습니다. 미친 걸까요? 일부러 스스로 불쾌한 일을 만드는 사람은 없습니다. 비극을 보는 것 역시 즐거움을 찾는 것입니다.

일체의 미감이 모두 유쾌감이라면 일체의 유쾌감은 모두 미감일까요? 그렇지 않습니다. 엄청나게 더운 날, 길을 걷느라 입은 바짝바짝 타들어가고 온몸이 땀으로 뒤범벅이 되어 있는데 이때 차가운 콜라 한 잔을 마신다면 아주 유쾌함을 느낄 것입니다. 이런 유쾌감은 미감이 아닙니다. 여러분이 다른 사람을 도와주었는데 그 사람이 감격해마지 않으면서 눈물을 흘린다면 여러분 자신도 대단히 유쾌해질 것입니다. 하지만 이런 유쾌감 역시 미감이 아닙니다. 그것들은 모두 현실의 공리적 목적과 연계되어 있기 때문입니다. 차가운 콜라를 마시고 나서 유쾌하다고 느끼는 것은 생리적인 요구를 만족시켜주었기 때문이고, 좋은 일을 하고 나서 유쾌해지는 것은 도덕적 요구를 만족시켜주었기 때문입니다.

감관의 향수享受(즐거움)나 도덕적 행위(선)에서 비롯된 쾌감은 언제나 이해利害와 관련이 있습니다. 이로우면 유쾌하고 해로우면 유쾌하지 않습니다. 갈증이 날 때 짠지를 먹는 것은 유쾌하지 않으며 일이 잘 풀리지 않아도 유쾌하지 않습니다. 그래서 감관 판단과 도덕 판단은 '유쾌함에서 판단이 생겨난다'는 공통된 특징을 갖습니다. 예를 들어 우선 음식을 입에 넣고 턱을 움직여 씹고 난 다음에야 '정말 맛있다'라고 판단합니다. 또 다른 사람을 도와줌으로써 마음이 편안해지고 난 후에야 비로소 '잘했다'고 판단합니다. 만약 애를 쓰고서도 좋은 결과가 되돌아오지 않는다면 누가 그런 일을 하려고 하겠습니까?

심미는 이와는 정반대로, '판단에서 유쾌함이 생깁니다.' 다시 말해서 우선 어떤 대상에 대해 '정말 아름답다'라고 판단한 후에야 유쾌함을 느끼게 되는데, 심미는 '이해가 없기' 때문입니다. 대상의 미는 어떤 좋은 점을 가지고 있을까요? 그것은 밥을 주지도 않고 옷을 주지도 않습니다. 우리는 미를 감상할 때에도 결코 미로부터 어떤 실질적인 이득을 얻었다고 생각하지 않습니다. 우리에게 이득을 주었기 때문에 우리가 유쾌함을 느끼고, 미가 아름답다고 판단하지 않습니다. 정반대로 장식품처럼 쓸모없는 것일 수도 있고 비단뱀처럼 심지어 해로울 수도 있지만 이런 사실이 결코 그것이 아름답다는 사실을 방해하지 않습니다. 아름답지 않은데 장식품이라고 할 수 있고 비단뱀이라고 할 수 있겠습니까? 그런 것은 오직 흉측하다고 할 수 있을 뿐입니다.

요컨대 어떤 대상이 아름답다 아름답지 않다는 그것이 쓸모가 있는가 없는가, 우리에게 좋은 점이 있는가 없는가와 전혀 상관없습니다. 소는 쓸모가 있고 꽃은 쓸모가 없지만 우리는 여성을 찬미할 때 그녀를 '꽃 같다'고 할 뿐 '소 같다'고 하지 않습니다. 실제로 이른바 실용예술이 자신의 예술성을 가장 잘 표현할 수 있는 것 역시 가장 아름다운 부분이자 가장 쓸모없는 곳입니다. 예를 들어 찻잔 위에 꽃을 한 송이 그리는 것이 무슨 쓸모가 있습니까? 설마 우려낸 차에 꽃향기를 가져다줄 수 있는 건 아니겠지요? 양복을 입고 넥타이를 매는 것은 또 무슨 쓸모가 있습니까? 감기를 예방할 수 있나요?

그래서 심미는 이해가 없는 것, 혹은 공리를 초월한 것이지만 동시에 쾌감을 줄 수 있습니다. 이것을 '이해는 없지만 유쾌함을 생겨나게 하는 것'이라고 합니다. 칸트의 말을 빌리면 심미가 주는 쾌감은 '유일하게 이해관계가 없는 자유로운 쾌감'입니다.

그렇기 때문에 미감은 보편성을 가집니다.

공리적인 쾌감은 보편성이 없습니다. 엄청나게 더운 날, 길을 가느라 입이 바짝바짝 타들어가서 내가 차가운 콜라를 마시면 나는 확실히 유쾌해지지만 여러분도 유쾌해질까요? 여러분이 월급이 올랐는데 나는 오르지 않았다면 내가 여러분처럼 유쾌할까요? 우리가 한 가족이거나 여러분이 나에게 한턱을 내는 경우를 제외하면 말입니다. 한턱을 내는 자리에 끼지 못한 사람도 역시 유쾌하지 않습니다. 어쨌든 여러분이 이득을 얻었어도 '온 세상 사람들이 다함께 축하해주기를' 바랄 수는 없습니다. 그들이 여러분과 함께 즐거워하게 하려면 반드시 그들에게 이득을 나눠줘야만 합니다. 공리적인 쾌감은 공리를 획득한 자만이 향유할 수 있기 때문에 보편성이 없습니다.

마찬가지로 생리적 쾌감 역시 보편성이 없습니다. 쓰촨四川 사람은 얼얼하고 맵고 뜨거운 샤브샤브를 먹으면서 정말 좋다고 말하지만 설마 얼얼하고 매운 것을 잘 먹지 못하는 푸젠福建 사람이나 광둥廣東 사람도 그럴까요? 사우나를 하던 사람이 얼음물 속으로 뛰어들면 정말 짜릿하다며 만족스러워하지만 우리는 그저 소름이 돋을까봐 걱정스러울 따름입니다. 이 방면에서는 이야기할 만한 보편적 기준이 없습니다. 사람들에게는 저마다 선호하는 것이 따로 있습니다. 어떤 사람은 신선한 해산물을 좋아하고 어떤 사람은 찐빵에 고추를 끼워 먹는 것을 좋아합니다. 이처럼 맛에 대한 기호는 사람들에 따라 제각각이기 때문에 맛에 대해서는 논쟁을 할 수가 없습니다.

하지만 미감은 보편성을 가집니다. 동일한 심미 대상에 대해 내가 미를 느꼈다면 여러분도 아마도 미를 느꼈을 것입니다. '아마도 그럴 것이라는' 정도가 아니라 정말로 '그러기를 요구할' 것입니다. 다시 말해서 여러분이 미를 느낄 때 여러분은 나 또한 여러분이 느낀 그 미에 동감하리라고 믿고 동감하리라고 생각하고 동감하기를 요구합니다. 만약 그렇지 않다면 내가 왜 그것을 볼 수 없는가 싶어서 실망하고 의기소침해하고 심지어 분노할 수도 있습니다.

그래서 나는 여러분, 특히 남학생들에게 자신의 여자 친구가 자신의 아름다움에 도취되어 있을 때는 즉시 동의해줘야지 절대 다른 의견을 제시하거나 반대하지 말 것이며 여자 친구의 흥을 깨지 말아야 한다는 점을 꼭 말해주고 싶습니다. 그렇지 않다면 여자 친구는 분노해서 자칫 이별을 통보할지도 모르니까요.

이런 반응들이 나올 수 있는 이유는 미감이 보편성을 가지기 때문이며, 미감이 보편성을 가지는 이유는 미가 공리를 초월하기 때문입니다. 자, 어떤 물건이 우리에게 좋은 점이라고는 눈곱만큼도 없는데 우리는 무엇 때문에 유쾌함을 느끼려고 하는 걸까요? '세상에 이유 없는 사랑은 없다'고 하지 않습니까? 지금 우리가 아무런 이유도 없이 유쾌해진다면 어찌 미친 것이 아니겠습니까? 그렇기 때문에 우리는 그 물건에 반드시 사람들에게 유쾌함을 느끼게 하는 근거가 있다고 가설할 수밖에 없습니다. 이 근거가 보편적이고, 누구나 다 공통적으로 가지며, 각 개인의 편애나 이해와 관계가 없기 때문입니다. 그래서 누구든 그것을 보면 모두 이유 없이 유쾌함을 느끼고 미를 느낄 수 있습니다. 마치 우리가 $1+1=2$라는 공식을 보면 고개를 끄덕이는 것처럼 말입니다.

그래서 많은 사람들의 마음속에서 미는 곧 참과 마찬가지로, $1+1=2$와 마찬가지로, 의심의 여지없는 객관적이고 보편적인 유효성을 가지고 있습니다. 신문지상에서 쓰촨요리가 맛있는지 광둥요리가 맛있는지를 토론할 정도로 어리석은 사람은 없지만, 어떤 예술품이 아름다운가 아닌가를 밝히기 위해 얼굴이 벌게지고 목에 핏대가 설 정도로 논쟁을 벌이며, 심지어 기꺼이 결투까지 하려는 사람은 있습니다. 누구나 다 맛에 대한 쾌감은 전적으로 개인에 속하며 보편성이 없지만 미는 그렇지 않다는 것을 알고 있기 때문입니다. 미에는 사람마다 유쾌함을 느끼게 하는 근거가 있는데, 여러분이 미에 유쾌감을 느끼지 못한다면 틀림없이 여러분이 잘못된 것입니다. 그렇다면 여러분이 인식을 향상시킬 수 있도록 도와줘야지요. 그래서 스스로 심미 수준이 아주 높다고 생각하는 사람들은 하나같이 심미를 이해하지 못한다고 생각되는 사람들에게 높은 곳에서 내려다보는 동정심을 품습니다.

문제는 진정으로 보편성을 띠는 것은 논리와 개념밖에 없다는 것입니다. 논리와 개념에 보편성이 없다면 논리와 개념이 아닙니다. 논리와 개념의 보편성은 그것들이 추상적이고 객관적이고 공정하다는 데에서 표현됩니다. 누구에게나 1＋1＝2라는 사실은 똑같습니다. 그래서 그것들은 쾌감을 줄 수 없습니다. 하지만 미와 미감은 다릅니다. 미와 미감은 감성적이고 구체적이고 형상적이며 개성이 있고 천태만상이고 천변만화하며, 사람을 유쾌하게 할 수 있으면서 반드시 사람을 유쾌하게 해야 하는 것으로, 논리와 개념과는 완전히 상반됩니다. 그래서 '개념이 아니면서도 보편성을 가진다'고 하는 것입니다.

그렇다면 이상하지 않습니까. 개념이 아닌데 어떻게 보편성을 가질 수 있을까요? 이해利害가 없는데 또 어떻게 쾌감을 줄 수 있는 것일까요? 논리 판단은 공리를 초월하기 때문에 사람에게 쾌감을 줄 수 없으며 감관 판단은 개념이 아니기 때문에 보편성을 갖지 않습니다. 이 점에 대해서는 모두 이해할 수 있을 것입니다. 하지만 미감 판단은 공리를 초월하면서도 개념이 아니며, 쾌감이 생겨나게 하면서도 보편성을 가진다니 어떻게 이상한 일이 아니겠습니까?

그런 까닭에 칸트는 더 나아가 심미의 원칙을 분석했습니다.

주관적 보편성의 원칙

심미의 원칙에 대해서도 칸트는 '목적이 없는 합목적성'과 '공통감'이라는 두 가지 계기를 제기했습니다.

칸트는 우리가 어떤 사물이 왜 존재하는가를 물을 때 목적론적인 문제가 생겼다고 생각했습니다. 하나의 판단이 판단인 이상 그것은 반드시 자신의 목적을 가집니다. 감관 판단, 사실 판단, 논리 판단, 도덕 판단은 모두 판단하기에 앞서 이미 목적을 가지고 있습니다. 사실 판단은 그런가 아닌가, 논리 판단은 맞는가 아닌가, 도덕 판단은 좋은가 아닌가, 감관 판단은 편안한가 아닌가를 따지려 합니다. 하지만 편안한가 아닌가를 따지려면 여러분의 목적이 무엇인지를 보아야 합니다. 시원해지는 것이 목적일 경우, 선풍기가 있고 에어컨이 있으면 편안해질 수 있지만 그와 반대라면 편안하지 않습니다. 그래서 그것들의 결론은 판단에 앞서 가지고 있는 목적에 의해 결정되며 '목적에서 판단이 생겨'납니다. 물론 이 말은 칸트가 한 말이 아니라 내 말입니다. 칸트의 말투를 흉내 내어봤는데 대체로 그런 뜻일 겁니다.

하지만 미감 판단에는 이런 목적이 없습니다. 미감 판단은 판단에 앞서 목적을 갖지 않습니다. 칸트는 꽃, 자유로운 데생, 아무런 의도 없이 서로 감겨 있는 무늬가 결코 무엇을 의미하고 있지 않으며 특정한 개념을 근거로 한 것도 아니지만 사람을 유쾌하고 만족스럽게 한다고 했습니다. 심미에는 목적이 없습니다. 만약 심미에 무슨 목적이 있다고 억지로 말해야 한다면, 심미의 목적은 바로 심미라고 하거나, 심미 자신을 목적으로 한다고밖에는 말할 수 없습니다. 자신을 목적으로 하는 것은 목적이 없는 것과 같습니다. 그리고 목적이 있다고 치더라도 우리는 느낄 수 없습니다. 칸트의 예를 가지고 말하면, 우리는 튤립이 그렇게 아름다운 데에는 반드시 모종의 합목적성이 있기 때문이라고 생각합니다. 하지만 이 합목적성이 무엇인가를 말하려고 하면 그것을 어떤 구체적인 목적에 연계시킬 수 없으며 무엇인지 말할 수 없습니다. 그래서 목적이 없다고 말하는 편이 훨씬 쉽습니다.

하지만 미감 판단에 목적이 없음에도 불구하고 합목적이 아닌 것은 없습니다. 만약에 합목적이 아니라면 우리가 왜 유쾌함을 느낄 수 있는지 알 수 없습니다. 그건 말이 안 되기 때문에 우리는 또 하는 수 없이 미감 판단이 사실은 목적을 가진다고 인정할 수밖에 없습니다. 이런 사실을 인정하기에 앞서 먼저 확실하게 해둘 것이 있습니다. 첫째, 미감 판단은 유쾌함을 낳기 때문에 일종의 '주관적 합목적성'입니다. 둘째, 미감 판단은 개념이 아니기 때문에 '형식에 관련된 규정'입니다. 셋째, 미감 판단에는 이해가 없기 때문에 '단순한 형식'입니다. 넷째, 미감 판단은 보편성을 가지기 때문에 어떤 구체적인 객관적 목적이 아니며 어떤 구체적인 객관적 목적의 형식으로 출현하지도 않습니다. 칸트는 그것을 '구체적 목적이 없는 일반 목적', 혹은 '형식적 합목적성'이라고 부르기도 하고 '목적이 없는 합목적적 형식'이라고 부르기도 합니다.

음, 너무 빙빙 돌려서 말한 것 같군요, 그렇지만 달리 방법이 없습니다. 칸트가 이렇게 말했으니까요. 모두들 돌아가서 천천히 생각해보십시오.

솔직히 말해서 이 정도면 아주 쉽게 말한 겁니다. 만약 여러분이 칸트의 책을 읽는다면 머릿속이 뒤죽박죽이 되어 머리가 두 배는 더 커졌을 겁니다.

칸트가 말한 '구체적 목적이 없는 일반 목적', '형식적 합목적성', '목적이 없는 합목적적 형식'은 아주 중요합니다. 이 말들에서 심미는 결코 주체가 대상에게서 무슨 목적을 감지하기를 요구하는 것이 아니라, 유쾌한 정감, 정감의 유쾌함에 부합하는 목적을 불러일으키기만 하면 된다는 사실을 알 수 있습니다. 그래서 칸트는 예술을 '제2의 자연'이라고 불렀습니다. 다시 말해서, 예술은 인간이 창조하지만 인간에게 자신이 만들었다는 것을 알아차리지 못하게 합니다. 예술은 목적을 직접적으로 드러낼 수 없으며, 당연히 자연과 마찬가지로 '목적이 없으면서도 합목적적인 형식'을 가지고 있어야만 비로소 심미적 유쾌함을 일으킬 수 있습니다. 나는 이것이 아마 중국 사람들이 말하는 "맑은 연못에 연꽃이 피니 자연이 그 모습을 아름답게 만들어준다"는 것이라고 생각합니다.

예술 창조는 이렇게, 심미 감상 역시 이렇게 '만물에 대해 무심해야' 합니다. 이런 얘기를 하다 보니 갑자기 쭝바이화 선생이 자신의 문집을 『미학 산책』이라고 한 데는 아주 깊은 뜻이 있다는 생각이 드는군요. 심미는 곧 일종의 산책입니다. 산책과 같이 자유롭고 자연스러우며 자유자재로 가고 싶은 대로 가며 어디로 가든 상관하지 않습니다. 그리고 어디까지 가든 미를 느낄 수 있습니다. 심미는 본래 목적을 가지고 있지 않기 때문입니다. 다만 우리가 유쾌함을 느낌으로써 목적이 있는 것 같다고 생각할 따름입니다.

그래서 심미는 판단에서 유쾌함이 생겨날 뿐만 아니라 '판단에서 목적이 생겨납니다'. 심미에는 원래 구체적인 목적이 없으며 그 속에서 무슨 실리를 얻고자 꾀하지도 않으며 심지어는 애초부터 반드시 무슨 심미 활동을 하려고 하지도 않지만, 미는 어느새 눈앞까지 와서 우리를 유쾌하고 즐겁게 합니다. 무의식중에 우리 마음속 깊은 곳에 있는 '목적이 없으면서도 합목적적인 형식'과 서로 일치하기 때문입니다. 따라서 만약 심미에 무슨 목적이 있다고 한다면 그것은 '판단하기 이전'의 것이 아니라 '판단한 이후'의 것입니다. 그래서 '목적이 없는 합목적성'이라고 부르는 것입니다.

미는 이해가 없으면서 유쾌함을 만들고, 개념이 없으면서 보편성을 가지며, 목적이 없으면서도 합목적이 아닌 것이 없다는 말들은 모두 미감 판단에 일종의 필연성이 있음을 말해줍니다. 이 필연성이 없다면 그것이 어떻게 이럴 수 있는가를 이해할 수 없습니다. 하지만 이런 필연성은 논리 판단처럼 이론적인 것도 아니고 도덕 판단같이 실천적인 것도 아니며 당연히 감관 판단처럼 필연성이 없는 것은 더더욱 아닙니다. 다만 심리상의 '패러다임'일 뿐입니다. 칸트는 이 필연성이란 바로 "모든 사람들이 어떤 판단에 동의한다는 필연성"이라고 말했습니다.

앞에서 미와 미감이 보편성을 가지기 때문에 여러분이 미를 느낄 때는 나 또한 그 느낌에 대해 공감할 것이라고 믿고 공감할 것이라고 생각하고 공감할 것을 요구한다고 말했습니다. 하지만 이는 별로 가능한 일이 아닙니다. 동일한 대상에 대해 어떤 사람은 아름답다고 느끼지만 어떤 사람은 아름답지 않다고 느낍니다. 심지어 동일한 사람이 오늘은 아름답다고 느끼지만 내일은 아름답지 않다고 느낄 수도 있습니다. 이는 누구나 다 아는 상식입니다. 어떻게 모든 사람들이 하나의 판단에 대해 동의할 수 있겠습니까? 그런 건 애초에 불가능합니다.

그러나, 나는 또 '그러나'라고 단서를 달려고 합니다. 만약 우리가 이렇게 생각하지 않고, 이렇게 가정하지 않는다면 심미는 진행될 수 없습니다. 세상에서 오직 한 사람만이 어떤 대상이 아름답다고 느낀다면 그 미는 가치가 없기 때문입니다. 가치가 없을 뿐만 아니라 그것이 미인지조차도 크게 문제가 됩니다. 그것이 미라는 것을 증명할 방법이 없으며 다른 사람과 그 미감을 함께 누리고 나눌 수가 없기 때문입니다. 그러면 다른 사람에게 그것이 미라고 증명하지 않고, 또 다른 사람과 그 미감을 함께 누리지도 나누지도 않는다면 어떨까요? 그러면 미감은 음식을 먹는 쾌감과 같은 그 밖의 쾌감으로 바뀝니다. 그래서는 안 됩니다. 감관적 유쾌함은 함께 누릴 수 없다는 말은 곧 역으로 심미적 유쾌함은 반드시 함께 누려야 함을 증명합니다.

그렇다면 단지 몇 사람이 동의한다면 어떨까요? 안 됩니다. 이 역시 신뢰할 수 없기 때문입니다. 몇 사람이나 동의하면 유효할까요? 열 명? 그 이하면 안 될까요? 일곱 명은 안 될까요? 다섯 명은요? 세 명은? 두 명은? 물론 더 적으면 안 되겠지요. 그러면 달랑 한 명만 남으니까요. 그래서 우리는 반드시 이론적으로나 논리적으로 우선 모든 사람들이 동의할 것이라고 가정한 다음에 그 기준을 낮출 수 있는데, 실제로는 몇 사람만이 동의하거나 심지어는 자기 혼자만 아름답다고 느끼기도 합니다. 하지만 마음속 깊은 곳 그리고 잠재의식 속에서는 모두가 아름답다고 느낄 것이며 당연히 모두가 아름답다고 느껴야 한다고 굳게 믿습니다. 다시 말해서 어떤 대상이 아름답다거나 그렇지 않다고 말하는 것은 어떤 일의 참과 거짓을 말하는 것과 마찬가지로 그것의 보편적 고유성에 대한 모두의 인정을 요구한다는 말입니다.

따라서 심미를 위해 '주관적 원리'를 확립할 필요가 있습니다. 개념을 통해서가 아니라 정감을 통해서이지만, 그것은 개념처럼 보편적으로 무엇이 사람을 유쾌하게, 혹은 불쾌하게 하는지를 유효하게 규정합니다.

칸트는 이것이 '공통감'이라고 생각했습니다.

공통감은 심미의 '선험적 가설의 전제'입니다. 다시 말하면, 첫째, 공통감은 경험에 우선하며 심미 이전에 이미 설정된 것이지, 심미의 결과가 아닙니다. 심미의 결과는 신뢰할 수 없습니다. 모두가 다 아름답다고 느낄 수도 있지만, 사실 어떤 사람은 아름답다고 느껴도 어떤 사람은 아름답지 않다고 느끼는 경우가 훨씬 많을 것입니다.

둘째, 공통감은 일종의 가설로, 사람들이 모두 여러분의 느낌에 동의할 것이라고 가정하지만 결코 다른 사람과 여러분의 의견이 일치하는 것을 여러 차례 보았기 때문이 아닙니다. 이 '여러 차례'라는 것도 신뢰할 수 없습니다. 한 번만 달라도 수포로 돌아가지 않습니까? 그래서 공통감은 경험으로 증명되는 것이 아니라 선험적 가설입니다.

셋째, 공통감은 심미의 전제입니다. 즉 여러분이 심미를 진행하기 전에 반드시 다른 사람이 모두 여러분의 느낌에 동의할 것이라고 가정해야 하다는 말입니다. 물론 심미를 진행하기 전에 매번 이렇게 가정해야 한다는 말은 아닙니다. 공통감은 이미 선험적이고 잠재적으로 여러분의 심리 구조 속에 설정되어 있기 때문에 그럴 필요가 없습니다. 여러분이 심미 상태로 진입하면 공통감은 자연스럽게 작용합니다. 예를 들어 우리가 어떤 대상이 아주 아름답다고 말할 때, 우리가 다른 사람에게 어떤 대상이 이러저러하게 아름답다고 말할 때, 우리는 당연히 그들이 동의하기를 바랍니다. 동의하지 않는다면 우리는 실망하고 의기소침해지며 심지어 분노해서, 그들의 수준이 너무 낮고 감상력이 정말 형편없으며 소양과 교양이 너무 없다고 말할 것입니다.

우리는 마음속 깊이 일찌감치 그들이 동의할 것이라고 굳게 믿고 있습니다. 그렇지 않았다면 아예 이야기를 꺼내지도 않을 것입니다. 그리고 우리가 이번에는 좌절을 맛보았다고 치더라도 다음번에는 또 다른 사람에게 어떤 대상이 이렇게 저렇게 아름답다고 이야기할 것이며, 그때도 여전히 그 사람이 자신의 생각에 동의하리라 믿을 것입니다. 그 이유는 '모든 사람들이 어떤 판단에 대해 동의하는 필연성'이 심미의 전제이기 때문입니다.

그렇다면 이런 가정에 근거가 있을까요? 있습니다. '사람들의 느낌과 관점은 다 비슷하다'라고 할 때의 '관점', 즉 인성 중에서 공통된 것이 '공통감'입니다. '공통성'이 아닌 '공통감'이라고 부르는 이유는 '공통감'이 이성적이 아니라 감성적이며 논리적이 아니라 정감적이기 때문입니다. 칸트는 "완전한 지성보다 감상에 공통감이라고 불릴 권리가 있고, 이지적 판단력보다 미감적 판단력이 공통적 감각이라는 이름을 가질 수 있다"고 말했습니다.

하지만 다른 사람이 우리와 똑같은 미감을 가질 것을 요구하고 기대하고 희망하며 가정할 수는 있지만 다른 사람이 이 미에 공감하도록 규정하고 강요할 수는 없습니다. 다른 사람에게 심미의 진행을 강요하는 것은 다른 사람을 대신해서 밥을 먹는 것만큼이나 우스운 일입니다. 여러분이 유쾌하지 않은데 내가 느끼는 유쾌함을 여러분에게 보여주면 내가 여러분 대신 유쾌할까요? 그래서 칸트는 공통감, 혹은 모든 사람들이 어떤 판단에 대해 찬성하는 필연성은 "다만 서로 일치할 가능성을 의미하고 있을 뿐이다"라고 말했습니다.

그러나 이런 가능성은 결코 있어도 되고 없어도 되는 것이 아닙니다. 가능성은 심미의 전제입니다. 가능성이 있고 난 후에야 미는 비로소 함께 누릴 수 있고 함께 누려야 하는 것이 되며, 미감은 비로소 전달될 수 있고 전달되어야 하는 것이 되며, 예술은 비로소 감상할 수 있게 되고 감상되어야 하는 것이 됩니다. 만약 사람과 사람 사이에 근본적으로 '서로 일치할 가능성'이 존재하지 않는다면 나는 미를 느끼지만 여러분은 미를 느낄 수 없으며, 내가 여러분에게 내가 가지고 있는 미감을 전달해도 여러분은 공감할 수 없으며, 내가 창작한 예술품을 여러분은 감상하지 않을 것입니다. 아무도 감상하는 사람이 없다면 그것은 예술품이 아닙니다. 사람과 사람 사이에 '서로 일치할 가능성'이 존재하지 않는다면 예술과 심미는 존재할 수 없습니다.

그래서 칸트는 설령 공통감이 일종의 가설에 불과하더라도, 미감 판단에 '당연히'라는 의미를 가질 권리를 부여할 수 있다고 말했습니다. 다시 말해서 이른바 공통감이란 각 개인이 모두 우리의 판단에 '동의할' 것이라는 말이 아니라 '당연히 동의한다는' 말입니다. 하하, 어쩐지 예술가들의 성질이 그렇게 제멋대로고 자신과 다른 의견을 들으면 펄쩍펄쩍 뛰며 불같이 화를 내고 수치스러워하고 분개하며 코웃음을 친다 했더니, 예술가는 일반인보다 훨씬 강렬하게 그것이 '당연하다'고 느끼고 체험하기 때문이었던 것입니다. 그들의 관점에서 볼 때 이렇게 '당연한' 것이 뜻밖에도 여러분에게는 없다는 것은 정말 너무나 당연하지 않은 일입니다. 따라서 여러분이 예술을 이해하지 못하고 심미 능력이 없다고 욕을 먹고, 예술가나 여자 친구의 꾸지람을 듣는다 하더라도 그건 자업자득입니다.

이것이 공통감입니다. 공통감은 비록 '주관적 원리'이고 '선험적 가설의 전제'이기는 하지만 우리의 심미 활동을 규정합니다. 우리가 하나의 사물을 미라고 칭할 때 우리는 자신만이 아니라 각 개인을 위해서 이렇게 판단하는 것입니다. 우리가 이렇게 판단하는 것은 다른 사람과 우리의 의견이 서로 같은 경우를 여러 번 보았기 때문이 아니라 서로 같기를 요구하기 때문입니다. 그러니까 이 원칙은 주관적이지만 보편성을 가졌다고 상상되는데, 이 원칙이 각 개인에게는 모두 하나의 필연적 이념이기 때문입니다.

이것이 바로 심미의 비밀이자 미의 비밀입니다.

객관과 주관의 논쟁을 잠재우다

지난 수업에서 이미 취미 판단에 관한 칸트의 네 가지 계기를 최대한 쉽게 풀어서 소개했는데, 이로부터 다음의 네 가지 결론을 도출할 수 있습니다.

첫째, 심미는 어떤 이해관계도 없지만 사람을 유쾌하게 하는 활동이고, 미감은 유일하게 이해가 없는 자유로운 쾌감이며, 이런 공리를 초월한 유쾌한 대상을 생겨나게 할 수 있는 것이 미입니다.

둘째, 이런 유쾌함은 개념도 아니고, 개념에 기대지도 않지만 가정에 의해 개념처럼 보편성을 가집니다.

셋째, 이런 유쾌함과 판단은 구체적 목적이 없고 주관적인 합목적적 형식만을 가집니다.

넷째, 심미는 개념이 아닐 뿐만 아니라 목적이 없으면서 보편적이고 필연적으로 사람을 유쾌하게 할 수 있는데, 이런 보편성과 필연성은 다만 '선험적 가설의 전제'일 수밖에 없습니다. 곧 이런 보편성은 오직 주관적 보편성일 수밖에 없다는 말입니다.

이것이 칸트의 네 가지 계기입니다. 계기란 말은 독일어에서 '관건'이라는 뜻을 가지고 있습니다. 그러면 다시 한 번 '관건적으로' 생각해서 그

가운데에서 네 가지 관건적인 주제어를 뽑는다면 당연히 '공리의 초월', '개념이 아님', '목적 없음', '주관적 보편성'이며 그중에서도 가장 관건은 '주관적 보편성'입니다.

칸트가 제기한 '주관적 보편성'은 오랫동안 사람들이 납득하지 못했던 '미란 도대체 주관적인 것인가, 아니면 객관적인 것인가?'라는 문제를 해결했습니다. 미는 이렇게 보면 객관적인 것 같은데 저렇게 보면 또 주관적인 것 같습니다. 심미도 마찬가지입니다. 칸트는 '순수한 미감적 판단의 연역'이라는 장에서 이 두 개의 '~것 같다'에 대해 설명했습니다. 그는 취미 판단은 모든 사람들이 다 동의하기를 요구하기 때문에 객관적인 것 같지만, 완전히 논증을 통해서 규정할 수 없기 때문에 주관적인 것 같기도 하다고 말했습니다.

'미감적 판단력의 변증론'이라는 절에서 칸트는 그것을 '감상의 이율배반'이라고 칭했습니다. 이율배반이란 두 가지 명제를 분리하면 둘 다 성립되고 논증될 수 있지만, 함께 두면 서로 배척하고 상호 모순되는 것을 말합니다. 예를 들면 세계는 시간적, 공간적으로 유한하다는 말은 맞습니다. 그리고 세계는 시간적, 공간적으로 무한하다는 말도 맞습니다. 그러나 이 둘을 합치면 틀립니다. 이것이 이율배반입니다.

칸트는 취미 판단에는 이런 이율배반으로 가득 차 있다고 생각했습니다. 예를 들어 취미 판단에 대한 논쟁이 가능할까요? 이에 대해 한편에서는 취미 판단이 비개념적이기 때문에 논쟁할 수 없다고 합니다. 논쟁은 개념을 기초로 하지 않으면 근거가 없습니다. 여러분이 이 꽃이 아름답다고 한다면 그 말은 무엇을 근거로 한 것일까요? 하나의 대상에 대해 여러분은 아름답다고 하고 나는 아름답지 않다고 말하면 누가 판정을 할까요? 우리는 누구의 말을 따라야 할까요? 심미에는 기하학에서와 같은 공리公理도 없고 민사소송의 법률이나 법관도 없습니다.

그러면 우리는 누구의 말을 들어야 하는 걸까요? 아무나 말하면 되는 걸까요? 신에게 판정을 맡기지 않는 한 그럴 수는 없습니다. 안타깝게도 신은 말을 하지 않습니다. 공자도 "하늘이 무슨 말씀을 하시더냐. 사계절이 바뀌고 만물이 생겨났지만 하늘이 무슨 말씀을 하시더냐"라고 하지 않았습니까. 판정을 할 수 있는 사람은 아무도 없습니다.

반면 다른 편에서는 누구나 "사람의 입맛에는 똑같이 좋아하는 것"이 있기 때문에 논쟁할 수 있다고 말합니다. 다들 서시西施는 아름답고 종규鍾馗는 무섭다는 데에 동의할 것입니다. '사랑하는 사람의 눈에는 서시가 보이고 원수의 눈에는 종규가 보인다'는 말이 있지만, 사랑하는 사람과 원수를 각각 서시와 종규라고 부르는 것은 서시의 미와 종규의 추가 이미 논쟁할 필요가 없으며 미와 추에 기준이 있다는 사실을 말해줍니다.

이 기준은 아마도 서시라고도 부를 수 있고 종규라고도 부를 수 있으며 다른 무엇으로도 부를 수 있지만 여기에는 이들을 분류해놓은 계보 같은 것이 전혀 없습니다. 약간의 계보조차도 없다면, 모든 사람들이 다들 마음대로 아름답다고 말하는 대상은 아름답고 추하다고 하는 대상은 추해서, 이 세상에 있는 것은 뭐든 미일 수도 있고 추일 수도 있을 것입니다. 무엇이든 미이고 무엇이든 추라는 말은 미추가 없다는 뜻이며 미추라고 할 수 없습니다. 따라서 미는 당연히 기준을 가져야 하며 그 기준은 또한 논쟁이 가능한 것입니다.

이처럼 앞의 두 가지 관점을 개별적으로 보면 둘 다 맞지만 함께 두면 모순되지 않습니까?

실제로 이것은 경험론파 미학과 합리론파 미학의 차이점이기도 합니다. 경험론파 미학은 심미의 근거는 다만 개인의 미적 쾌감이며 개인의 주관적 취향일 뿐, 보편적으로 적용되는 심미 기준이란 존재하지 않는다고 생각합니다. 만약 이런 보편적인 기준이 존재한다면 우리는 심미를 진행할 필요 없이 자를 가지고 곳곳을 재보기만 하면 될 테니까요. 가령 어떤 모델의 신체가 황금분할비와 일치한다면 분명 아름답겠지만, 나처럼 신체 구석구석이 황금분할비와는 전혀 무관한 사람이라면 틀림없이 아름답지 않을 것입니다. 이건 생각할 필요도 없습니다. 그냥 재보면 그만입니다. 다 재고 나면 계산하고 계산이 끝나면 비율을 따져보고 컴퓨터로 누가 아름답고 누가 아름답지 않은지 결정하도록 합니다. 그리고 나서 앞으로 과학이 더 발달해서 모든 부부들이 이 수치에 맞춰서 아이를 낳는다면, 이 세상에는 온통 하나의 거푸집에서 쏟아져 나온 미남미녀들로 가득할 것입니다. 이런 일이 가능할까요?

합리론파 미학은 취미 판단은 반드시 미의 개념에 기초하고 객관적 심미 기준을 가지는데, 그렇지 않다면 사람들이 무슨 근거로 이 꽃이 아름답다고 하겠느냐고 봅니다. 만약 감각에 근거해서 꽃의 아름다움을 판단한다고 한다면 그 말은 곧 '이 꽃은 아!'라고 말하는 것이나 마찬가집니다. 실제로 여러분이 '이 꽃은 아름답다'라고 말할 때 여러분의 마음속에는 하나의 미의 개념이 있는 것입니다. 그렇지 않다면 여러분은 이렇게 말할 수 없으며 이렇게 판단할 수 없습니다.

여러분이 이렇게 당당하게 말하고 이렇게 단호하게 말하는 것은 여러분이 옳다고 생각한다는 사실을 말해줍니다. 여러분의 마음속에 계보가 있고 가늠쇠가 있는 것입니다. 이것이 미의 기준입니다. 그리고 여러분은 아직도 혼잣말이 아니라 다른 사람에게 이야기해주려고 하고 다른 사람이 동의하기를 바라며 또 동의하리라 믿습니다. 이것은 여러분이 생각하고 있는 그 기준이 여러분 개인의 것이 아니라 모두의 것이며 객관적인 것이라는 의미입니다. 만약 이런 기준이 없다면, 이 기준이 객관적이지 않다면, 예술비평과 문예비평에는 조금의 가치도 없어집니다. 생각해보십시오. 어떤 예술품이 아름다운지 아닌지에 대해 하나의 기준조차도 없다면 그렇게 핏대를 세우며 논쟁을 벌여서 뭣하겠습니까? 그것이야말로 배가 불러서 하는 쓸데없는 짓에 불과합니다.

칸트는 이 두 파의 관점이 모두 맞기도 하고 모두 틀리기도 하다고 생각했습니다. 전자는 기준을 완전히 부정했고 미감의 보편성을 부정한 반면, 후자는 그것들을 객관적이라고 간주했습니다. 칸트는 심미에 기준이 있으며 보편성이 있지만 이 기준과 보편성은 객관적이지 않고 주관적이라고 생각했습니다. 주관적 기준에 어떻게 보편성이 있을 수 있을까요? 이 점은 납득하기가 어렵지만 심미에는 기어코 이렇게 주관성과 보편성이 있습니다. 그래서 심미의 보편성이 왜 주관적인지 분명하게 하려면 먼저 심미의 보편성을 분명히 해야 합니다.

칸트는 심미의 보편성이 경험적 사실에 기초하지 않는다는 점을 확실히 알아야 한다고 주장했습니다. 하나의 판단이 필연적으로 모든 사람들로부터 보편적 동의를 얻는다는 것을 증명하는 어떤 사실도 없으며, 정말로 이 세상 사람들이 모두 공인하는 어떤 대상의 미도 없습니다. 얼마 전에 서양 사람이 뽑은 동양 미녀의 사진을 본 적이 있습니다. 그 사진을 본 거의 모든 중국인이 깜짝 놀라서, '어떻게 이럴 수가 있나? 얼굴은 넙데데하고 입술은 두껍고 눈은 저렇게 작은데'라며 외국인의 심미 능력에 문제가 있는 게 아닌지 의심했습니다.

사실 동서양의 차이는 놔두고서 중국인 사이에서도 반드시 의견이 일치하는 것은 아닙니다. 서시라는 여인에 대해서 말해봅시다. 서시를 모두가 인정하는 미녀라고 치더라도 모든 사람들이 좋아하리라고 확신할 수는 없습니다. 장자莊子가 한 이야기가 있습니다. 어떤 여관 주인이 있었는데 그에게는 아내가 둘이 있었습니다. 한 사람은 예쁘고 한 사람은 못생겼습니다. 하지만 여관 주인은 못생긴 아내를 좋아하고 예쁘게 생긴 아내를 싫어했습니다. 사람들이 그 까닭을 묻자 그는 "그녀가 아름다운 것은 자기가 아름다운 것이지 나는 그녀가 아름다운지를 알지 못하오. 또 그녀가 못생긴 것은 자신이 못생긴 것이지, 나는 그녀가 못생겼다고 생각하지 않소"라고 말했습니다. 그 사내는 십중팔구 서시를 아름답다고 여기지 않았으리라 짐작할 수 있습니다.

어쩌면 모두들 이런 경우는 제외시키고 비정상이며 그냥 '별개의 사건'이라고 치부할지도 모릅니다. 그러면 정상적인 경우를 말해보겠습니다. 중국에 '양귀비楊貴妃는 포동포동하고 조비연趙飛燕은 말랐다'라는 속담이 있습니다. 백거이白居易가 시에서 "꽃샘추위 속에 화청지에서 목욕을 하니 온천물이 희고 반들거리는 살갗을 매끄럽게 씻겨준다"고 노래했으니 모두들 양귀비가 어떤 모습이었을지 상상할 수 있을 것입니다. 조비연은 한漢나라의 미녀입니다. 얼마나 몸이 가냘팠던지 손바닥 위에서 춤을 출 수 있을 정도였다고 합니다.

한나라의 문화는 초楚나라의 문화에서 왔기 때문에 한나라 사람은 초나라 사람처럼 마른 것을 아름답다고 생각했습니다. 그래서 '초나라 왕이 가느다란 허리를 좋아하니 궁중에는 굶어 죽은 여인이 많았고, 오吳나라 왕이 검술을 좋아하니 나라 사람들 중에 흉터가 있는 사람들이 많더라'라고 하는 말이 있습니다. 아마도 오나라에서는 얼굴에 흉터가 있는 남자가 아름다웠고 초나라에서는 허리가 가느다란 여자가 아름다웠으며, 당나라에서는 여자들이 좀 살이 쪄야 했을 것이니 절대 다이어트용 차를 마셔서는 안 됐을 겁니다. 못 믿겠으면 당나라 궁녀의 그림을 보십시오. 미녀들의 턱이 모두 두 개라는 사실을 알 수 있을 겁니다.

자, 심미에 보편성이 있다는 점을 증명할 수 있는 경험적 사실이 없지 않습니까.

그렇다면 심미의 보편성을 증명할 수 있는 근거는 무엇일까요? 단지 '선험적 가설의 전제'밖에 없습니다. 다시 말하면 심미는 다만 이론적이고 논리적으로 보편성을 지닐 뿐이라는 것입니다. 반드시 '이론적으로'와 '실제로'를 구별해야 합니다. 감관 판단은 이론적으로는 결코 보편적 유효성을 요구하지 않지만 실제로는 상당히 광범위한 일치성을 가지는데, 가령 많은 사람들이 중국차를 좋아하며 쓰촨 사람이 아니더라도 쓰촨요리를 좋아하는 것 등을 예로 들 수 있습니다. 하지만 우리는 논리적이고 이론적으로 감관 판단이 보편적 유효성을 지니기를 요구할 수 없습니다. 그것은 불가능하며 또 그럴 필요도 없습니다.

미감 판단은 꼭 반대입니다. 실제로는 주관적이지만 논리적이고, 이론적으로는 보편적 유효성을 요구합니다. 가령 여러분은 자신의 애인이 당연히 아름답다고 느끼는 동시에 그녀가 서시와 같아서 다른 사람들의 눈에도 아름답게 보이리라 생각합니다. 그렇지 않다면 어떻게 '사랑하는 사람의 눈 속에 서시가 있다'고 하겠습니까?

여기에 반대하는 사람이 있다면 그가 뭐라고 할지 나는 알고 있습니다. 그는 내 애인은 당연히 나만이 아름답다고 느껴야지, 다른 사람들도 다들 그녀가 예쁘다고 느끼면 어찌 성가시지 않겠느냐고 할 것입니다. 맞는 말입니다. 하지만 그가 '성가시다'고 하는 것은 공리적인 고려이지, 심미적인 고려가 아닙니다. 그 사람은 제삼자가 끼어들어서 그녀를 낚아채갈까 봐 두려운 겁니다. 이것은 바로 그가 마음속 깊은 곳에서 그녀가 서시와 같으니 당연히 모두들 아름답다고 느껴야 한다고 인식하고 있다는 사실을 잘 말해주고 있습니다. 그게 아니라면 누가 그녀를 '공룡'이라고 할 때 그가 왜 화를 내겠습니까?

그래서 미감은 결국 개개인의 독특한 주관적인 느낌임에 불구하고 반드시 사람들 모두의 동의를 얻는 것으로 상상되어야 합니다. 바로 그렇기 때문에 우리는 '미는 대상이 가지는 일종의 성질이면서도 그 사람의 판단은 논리적인 것 같다'고 미를 논할 수 있습니다. 하지만 미감 판단은 어쨌든 논리 판단이 아닙니다. 칸트는 풀밭의 녹색과 그 녹색이 사람에게 주는 유쾌함이 미와 동일하지는 않다고 말했습니다. 녹색은 객관적 감각이지만 녹색의 미는 주관적 감각이며, 다만 객관적이라고 보일 뿐입니다. 즉 "취미 판단 속에서 가정된 보편적 동의의 필연성은 일종의 주관적 필연성이며 그것은 공통감의 전제하에서 객관적인 것으로 표상"됩니다.

이 말은 참으로 예리하고 정확합니다. 그러니까 미는 객관적이지도, 주관적이지도 않고, 주객관의 통일도 아니며 '주관이 객관으로 표상된' 것이고, '객관적 상징의 형식으로 표현되어 나온 주관적인 것'입니다. 미의 가장 본질적인 특징은 바로 '공리를 초월하고 개념이 아니면서 목적을 갖지 않는 주관적 보편성'입니다.

여기에서 칸트는 실제로 이미 미와 심미와 예술의 비밀을 모두 밝혔습니다. 그래서 나는 칸트의 『판단력비판』을 읽고 나자 왜 중국의 미학계에서는 아직도 '미는 객관적인 것인가 아니면 주관적인 것인가'라는 이런 사소한 문제를 토론하려고 하는지 정말 이해할 수가 없었습니다. 만약 칸트에게 부족한 점이 있다면 그가 말하는 '공통감'의 내력이 명확하지 않다는 점이 유일합니다. 이 점에 관해서는 제일 마지막에 이야기하겠습니다.

칸트가 우리에게 준 깨우침

취미 판단에서 가정하는 보편적 동의의 필연성은 주관적 필연성이며, 그것이 공통감의 전제하에서 객관적으로 표상된다는 말은 대단히 핵심을 찌르는 논단論斷입니다. 여기로부터 우리는 아주 많은 깨달음을 얻을 수 있으며 일련의 결론을 끌어낼 수 있습니다.

처음부터 말해봅시다.

칸트는 취미 판단, 혹은 미감 판단과 기타 판단의 가장 근본적인 차이가 미감 판단은 주체에 대한 판단인 반면 기타 판단은 모두 객체에 대한 판단이라는 점에 있다고 생각했습니다. 칸트는 만약 우리가 하나의 대상이 아름답다고 말함으로써 자신에게 격조가 있고 감상 능력이 있다는 것을 증명하려고 할 때, 관건은 우리 자신의 마음속에 있고, 우리가 이 표상에서 무엇을 보아낼 수 있는지에 있으며, 우리가 이 표상을 어떻게 평가하는가에 있지, 이 사물 자체의 존재에 있는 것이 아니라고 했습니다. 왜냐하면 미는 결국 '객관적 형식으로 표현된 주관적인 것'이기 때문입니다. 미가 주관적인 것인 이상 미감 판단은 객체와 연계될 수 없고 주체에만 연계될 수 있을 뿐입니다.

미감 판단이 주체에만 연계될 수 있을 뿐이라면 하나의 판단이 미감 판단인지 아닌지를 보고, 하나의 대상이 심미 대상인지 아닌지를 보며, 또한 오직 주체의 태도가 심미적 태도인지 아닌지 보는 것은 대상과 관계가 없습니다. 예를 들어 과학자가 소나무를 보고 이것은 마니송이고 교목이며 종자식물속이라고 말했다면 과학적 태도입니다. 이 소나무는 그에게 인식 대상입니다. 하지만 목공기술자가 그 나무를 보고 이 나무는 아주 크고 굵고 곧아서 최고급 관을 짤 수 있다고 했다면 실용적 태도입니다. 이 소나무는 그에게 실용적 대상입니다. 그리고 화가가 이 나무는 얼마나 아름다운가, 얼마나 아름다운 푸름과 얼마나 아름다운 결을 가지고 있는가 감탄했다면 심미적 태도입니다. 이 소나무는 그에게 하나의 심미 대상입니다.

이 예는 주광첸 선생이 말한 적이 있는데, 심미와 비심미는 주체의 태도와 관계가 있을 뿐 대상의 성질과는 관계가 없음을 말하고 있습니다. 여러분이 논리적인 태도로 대상을 대한다면 설령 이 대상이 형상적이고 정감적이라고 하더라도 여러분의 판단은 여전히 논리적일 수밖에 없습니다.

예술비평 같은 것이 종종 그렇습니다. 예술품은 일반 사람들에게는 심미 대상이지만 비평가의 눈에는 종종 인식 대상으로 변하곤 합니다. 비평가는 언제나 직업병이 발동해서 이른바 전문가적인 태도, 즉 이성적 태도로 그것을 보기 때문에, 이 구조는 지나치게 산만하고 저 필획은 잘못 그렸다는 식으로 평가를 합니다. 결국 비평가는 일반 감상자에 비해 오히려 미적 향수를 누리기가 힘들기도 합니다. 그래서 나는 언제나 비평가가 예술품을 대할 때 우선 비평가의 틀을 내려놓고, 먼저 일반 감상자의 신분으로 감상을 하고 자신이 감동을 받을 수 있는지 없는지를 본 후에 전문적인 평가를 하는 편이 가장 좋다고 주장합니다.

물론 반대되는 상황도 있습니다. 일부 심미적 경향이 특별히 강한 사람들은 비심미적 대상에 대해서조차도 여전히 심미의 태도로 다가가서 그

속에서 미를 발견해냅니다. 이때 그 대상이 설령 논리적이고 이성적이라고 하더라도 그의 판단은 심미적입니다. 가령 그런 사람은 화학방정식을 봤을 때에도 그 내용에 대해서 근본적으로 이해하지 못하고 오직 보기 좋다고 느낄 뿐입니다. 그가 화학방정식이 얼마나 질서정연하고 얼마나 대칭을 잘 이루고 있는가 느낄 때 그 화학방정식은 바로 심미 대상으로 변하게 되는 것입니다.

쉬츠徐遲가 『골드바흐의 추측』을 쓸 때 천징룬陳景潤의 수학방정식들을 위쪽에 열거해놓은 경우가 바로 그렇습니다. 이런 이유로 외국인도 중국 서예를 감상할 수 있습니다. 그들은 근본적으로 그 한자들을 알아야 할 필요가 없기 때문이지요. 그들은 그 속에서 기세, 정취, 장력張力을 보고 미를 보아내기만 하면 됩니다. 이것이 첫째입니다. 미감 판단이 주체와 연계되어 있기 때문에 심미와 비심미의 차이는 오직 주체의 태도에 달려 있습니다.

둘째, 미감 판단은 주체와 연계되어 있기 때문에 표면적으로는 사물을 살피지만(대상의 미추를 판단) 실제로는 인간을 살핍니다(내면세계의 미추를 판단). 마음속에 미가 없으면 세상에도 미가 없습니다. 대자연은 각 개인을 차별 없이 평등하게 대하며 기회 또한 각 개인에게 균등하게 줍니다. 그 점은 여러분이 황량한 사막에서 산다고 해도 마찬가지입니다. "광활한 사막 한가운데 한 줄기 봉화 연기가 똑바로 피어오르고, 끝없이 흐르는 강물 저 너머로 떨어지는 석양이 둥글다"고 하는 것이 설마 미가 아닐까요? "사람 사는 곳에 묵으려고 시내 건너 저편 나무꾼에게 묻는다"는 것이 설마 미가 아니란 말인가요? 심미를 진행하려는 한 조각 마음만 있으면 머무는 곳은 언제까지나 안락하고, 언덕 하나에 골짜기 하나라도 풍치가 있고 멋들어집니다.

예를 들어 유종원柳宗元이 「영주팔기永州八記」에서 노래했던 소석담小

石潭은 지금 관광지가 되었다고 합니다. 전하는 바에 따르면 소석담을 본 관광객은 다들 그것이 별것 아니라고 합니다. 나도 그럴 거라고 생각합니다. 원래 별것 아니었으니까요. 그것은 본래 그냥 소석담에 불과했습니다. 「소석담기小石潭記」에서 노래하는 미는 소석담의 것이고 유종원의 것인데 그중에서도 주로 유종원의 것입니다. 유종원이 아니었다면 그처럼 중요한 고서에 이름이 나오지도 않았을 것이고 보러 오는 사람도 없었을 텐데, 소석담이 어떻게 관광지가 될 수 있었겠습니까?

셋째, 미감 판단은 주체와 연계되어 있기 때문에 미는 반드시 주체의 심미 감수로 확정되어야 합니다. 다시 말해서 여러분이 미라고 느끼면 미고 미라고 느끼지 않으면 미가 아닙니다. 학술적으로 표현하자면, 주체가 미를 느낄 때만이 대상이 주체에게 비로소 심미 대상이 되며 비로소 미가 됩니다. 만약 하나의 대상이 여태껏 어떤 사람에게도 미를 느끼게 한 적이 없다면 그것은 심미 대상이 아니며 미가 아닙니다. 하지만 '아름답지 않은 것'은 추와는 달리 '비심미'입니다. 비심미와 추는 다른 개념입니다. 참과 거짓은 논리학의 문제이고 선과 악은 윤리학의 문제인 것처럼, 미와 추는 모두 심미적이고 미와 추의 문제는 모두 미학의 문제입니다. 그래서 세계에는 미학만이 있고 '추학'이라는 것은 없습니다. '추학' 운운하는 것은 군중의 심리에 영합해서 호감과 지지를 얻으려고 하는 것일 뿐, 결코 성립될 수 없습니다.

비심미는 미추와 상관이 없습니다. 세상의 많은 것들이 미추와 관련이 없습니다. 가령 수학 문제를 놓고 아름다움을 논하지 않습니다. 수학 교사에게 "선생님, 어째서 이런 문제를 출제하셨습니까? 너무 추해요"라고 하지는 않습니다. 물론 여러분이 이 문제에서 의외로 미를 발견해낸다면 여러분에게 특별한 재능이 있다고 생각할 수밖에 없습니다. 이때 이 문제는 여러분에게 심미 대상이 되는 것입니다.

넷째, 미감 판단은 주체와 연계되어 있기 때문에, 대상과 관계를 가진 다면 대상의 형식과 관계가 있을 뿐 대상의 실존과는 무관합니다. 좀 더 자세히 말하면 미감 판단은 대상이 어떤 모습인지에만 관여하고 어떤 것 인지에는 관여하지 않습니다. 설령 그것이 물건이 아니라고 하더라도 예 쁘기만 하면 됩니다.

한번은 레핀Repin이, 아, 레핀은 러시아의 저명한 현실주의 화가입니다. 현실주의는 현대파가 아니니까 비교적 신뢰할 수 있다고 할 수 있겠지요. 한번은 레핀이 친구와 뜰에서 산책을 하고 있었습니다. 많은 눈이 내린 후라 세상이 온통 은백색으로 변해 있어 그야말로 장관이었습니다. 하지 만 길가에 개가 오줌을 누는 바람에 경치가 아주 망가졌습니다. 레핀의 친구가 구두 끝으로 눈을 옮겨다가 그것을 덮겼습니다. 아, 그런데 레핀 이 버럭 화를 낼 줄 누가 알았겠습니까. 그는 며칠 동안 줄곧 이 아름다운 호박색을 감상해왔다고 말했습니다. 솔직히 말하면 이른바 예술품이란 안료를 칠한 천과 종이, 쌓아놓은 진흙과 돌멩이와 망가진 구리와 부식된 철에 불과합니다. 예술품의 경우에도 그것이 어떤 모양인지를 따질 수 있 을 뿐, 그것이 어떤 것인지 따질 수는 없습니다. 예술품의 가치는 주요하 게는 재료가 아니라 특수한 형식에 있습니다.

다섯째, 미감 판단은 주체와 연계되어 있기 때문에 인식도 발견도 아닌 기대입니다. 다시 말해서 미감 판단은 심미 대상이 미인지 아닌지, 판단 대상이 미인지 아닌지보다 미이기를 희망하고 미라는 것을 증명하는 것 입니다. 만약에 이 기대를 실현할 수 없으면 실망하게 되고 그로 인해 분 노를 하게 되고 반감을 가지며 의기소침해하며 심지어 막 되먹은 욕을 할 수도 있습니다.

이는 예술 감상에서 특히 선명하게 표현됩니다. 예를 들어 우리가 회화 전시회를 보고 영화를 보거나 음악회에 갈 때는 항상 우리가 볼 그것들이 좋기를 바랍니다. 만약 이들 회화 전시회와 영화와 음악회가 우리의 기대를 만족시켜주지 못하면 우리는 분노해서는 "이게 뭐야. 이것도 예술품이란 말이야?"라며 화를 냅니다. 분명히 예술품이 아름답지 않다면 그것은 아무것도 아니며, 심미 활동에서 미를 느낄 수 없다면 그 역시 아무것도 아닙니다. 이는 법원의 사건 심리와는 다릅니다. 법정에서 심리를 진행해서 피고가 무죄라고 선고를 내리는 것은 아주 정상입니다. 이때 법관이 "뭐라고? 한나절이나 심리를 했는데 무죄라니 그야말로 헛수고를 한 게로군"이라고 말할 수는 없습니다. 법관은 이렇게 말할 수도 없고 이렇게 말하지도 않을 것입니다. 피고가 유죄든 무죄든 헛수고는 아니니까요.

하지만 만약에 대상이 아름답지 않다면 그것은 법관의 사건 심리가 헛수고다 아니다 하는 차원의 문제가 아니라 근본적으로 심미 활동을 했다고 할 수 없는 것입니다. 심미와 사건 심리는 근본적으로 다릅니다. 그런데 미감 판단의 결과가 추라면 심미라고 할 수 있을까요? 여기에 대해서는 칸트가 말하지 않았던 것 같군요. 이것은 제일 마지막에 말하겠습니다. 미리 힌트를 좀 준다면, 설령 미감 판단의 결과가 추라고 하더라도 역시 심미입니다. 미와 추는 모두 심미의 문제이며 심미의 결과이기 때문입니다. 이 점을 확실하게 하려면 반드시 먼저 미란 무엇인가부터 이야기해야 하기 때문에 나는 하는 수없이 '나중에 다시 말하자'고 할 수밖에 없습니다.

앞에서의 이런 추론들로부터 심미는 반드시 보편성을 지닌다고 하는 결론을 얻을 수 있습니다. 왜 그런지 생각해보십시오. 미감 판단은 객체에 연계되어 있지 않고 오직 주체와 연계되어 있습니다. 설령 그것이 객체에 연계된다 하더라도 오직 객체의 형식과 관계가 있을 뿐입니다. 이는 대상, 즉 객체가 우리들에게 어떤 도움도 줄 수 없다는 것과 같은 말입니다. 도와줄 수 없다는 것에만 그치는 정도가 아니라 그것이 심미 대상인가 아닌가조차도 우리들의 미감에 근거해서 증명해야 합니다.

그렇다면 우리의 미감이 미감인가 아닌가는 또 무엇으로 증명해야 할까요? 역시 하나의 방법, 바로 타인의 동감과 공감을 근거로 증명할 수밖에 없습니다. 그래서 미감 판단은 반드시 선험적으로 하나의 전제를 가정해야 하는데 그것이 '하나의 판단에 대한 모든 사람들의 동의의 필연성'이며 칸트가 말한 '공통감'이기도 합니다. 공통감은 개념과 마찬가지로 보편적으로 유효하게 무엇이 사람을 유쾌하게 하고 무엇이 사람을 불쾌하게 하는지를 규정하고 있습니다. 공통감은 어떤 대상이 아름답고 어떤 대상이 아름답지 않은지를 당당하게 말할 수 있게 하며, 어떤 대상이 아름답다고 당당하게 말할 때 언제나 타인의 동의를 기대하고 요구하게 합니다. 또한 공통감은 원래는 주관적인 미를 객관적으로 표상되고 있게 합니다. 자, 미의 비밀에 대해서 모두 다 확실하게 밝히지 않았나요?

그리고 미가 객관적으로 표상되고 있기 때문에 미학사의 첫 번째 고리는 필연적으로 객관 미학일 수밖에 없습니다. 하지만 미는 결국은 원래 주관적인 것이었기 때문에 언제나 불가피하게 주관 미학을 향해 나아갑니다. 이것으로 미학사의 비밀도 분명하게 말했지요? 사실상 칸트 이후의 서양미학은 총체적으로 이미 객관론에서 주관론으로 돌아섰고, 모방론에서 표현론으로 방향을 바꿨으며, 미의 철학에서 심미심리학으로 방향을 바꾸었습니다. 헤겔이라는 이 최후의 객관론자조차도 실제로는 '미란 무엇인가'라는 문제와 미의 철학을 포기하고 '예술은 무엇인가'와 예술철학으로 대체했습니다. 이것이 칸트 미학 혁명의 결과이기 때문에 많은 미학가들은 모두 칸트의 『판단력비판』이 바움가르텐의 『미학』보다 훨씬 중요하며, 바움가르텐은 단지 미학의 '대부'일 뿐이고 칸트야말로 미학의 진정한 아버지라고 생각합니다.

이것이 바로 지극히 무미건조하고 난삽한 칸트의 미학체계 중에서 빛을

발하는 부분입니다. 칸트에 대해서는 다 말하지 못했지만 그래도 여기까
지밖에 이야기할 수 없습니다. 나는 여러분에게 정말로 수확이 있었으면
합니다. 이렇게 힘들게 한참을 이야기하고서도 아무런 소득이 없다고 한
다면 정말 쓸데없는 사건 심리를 진행한 것이나 마찬가지니까요.

넷
째
마
당

심미와
심미
심리학

심미는 곧 직관이다

칸트 이후로 가장 위대한 철학가이자 미학가는 헤겔입니다. 하지만 헤겔을 이야기하기 전에 가벼운 이야기로 준비운동을 좀 한 다음 다소 무거운 주제로 들어가기로 합시다.

먼저 심미심리학에서부터 이야기를 시작해보겠습니다.

앞에서 말했던 것처럼 칸트 이후로 서양미학은 총체적으로 이미 객관론에서 주관론으로, 모방론에서 표현론으로, 미의 철학에서 심미심리학으로 방향을 바꾸었으며 이로 인해 유희설, 감정이입설, 심리적 거리설 등과 같은 일련의 새로운 관점과 학설들이 생겨났습니다. 하지만 이런 방향 전환은 단번에 이루어진 것이 아니라 과도기를 거쳤습니다. 예를 들면 유희설에는 두 종류가 있습니다. 하나는 '칸트-실러 유희설'이고 또 하나는 '스펜서-그로스-룬드그렌 유희설'입니다. 전자는 철학적이고 후자야말로 진정으로 심리학적이라고 할 수 있습니다. 이 점에 대해서는 다음에 다시 말할 것입니다. 요컨대 미의 철학에서 심미심리학에 이르기까지는 중간에 하나의 과도기가 있었습니다.

이 과도기에 있었던 가장 중요한 인물은 이탈리아의 철학가이자 미학가인 크로체였습니다. 크로체는 칸트와 헤겔 이후 또 한 명의 대가급의 인물입니다. 20세기 초에 서양에서는 그의 미학이 유일한 미학이었습니다. 그의 미학은 영향력이 가장 크고 논쟁이 가장 컸으며 가장 오해를 받았습니다. 크로체는 서양의 전통 미학과 현대 미학을 잇는 과도기적 인물로서, 전통 미학을 진정으로 종결짓는 한편 현대 미학을 창시했기 때문에 전통과 현대 양쪽 모두에게서 눈 밖에 나도록 숙명적으로 정해져 있었던 것입니다. 보수적인 사람은 그의 새로운 경향을 싫어했고 전위적인 사람은 또 그가 한물갔다고 싫어했습니다.

그렇다면 크로체의 가장 주요한 미학적 관점은 무엇이었을까요?

전통 미학에서 현대 미학으로 넘어가는 과도기로서, 크로체는 모든 미학 학설을 하나의 작은 견과의 딱딱한 껍질 속으로 압축했는데 이 작은 견과는 바로 직관입니다. 크로체에게 직관이란 개념이 형성되기 이전의 사유 단계입니다. 크로체는 인간의 정신 활동은 인식과 실천의 두 종류로 나눌 수 있다고 생각했습니다. 이를 가장 기본으로 해서 그것들을 다시 나눌 수 있습니다. 인식 활동은 직관 활동과 논리 활동으로 나눌 수 있고 실천 활동은 공리 활동과 도덕 활동으로 나눌 수 있습니다. 그것들은 모두 자신의 가치 판단 기준을 가지고 있으며 대응되는 정신적 영역 혹은 정신적 부문을 가집니다. 이상의 내용을 하나씩 써보면 금방 알 수 있을 것입니다.

직관	인식 활동	특수 사물에 대한 인식	예술과 심미	미추
논리	인식 활동	일반 사물에 대한 인식	과학과 철학	참과 거짓
공리	실천 활동	특수 목적에 대한 추구	경제학	이해
도덕	실천 활동	일반 목적에 대한 추구	윤리학	선악

이렇게 정리하니 아주 명확하지요? 하지만 크로체가 말한 이 네 가지

활동은 평행으로 병렬된 것이 아닙니다. 그것들 간에는 논리적 체계가 있는데, 아래의 활동은 위의 활동에 의존하며 위의 활동은 아래의 활동에 대해 상대적으로 독립적입니다. 예를 들어 직관은 논리가 없어도 되지만 논리는 반드시 직관을 전제로 해야 하며, 공리는 도덕이 없어도 되지만 도덕은 반드시 공리를 전제로 해야 합니다. 직관은 논리의 전제이고 공리는 도덕의 전제이며 인식은 실천의 전제입니다. 이렇게 따져가다 보면 최고의 단계는 도덕임을 알 수 있습니다. 그렇다면 인간의 정신 활동은 도덕의 단계에 도달하면 끝일까요? 그렇지 않습니다. 이때 도덕은 또다시 새로운 한 바퀴의 정신 활동 중에서 직관의 전제로 변하게 됩니다. 이렇게 한 걸음씩 한 걸음씩 높이 올라가면 영원히 끝이 없습니다. 이것이 대체적인 크로체의 철학적 관점입니다.

그래서 크로체 미학 관점의 첫마디는 바로 "심미는 곧 직관이다"라는 말입니다.

직관으로서의 심미는 어떤 특징이 있을까요? 첫째는 독립적입니다. 동일한 체계 중에서 직관은 전제가 필요 없기 때문에 심미 또한 상대적으로 독립적인 정신 활동이 됩니다. 둘째는 냉정한 관찰입니다. 심미는 실천 활동이 아니기 때문에 행동이 필요 없습니다. 셋째는 직접적입니다. 심미는 논리 활동이 아니기 때문에 분석과 추리가 필요치 않습니다. 사실 직관을 직관이라고 부르는 이유는 직관이 직접적이기 때문입니다. 직접적이지 않다면 직관이라고 부르기 어렵습니다. 그래서 심미의 이 세 가지 특징은 일반적으로 문제가 없습니다.

하지만 크로체에게 심미는 네 번째 특징을 가지는데 창조입니다. 크로체의 미학적 관점은 '직관은 곧 표현이며 표현은 곧 창조다'와 '심미는 곧 직관이고 직관은 곧 표현이며 표현은 곧 창조다'를 합한 것이기 때문입니다. '심미는 곧 직관'이라는 말은 비교적 이해하기 쉽습니다. 심미는 당연히 직관입니다. 우리가 어떤 대상을 보면 언제나 찰나에 미추를 판단하지, 자로 재고 계산기로 계산을 하는 것이 아닙니다. 하지만 '직관은 곧 표현'이라는 말에는 좀 문제가 있는 것 같습니다. 직관은 인식 대상인데 어떻게 자아를 표현하는 것이 될 수 있겠습니까? 게다가 만약에 '심미는 곧 직관이고 직관은 곧 표현이며 표현은 곧 창조'라고 한다면 표현력이 없고 창조력이 없는 경우 어떻게 심미를 진행할 수 있겠습니까? 반대로 만약 우리가 심미를 진행했다면 어째서 우리도 표현하고 있고 창조하고 있으며 예술가로 변했다고 말하지 않는 걸까요?

이 부분이 크로체가 상당히 오해를 받는 부분이지만 크로체 미학이 지닌 훌륭한 점이기도 합니다.

먼저 크로체에게 심미는 물건을 보는 것과는 다르다는 사실을 분명히 해야 합니다. 물건을 봄으로써 얻는 것은 단순한 감각일 뿐 직관이 아닙니다. 물론 직관도 감각을 전제로 하지만 직관은 감각과는 다릅니다. 예를 들어 녹색의 풀밭을 보고 다만 푸르다는 점만 보았다면 감각만을 가지고 있는 것이며, 만약 그 녹색 안에서 미를 보았다면 또 다른 일이 됩니다. 이때 여러분은 감각과 동시에 표현과 창조를 가지게 됩니다. 동일한 풍경을 마주하고 예술가와 우리가 보는 것이 다른 이유는 '보는 법'이 다르기 때문입니다. 예술가가 '보는 것'은 직관이고 우리가 '보는 것'은 감각입니다. 그래서 영주永州의 그 소석담은 우리가 아무리 뜯어봐도 대단하지 않지만 유종원은 미를 알아봤던 것입니다.

어떤 사람이 레오나르도 다 빈치에게 "그 많은 화가들 중에서 어째서 당신만이 거장입니까?"라고 물었습니다. 레오나르도는 "눈으로 보는 법을 배워야 한다"라고 말했습니다. 많은 사람들이 이 말을 이해하지 못합니다. 눈으로 본다는 것이 무슨 뜻일까요? 설마 우리가 코로 보았다는 말일까요? 이 말의 의미는 크로체의 말을 빌리면 아주 선명해지는데, 그것은 바로 감각을 사용하지 말고 직관을 사용해야 한다는 뜻입니다. 보는 행위를 할 때 동시에 표현하고 창조해야 합니다. 표현력과 창조성 없이 단순히 보는 행위는 예술가와 같은 보기가 아니며 심미에 입각한 보기도 아닙니다.

예술가는 심미 직관 능력이 특별히 강한 사람입니다. 그들은 언제나 우리가 보지 못하는 것을 볼 수 있습니다. 세잔느가 말년에 시력을 잃은 모네에게 "자네는 한쪽 눈으로 세계를 보지만 그것은 얼마나 특별한 눈인가"라고 말했습니다. 오스카 와일드는 시적인 언어로 "만약 인상파가 없었다면 우리가 어떻게 그 기묘하고 짙은 갈색 안개가 시가지를 기어들어 가서 가스등을 흐려놓고 집에 괴이한 그림자가 흔들리게 하는 것을 알 수 있었겠는가?"라고 말했습니다. 확실히 인상파 이전에 이런 시선으로 세상을 보는 사람은 없었습니다. 인상파는 우리에게 '보는 법'을 가르쳤으며 눈을 사용하는 법을 가르쳤습니다.

인상파가 '본' 것은 그들이 그린 것이기도 합니다. 혹은 그들이 그린 것은 바로 그들이 '본' 것이라고 할 수 있습니다. 그래서 직관은 표현입니다. 표현 이외의 어떤 것도 아닙니다. 크로체에게 직관과 표현의 분리는 근본적으로 불가능합니다. 크로체는 "즉시 그것을 그려내는 외에 우리가 어떻게 정말로 기하학적 도형에 대해서 직관을 가질 수 있겠는가?"라고 말했습니다. 반대로 만약 여러분이 시실리의 구불구불한 해안선을 그려 낼 수 없다면 여러분은 시실리에 대해 직관이 없는 것입니다. 그래서 직관과 표현은 시간적으로 동시에 일어나며 본질상으로도 일치합니다. 각 직관은 동시에 표현이기도 합니다. 표현이 없으면 직관도 없습니다.

이렇게 해서 크로체의 이론은 약간 '코페르니쿠스식 혁명'의 느낌을 띠게 되었습니다. 크로체 이전에는 사람들이 직관을 단순히 가지고 있는 정도가 아니라 아주 많이 가지고 있지만 다만 기교가 부족해서 말을 하지 못할 뿐이라고 여겼습니다. 하지만 크로체는 그것이 완전히 오산이라고 생각했습니다. 크로체는 "많은 사람들이 모두 자신은 위대한 생각을 얼마든지 가지고 있지만 애석하게도 표현하지 못할 뿐이라고 말하는데, 만약 정말로 위대한 생각을 가지고 있다면 어째서 표현해내지 못한다는 말인가?"라고 했습니다. 나는 크로체의 이 주장에 전적으로 동의합니다. 언어는 생각의 직접적인 현실입니다. 생각은 결국 언어를 사용해야 합니다. 여러분이 언어를 사용해서 생각한다는 말은 여러분이 생각을 하는 동시에 언어를 가지게 되었다는 뜻인데 어째서 표현을 할 수 없는 걸까요? 결론은 오직 하나, 여러분이 근본적으로 생각이 없다는 것입니다.

마찬가지로 크로체의 입장에서 보면, 여러분은 근본적으로 직관을 가지고 있지 않은 경우를 제외하고 직관을 가지고 있을 때에는 표현을 가지게 됩니다. 만약 내가 제대로 이해했다면 크로체의 말은 사람은 오직 특정한 표현 형식 중에서만 직관할 수 있다는 뜻입니다. 예를 들어 "광활한 사막 한가운데 한 줄기 봉화 연기가 똑바로 피어오르고, 끝없이 흐르는 강물 저 너머로 떨어지는 석양이 둥글다", "사람 사는 곳에 묵으려고 시내 건너 저편 나무꾼에게 묻는다"라는 왕유王維의 시를 봅시다.

왕부지王夫之의 논조에 의하면 이 시 구절은 모두 시인이 즉각적으로 얻은 심미 직관입니다. 왕부지는 "끝없이 흐르는 강물 저 너머로 떨어지는 석양이 둥글다고 하는 것은 애초부터 확정된 경치가 아니었으며, 시내 건너 저편 나무꾼에게 묻는다는 것은 애초부터 생각했던 것이 아니었다. 그것들은 곧 선가禪家에서 말하는 현량現量이다"라고 했습니다. 현량이라는 말에서 '현現'은 현재, 이미 갖추어진 것, 진실을 현현顯現함이라는 뜻입니다.

그래서 왕부지가 말하는 현량은 크로체의 직관과 대단히 비슷합니다. 왕부지는 이 시가 과거의 경험도 아니고 아무런 근거가 없는 망상도 아니라 시인이 심미 대상을 마주한 그 순간에 느낀 직관이라고 했습니다. 왕부지는 "마주하자마자 느껴서 생각할 겨를이 없다"고 말했는데 이것이 직관이 아니면 무엇이겠습니까? 하지만 만약 왕유가 '끝없이 흐르는 강물 저 너머로 떨어지는 석양이 둥글다'라는 말을 하지 못하고 '시내 건너 저편 나무꾼에게 묻는다'라는 말을 하지 못했다면 그에게 이런 직관이 있었다고 할 수 있겠습니까? 이렇게 말을 하지 못했다면 아마도 기껏해야 약간의 감각이 있었을 뿐일 것입니다.

그래서 직관이기만 하면 그것은 반드시 심미적입니다. 반대로 말해도 마찬가지인데, 오로지 심미의 차원에 도달해야만 직관은 비로소 직관입니다. '직관은 곧 표현'이기 때문입니다. 직관은 생겨날 때 이미 자신의 독특한 표현 형식을 가집니다. 이런 표현 형식이 없는 것은 직관이 없는 것이나 마찬가집니다. 따라서 '직관은 곧 표현'일 뿐만 아니라 '표현은 곧 창조'인데, 직관과 표현은 떼놓을 수 없기 때문입니다. 직관이 독특한 이상 그 표현 형식 역시 반드시 독특합니다. 독특한 형식은 오직 창조라는 결과밖에 없기 때문에 '표현은 곧 창조'입니다.

여러분은 어떨지 모르겠지만 내 경우에는 크로체의 이 관점에 상당한 깊이가 있다고 생각합니다. 하지만 그의 이런 깊이와 칸트의 깊이는 다릅니다. 칸트를 이해하려면 철학적 수양이 있어야 하고 크로체를 이해하려면 예술 경험이 있어야 합니다. 내 개인의 경험에 의하면 언어와 형식은 결코 단순히 하나의 표현의 문제 혹은 기교의 문제가 아닙니다. 이 둘은 확실히 생각과 동시에 발생하며 직관과 동시에 발생합니다. 직관에 가장 적합한 언어와 형식을 찾기 전에는 결코 진정으로 생각하고 직관할 수 없습니다. 이는 내가 직접 경험한 것입니다.

크로체에게서 '예술은 곧 직관'이라는 결론뿐만 아니라 '예술은 곧 표현'이며 '예술은 곧 형식'이라는 결론을 얻을 수 있었기 때문에 크로체를 가장 환영했던 사람은 예술가들이었습니다. 예술가와 예술가적 기질을 가진 이론가들은 이런 결론을 듣기 좋아하고 말하기 좋아하며 쉽게 받아들입니다. 그들이 진정으로 크로체를 이해한 것이 아니라고 하더라도 말입니다. 하지만 나는 미학가가 이런 영향을 미치는 것만으로도 충분하다고 생각합니다. 이해를 하든 오해를 하든 그것은 그의 몫이니까요.

감정이입, 물아일체의 체험

솔직하게 말하면 크로체의 미학은 그 핵심인 직관이 심리학적인 용어처럼 보여도 엄격한 의미에서는 심미심리학이 아닙니다. 하지만 우리가 앞에서 열거했던 표를 보기만 하면 크로체의 말이 여전히 철학이라는 것을 알 수 있습니다.

진정으로 심미심리학이라고 할 수 있으면서 영향력이 가장 컸던 학설은 감정이입설입니다. 감정이입설은 서양의 근현대 미학사에서 영향력이 가장 크고 사람 수가 가장 많았던 학설이었습니다. 주요한 대표적 인물로는 독일의 피셔 부자, 로체, 베롱, 립스, 그로스, 폴켈트, 영국의 버넌 리와 프랑스의 바슈가 있습니다. 가장 먼저 감정이입이라는 개념을 제기한 사람은 로베르트 피셔이고 감정이입설을 하나의 체계적인 미학 이론으로 발전시킨 사람은 립스입니다.

립스는 칸트와 마찬가지로 미감은 일종의 유쾌한 정감이지만 모든 유쾌한 정감이 다 미감은 아니라고 보았습니다. 그는 유쾌한 정감에는 세 종류가 있다고 생각했습니다. 첫째는 외부 사물이 일으키는 것, 둘째는 정신이 일으키는 것, 셋째는 감정이입을 통해서 외부 사물에게서 느끼는 것입니다. 이 중에서 세 번째의 유쾌한 정감만이 미감입니다. 그래서 감정이입은 심미의 관건입니다.

그렇다면 감정이입이란 무엇일까요? 감정이입은 바로 주체의 정감을 대상에 '옮겨 넣거나' '받아들이는' 것을 말합니다. 감정이입학파는 심미가 실제로 정감을 이입하는 과정이라고 생각했습니다. 이 과정에서 주체는 대상에 집중하고 관조하는데, 자신도 모르는 사이에 주체의 정감을 대상에게 '옮겨 넣거나' '받아들여서' 결국 자아를 대상으로 변하게 하고 대상을 자아로 변하게 합니다. 이때 우리는 이 대상이 아름답다고 느낄 수 있는데 이런 '주객일치, 물아동일主客一致, 物我同一'의 경지는 바로 심미의 경지이기도 합니다.

이렇게 말하면 너무 추상적이니까 예를 하나 들어보겠습니다.

장자를 예로 들어봅시다. 장자에게는 혜시惠施, 혹은 혜자惠子라고 하는 친구가 있었습니다. 이 두 사람은 마주치기만 하면 언쟁을 벌였습니다. 하루는 장자와 혜자가 다리 위에서 물고기를 보고 있었습니다. 그때는 공업 오염 같은 게 없어서 물이 아주 맑았습니다. 장자가 물고기를 보고는 아주 즐거워하며 "유유자적하며 노니는 것을 보니 물고기가 즐거워하는구나"라고 하니, 혜자가 "그대는 물고기가 아닌데 어떻게 물고기가 즐거워하는지 아는가?"라고 했습니다. 장자가 "그대는 또 내가 아닌데 어떻게 내가 물고기가 즐거워하는지를 모른다는 것을 아는가?"라고 했습니다. 혜자가 "그래. 나는 그대가 아니기 때문에 그대를 모르지. 마찬가지로 그대는 물고기가 아니니까 당연히 물고기를 모르는 거야"라고 했습니다.

장자와 혜자는 처음부터 각기 다른 길 위를 달리는 수레였습니다. 혜자의 태도는 인식적이었고 장자의 태도는 심미적이었습니다. 인식적이라면 여기에는 하나의 인식이 가능한지, 어떻게 가능한지 하는 문제가 있습니다. 다시 말해서 여러분이 물고기가 즐겁다고 말한다면 여러분은 그것을 어떻게 인식을 했느냐는 말입니다. 즐거움은 각 개인의 개인적 체험인데 다른 사람이 어떻게 인식할 수 있을까요? 물론 일반적으로는 그 사람의 표정을 본다든지 해서 그가 즐거운지 아닌지를 알 수 있습니다. 하지만 물고기는 표정이 없습니다. 마음속으로 즐겁다 하더라도 얼굴에 드러나지 않습니다. 요컨대 혜자는 개체의 체험이 타인에게 인식될 수 있는가 하는 철학적인 문제를 제기했습니다. 인식론의 각도에서 보면 이 문제에는 의의가 있습니다.

문제는 장자의 태도가 인식적이 아니라 심미적이라는 데 있습니다. '물고기가 즐거워한다'는 과학적 결론이 아니라 심미 체험입니다. 그렇다면 장자는 어떻게 '물고기가 즐거워'하는지를 체험했을까요? 이것이 감정이입입니다. 물고기가 즐거운지 아닌지는 우리가 알지 못하며 중요하지도 않습니다. 중요한 것은 장자가 즐겁다는 것입니다. 장자 자신이 즐겁기 때문에 물고기에게 집중하고 관조할 때 부지불식간에 자신의 즐거움을 물고기에게로 '옮겼고' 결국 물고기가 즐겁다고 느낀 것입니다. 이것을 감정이입이라고 부릅니다.

감정이입은 예술과 심미에서 대단히 자주 볼 수 있는 현상입니다. 예를 들어 중국인이 이야기하기 좋아하는 "어진 자는 산을 좋아하고, 지혜로운 자는 물을 좋아한다", "기쁜 마음은 난초를 그리고, 화난 마음은 대나무를 그린다"라는 말이나 "예전에 나 떠나올 때는 버드나무가 무성하게 늘어져 있었거늘"이라는 시가 모두 감정이입에 해당합니다. "초에도 마음이 있어 이별이 아쉬운 듯 사람 대신 날 밝을 때까지 눈물을 흘린다"라는 두목杜牧의 시는 매우 유명한데 대단히 아름답고 감동적이지만 '과학적'이지 않습니다. 초에는 결코 '마음'이 없으며 '이별이 아쉬운' 것도 알지 못합니다. 초는 불을 붙이기만 하면 '눈물을 흘립니다.' 초는 여러분이 이별을 할 때도, 결혼을 할 때에도 눈물을 흘립니다. '사람 대신 날 밝을 때까지 눈물을 흘린다'는 것은 우리의 '착각'일 뿐입니다.

하지만 문학예술을 창작할 때는 '착각'을 하지 않으면 안 됩니다. '착각'을 하지 않으면 생활은 재미가 없고 자연도 아름답지 않게 됩니다. 백조가 아름다운 것은 '우아'하기 때문이고 연꽃이 아름다운 것은 '고귀'하기 때문입니다. 판다곰은 '천진난만'하기 때문에 사랑스럽고 한겨울의 매화는 '눈과 서리에도 아랑곳하지 않기' 때문에 높이 평가할 만한 것입니다. 자연계는 원래 우아하거나 고귀한 것과는 상관이 없습니다. 판다곰은 결코 자신이 천진난만하다고 느끼지 않으며, 매화도 차디찬 눈과 경쟁할 생각을 가지고 있지 않습니다. 고귀한 것이든, 우아한 것이든, 천진난만한 것이든, 눈과 서리를 아랑곳하지 않는 것이든 이런 품격이나 성질은 모두 사람들이 부여한 것이고 감정을 이입한 결과입니다.

물론 감정이입에는 조건이 있습니다. 두꺼비에게 고귀한 정감을 '이입'할 수는 없습니다. 또한 오리가 '우아하다'거나 갈대가 '강직하다'고 말하기도 어렵습니다. 기껏해야 오리는 '소박하고' 갈대는 '끈질기다'고 할 수 있을 뿐입니다. 대상의 형식은 감정이입의 조건입니다. 여기에 대해서는 다음에 더 이야기할 것입니다. 하지만 가장 중요한 것은 역시 주체의 태도일 것입니다. 가령 작은 풀에 대해서는 비천하고 미미하며 보잘 것없다고 말할 수 있지만 평범하면서도 눈물겹도록 감동적이라고 말할 수도 있습니다. "꽃과 같은 향기도 없고 나무처럼 크지도 않은, 나는 알아주는 이 하나 없는 한 포기 작은 풀이라네. 그래도 슬퍼한 적 없고 번뇌한 적 없는 것은 내 짝이 하늘과 바다 끝에 두루 퍼져 있기 때문이라네"라는 〈작은 풀小草〉의 노래 가사 또한 아주 감동적이지 않습니까?

대상이 아름다운가 아닌가는 상당 부분 우리의 정감적 태도에 달려 있습니다. 이른바 '아들은 어머니가 못생긴 것을 싫어하지 않고 개는 주인집이 가난한 것을 싫어하지 않는다', '연인의 눈에는 서시로 보인다'라는 말들이 모두 이런 이치를 말하고 있습니다. 예를 들어 한 남학생이 같은

과 여학생을 사랑하게 되었다면 그는 틀림없이 그 여학생이 아주 예쁘다고 생각할 것입니다. 설령 학과 전체에서 그 여학생의 다리가 제일 짧고 눈이 제일 작고 얼굴에 여드름이 제일 많다고 해도 그 남학생은 그 여학생이 '아름다운 아가씨'라고 생각할 것입니다. 그 이유는 감정이입 때문입니다. 이미 그 남학생은 사랑을 대상에게로 '이입'했으며 그 대상은 사랑의 '이입'으로 인해서 아름다워진 것입니다.

실제로 감정이입은 현실의 심미와 예술 창작 중에서 자주 볼 수 있기 때문에 신기하지 않을 뿐만 아니라 예술 감상에서도 필수적입니다. 적어도 감정이입의 원리를 알게 되면 예술을 더 잘 감상할 수 있습니다. 가령 '시절을 한스럽게 생각하니 꽃(을 보고)도 눈물짓고 이별을 슬퍼하니 새(소리에)도 놀란다'라는 두보杜甫의 시에는 줄곧 다른 해석이 있어 왔습니다. 논쟁은 누가 눈물을 흘리고 누가 놀라는가를 둘러싸고 벌어졌습니다.

한쪽은 시인이라고 말했습니다. 시인이 나라의 멸망을 통감했기 때문에 꽃이 피는 것을 보고서도 즐겁지 않고 주룩주룩 눈물을 흘렸으며, 새가 지저귀는 소리를 듣고서도 즐거워한 것이 아니라 간담이 서늘해졌다는 것입니다. 반면에 다른 쪽은 꽃과 새라고 말했습니다. 자, 꽃과 새조차 눈물을 흘리며 구슬프게 울 정도니 하늘과 사람이 분노하고 원망하지 않을 수 있겠습니까. 이 두 가지 해석은 모두 다 그럴 듯하지만 감정이입설로 해석한다면 통합이 가능해집니다. 바로 나라의 멸망을 통감했기 때문에 꽃이 피는 것을 보고도 결코 즐겁지 않고 오히려 주룩주룩 눈물을 흘렸으며 꽃도 이 때문에 눈물을 흘리는 것처럼 보였고, 새소리를 듣고서도 기쁜 것이 아니라 간담이 서늘해졌으며 새도 이로 인해 슬피 우는 것처럼 들린다는 해석입니다.

다시 말해서, 시인과 꽃은 모두 엄청나게 눈물을 흘렸고 시인과 새는 모두 간담이 서늘해졌습니다. 감정이입의 과정에서 주체와 대상은 동일하기 때문입니다. 주체는 대상이고 대상은 주체입니다. 따라서 시인은 바로 꽃과 새이고 꽃과 새는 바로 시인이며 여기에는 누가 눈물을 흘리고 누가 놀라는가 하는 문제가 존재하지 않습니다. 마찬가지로 "천 리나 쌓인 민산岷山의 눈을 더욱 반가워하며 홍군이 지나간 후에 밝게 미소를 짓는다"라는 마오쩌둥毛澤東의 시에는 홍군이 밝게 미소를 짓는 것인가 눈 덮인 산이 밝게 미소를 짓는 것인가 하는 문제가 아니라 홍군과 눈 덮인 산이 함께 밝게 미소 짓습니다.

감정이입은 예술과 심미에서뿐만 아니라 일상생활 속에서도 흔히 볼 수 있는 현상입니다. 예를 들어 어린아이가 '새끼고양이가 정말 장난이 심하다'라고 말하는 경우입니다. 그래서 어떤 사람은 감정이입을 의인화라고 부르기도 합니다. 감정이입과 의인화는 모두 대상을 사람으로 간주하기 때문에 확실히 아주 닮았으며 관계가 있습니다. 그래서 감정이입과 의인화는 종종 갈라놓기가 힘듭니다. 가령 '개가 거리에서 머리를 쳐들고 활보한다'는 의인화 속의 감정이입이고, '위엄에 찬 사자의 포효가 산골짜기까지 울려 퍼진다'는 감정이입 속의 의인화입니다.

하지만 정확하게 말하면 감정이입과 의인화는 다릅니다. 의인화는 수사 기법이지만 감정이입은 심미 태도이며, 의인화는 상상 속에서 사람이 아닌 대상의 외적 특징을 사람의 외적 특징과 연계시키지만 감정이입은 체험 중에 자신의 정감을 대상에게 부여합니다. 의인화에서 의인화하는 사람은 다른 사람일 수 있지만, 감정이입에서 이입되는 정감은 반드시 자신의 것이어야 합니다. 의인화는 사람이 아닌 대상에게만 사용할 수 있지만 감정이입의 대상은 사람이 아닐 수도 있고 사람일 수도 있습니다. 그래서 이 둘은 다릅니다.

감정이입은 연상과도 다릅니다. 연상은 정감을 '불러일으킬' 수 있을 뿐 정감을 '이입'할 수는 없습니다. 예를 들어 친한 친구가 그린 그림을 보면서 죽은 그 친구를 떠올리게 되어 아주 괴롭다면 연상입니다. 이때 그림에 무엇이 그려져 있는지는 중요하지 않습니다. 반대로 감정이입의 경우라면 그 그림이 누가 그린 것인지는 결코 중요하지 않습니다. 중요한 것은 화면상의 색채와 선과 구도가 여러분에게 어떤 정감을 이입하도록 할 수 있느냐에 있습니다. 요컨대 연상은 '물건을 보고 그 사람을 생각하는 것'이고 감정이입은 '사물과 내가 동일한 것'이며, 연상은 '이것에서 저것으로 이르는 것'이고 감정이입은 '자신의 마음으로 남을 헤아리는 것'입니다. 이처럼 연상과 감정이입 역시 다릅니다.

이제 우리는 감정이입이란 무엇인가를 대체로 이해했습니다. 감정이입은 심미 활동 중에서 주체가 정감을 대상에게 이입함으로써 물아가 체험하는 동일한 심리 과정입니다. 이것은 우리의 심미 경험에 부합하며 특히 중국인의 심미 경험에 대단히 부합하는데, 중국미학이 '천인합일天人合一', '정경합일情景合一'을 이야기하기를 좋아하기 때문입니다. '정경합일'은 중국미학이며 특히 중국시학詩學의 요지라고 할 수 있습니다. 그렇다면 정情과 경景은 어째서 '합일'할 수 있을까요? 감정이입 때문입니다.

『문심조룡文心雕龍』「물색物色」편에는 "산봉우리가 첩첩이 솟아 있고 물이 굽이치며 흐르고 나무는 무성하고 구름은 몰려 있다. 눈을 뜨고 이리저리 살피니 마음속에 있는 것이 스스로를 드러내려고 한다. 봄날의 햇살은 따사롭고 가을바람은 스스스 소리를 낸다. 감정을 실어 그것들을 보고 있으니 그에 대한 감흥이 일어 마치 화답과도 같다"라는 부분이 있습니다. 여기에서 '감정을 실어 그것들을 보고 있다'는 정감을 대상에 이입하는 것을 말하고, '그에 대한 감흥이 일어 마치 화답과도 같다'는 곧 감정이입으로 인해 미감을 획득하고 심미 이미지를 획득하게 되었음을 말합니다. 이는 일종의 오래된 감정이입설이라고 할 수 있습니다.

감정이입설은 우리의 심미 경험과 일치하기 때문에 20세기 초에 성공적으로 보편적인 승인을 얻은 미학이론이 될 수 있었습니다. 영국의 미학가인 리스토웰Listowel. E이『근대 미학사 평론A Critical History of Aesthetics』에서 그렇게 말했습니다. 이 책에서 감정이입설은 아주 많은 장절을 차지하고 있습니다. 말이 나온 김에 한마디 하면 리스토웰의『근대 미학사 평론』은 우리가 미학사를 공부하는 데 중요한 참고서이며 이 책을 번역한 장쿵양蔣孔陽의 번역문도 아주 괜찮으니 모두들 꼭 읽어보기 바랍니다.

감정이입설이 비록 크게 호응을 얻기는 했지만 역시 문제가 없는 것은 아닙니다. 가령 로베르트 피셔에서 주광첸에 이르기까지 감정이입학파는 다들 감정이입이 '정감의 외부로의 발산'이라고 했습니다. 하지만 사람의 마음이 결코 등잔이 아닌데 마음의 빛이 어떻게 '외부로 발산'될 수 있는 걸까요? 그리고 감정이입설은 주객일치, 물아동일, 자아는 곧 대상이고 대상은 곧 자아임을 강조합니다. 그렇다면 우리가 폭풍이나 불행에 부닥쳤는데 자신이 그 속에 있어 대상과 동일해졌을 때 우리가 체험하는 것은 틀림없이 두려움과 비애뿐일 텐데 어떻게 미를 느낄 수 있을까요? 그럼에도 불구하고 우리가 정말로 미를 느꼈다면 그것은 또 어떤 이유일까요?

여기에 대해서는 다른 심미심리학 이론을 사용해서 해석할 수밖에 없습니다. 그 이론은 '심리적 거리설'입니다.

너무 멀지도 가깝지도 않은 심리적 거리

심리적 거리설은 영국의 저명한 심리학자이자 케임브리지대학교의 교수인 벌로프가 제기했습니다. 벌로프는 심미 활동을 할 때 주체와 대상 사이에 적당한 '심리적 거리'가 유지되고 있을 때만 대상이 주체에 대해 비로소 미적일 수 있다고 생각했습니다. 이 관점을 심리적 거리설이라고 합니다.

역시 먼저 예를 들어 설명하겠습니다.

벌로프는 바다 안개를 예로 들었습니다. 바다 안개가 아름다운지는 여러분이 누구인가, 어디에 서 있는가를 봐야 합니다. 만약에 여러분이 선장이나 선원 혹은 승객이고 배에 타고 있다면 바다 안개는 여러분에게 아름답지 않을 겁니다. 아름답지 않은 정도가 아니라 공포스럽기까지 할 것입니다. 생각해보십시오. 여러분이 탄 유람선이 앞을 분간할 수도 없고 죽은 듯한 적막 속에 떠 있어 해안이 어디에 있고 앞길은 어디에 있는지, 흉한지 길한지를 알지 못하는데 어떻게 미감이 있을 수 있겠습니까?

하지만 만약 여러분이 배 위가 아니라 바닷가에 서 있다면 상황은 달라집니다. 바다와 하늘 사이에 끝없이 펼쳐진 안개는 보기 힘든 아름다운 풍경이자 기이한 광경입니다. 해안, 암초, 등대가 우윳빛의 얇은 비단 장

막 같은 안개 속에서 숨었다 나타났다 합니다. 자욱한 안개 속에서 유람선 한 척이 천천히 미끄러져오는 광경이 얼마나 아름답겠습니까? 그러면 왜 여러분의 느낌은 배 위에 있는 사람과 다를까요? 왜 그 재난 같은 바다 안개가 여러분에게는 아름다운 것일까요?

거리가 있기 때문입니다. '거리가 있다'는 말은 여러분이 안개 속에 있지 않고 바다 안개와 여러분의 거리가 아주 멀다는 말이 아닙니다. 설령 그 바다 안개가 바로 여러분의 눈앞에 아주 가까이 있다고 해도 바다 안개와 여러분 사이에는 아무런 이해관계가 없다는 말입니다. 여러분과 바다 안개 사이에는 단지 의식적으로만 거리가 있기 때문에 '심리적 거리'라고 부르는 것입니다.

이 점에 대해서는 다들 금방 이해가 됐을 것입니다. 심리적 거리는 정확하게 말하면 '공리를 초월한 것'입니다. 혹은 칸트가 말한 '이해가 없으면서 유쾌함이 생겨난다'입니다. 하지만 칸트와 벌로프의 각도는 다릅니다. 칸트는 일체의 유쾌함 중에서 심미 유쾌만이 공리를 초월한다는 점을 강조했고, 벌로프는 주체와 대상 사이에 이해관계가 없을 때에만 심미 유쾌가 생겨날 수 있다는 점을 강조했습니다. 그래서 바닷가에 서 있다고 해서 모든 사람들이 바다 안개가 아름답다고 느끼는 것은 아닙니다. 그 사람이 만약 배에 타고 있는 선원이나 승객의 가족이라면 두려움을 느끼거나 염려를 하지 않을 수 없습니다.

그래서 거리가 있다는 것은 바로 공리를 초월한다는 것입니다. 단지 우리는 공리의 초월을 의식하지 못하고 거리가 있다는 것을 느낄 뿐입니다. 거리가 생기면 우리는 어떤 심적 부담도 없이 안개 속에서 꽃을 볼 수 있고 강 건너 불구경을 할 수 있으며 황학루黃鶴樓에서 배가 뒤집히는 것을 볼 수 있습니다. 실제로 우리가 '강 건너 불구경'을 할 수 있는 것은 바로 강을 사이에 두고 있기 때문입니다. 만약 큰불이 자기 집의 문 입구까지

번졌다면 그때도 수수방관할 수 있을까요? 마찬가지로 우리가 재난 영화나 무술 영화를 볼 수 있는 것도 그 재난과 싸움이 우리와 관계가 없기 때문입니다. 자신과 무관하니 멀찍이 물러서 있습니다. 그래야 느긋하게 감상할 수 있습니다. 모모 대협大俠이 따귀를 때리자 맞은 놈이 제자리에서 세 바퀴를 빙그르르 도는데 얼마나 재미있는지. 당연히 재미있습니다. 어쨌든 여러분이 맞는 것이 아니니까요.

사실 우리 자신이 재난, 고통, 두려움, 불행에 부딪혔다 하더라도 거리만 있다면 역시 그것을 심미 대상으로 간주할 수 있습니다. 가령 어떤 사람이 들판에서 늑대를 만났다면 아주 무서울 것입니다. 생각해보십시오. 혼자서 황폐한 교외의 들판을 걷고 있고 칠흑같이 어두우며 인적이라고는 찾아볼 수가 없는데 갑자기 늑대의 눈과 마주치면 놀라 자빠지지 않겠습니까? 하지만 이 사실은 여러분이 위험에서 벗어난 다음 의기양양하게 친구에게 자신의 '무용담'을 이야기하는 데 방해가 되지 않습니다.

만약 여러분의 입담이 좋아 생동감 넘치고 흥미진진하게 이야기를 들려줘서 듣는 사람들이 하나같이 그곳에 있었던 것처럼 느끼게 할 수 있다면, 여러분의 이야기는 실제로 예술품이 된 것이며 적어도 구전 문학 작품이 될 수 있습니다. 그렇게 될 수 있는 이유는 바로 여러분과 그 무서웠던 사건 사이에 이미 거리가 생겼기 때문입니다. 우선 그 사건은 이미 과거의 일이 되어 시간적으로 거리가 생겼습니다. 다음으로 여러분은 이미 그 현장에 있지 않기 때문에 공간적으로도 거리가 생겼습니다. 그리고 무엇보다 심리적 거리, 즉 이미 더 이상 두려워하지 않게 되었다는 것이 중요합니다. 만약 그 사건을 생각만 해도 여전히 온몸이 부들부들 떨린다면 여러분은 그에 관해 이야기할 수 없습니다. 이야기를 할 수 있다 하더라도 절대로 예술성은 없습니다.

그래서 루쉰魯迅은 소리 높여 노래함으로써 우는 것을 대신하는 것은 고통이 평정된 이후여야 한다고 말했던 것입니다. 고통이 평정된 후에야 비로소 거리가 생기고 비로소 소리 높여 노래할 수 있기 때문입니다. 시는 워즈워드가 말한 것처럼 평온한 상태에서 회상하는 감정입니다.

그러므로 거리는 심미의 전제이자 심미의 조건입니다. 아름다운 사물은 종종 모두 약간 '멀리 떨어져' 있거나 약간 '생소한' 것들입니다. 원시 예술이 아름다운 까닭은 대부분 아주 오래전의 것이기 때문이고 이국의 풍경이 아름다운 까닭은 대부분 생소하기 때문입니다. 예를 들어 원시 시대의 공예품이나 항아리는 아주 투박하고 거장의 작품도 아니며 깨진 곳이 있을지도 모르지만, 그것을 아름답다고 느끼는 이유는 그것이 아주 오래전의 것이기 때문입니다. 물론 원시 예술품을 미라고 느끼는 데에는 또 다른 원인이 있습니다. 그것의 모양과 무늬 장식이 원시적이고 야성적인 생명력을 표현하고 있기 때문이라는 등등.

여기에서 우리는 한 가지 실험을 할 수 있습니다. 만약 원시 시대의 항아리와 모양과 무늬는 똑같지만 아주 산뜻하고 깨진 곳도 없는 항아리를 새로 만들어서 보여준다면 우리는 아마도 그것이 별로 아름답지 않다고 느낄 것입니다. 그 이유는 그것이 지금으로부터 그다지 떨어져 있지 않기 때문입니다. 그리고 원시 시대의 항아리가 막 출토되어 다른 것들과 함께 뒤죽박죽 뒤섞여 있었을 때, 고고학자 외에 보통 사람들은 대부분 그것의 가치를 알아보지 못하고 쓸모없다고 생각할 것입니다. 하지만 그것이 박물관에 진열되어 아래에는 받침대를 받치고 위쪽에는 전등을 비추고 바깥쪽에는 유리를 씌워놓게 되면, 우리는 그것이 정말 비할 데 없이 아름답다고 느낄 수 있습니다. 이때의 거리감은 고고考古 현장보다 훨씬 멀어지기 때문입니다. 받침대와 불빛과 유리는 모두 여기에 진열된 것이 대단히 거리감이 있는 것임을 암시하고 강조합니다.

우리는 또 다른 상상을 해볼 수도 있는데, 만약 우리가 예로부터 지금까지 줄곧 이런 항아리를 사용해왔다면 그것을 아름답다고 느낄까요? 그러기는 매우 어려울 것입니다. 우리가 머나먼 이국땅으로 여행을 가면 변두리 산 구석 마을과 작은 마을을 보고도 감탄해마지 않겠지만, 현지 주민들은 늘 그런 경관 속에서 살고 있기 때문에 익숙해서 거론할 것이 없습니다. 그들은 오히려 우리가 사는 곳이 훨씬 보기 좋다고 생각할 것입니다. 주광첸은 『비극심리학悲劇心理學』에서 "가깝고 익숙한 사물은 종종 평범하고 속되며 심지어 못생기게 보인다. 하지만 일정한 거리 밖에 두고 초연한 정신으로 대한다면 그것들은 아마도 색다르고 감동적이며 심지어 아름답게 변할 것이다"라고 말했습니다. 이것이 거리의 효과입니다.

사실상 심미 활동을 하기 전에는 의식적이든 무의식적이든 거리를 두어야 합니다. 연극을 예로 들어봅시다. 연극에서 표현하는 것이 결코 모두 미적이고 유쾌하지는 않습니다. 거기에는 추한 것과 불쾌한 것도 있습니다. 아니, 단순히 있는 정도가 아니라 적지 않습니다. 그런데도 우리는 왜 편안히 앉아 차분하게 그것을 볼까요? 바로 우리와 연극 속의 사건 사이에 거리가 있기 때문입니다.

주광첸의 말을 빌리면 우리가 극장으로 걸어 들어갈 때 그 조그만 입장권은 우리와 현실 사이의 연계를 끊어 거리를 만듭니다. 그 밖에 무대, 조명, 소품, 분장, 무대 커튼 같은 것도 의식적으로나 무의식적으로 거리를 만듭니다. 일반적으로 연극 무대는 객석보다 높고 객석의 조명은 어두우며, 연기자들은 무게를 실어서 무대용 어조로 대사를 해야 합니다. 이것들은 물론 무엇보다 관람을 편하게 하기 위한 장치지만 동시에 일종의 암시 작용을 하기도 합니다. 즉 우리가 보는 것은 모두 거짓이고 허구이며 현실생활과는 거리가 있으니 지나치게 진짜로 여기지 말라고 말입니다. 이렇게 해야 우리는 비로소 심미의 태도로 연극을 감상할 수 있습니다. 이것이 '거리 두기'입니다.

거리는 심미의 전제이며 거리의 상실은 미감이 사라졌음을 의미합니다. 우리는 일상생활 속에서 연인들이 연애를 할 때는 잠시라도 떨어지는 것을 아쉬워하며 죽고 못 살았지만, 결혼 후에는 또 죽어라고 싸우는 모습을 종종 볼 수 있습니다. 연애를 할 때는 그들 두 사람 사이에 거리가 있었지만 결혼을 하고 난 후에는 그 거리가 사라져버렸기 때문입니다. 연애를 할 때는 쌍방이 모두 서로에 대해서 약간의 신비감을 가지며 최대한 자신을 드러내는데, 당연히 자신의 좋은 면을 표현하려고 하지요. 하지만 결혼을 하고 나면 심리적 거리는 물론이고 생리적인 거리도 사라집니다. 모든 결점과 결함이 남김없이 죄다 폭로되는데 싸우지 않을 수 있을까요?

거리는 아주 쉽게 상실되고 변화될 수 있습니다. 계속 연극 관람을 가지고 말해봅시다. 연극을 볼 때 처음에는 관객들도 연극을 보고 있다는 사실을 알고 있습니다. 하지만 보다 보면 연극에 몰두하게 되고, 어떤 사람들은 흥분해서 심미적 거리를 깡그리 잊어버릴 수 있습니다. 이때 문제가 생기기도 합니다. 가령 무대를 향해 큰 소리로 "그만 때리시오. 피는 충분히 흘렸으니"라고 고함을 지르거나 악역을 한 연기자에게 상해를 입힐 수도 있습니다. 이것을 벌로프는 '거리의 변화'라고 불렀습니다.

이 거리는 결국 '심리적 거리'이기 때문에 거리의 변화는 어쩔 수 없습니다. 심리가 변하면 거리도 변합니다. 마찬가지로 대상이 변하면 거리도 변합니다. 예를 들어 농담이 지나치면 우습지 않습니다. 우습지 않을 뿐만 아니라 농담의 대상이 되는 사람이 부끄러워하고 분노함으로써 결국 서로의 사이가 틀어질 수도 있습니다. 상대방이 제대로 농담을 할 줄 모르는 사람이라 해도 마찬가지입니다. 거리의 상실은 주관과 객관 양쪽의 원인을 갖습니다. 하지만 어떻게 말하든지 간에, 또 어떻게 변하든지 간에 거리가 없을 수는 없습니다. 거리의 상실은 미감의 상실과 같습니다. 이것을 '거리의 극한極限'이라고 부릅니다.

그렇다면 거리가 생기면 반드시 미감이 생길까요? 역시 반드시 그렇지는 않습니다. 거리가 지나치게 멀면 마찬가지로 미감이 없습니다. 이는 이성이 지나치게 강한 사람에게서 나타나는 폐단입니다. 특히 우리같이 문예 이론을 하는 사람들은 연극이나 영화를 볼 때 이 쇼트는 좋고 저것은 잘못된 획이라는 등 분석을 하기 때문에 결국 '연극에 몰입하는 것' 자체가 불가능하며 심미의 가능성도 잃어버립니다. 이것은 거리가 지나치게 커서 발생하는 결과로, 벌로프는 '거리 초과' 또는 '과도한 거리'라고 했습니다. 앞에서 말한 예술을 현실과 혼동하는 것, 즉 거리가 지나치게 가까운 것은 '거리 미달' 혹은 '거리 부족'이라고 부릅니다. 벌로프는 '거리 부족'은 대부분 감상자의 과실로 인하고, '과도한 거리'는 대부분 예술품의 결함으로 인한다고 생각했습니다.

그러므로 예술품은 사람에게 지나치게 익숙함을 줘서도 안 되지만 지나치게 낯설어서 아무리 봐도 이해할 수 없도록 해도 안 됩니다. 약간의 친근함이 있으면서 약간의 신기함도 있어서, 지나치게 익숙하지도 지나치게 낯설지도 않은 것이 가장 좋습니다. 요컨대 심미는 거리가 있어야 하면서도 적절한 한도를 잘 조절할 줄 알아야 하는데, 지나치게 크거나 지나치게 작은 것은 둘 다 적합하지 않습니다. 이것을 '거리의 척도'라고 합니다.

거리가 척도와 적절한 한도를 가져야 하는 까닭은 심미 거리 자체가 하나의 모순이기 때문입니다. 결코 우리와 거리를 가지는 모든 대상이 다 아름답지는 않으며, 적절한 한도를 잘 조절해도 반드시 아름답지는 않습니다. 우리와 전혀 관계가 없는 것들은 우리에게 미감을 줄 수 없습니다. 전혀 관계가 없는 것들에는 아예 눈길조차 주지 않을 수도 있는데 어떻게 아름답다고 느낄 수 있겠습니까? 사실상 우리가 미라고 느끼는 대상은 거의 대부분 우리와 매우 밀접하게 관련된 것들입니다.

생각해보십시오. 우리가 가장 미감을 느낄 수 있는 것은 무엇일까요? 첫 번째는 예술품이고 그다음은 자연계입니다. 예술품이 표현하는 것은 사랑과 죽음 같은 인류의 보편적인 공통의 정감과 주제이고, 자연계는 인류가 생존을 의존하는 환경이기 때문입니다. 그것들은 모두 우리와 '밀접한 관계'를 갖습니다. '밀접한 관계'가 있기 때문에 우리는 비로소 관심을 가지고, 그것들이 아름다운지 아닌지를 판단하는 문제를 가지게 됩니다. 그래서 벌로프는 심미의 거리 두기란 결코 '자아와 대상 사이의 연계가 개인과 무관한 정도까지 깨지는 것'을 의미하지는 않는다는 점을 지적했습니다. 그와는 꼭 반대로 대상과 우리 사이의 관계가 밀접할수록 정감이 강해지고, 우리의 동정을 일으킬수록 미감이 생겨나게 할 수 있습니다. 다시 말해서 심미 주체와 심미 대상 간의 관계는 반드시 거리가 있으면서도 밀접해야 하기 때문에 '거리가 있는 밀접함' 혹은 '밀접하면서도 거리를 가지는 것'이 됩니다.

이것은 모순됩니다. 그래서 벌로프는 이 원리를 '거리의 모순'이라고 불렀습니다. 그것은 '거리 두기', '거리의 변화', '거리의 극한', '거리의 척도'와 함께 벌로프의 심리적 거리설의 전체 내용을 구성합니다. 주광첸은 그중에서 '거리의 모순'이 가장 가치 있다고 생각했습니다. 그렇습니다. 관계가 밀접하면서도 거리가 있어야 한다면 이것은 도대체 어찌된 걸까요? 어째서 밀접하기만 해서는 안 되고 거리도 있어야 하는 걸까요? 거리가 생긴 후에도 밀접할 수 있을까요? 밀접함과 거리 사이에는 도대체 무슨 관계가 있을까요? 이런 것들은 모두 생각해볼 만한 문제들입니다. 하지만 이런 문제들을 나는 이야기하지 않을 테니 각자가 생각해보기 바랍니다.

게슈탈트, 완결된 형태의 아름다움

앞에서는 감정이입설과 심리적 거리설을 이야기했습니다. 우리는 이 두 가지 학설이 심미 심리 현상을 해석할 때 어느 정도 일리가 있고 납득할 수 있으며 우리의 심미 경험과도 서로 일치한다는 것을 알았습니다. 하지만 어떤 사람은 그것이 진정으로 심리학에서 출발한 연구 성과가 아니라 단지 심미 심리에 대한 일종의 직관적인 서술 혹은 설정일 뿐으로, 순수한 심미심리학이라고 할 수 없다고 불만을 토로했습니다. 그래서 나중에 일부 미학가들은 그것들에 그다지 주의를 기울이지 않게 되었습니다. '순수한 심미심리학'이 있어야 한다고 주장했던 미학가들은 주로 실험심리학과 게슈탈트심리학과 정신분석심리학을 거론했습니다.

실험심리학에 대해서는 앞에서 이미 이야기한 바가 있으니 여기에서는 먼저 게슈탈트심리학을 이야기하겠습니다.

게슈탈트는 독일어 명사입니다. 이 단어는 두 가지 함의를 가지고 있습니다. 하나는 '형태'라는 뜻으로, 게슈탈트심리학은 '형태심리학'이라고 불리기도 합니다. 다른 하나는 '완결된 총체'라는 뜻입니다. 이 둘 중 어떤 의미든지 간에 게슈탈트는 모두 분트wund의 심리학을 반대합니다. 분트에 대해서는 약간의 이해가 필요합니다. 그는 현대심리학의 창시자입니다. 그가 실험심리학을 창설한 1862년, 혹은 그가 라이프치히에서 심리학 실험실을 건립한 1879년은 현대 과학심리학의 생일로 간주됩니다. 분트는 심리학을 '과학'으로 변화시켰기 때문에 대단하다고 할 수 있습니다.

인류의 심리에 대한 분트 이전의 연구는 모두 추측성과 서술성을 띠었습니다. 가령 우리가 어떤 대상을 아름답다고 느낄 수 있는 이유는 우리가 정감을 이입했거나 그것과 거리를 가지기 때문입니다. 여기에는 '과학적 근거'라는 것이 없습니다. 분트는 이 연구를 실험실로 가지고 가서 시각이니 청각이니 촉각이니 미각이니 후각이니 하는 인간의 각종 감각들을 부문별로 분류해 일일이 실험을 진행한 후에, 다양한 데이터를 얻어내고 다시 이들 데이터에 근거해서 심리 현상을 해석했습니다. 그래서 분트의 심리학은 '요소주의'와 '구성주의' 심리학이라고 부르기도 합니다.

하지만 1912년 무렵에 이르러 분트에게 반대하는 두 가지 운동이 일어났습니다. 하나는 미국의 행동주의였고 다른 하나는 형태이론, 즉 게슈탈트였습니다. 게슈탈트는 분트의 요소주의와 구성주의를 '벽돌과 시멘트의 심리학'이라고 조롱했습니다. 집을 지으려면 당연히 벽돌과 시멘트를 사용해야 하지만 벽돌과 시멘트가 결코 건축물과 동일하지는 않다는 뜻입니다. 건축물을 연구하려면 그저 벽돌과 시멘트를 생각하는 것만으로는 안 되며 벽돌과 시멘트에 대한 연구 결과를 합산해도 안 됩니다. 건축물은 결코 단순하게 벽돌과 시멘트의 조합이 아니기 때문입니다. 건축물은 하나의 총체이고 하나의 완결된 형태입니다. 우리는 건축물을 오직 하나의 총체이자 완결된 형태로 간주하고 연구할 수 있을 뿐입니다.

마찬가지로 모든 심리 현상은 완결된 형태이며 인위적으로 요소로 분해할 수 없습니다. 벽돌과 시멘트가 건축물로 변한 다음에는 더 이상 벽돌과 시멘트가 아니며 직선 세 개의 결합도 더 이상 선이 아니라 형, 즉

삼각형입니다. 요컨대 총체는 부분의 조합과는 다릅니다. 많은 단일 사물이 함께 결합될 때 하나의 새로운 사물, 하나의 새로운 게슈탈트가 돌연히 출현할 수 있습니다. 많은 낱개의 음이 모여서 악구樂句가 되고 악구가 모이면 악절이 되며 악절이 모이면 악곡이 됩니다. 우리가 음악을 감상할 때는 낱개의 음이 아니라 악곡을 감상합니다. 마찬가지로 그림을 감상할 때에도 역시 낱개의 색채와 선이 아니라 전체 그림을 감상합니다. 그래서 분트의 요소주의와 구성주의는 의미가 없습니다. 중요한 것은 요소와 구성이 아니라 완결된 형태이며 게슈탈트입니다.

이것이 게슈탈트심리학의 기본 요지입니다. 하지만 이것들과 미학의 관계는 여전히 아주 크지 않습니다.

관계가 큰 것은 그들의 '동일 구조론'입니다.

동일 구조론이란 무엇일까요? 게슈탈트심리학은 모든 현상이 하나의 완결된 형태, 즉 하나의 게슈탈트이며, 모든 완결된 형태는 '힘의 양식'이라고도 불리는 하나의 내부 중력장 구조를 갖는다고 주장했습니다. 두 현상의 내부 중력장 구조 혹은 힘의 양식이 서로 같을 때 그것들 사이에는 일종의 관계가 존재하는데 이 관계를 '동일 구조 상응'이라고 부르기도 하고, '유질 동상 구조'나 '이질 동상 구조'라고 부르기도 합니다. '동일 구조'라고 부르는 이유는 내부의 중력장 구조가 서로 같기 때문입니다. 그리고 '유질 동상 구조'나 '이질 동상 구조'라고 부르는 이유는 만약 내부의 중력장 구조가 서로 같다면 서로 같은 완결된 형태이기 때문에 '동상'이라고 하는 것입니다. 하지만 이 두 가지 현상의 '질'은 다를 수 있습니다. 가령 하나는 물리적 현상이고 하나는 심리적 현상이라면 '이질'입니다. '이질' 또한 동일 구조일 수 있는데 이것이 게슈탈트심리학의 중요한 발견입니다.

그렇다면 이 발견은 우리에게 무슨 의의가 있을까요? 의의는 게슈탈트심리학이 예술과 예술 작품 중에서 정감과 형식이 본질적으로 동일 구조 관계라고 인식한 데 있습니다. 가령 유우석劉禹錫의 시에 "맑은 하늘에 한 마리 학이 구름 위를 날아가니 시적 정취를 푸른 하늘로 끌어다 놓는다"라는 구절이 있습니다. 한 마리 학이 구름 위를 날아가는 것이 아름다운 이유는 바로 날개를 활짝 펼치고 꿋꿋하고 맹렬한 기세로 하늘을 향해 날아가는 학의 움직임이 기세 드높게 분발해서 무언가를 이루려고 하는 시인의 심리 구조와 같기 때문입니다. 마찬가지로 '어진 자는 산을 좋아하고 지혜로운 자는 물을 좋아하는 것'은 바로 산의 평온한 구조와 어진 자의 심리 구조가 같고 물의 유동하는 구조는 곧 지혜로운 자의 심리 구조와 같기 때문입니다.

요컨대 자연 사물도 예술 형식도 모두 게슈탈트이며 모두 자신의 중력장 구조, 혹은 힘의 양식을 갖는 것입니다. 이들 중력장 구조나 힘의 양식은 본질적으로 인류 정감의 중력장 구조나 힘의 양식과 아무런 차이가 없습니다. 따라서 하나의 자연 사물, 혹은 하나의 예술 형식이 만약 우리의 정감과 유질 동상 구조를 이루고 있다면 그것들은 인류 정감의 성질을 지닌다고 생각할 수 있습니다.

이렇게 해서 게슈탈트심리학은 단번에 감정이입설을 뒤집어버렸습니다. 이렇게 보니 '예전에 나 떠나올 때 버드나무가 무성하게 늘어져 있었던 것'은 감정이입 때문이 아니라 동일 구조였기 때문이었습니다. 확실히 감정이입으로는 설명하기 어려운 점이 있습니다. 버드나무는 사람이 아닌데 어떻게 그것에 감정을 이입하겠습니까? 하지만 동일 구조는 가능합니다. 여러분과 나는 동질은 아니지만 동일 구조일 수는 있지 않겠습니까? 가령 포도넝쿨이 마구 뒤엉켜 있습니다. 내 마음 또한 아쉬움에 헝클어져 헤어지지 못합니다. 이것이 바로 동일 구조입니다. 그래서 "가지와 넝쿨이 다정하게 손 내밀어 내 마음을 가지 못하게 끌어당긴다"라는 시구가 나오게 되는 것입니다.

실제로 이런 동일 구조 관계는 일찍이 예술 창작에서 사용되어왔습니다. 가령 "어지러운 봄날의 근심이 버들개지 같다", "봄날 불어난 강물이 동쪽으로 흐르는 것 같다", "조용한 시름이 얼마나 되는가? 연무같이 사방에 널려 있는 풀들, 온 마을에 가득히 흩날리는 버들개지, 매실이 익어가는 시절에 계속해서 내리는 이슬비 같다"라는 것들이 모두 그렇습니다. 정감은 각 개인의 마음속 깊은 곳에 있는 것이라서 볼 수도 없고 만질 수도 없습니다. 사람과 사람 사이에 널리 전달되어 타인에게도 자신의 정감을 체험하게 하려면 그것을 표현해내는 방법밖에 없습니다.

그러면 어떻게 표현해야 할까요? 무미건조하게 말해서는 안 됩니다. 그러면 다른 사람은 결코 감동하지 않고 결코 찬성하지 않으며, 공명이 없어서 표현하지 않은 것이나 마찬가지입니다. 게다가 반드시 정확하게 말한 것이라고 할 수도 없습니다. 왜냐하면 우리 자신조차도 '마음속이 어떤 기분인지' 알지 못하기 때문입니다. 그러면 어떻게 해야 할까요? 중국미학에서 주장하는 방법은 '형상을 세워 생각을 충분히 표현한다'입니다. 즉 개념적인 언어로 정확하게 표현할 수 없으면 형상적으로 말하는 것입니다. 여러분이 만약 조용한 정, 조용한 시름, 조용한 원망이 얼마나 되느냐고 묻는다면 온 땅에 연무가 자욱한 것처럼 가득한 푸른 풀, 온 마을 가득 바람을 따라 날아다니는 버들개지, 매실이 익어가는 시절에 계속해서 내리는 이슬비만큼이라고 대답할 것입니다.

여기에서 시인은 연무 같은 풀들, 흩날리는 버들개지, 매실이 익어가는 시절에 계속해서 내리는 이슬비라는 세 가지 이미지를 사용해서 대답했습니다. 시인이 이들 이미지를 사용한 이유에 대해서는 두 가지 해석이 가능한데, 하나는 그것들이 '많기' 때문입니다. 연무 같은 풀들, 흩날리는 버들개지, 매실이 익어가는 시절에 계속해서 내리는 이슬비는 모두 지극히 많습니다.

또 하나는 그것들이 '시간적으로 길기' 때문입니다. 2월과 3월에는 사방에 널려 있는 연무 같은 풀들이 있고, 3월과 4월에는 온 마을에 가득 흩날리는 버들개지가 있으며, 매실이 익어가는 4월과 5월에는 계속해서 이슬비가 내리니 정말 길지 않습니까? 하지만 이런 해석들은 모두 요점을 정확하게 잡지 못하고 있습니다.

진정한 원인은 역시 동일 구조에 있습니다. 우리는 우선 시인이 말하는 '조용한 시름'이나 '조용한 정'이 어떤 것인지를 확실히 해야 합니다. 시인은 어떤 여자를 보고 천상의 사람이 아닐까 생각하며 첫눈에 반했습니다. 원래는 그녀가 자신에게로 걸어올 거라고 생각했는데 "사뿐거리는 그녀의 발걸음이 횡당橫塘 길을 지나지 않고" 고개를 반대 방향으로 돌려서 자신과 멀어지니 시인도 하는 수 없이 "오직 눈으로만 그녀의 향기로운 발길을 배웅할" 수밖에요. 그녀의 이름이 무엇이고 집이 어디며 나이가 몇 살이고 누구와 함께 사는지에 대해서는 전혀 알지 못합니다. "이런 사정들을 아는 것은 아마도 봄날의 경치뿐"일 것입니다. 하지만 설령 그렇더라도 시인이 여전히 그녀를 잊지 못하고 망상에 빠짐으로써 조용한 시름과 조용한 원망이 생겨난 것입니다.

이 '조용한 정'은 일종의 진실과 아름다움이자 비할 바 없는 실의와 어렴풋한 애수와 명확하게 말할 수 없고 형언할 수 없으면서도 미묘한 애정을 띠고 있습니다. 그것과 동일 구조를 가진 사물은 당연히 오직 연무 같은 풀들, 바람에 날려 온 버들개지, 매실이 익어가는 시절에 계속 내리는 이슬비와 같이 많고 작고 가볍고 사소하며 실같이 끝없는 것일 수밖에 없습니다. 이러한 것들의 중력장 구조가 시인의 정감의 중력장 구조와 같기 때문입니다. 중력장 구조는 방향과 강도를 포함합니다. "맑은 하늘에 한 마리 학이 구름 위를 날아가니 시적 정취를 푸른 하늘로 끌어다 놓는다"

는 주로 방향이 같고, '조용한 시름이 얼마나 되는가? 사방에 널려있는 연무 같은 풀들, 온 마을에 가득히 흩날리는 버들개지, 매실이 익어가는 시절에 계속해서 내리는 이슬비 같다'는 주로 강도가 같습니다.

동일 구조 현상은 예전부터 예술 활동 중에 존재했지만 그것을 일종의 미학적 이론으로 명시하고 수립한 것은 게슈탈트심리학의 공로입니다.

게슈탈트심리학은 자연 사물과 예술 형식의 중력장 구조에 관심을 가지는 것이 예술가의 '천성'이자 '천직'이라고 생각했습니다. 예술가가 문제를 보는 각도는 과학자나 일반인과는 다릅니다. 가령 소나무, 버드나무, 매, 꾀꼬리는 어떻게 분류할 수 있을까요? 과학자와 일반인은 틀림없이 식물과 동물을 기준으로 삼아 소나무와 버드나무를 한 종류로 묶고 매와 꾀꼬리를 한 종류로 묶을 것입니다. 하지만 예술가는 소나무와 매, 버드나무와 꾀꼬리를 각각 같은 종류로 분류할 것인데, 소나무와 매는 양강陽剛의 미를 표현하고 버드나무와 꾀꼬리는 음유陰柔의 미를 표현하기 때문입니다. 주광첸은 이 예를 이용해서 주체의 태도가 다르면 대상의 성질도 다르다고 하는 이치를 설명했습니다.

과학자의 태도는 인식적이라 소나무, 버드나무, 매, 꾀꼬리가 인식 대상이 되는 반면, 예술가의 태도는 심미적이라 소나무, 버드나무, 매, 꾀꼬리가 심미 대상이 됩니다. 하지만 게슈탈트심리학의 입장에서 본다면 예술가는 소나무와 매를 하나로 분류하고 버드나무와 꾀꼬리를 하나로 분류할 수 있는데, 소나무와 매 혹은 버드나무와 꾀꼬리는 동질은 아니지만 동일 구조이기 때문에 소나무와 측백나무, 독수리, 그 밖의 양강의 미감은 같은 종류이고, 버드나무, 꾀꼬리, 그 밖의 음유의 미감은 또 다른 종류라고 하는 다른 해석을 얻을 수 있습니다.

실제로 예술가의 작업은 인류의 정감을 위해서 그것의 동일 구조의 대응물을 찾는 것이고, 감상자의 임무 또한 이들 동일 구조의 대응물을 통해 상응하는 정감을 불러일으키는 것입니다. 그 밖의 반응과 이해는 모두 불필요하고 비예술적인 것입니다. 가령 우리가 그림을 볼 때 만약 구체적 형상과 그에 관한 이야기만을 보고서, 이것은 물고기고 저것은 새우며 이 사람은 크리스천이고 저 사람은 유대인이라고만 한다면, 이는 단순히 '구경'을 한 것에 불과합니다. 색채, 선, 붓의 터치로부터 예술가의 정감을 체험할 수 있어야만 비로소 '기교'를 볼 수 있습니다. 이 각도에서 말하면 추상화는 구상화에 비해 더욱 순수하고 더욱 직접적인 예술입니다.

게슈탈트심리학은 예술 현상, 특히 음악, 무용, 건축, 추상화와 같은 추상적 예술 방면을 해석하는 데 확실히 자신만의 장점을 발휘합니다. 하지만 게슈탈트심리학 역시 문제가 없는 것은 아닙니다. 예를 들어 설령 그들이 중력장이니, 에너지니, 착시니, 대뇌 중추장이니, 단세포 녹음 기술이니 하는 것들과 같이 수많은 과학적 방법과 과학적 용어를 사용했음에도 우리는 '내부의 중력장 구조'라는 말이 여전히 신비하다고 느끼며 요점을 파악하기가 어렵습니다. 예술과 심미는 어쨌든 극히 복잡한 심리 현상이기 때문에 지나치게 단순한 해석에는 언제나 문제가 뒤따르기 마련입니다.

만약 봄바람 속에 가볍게 휘날리는 버드나무를 가지고 말한다면 그것의 중력장 구조는 당연히 늘 똑같아야 할 것입니다. 하지만 '예전에 나 떠나올 때는 버드나무가 무성하게 늘어져 있었다'와 같이 헤어짐을 서운해하는 마음을 대입할 수도 있고, "봄바람에 버드나무 축축 늘어져 한들한들 춤추고, 6억의 중국 인민 저마다 요순堯舜이로다"와 같이 드높은 기세를 대입할 수도 있으며, "버드나무는 추운 겨울밤 바람 속에 홀로 춤을 추고, 원앙은 세찬 바람에 잠을 이루지 못한다"와 같이 어쩔 수 없음을 대입할 수도 있습니다. 왜 그럴까요? 이 문제들을 철저하게 고려하지 않으면 미학의 난제는 여전히 해결할 수 없습니다.

예술은 곧 무의식의 승화다

게슈탈트심리학이 심미 심리의 총체성에 주목했다고 한다면 정신분석심리학은 그것의 심층성에 주목했습니다.

정신분석심리학에 대해서는 모두들 비교적 잘 알고 있을 것입니다. 바로 프로이트 아닙니까. 그렇습니다. 주요하게는 프로이트지만 다른 사람들도 다소 포함이 됩니다. 하지만 창시자는 프로이트입니다. 그러면 프로이트와 그 밖의 서양의 심리학자 간에는 어떤 차이가 있을까요? 그들 사이에 가장 뚜렷한 차이는 무엇일까요? 아주 뚜렷하고 중요한 차이는 다른 심리학자들은 모두 학원파이고 대학에서 교수를 하는 사람들이었지만 프로이트는 그렇지 않았다는 점입니다. 그는 의사였습니다. 이는 정신분석심리학이 실천 속에서 생겨났으며 실천적 검증을 통해 부분적으로 진리의 학설로 증명되었다는 점을 말해줍니다. 서스펜스의 거장인 히치콕이 그의 명작인 〈스펠바운드Spellbound〉에서 말하는 것이 바로 이 이야기입니다.

정신분석은 또한 지난 두 세기 동안 영향력이 가장 컸던 심리학 유파이기도 했습니다. 아주 많은 사람들이 아마도 연상주의, 구조주의, 기능주의, 행동주의를 모르며, 실험심리학, 분트, 게슈탈트를 모르겠지만 정신분석이나 프로이트를 모르는 사람은 극히 드물 것입니다. 여기에는 당연히 아주 많은 원인들이 있습니다. 가령 심리학자들 중에서 프로이트가 가장 많이 욕을 먹은 사람이기 때문이라든지 하는 것을 말할 수 있겠지요. 프로이트가 가장 많이 욕을 먹었던 이유는 물론 그의 '범성욕론凡性慾論' 때문이었습니다. '범성욕론'이란 모든 심리와 행위를 모두 성性으로 해석하는 것을 말합니다. 가령 사람이 병이 났을 때 왜 주사를 맞아야 하는가? 성교를 모방한 것입니다. 주삿바늘을 꽂아 넣고 내뿜는 것이 아주 닮지 않았습니까? 자, 이런 '황당무계한 소리'가 욕을 먹지 않을 수 있겠습니까?

하지만 그를 욕하는 사람도 많지만 옹호하는 사람도 많습니다. 많은 예술가가 그를 옹호합니다. 만약 프로이트를 옹호하는 예술가가 히스테리적인 기질과 완강하고 사나운 성격을 가지고 있다면 그는 더욱 프로이트를 좋아할 것입니다. 전하는 바에 의하면 어떤 초현실주의 화가가 자기 작품을 프로이트에게 보여주면서 "이것이 바로 당신이 말한 '무의식'을 그린 것입니다"라고 했습니다.

하지만 프로이트는 뜻밖에도 그 화가의 호의를 고맙게 받아들이지 않고, "무의식은 의식하지 못하는 것입니다. 당신은 모든 걸 그려냈는데 그래도 무의식일까요?"라고 했답니다.

이로부터 프로이트가 사실은 아주 큰 오해를 받고 있다는 사실을 알 수 있습니다. 하지만 진정으로 깊이를 가진 사상가와 예술가는 종종 오해를 받습니다. 모두들 작가가 어리석다고 말하는데 누가 그 속의 의미를 이해하겠습니까? 당연히 오해를 받아야 하며 욕먹는 것을 피하기도 어렵습니다. 하지만 욕을 먹는 것도 반드시 나쁜 일은 아닙니다. 그렇게 되면 적어도 유명해질 수는 있으니까요. 그리고 이왕 욕을 먹을 바에야 아주 엄청나게 욕을 먹어야 하며 제일 좋기로는 온 세상이 다 알 정도로 욕을 먹어야 유명해질 수 있습니다.

물론 프로이트의 명성이 높은 진정한 원인은 욕을 먹어서가 아니라 그가 심리학의 영역에서 '코페르니쿠스식의 혁명'을 일으켰기 때문입니다. 서양 문화 속에는 이성주의적 전통이 있어서 인간은 '이성적 동물'로 정의되며, 엥겔스의 말처럼 모든 것은 반드시 이성의 법정에서 자신의 존재를 위해 변호하거나 존재의 권리를 포기해야 합니다. 하지만 프로이트는 연구를 통해 인간이 이성적이기도 하지만 비이성적이기도 하다는 사실을 알려주었습니다. 인간의 사상과 행위는 이성과 의식의 지배뿐만 아니라 비이성과 무의식의 지배를 받습니다. 그리고 의식은 단지 수면 위로 드러난 빙산의 일각에 불과해서 수면 아래, 즉 '의식의 영역' 아래에는 광대하면서도 심오한 세계, 그러니까 태양이 비추지 않는 암흑의 왕국, 원시적 충동·각종 본능·억압된 욕망과 과거 경험의 거대한 창고, 심리 에너지를 저장한 곳과 본능과 욕망이 끓어 넘치는 커다란 솥이 존재하고 있습니다. 이것이 무의식의 영역입니다.

프로이트는 무의식은 인간의 뿌리이며 이 뿌리는 바로 인간의 생명 본능이라고 생각했는데 여기에는 그가 전기前期에 제기한 '성적 본능'과 후기에 제기한 '삶의 본능', '죽음의 본능'이 포함됩니다. 본능 및 본능과 유관한 욕망과 충동은 풍속, 습관, 도덕, 법률에 수용될 수 없기 때문에 의식에 의해서 의식의 영역 아래로 억압되고 배척됩니다. 하지만 그것들은 결코 소멸되지 않으며 여전히 지속적으로 활동하는데, 다만 무의식 영역 속에서 활동하며 '콤플렉스'로 변할 뿐입니다. '콤플렉스'는 정신분석심리학의 전문 용어이며 주로 어머니를 사랑하는 '오이디푸스 콤플렉스'와 아버지를 사랑하는 '엘렉트라 콤플렉스' 등이 있습니다.

실제로 콤플렉스라는 단어는 지금은 이미 광범하게 사용되고 있지만, 주로 항상 생각하고 늘 마음속에 담아둔 기억과 바람을 가리키는 데 사용되고 있을 뿐입니다. 가령 요즘 중국의 많은 곳에 러시아 식당과 지식청년 식당이 있는 것은 많은 사람들이 '러시아 콤플렉스'나 '지식청년 콤플렉스'를 가지고 있기 때문입니다. 이것만 봐도 프로이트의 학설이 얼마나 사람들의 마음속에 깊이 영향을 끼치고 있는지를 알 수 있습니다.

프로이트는 누구나 콤플렉스를 가지고 있지만 다만 표현하는 정도가 다르고 존재하는 방식이 다르며 활동 에너지가 다를 뿐이라고 생각했습니다. 콤플렉스는 잊고 있는 상태에서 나타나거나, 글을 잘못 쓰거나 말을 잘못하는 가운데에 나타나거나, 낮의 환상과 밤의 꿈속에서 나타나거나, 갖가지 예술 활동과 정신병 상태에서 나타납니다. 그중에서도 두 종류의 사람에게서 가장 강렬하게 표현되는데, 하나는 예술가이고 또 하나는 정신병자입니다. 그들은 모두 과도하게 끓어오르는 본능의 필요에 의해서 전진하도록 내몰린 사람들이기 때문입니다. 그들의 마음속 깊은 곳에 잠재되어 있는 무의식의 에너지는 특별히 큽니다.

여기서 무의식이란 아무것도 없는 것이 아니라 다만 의식의 영역 아래에 억압되어 있는 것이라는 점을 명확하게 해야 합니다. 하지만 억압되어 있는 것은 소멸과 다릅니다. 반대로 바로 아래에 억압되어 있기 때문에 그것은 특히 분출되려고 합니다. '압박을 받으면 반항을 하게 마련이다' 라고 하지 않습니까? 정신 영역도 마찬가지입니다. 하물며 무의식 영역에 있는 것이 원래 의식의 영역 위에 있는 것보다 많은데 어떻게 억누를 수 있겠습니까?

여기에는 두 가지 방법밖에 없습니다. 하나는 갈라진 틈을 찾아 내보내는 것이고, 또 하나는 계속 억제하다가 병으로 나타내는 것입니다. 예술가는 틈을 찾은 사람이고 정신병자는 억제하다가 병으로 나타난 사람입니다. 혹은 예술가가 찾은 틈은 적합한 것이고 정신병자가 찾은 것은 부적합한 것으로 틈을 함부로 벌렸다고 할 수 있습니다. 그래서 전자는 '승화'라고 부르고 후자는 '증상'이라고 부릅니다. 양자의 사이에는 사실 그저 백짓장 한 장의 차이만 있을 뿐입니다.

예술가가 이 말을 듣고 화를 낼 것이라고 생각하지 말기 바랍니다. 화를 내지 않는 사람도 있으니까요. 스페인의 초현실주의 거장인 살바도르 달리는 화를 내지 않았습니다. 그는 일찍이 "나와 미치광이의 유일한 차이는 바로 내가 미치지 않았다는 것이다"라고 자랑스럽게 선포했습니다. 그는 물론 미치지 않았습니다. 그는 예술가입니다. 하지만 많은 사람들이 보기에 그가 미치지 않았다는 사실은 미친 것보다 더 무서웠습니다.

이제 우리는 예술이 무엇인지 알게 되었습니다. 예술이란 무엇입니까? 프로이트가 보기에 예술은 바로 무의식의 승화, 혹은 비뚤어지고 강렬하게 억압된 욕망, 상상 속에서의 본능과 콤플렉스의 구체적 실현입니다. 예술가는 예술품에서 자신의 무의식을 표현하고 감상자는 예술품에 대한 감상을 통해 자신의 무의식을 발산합니다. 그들은 모두 승화를 얻습니다. 그래서 우리는 정말로 예술에 감사해야 하고 예술가에게 감사해야 합니다. 예술과 예술가가 없었다면 출로를 찾지 못한 우리의 이 세계는 미치광이들의 천지가 되었을지도 모릅니다.

예술은 무의식의 승화이며 이 승화와 표현 자체는 또한 무의식적입니다. 이 점은 종종 논자들이 간과하기 쉽지만 사실 마찬가지로 중요합니다. 무의식을 무의식이라고 부르는 이유는 바로 우리가 의식하지 못하기 때문입니다. 우리는 우리에게 무의식이 있는지 없는지를 의식하지 못할 뿐만 아니라 그것의 발산이나 승화를 의식하지도 못합니다. 그래서 예술 창작은 반드시 무의식적입니다. 이런 무의식의 발산이 왜 미친 것이 아니라 예술이며, 증상이 아니라 승화인가에 관해서는 알 수가 없지만 아마도 시의적절하기 때문일 것입니다. 그것이 아니라면 개인의 기질과 타고난 자질로 귀결될 수 있을 뿐입니다.

일부 정신분석심리학자들은 인간을 개인의 기질과 타고난 자질의 차이에 따라 몽상가, 예술가, 정신병자의 세 종류로 나눕니다. 몽상가의 무의식 에너지는 그렇게 크지 않아서 그들은 꿈을 꾸면 됩니다. 정신병자는 무의식 에너지가 가장 큰 데다가 발산하는 좋은 방법도 없어서 미칠 수밖에 없습니다. 이 양자에서 또 한 가지 차이점은 몽상가는 자신의 무의식을 타인이 볼 수 있는 구체적 현실로 변하게 할 수 없고 그렇게 하지도 않지만, 정신병자는 자신의 무의식을 타인이 볼 수 있는 구체적 현실로 변하게 할 수 있으나 그들의 방법이 사람들에게 받아들여질 수 없다는 것입니다.

예술가만이 "자신의 백일몽에 심혈을 기울여서 다른 사람들의 귀에 거슬리는 개인적인 목소리를 죽이고, 옆 사람에게도 감상될 수 있는 것으로 변화시키는 방법을 알고 있습니다. 예술가는 또한 그것들을 충분히 개조함으로써 금역禁域에서 유래한 그것들의 근원들이 사람들에게 쉽게 감지되지 않게 하는 방법을 알고 있습니다." "그가 이 모든 것을 했을 때, 그는 옆 사람에게 길을 열어주고 그들이 스스로 편안하면서도 조용하고 쾌적하며 즐겁도록 해주고 무의식적인 근원으로 돌아가게 해주며, 그로 인해 그들로부터 감사와 칭찬을 받게 됩니다." 프로이트의 이 말은 그의 예술관을 아주 잘 보여줍니다.

프로이트가 예술가를 정신병자와 동등하게 보았음에도 불구하고 그의 관점은 여전히 많은 예술가와 예술 이론가의 동의를 얻었습니다. 어떤 사람들은 예술이 표현하는 것은 무의식이라는 점에 동의했고, 어떤 사람들은 예술의 표현 자체가 무의식이라는 점에 동의했습니다. 어떤 작가는 예술가의 창작은 어미닭이 달걀을 낳듯 생각할 필요조차 없는 것이라고 말했습니다. 또 어떤 이론가는 지네와 참새 이야기를 통해 이성을 주장하는 사람들을 풍자했습니다. 참새가 자신은 발이 두 개뿐인데 지네는 발이 오십 개나 되는 것을 보고 지네에게 몹시 질투가 났습니다. 하루는 참새가 나쁜 마음을 품고는, "여쭙건대 존경하는 지네 선생, 당신이 첫 번째 다리를 들 때 당신의 마흔아홉 번째 다리는 무엇을 하고 있습니까?"라고 물었습니다. 지네는 여태껏 그런 것을 생각해본 적이 없어서 한참을 머리를 꼰 채 생각에 잠겼습니다. 결국 지네는 걸을 수가 없었답니다.

마지막으로 프로이트가 예술 창작과 예술 감상은 물론이고 예술비평도 연구했다는 점에 대해 좀 더 이야기를 할 필요가 있습니다. 결론은 역시 아주 간단한데, 예술이 무의식의 승화인 이상 예술비평은 예술 작품 중의 무의식에 대해 정신분석을 한다는 것입니다. 이 점에 대해서 프로이트는 몸소 연구를 했습니다. 그는 셰익스피어의 명작인 『햄릿』을 분석했습니다. 햄릿의 이야기는 모두들 잘 알고 있다시피 햄릿의 숙부가 햄릿의 부친을 죽인 후 햄릿의 어머니를 아내로 취한 것입니다. 이런 내용은 연극의 첫머리에서 관객에게 알려주고 연극은 복수에 관한 이야기를 중심으로 전개되기 때문에 『햄릿』은 '왕자의 복수기'라고 부르기도 합니다. 햄릿이 복수를 하는 일은 아주 당연하며, 적어도 중국인에게는 지극히 당연합니다. 아버지를 죽이고 어머니를 빼앗아간 원한을 어찌 갚지 않을 수가 있겠습니까? 하지만 햄릿은 여러 번이나 손을 쓰지 못합니다.

그 이유에 대해서 프로이트는 바로 햄릿에게 오이디푸스 콤플렉스, 즉 어머니를 사랑하는 콤플렉스가 있기 때문이라고 말했습니다. 그 자신도 마음속 깊은 곳에서는 부친을 죽이고 어머니를 아내로 맞이하고 싶은 마음이 있었는데, 그의 숙부가 그를 대신해서 이 바람을 실현했기 때문에 햄릿은 증오가 아니라 '가책'을 느꼈던 것입니다. 물론 이 글은 프로이트가 아니라 어니스트 존스Ernest Jones라고 하는 그의 추종자가 썼습니다. 하지만 프로이트가 의견을 제시하고 존스 박사가 집필을 했습니다. 그리고 프로이트 자신은 고대 그리스의 유명한 희곡인 〈오이디푸스 왕〉을 분석했습니다. 그가 보기에 극 중의 '부친을 죽이고 어머니를 아내로 맞이하고 싶어 하는' '신의 뜻'은 사실은 극작가 소포클레스의 욕망인 동시에 우리 자신의 욕망이지만, 단지 소포클레스가 빙빙 돌려서 말한 것뿐이었습니다. 프로이트의 이런 해석이 '가당치도 않은 것'일까요?

칸트 이후의 심미심리학은 주로 여기까지 언급한 몇 가지로 요약할 수 있습니다. 물론 이것이 결코 모든 심미 연구와 주관 미학을 대표할 수는 없으며, 더욱이 전체 서양 현대 미학을 대표할 수는 없습니다. 표현론이나 유희론 같은 일부 중요한 이론들은 '예술의 연구'라는 주제를 강의할 때 소개할 것이며 산타야나의 쾌락론, 뮌스터베르크의 고립론 같은 것들은 이야기하지 않을 것입니다. 관심이 있으면 각자 공부하기 바랍니다.

다음 수업에서는 서양의 고전 미학으로 돌아가려고 합니다. 즉 헤겔을 이야기할 것입니다. 사전에 미리 이야기하지만 헤겔 미학은 아주 무미건조합니다. 엥겔스는 1891년에 슈미트Schmitt에게 보낸 편지에서 "소일을 위해 헤겔의 『미학』을 한번 읽어보십시오. 하지만 헤겔의 『미학』은 사실 그의 철학을 읽는 것이기 때문에, 이런 소일은 소일이 될 수 없을 것 같습니다"라고 말했습니다. 따라서 여러분이 만약 철학에 대해 흥미가 없으면 헤겔에 관한 부분은 듣지 말고 그에 관한 강의가 다 끝나고 나면 다시 오기 바랍니다.

예술이란 무엇인가 : 헤겔 미학

미학인가, 예술철학인가

서양미학은 피타고라스에서 시작해서 '미란 무엇인가'라는 이 길을 따라 줄곧 2000여 년을 걷다가 마지막으로 바움가르텐이 1750년에 출판한 『미학』에서 매듭지어졌습니다. 이후로 분화되기 시작한 서양미학은 각기 다른 길을 걸었습니다. 칸트로부터 미학의 기본문제는 '미란 무엇인가'에서 '심미란 무엇인가'로 변했고, 미의 연구는 예술의 연구로 변했습니다.

이 점에 관해 헤겔은 대단히 분명하게 말했습니다. 헤겔은 『미학』에서 처음부터 '에스테티카'라는 명칭은 정확하지 않으며 정확한 명칭은 당연히 '칼리스틱Kallistik'이라고 해야 한다고 말했습니다. '에스테티카'는 '감성을 연구하는 과학'을 뜻하기 때문에 번역하면 '감성학'이 되며, 칼로스Kallos는 그리스어에서 '미'를 가리키므로 미를 연구하는 과학은 칼리스틱이라고 불러야 하는데, 이를 번역하면 '미학'이 되기 때문입니다. 하지만 헤겔은 이 명칭도 완전히 정확한 것은 아니라고 생각했습니다. 헤겔이 보기에 미학은 결코 일반적인 미가 아니라 예술의 미만을 연구하는 학문이기 때문입니다. 그래서 헤겔은 미학의 '올바른 명칭'은 당연히 '예술철학' 혹은 '미의 예술철학'이어야 한다고 주장했습니다.

이 주장은 미학의 연구 방향을 비튼 것이나 마찬가지입니다. 예술과 미가 뗄 수 없는 인연을 가지고 있기는 하지만, 예술은 어쨌든 미와 동일하지 않으며 미 또한 예술과 동일하지 않습니다. 미학에 '예술철학'이라고 이름을 붙인 것은 중요한 변화라고 하지 않을 수 없습니다. 미학은 전통적으로 줄곧 예술 연구를 포함해왔기 때문에 이 변화는 물론 쉽게 받아들일 수 있었습니다. 가령 고대 그리스에서 피타고라스, 소크라테스, 플라톤은 '미의 연구'라고 할 수 있는 반면 아리스토텔레스는 '예술의 연구'입니다. 아리스토텔레스의 주요한 미학 저작인 『시학詩學』은 사실 '예술학'이기도 합니다. 그가 가리키는 '시'는 서사시와 비극과 같은 다양한 예술 성분을 그 안에 포함한 것으로, 오늘날 우리가 이해하는 시와는 아주 다릅니다.

시에 대한 이런 아리스토텔레스의 이해는 고대 사회의 통례通例이기도 했는데 고대 사회에서는 각 예술 장르가 지금처럼 세분되지 않고 하나의 명칭으로 통용되었습니다. 예컨대 중국의 상고上古 시대에 '악樂'은 순수한 음악이 아니라 문학, 음악, 무용을 한데 녹여서 시와 음악과 무용이 삼위일체가 된 것으로 '종합예술'이라고 해야 할 것입니다. 그래서 중국 고대의 『악경樂經』, 『악론樂論』, 『악기樂記』 등은 단순한 '음악학'이 아니라 '예술학'을 다루었습니다.

그리스의 『시학』과 중국의 『악기』는 미학이 처음부터 예술 연구를 포함하고 있었다는 사실을 말해줍니다. 하지만 정확하게 말해서 아리스토텔레스의 『시학』이나 순자荀子의 『악론』이나 『예기禮記』 중의 『악기』는 모두 일반예술학일 뿐이며 기껏해야 그 속에 약간의 철학적 의미가 있을 따름입니다. 하지만 헤겔의 미학은 '예술철학'입니다. '예술철학'이라는 이 명칭은 헤겔 미학을 기타 미학이나 예술학과 구별시켜줍니다. 첫째, 헤겔 미학의 연구 대상은 미, 혹은 일반적인 미가 아니라 예술이나 예술의 미이며, 둘째, 헤겔 미학은 일반예술학이 아니라 예술철학입니다. 그래서 헤겔의 미학을 제대로 이해하려면 우선 그의 철학을 제대로 이해해야 합니다.

헤겔은 독일 고전 철학의 거장입니다. 그는 역사철학, 법철학, 종교철학, 철학사와 미학의 각 영역에서 모두 획기적인 역할을 했습니다. 미국의 현대 철학가인 화이트Morton White는 『분석의 시대』에서 "거의 20세기의 모든 중요한 철학 운동은 다들 사상이 복잡하고 명성이 혁혁한 그 독일 교수의 관점을 공격함으로써 시작되었다. 이는 실제로 그를 극찬하는 것이다"라고 했으며 이어서 "내가 여기에서 가리키는 인물은 헤겔이다"라고 말했습니다.

이것은 당연히 헤겔을 '극찬하는 것'입니다. 생각해보세요. 하나의 학문 분야, 혹은 일종의 운동이 발전하려면 반드시 어떤 사람을 비판하고 '타도하고' 뛰어넘어야만 합니다. 헤겔이 바로 그런 사람이었습니다. 그는 아주 높고 높은 역사의 위치에 서서, 당시의 시대 정신을 두루 볼 수 있는 감제고지瞰制高地 위에 서서, 전체 서양철학을 내려다보았습니다. 결국 그는 고전 철학을 최고로 발전시켰습니다. 따라서 철학과 미학이 고전에서 현대로 변화를 이루려면 헤겔을 비판하지 않으면 안 되었던 것입니다.

헤겔의 가장 큰 역사적 공적은 사람들의 세계관을 바꾸었다는 데 있습니다. 세계관이란 세계에 대한 관점입니다. 헤겔 이전의 사람들이 세계를 대하는 관점은 기본적으로 고립되어 있었고 정지되어 있었으며 변화가 없었습니다. 그들의 입장에서 세계는 일단 형성되면 절대 변하지 않는 '사물의 집합체'였으며 많은 사물의 모음이었습니다. 당연히 사물과 사물은 연계되어 있습니다. 하지만 이런 연계는 시계의 톱니바퀴와 톱니바퀴의 관계, 혹은 태엽, 시계바늘과 톱니바퀴의 관계에 불과합니다. 신이 태엽을 감은 이후부터 그것은 줄곧 이런 식으로 흘러왔으며 줄곧 이렇게 정확하게 시간을 지키며 가고 있습니다.

칸트에 이르러 이 관점에 변화가 생겼습니다. 칸트는 과학적 삶을 시작하자마자 이 시계를 '성운 덩어리에서 태양계로 바뀌는' 하나의 과정으로 만들었습니다. 하지만 칸트는 태양계만을 이야기했을 뿐이었고, 헤겔이 자연적이고 역사적이며 정신적인 전체 세계를 모두 하나의 과정으로 묘사했습니다.

헤겔의 관점에서 보면 세계는 '한 무더기의 사물'이라기보다 '일련의 과정'이었습니다. 세계에는 발생과 발전이 있고 종결과 소멸도 있습니다. 불변하는 물건이나 일은 없으며 모두 부단히 운동하고 변화하며 발전하는 과정 중에 놓여 있습니다. 헤겔 이전의 세계는 시계처럼 과거에나 현재에나 변함없이 그렇게 가고 있었습니다. 하지만 헤겔에게 세계는 한 그루의 나무처럼 과거에는 씨앗이었고 싹이었지만 지금은 가지와 잎이 무성하며 장래에는 죽을 것이었습니다.

더욱 중요한 것은 헤겔이 세계의 운동과 발전을 긍정했을 뿐 아니라 이런 운동과 발전의 내재적 연계를 밝히려고 시도했다는 점입니다. 헤겔이 밝히려고 했던 운동과 발전의 내재적 연계란 하나의 사물이 생기는 까닭은 그것이 반드시 생겨날 것이라는 필연성을 가지기 때문이라는 논리적 연계입니다. 이런 필연성은 그 사물이 반드시 생기고 어떤 방향으로 변화해서 최후에는 다른 것으로 변할 것을 결정합니다. 이 필연성이 논리이며, 발생, 발전, 종결, 소멸하는 이 과정이 역사입니다. 역사는 논리로 결정된 것이며 대응되는 것으로, 이를 '논리와 역사가 일치한다'라고 합니다.

그래서 헤겔은 서양철학사에서 최초로 천재적이고 창조적으로 세계를 '논리와 역사가 일치하는' 과정으로 묘사했습니다. 더 구체적으로는 절대이념이 자아 부정과 자아 확정을 통해 자아 인식을 실현하는 과정을 말합니다. 예술은 이 과정에서 하나의 고리입니다. 그래서 헤겔의 미학을 정확하게 이해하려면 먼저 무엇이 절대이념이며, 절대이념은 또 어떻게 자아 부정과 자아 확정을 통해서 자아 인식을 실현하는가를 정확하게 이해해야 합니다.

이념이란 무엇일까요? 헤겔은 "일반적으로 말해서 이념이란 개념이며, 개념이 대표하는 실재 및 이 양자의 통일이다"라고 정의를 내렸습니다. 이 말은 세 가지 내용을 담고 있습니다. 하나는 '개념'이고, 하나는 '개념이 대표하는 실재'이며, 또 하나는 그것들의 통일입니다. 이 정의를 간단히 취급해서는 안 됩니다. 이 정의는 일반적인 정의와는 다르며, 이 정의의 세 가지 내용 역시 평행으로 병렬된 것이 아닙니다. 이 정의 자체가 긍정, 부정, 부정의 부정 또는 정, 반, 합이라고 하는 하나의 과정이기 때문입니다.

우선 '정명제'는 개념입니다. 개념은 절대이념의 추상적인 상태입니다. 개념은 이론적이고 논리적으로 '있다' 혹은 '있어야 한다'이지만, 사실은 '없다', '있지 않다'입니다. 따라서 개념은 단편적이고 진실하지 않습니다. 이것은 반드시 부정되어야 합니다. 부정에는 '개념이 대표하는 실재'를 사용하는데, 실재는 개념과 꼭 반대이기 때문에 개념을 부정할 수 있습니다. 개념은 이론적으로 '있으며', 실재는 실제로 '있습니다.' 개념은 추상적이고 보편적이며, 실재는 구체적이고 개별적입니다. 그래서 실재는 개념을 부정할 수 있습니다. 그리고 실재는 또 반드시 개념을 부정해야 합니다. 개념은 사실 '없는 것'이지만 이론적으로는 '있으며' '당연히 있어야 하기' 때문입니다.

그러므로 어떤 개념이 있기만 하면 반드시 그에 상응하는 실재가 있을 수 있는데 이것을 '대체로 합리적인 것은 모두 현실적인 것이다'라고 합니다. 실재가 개념의 그 '당연히'에서 생겨난 이상, 개념에 대한 실제의 부정은 절대이념의 자아 부정에 불과합니다. 이것이 '반명제'입니다.

추상적 개념이 구체적 실재로 변하면 개념의 단편성은 극복됩니다. 그래서 개념이 실재로 변하는 것은 절대이념의 자아 부정일 뿐 아니라 절대이념의 자아 확정이기도 합니다. 하지만 이것으로 끝이 아닙니다. '실재'는 또한 단편적이고 진실하지 않기 때문입니다. 실재는 감성만 있고 구체만 있으며 개별만 있으므로, 다시 한번 부정되어 단편성을 부정해야 합니다. 이것이 '부정의 부정'이며 '종합명제'입니다.

종합명제는 '개념과 실재의 통일'입니다. 종합명제는 개념의 두 번째 자아 부정이며 동시에 진정한 자아 확정이기도 합니다. 이 단계에서 개념과 실재의 단편성은 모두 극복되며, 개념의 보편성과 실재의 개별성 같은 그것들의 특성은 긍정을 얻습니다. 종합명제로서, 개념과 실재의 통일은 단편적 추상도 아니고 단편적 구체도 아니며 추상적 구체이기 때문에 절대이념 혹은 절대정신이라고 불립니다. 물론 만약에 여러분이 원한다면 그것을 '조물주' 혹은 '신'이라고 부를 수도 있습니다.

헤겔에게 세계의 본질은 객관적으로 존재하고 있고 부단히 운동하고 있는 절대이념입니다. 세계의 본질은 운동 과정에서 각종 현상을 '외화外化'합니다. 제일 먼저 외화되는 것은 자연계이고 그다음이 인류 사회이며 제일 마지막이 인간의 정신입니다. 이 순서는 물론 대단히 이치에 부합합니다. 절대이념이 자아실현을 하려면 먼저 자아 부정을 해야 하기 때문입니다.

절대이념이 정신적인 이상 그것을 가장 잘 부정할 수 있는 것은 가장 물질성을 지닌 것일 수밖에 없는데, 그것이 자연계입니다. 하지만 절대이념이 자기를 부정하는 목적은 자아인식과 자아 실현을 위해서입니다. 따라서 절대이념은 또한 반드시 자신에게로 되돌아가야 합니다. 그리고 절대이념이 되돌아가는 것은 인간의 정신활동 중에서만 실현될 수 있습니다. 그래서 절대이념의 자아 운동의 세 단계는 바로 자연계, 인류 사회 그리고 인간의 정신일 수밖에 없으며 인간의 정신 중에서 자신에게 되돌아 갈 수 있을 뿐입니다.

그러나 절대이념이 인간의 정신 중에서 되돌아가는 것은 단번에 이루어지지 않습니다. 그것은 세 개의 역사 단계, 혹은 예술, 종교, 철학의 세 가지 형식을 거칩니다. 여기에서 예술이 먼저인 이유는 처음에 사람은 자유롭게 사고할 수 없고 절대이념 또한 일정한 물질적 형식을 빌려서만 자신을 감성적으로 드러낼 수 있기 때문입니다.

이때 사람들이 보는 것은 다만 감성적 사물의 형식일 뿐이며 절대이념에 대한 우리의 인식 역시 일종의 감성 인식에 불과합니다. "이런 인식 속에서 절대이념은 관조하고 감각하는 대상이 됩니다." 이것이 예술이며 미입니다. 예술은 바로 감성적 형상을 사용해서 진실을 의식에 나타내고 심미는 사물의 감성적 형식을 관조하기 때문입니다. 그래서 헤겔은 아주 '조리 있게' 미는 절대이념의 감성적 현현이라는 결론을 도출했습니다. 물론 여기에서 말하는 미는 예술미 혹은 미의 예술을 가리키는데 자연계는 절대이념을 인식할 수 없기 때문입니다.

미는 절대이념의 감성적 현현이다

헤겔의 이 관점은 아주 오해하기 쉽습니다. 특히 중국인은 아주 쉽게 이 '절대이념'을 하나의 인격신, 하나의 의식과 의지를 가진 존재물로 상상하고 이해합니다. 절대이념은 여러 가지 형태로 변하는데 먼저 자연계로 변했다가 그다음에는 인류 사회로 변하고 마지막으로 인간의 정신으로 변해서 결국 자기 자신으로 되돌아와 마치 '트랜스포머'와 같습니다. 그래서 우리는 헤겔이 말한 의미가 이런 것이 아니라는 점을 분명히 해야 합니다. 그가 세계를 "절대이념이 자아 부정과 자아 확정을 통해 자아 인식을 실현하는 과정"이라고 말한 것은 결코 '절대이념'이 그곳에서 여러 가지 형태로 변한다는 말이 아닙니다. 그는 다만 "역사 속에 발전이 있고 내재적 연계가 있음"을 증명하고, 이런 연계를 말하고 싶어 했을 뿐입니다.

엥겔스가 말했듯 헤겔은 다른 철학가들과는 아주 큰 차이를 가지고 있는데, 그의 사유방식이 '거대한 역사감'을 기초로 한다는 것입니다. 그는 역사 속에 발전과 내재적 연계가 있다는 것을 증명하고 싶어 했던 최초의 인물이었습니다. 철학가로서, 그가 말한 연계는 물론 일종의 논리적인 것일 수밖에 없습니다. 다시 말해서 세계는 단지 논리적으로 '절대이념의 자아실현의 과정'일 따름입니다. 그가 다만 논리와 이치를 말하는 것은 피타고라스학파 사람들이 세계를 모두 최종적으로 수와 수의 관계로 귀결한 것과 마찬가지입니다. 하지만 세계가 최종적으로 수와 수의 관계로 귀결될 수 있다는 말은 세계가 신의 수학놀이판이고 신이 놀다가 자칫 한 문제가 틀리면 암   이 만들어진다는 말과는 다릅니다.

그래서 헤겔이 예술과 같은 구체적인 문제를 이야기할 때 주목했던 것은 바로 인간이고 인간의 주체성과 능동성과 창조성입니다.

예술을 말해봅시다.

인간에게 왜 예술이 있어야 할까요? 헤겔은 "예술이 보편적이고 절대적으로 필요한 이유는 인간이 사고할 수 있는 의식이기 때문이다"라고 말했습니다. 이 말에는 세 가지 의미가 포함되어 있습니다. 첫째, 예술을 필요로 하는 것은 보편적입니다. 즉 어떤 한 사람이나 어떤 사람들이 예술을 필요로 하는 것이 아니라 인류 전체가 다 필요로 합니다. 둘째, 예술을 필요로 하는 것은 절대적입니다. 즉 원할 수도 있고 원하지 않을 수도 있는 것이 아니라 반드시 원합니다. 보편적이면서도 절대적이라는 것은 우연이 아니라 필연이라는 말입니다. 다시 말해서 예술의 출현은 일종의 필연성을 갖습니다. 헤겔의 관점에서 보면 이런 필연성은 다른 곳이 아니라 사람에게 있으며 '인간은 사고할 수 있는 의식'이라는 데에 있습니다. 이것이 헤겔이 말한 세 번째 의미입니다.

인간이 사고할 수 있는 의식이라는 말은 인간이 의식을 가지고 있고 사고할 수 있다는 의미입니다. 그래서 인간은 자연 사물처럼 그저 존재하고 있기만 한 것이 아니라 자신을 재현하려고 하고 관조하며 인식하고 사고하려고 합니다. 이것이 인간과 자연의 차이점입니다. 인간만이 이런 요구를 가지며 이런 능력을 가지지, 동물은 그렇지 못합니다. 언제 고양이나 개가 자신을 사고하는 것을 본 적이 있습니까? 고양이나 개는 자신을 관조할 줄 모릅니다. 어떤 동물도 거울에 자신의 모습을 비춰볼 줄 모릅니다.

고양이는 거울에 비친 자신의 모습을 보더라도 그것을 다른 고양이라고 생각하고 앞으로 나아가 반응을 보이거나 힘껏 달려들어 물어뜯으려고 합니다. 아니면 전혀 관심을 보이지 않고 그 거울 속의 형상을 고양이로 여기지 않습니다. 물론 그것이 자신이라고는 더욱 생각하지 않습니다. 이는 동물에게 자신을 관조하고 인식하고자 하는 요구나 능력이 없으며, 자신을 재현하고 사고한다는 것은 더 말할 나위가 없다는 사실을 설명해 줍니다.

그렇다면 사람은 왜 자신을 관조하고 인식하고 사고하며 재현할 수 있는 걸까요? 사람에게는 자아의식이 있기 때문입니다. 자아의식이란 간단히 말하면 바로 자아를 대상으로 간주해서 취급할 수 있는 심리 능력을 말합니다. 자아를 대상으로 간주해서 취급할 수 있다는 것은 자신을 '둘로 나누어' 하나는 이쪽에 있고 하나는 맞은편에 둘 수 있음을 의미합니다. 이렇게 해서 인간은 자신을 거울에 비추어 볼 수 있게 됩니다. 왜냐하면 거울 속의 그 사람은 또 다른 나로서, 대상으로 취급할 수 있는 나일 따름이기 때문입니다.

사람은 자신을 관조할 수 있을 뿐만 아니라 자신을 재현할 수도 있습니다. 요즘 유행하는 말로 하면 자신을 '카피'하거나 '클론'할 수 있다는 말입니다. 자화상이나 사진 같은 것을 예로 들 수 있습니다. 반드시 자화상을 그리거나 사진을 찍어야 하는 건 아닙니다. 헤겔이 보기에 무릇 하나의 대상에게 내면생활의 각인을 찍는 행위는 모두 인간의 자아의 재현입니다.

여기에 대해서 헤겔은 다음과 같은 유명한 예를 들었습니다. 어떤 남자아이가 강가에 서서 돌멩이 하나를 강 속에 던졌더니 강 표면에 많은 동그라미가 나타났습니다. 이때 이 남자아이는 신기한 표정으로 물속에 나타난 동그라미를 작품이라고 생각할 수 있습니다. 그 아이는 이 작품 속에서 자신이 활동한 결과를 보았기 때문입니다. 바꿔 말하면 남자아이는 이런 가장 간단한 방법으로 하나의 대상에 자신을 재현한 것입니다.

이 예가 중요한 이유는 이 예가 실제로 헤겔 철학의 비밀을 이야기했기 때문입니다. 헤겔 철학의 핵심은 절대이념입니다. 절대이념이 자아 부정과 자아 확정을 통해서 자아 인식을 실현한다고 하는 점은 언제나 이해하기가 힘듭니다. 하지만 만약 절대이념을 사람으로 바꾸고 자아의식으로 바꾼다면 훨씬 이해하기가 쉬울 것입니다. 다시 이 남자아이의 예를 가지고 이야기하겠습니다. 그가 방금 전에 강가에 서서 아무것도 하지 않았을 때 그는 단순한 '나'였을 뿐입니다. 그는 물론 자아의식을 가지고 있지만 자아의식이 있든 없든 차이가 없습니다. 그라는 '나', 즉 그의 자아의식은 아직 확증을 얻지 못했기 때문입니다.

하지만 그가 이미 자아의식을 가지고 있는 이상, 이 '나'는 반드시 증명을 받고자 할 것입니다. 그래서 그는 돌을 강 속으로 던졌습니다. 이 동작이 만약 무의식적이었다면 이야기할 만한 것이 없습니다. 그러나 의식적이었다면 그것은 그가 자신을 '대상화'했음을 의미합니다. 대상화는 자아를 대상으로 바꾸는 것이고 마주하고 관조하는 대상으로 변하게 하는 것입니다. 수면 위에 나타난 동그라미들은 이런 대상이며 이 남자아이의 내면생활의 대상화입니다. 남자아이의 내면생활 혹은 자아의식은 본래 정신의 내면 깊은 곳에 있었는데 이제 물질적 외부세계로 변했으니 당연히 '자아 부정'입니다. 남자아이의 내면생활 혹은 자아의식은 본래는 무형의 행방이 없는 것이었지만 지금은 유형의 행방이 있는 것으로 변했기 때문에 또한 '자아 확정'입니다.

더욱 중요한 것은 남자아이가 수면 위의 동그라미들을 보고 놀라움과 기쁨을 느꼈으며 그것을 자신의 작품으로 간주했고, 이 작품 속에서 자신이 활동한 결과를 보았기 때문에 또한 그의 '자아 인식'이기도 하다는 점입니다. 그리고 이 자아인식 중에서 외부의 물질세계와 내면의 정신세계가 통일되었기 때문에 또한 종합명제입니다. 자, 어떻습니까? 이렇게 말하니 아주 쉽게 이해되지 않습니까?

그래서 헤겔이 든 이 예를 무시해서는 안 된다고 말하는 것입니다. 만약에 우리가 헤겔의 관점과 용어를 받아들인다면, 남자아이가 돌을 강 속으로 던진 후에 수면 위에 나타난 동그라미들을 자신의 작품으로 간주하고 놀라움과 기쁨을 느낀 이 과정이 그가 자아 부정과 자아 확정을 통해 자아 인식을 실현하는 과정이라고 말하기에 충분합니다. 그렇다면 이 일을 확대해서 전체 세계에 대입해본다면 어떨까요? 이런 과정과는 다를까요? 단지 이 과정의 주체가 남자아이에서 세계로 바뀐 것에 불과하지만 자아의식이라고 부르기에는 적절치 않으므로, 이때는 절대이념 혹은 절대정신이라고 불러야 합니다.

나는 헤겔의 이 전체 체계가 절대이념보다는 인간을 이야기하고 있다고 생각합니다. 이른바 '세계는 절대이념의 자아실현 과정이다'는 사실 인간의 자아실현의 과정을 가리킵니다. 여기에서 인간의 행위는 신의 이름하에 전대미문의 깊고 구체적으로 고찰되었습니다.

이제 우리는 처음에 제기했던 문제, 즉 어째서 예술의 필요가 인간에게 보편적이면서도 절대적인 것인가 하는 문제에 대답할 수 있습니다. 그에 대한 헤겔의 대답은 사람에게 의식이 있기 때문이라는 것입니다. 사람에게 의식이 있으면 어째서 반드시 예술이 있어야 하는 걸까요? 의식이 있는 사람은 절대이념과 마찬가지로 반드시 자아 부정과 자아 확정을 통해 자아 인식을 하려고 하기 때문입니다. 이 말은 헤겔의 말이 아니라 내 말입니다. 헤겔은 "인간은 어떤 충동을 가지고 있어서 그의 눈앞에 직접적으로 드러나는 외적 사물 속에서 자신을 실현하려고 한다"라고 말했습니다.

가장 편리한 방법은 당연히 그 남자아이처럼 돌을 강에 던진 후 미소를 지으며 수면 위에 그려지는 동그라미들을 보는 것입니다. 이것이 너무 단순한 것 같으면 조금 더 복잡하게 들어가 봅시다. 가령 문신을 하고 귀고리를 하고 항아리와 벽화에 갖가지 도안과 꽃무늬를 그리는 것 등을 들수 있습니다. 사실 이것은 강에 돌을 던지는 것과 다르지 않습니다. 헤겔의 말을 빌리면 그것들은 모두 "외적 사물의 형상을 바꾸고" "이들 외적 사물 위에 자신의 내면생활의 낙인을 새기는 것"입니다. 그 목적은 역시 모두 하나의 대상에 자신을 재현하는 것으로, 이번에는 동그라미를 자기 몸에 그렸을 따름입니다.

마찬가지로 수면 위의 동그라미, 항아리와 벽화 위, 자기 몸의 갖가지 도안과 꽃무늬에서 사람들이 보는 것은 역시 동일합니다. 헤겔의 말을 빌리면 "그가 감상하는 것은 단지 그 자신의 외적 현실일 뿐"입니다. 이 말에는 실제로 미와 예술의 정의에 관한 헤겔의 세 가지 조건, 혹은 예술과 심미의 세 가지 특징이 포함되어 있습니다. 첫째, 예술과 심미는 '감상'입니다. 감상이 아니라면, 가령 사고思考라면 예술과 심미가 아니라 철학이 됩니다. 둘째, 예술과 심미 활동 중에서 사람이 감상하는 것은 '외적 현실'입니다. 그리고 앞의 논조에 따르면 그가 감상하는 것 역시 '그의 눈앞에 직접적으로 드러나는 외적 사물'입니다. 만약에 이 외적 사물이 우리 앞에 직접 드러나지 않고 철학 속의 개념으로 간접적으로 드러난다면 그것 또한 예술과 심미가 아닙니다. 셋째, 우리의 눈앞에 직접적으로 나타나는 심미 대상은 표면적으로 보기에는 외적 사물이지만 실제로는 우리 자신이며 다만 외적 사물로 표상될 따름이기 때문에 '그 자신의 외적 현실'이라고 부릅니다.

이제 우리는 수면 위의 동그라미, 항아리와 벽화, 자기 몸의 갖가지 도안과 꽃무늬는 모두 인간의 자아실현에 불과하다는 것을 알게 되었습니다. 이것은 사람만이 가지는 요구입니다. 헤겔은 이런 요구는 갖가지 현상 속에 관통해 있는데 예술작품에 이르러 자아 창조를 진행한다고 했습니다. 사람이 예술을 가지려고 하는 까닭은 다만 자아의식을 가지고 있기 때문이며 헤겔은 그것을 절대이념이라고 불렀을 뿐입니다. 혹은 헤겔에 의해 절대이념으로 개조되었다고 하겠습니다.

하지만 예술과 미는 절대이념과 다릅니다. 절대이념은 이성적이지만 예술 감상은 감성적이며, '그의 눈앞에 직접적으로 드러나는 외적 사물' 역시 감성적이기 때문에 미는 절대이념이 아니라 절대이념의 감성적 현현입니다. 물론 예술도 그렇습니다.

예술과 미가 절대이념의 감성적 현현인 이상, 절대이념은 바로 그것의 내용이며 감성적 현현은 그것의 형식입니다. 예술의 임무는 이 두 방면을 '자유롭고 통일된 총체'로 조화시키는 데 있습니다. 하지만 절대이념과 감성적 현현은 결국 모순되기 때문에 조화시키기가 쉽지 않습니다. 이렇게 해서 절대이념은 그에 가장 적합한 표현 형식을 탐색하고, 각 방면의 관계를 조화롭게 하며, 마지막으로 감성적 현현의 단계를 초월해 자유로운 사고로 진입한다는 세 가지 일을 해야 합니다. 이를 통해 예술 자체도 발전합니다. 헤겔은 "이렇게 발전함으로써 예술미는 비로소 총체적이고 특수한 단계와 유형을 가지게 된다"고 했습니다.

예술의 세 가지 단계와 유형

예술의 첫 번째 단계와 첫 번째 유형은 상징형입니다. 상징형 예술은 예술의 시작이므로 헤겔은 '예술 이전의 예술'이라고 불렀습니다. 이 역사 단계에서 예술의 내용과 형식은 모두 아주 유치했습니다. 우선 이념 자체도 확정되지 않았고 모호했기 때문에 당연히 자신에게 '정확한 예술 표현 방식'을 찾아줄 수 없어서 되는 대로 하는 수밖에 없었습니다. 되는 대로 하는 방법이란 일단 말이 되는 형식을 아무렇게나 찾다가 자신을 표현해 내게 되면 그럴 듯하게 말하는 것입니다. 이것이 상징입니다. 그래서 이 단계의 예술은 상징형 예술입니다.

가장 전형적인 상징형 예술은 건축, 특히 고대 이집트 건축입니다. 그것의 특징은 형식이 내용보다 크다는 것입니다. 모든 예술 장르 중에서 건축물이 부피가 가장 크고 물질재료를 가장 많이 사용하며 가장 오랫동안 존재합니다. 아무리 작은 건축물이라도 조각, 회화, 무용 같은 기타 예술작품에 비하면 훨씬 거대합니다. 건축물은 아주 높고 크며 장기간 그곳에 우뚝 솟아 있어서 다짜고짜로 우리가 그것을 보도록 강요하지만 우리는 그것의 내용이 무엇인지 알지 못합니다. 누가 하나의 건축물이 담고 있는 정신적 내용을 확실하게 말할 수 있겠습니까? 설령 교회당, 불당,

능묘와 같이 종교적이고 기념비적인 건축물이라도 그것들의 내용과 형식 사이의 연계는 아주 느슨하며 하나의 상징에 불과합니다.

예전에 하늘에 제祭를 올리던 곳인 천단天壇은 둥근 모양을 하고 있는데 이는 '하늘은 둥글다'는 것을 상징하며, 땅에 제를 올리던 곳인 지단地壇은 네모난 모양을 함으로써 '땅은 네모나다'는 것을 상징합니다. 또 후루시초프의 묘비는 흑과 백의 돌멩이를 쌓아 만들었는데, 이는 칭찬과 비난이 각각 절반이라는 것을 상징합니다. 그래서 건축은 전형적인 상징형 예술입니다.

상징은 확실히 건축예술에서 통상적으로 사용하는 수법이며, 특히 정치성, 종교성, 기념비적 성질을 지닌 건축물은 언제나 자각적이든 비자각적이든 이렇게 만들어집니다. '상징적 의의'를 제대로 만들어내지 못하면 임무를 완수할 수 없기 때문입니다. 하지만 이런 상징은 절대적이지 않기 때문에 신뢰하기가 힘듭니다. 붉은색은 환영(레드카펫)을 상징할 수 있지만 거절(상갓집의 붉은 등)을 상징할 수도 있습니다. 소는 개척(경작용 소)을 상징할 수도 있고 낙후(늙은 소가 낡은 수레를 끄는 것)를 상징할 수도 있습니다. 그래서 헤겔은 "상징은 본질적으로 두 가지 뜻을 가지거나 애매모호하다"라고 말했습니다.

상징형 예술에서 이념은 그저 억지로 대상에게 가서 달라붙은 것일 뿐입니다. 하물며 이 역사 단계는 인류가 막 무지한 상태에서 탈피했을 때였기 때문에 정신은 아직 자각 상태에 도달하지 못했고 이념 자체도 대단히 모호했습니다. 내용도 명확하지 않았고 형식도 반드시 내용에 부합한다고 하기 어려웠습니다. 요컨대 상징형 예술의 이성적 내용은 불명확했고 감성적 형식은 부적합했으며, 그들 간의 관계는 억지로 끌어다가 합리화시킨 것이었습니다. 모호한 절대이념은 제멋대로 대상을 찾아 자신을 아무렇게나 현현해냈습니다. 당연히 이래서는 안 됩니다. 따라서 일정한 발전 단계에 이르게 되자 그것은 해체되어 좀 더 고급한 유형의 예술에게 자리를 양보해야 했습니다.

상징형 예술보다 고급한 유형의 예술이란 고전형 예술입니다. 고전형 예술의 특징은 내용과 형식의 완전한 통일입니다. 표현되지 않은 내용이 없었을 뿐만 아니라 내용이 없는 형식도 없었습니다. 헤겔의 말을 빌리면 "고전형 예술은 본질적으로 특히 이념에 적합한 형상에 이 이념을 자유롭고 적절하게 구현하기 때문에, 이념은 형상과 함께 자유로우면서도 완벽한 조화를 이룰 수 있었던 것"입니다. 다시 말해서 고전형 예술에서 "내용과 내용에 완전히 부합하는 형식이 독립적이고 완전하게 통일됨으로써 일종의 자유로운 총체를 형성했습니다." 이것이 예술의 중심이며 진정한 예술입니다.

가장 전형적인 고전형 예술은 조각, 특히 고대 그리스 조각으로 그중에서도 고대 그리스의 인체 조각입니다. 고대 그리스의 조각 중 인체 조각은 확실히 완벽하게 시대 정신을 표현했으며, 이 방면에서도 확실하게 내용과 형식의 통일을 이루었습니다. 그래서 고대 그리스의 조각은 반드시 짚고 넘어가야 합니다. 서양 고대 예술은 종교와 대단히 관계가 밀접했습니다. 고대 그리스의 종교는 '미와 예술의 종교'였습니다. 마르크스와 헤겔 모두 이렇게 말했습니다. 고대 그리스의 정신은 '인간과 신의 합일'로, 인간은 곧 신이고 신은 곧 인간이었습니다. 인간과 신의 차이는 단지 신이 인간보다 더 위대하고 더 완벽하며 더 장수한다는 것뿐이었습니다. 그래서 어떤 고대 그리스인이 길에서 자신보다 훨씬 젊고 잘생기고 크고 영민하며 용맹스러운 사람을 마주치자 "당신은 신입니까"라고 물었답니다.

여러분은 인간과 신 사이에 어떤 경계가 있다고 생각합니까? 인성은 곧 신성神性이고 신성은 또한 인성인데, 신성은 그저 인성 중 가장 이상적이고 아름다운 부분에 불과합니다. 또한 고대 그리스에서 신성은 곧 인간의 이상이었으며 인간의 예술과 심미의 이상이었습니다.

이런 이상이 예술에서 표현된 것이 고대 그리스의 인체 조각입니다. 그리스인의 이상이 인체 조각에 표현된 이유는 신성이 곧 인성인 이상, 신의 모습은 곧 인간의 모습, 그것도 가장 아름다운 인간의 모습일 수밖에 없기 때문입니다. 가장 아름다운 인간이란 당연히 정신에서 육체에 이르기까지, 얼굴 생김새에서 몸매에 이르기까지 모두 아름다운 사람이었고, 이런 사람만이 비로소 신이라는 이름에 어울릴 수 있었던 것입니다.

사실 고대 그리스인도 이렇게 만들어졌습니다. 그들이 특히 운동경기와 보디빌딩에 열중했던 것은 신과 같이 완벽해지기를 희망했기 때문이었습니다. 그들은 운동경기를 할 때 종종 나체로 하곤 했습니다. 이는 운동의 편리뿐만 아니라 미의 과시를 위해서였습니다. 심지어 그들은 제신祭神 활동을 할 때 젊은 남녀의 나체 행진을 거행하려고 했는데, 건강하고 아름다운 나체가 신에게 바치는 가장 좋은 제물이라고 생각했기 때문입니다. 물론 여기에는 아마도 의도적으로 신에게 자신이 얼마나 아름다운지를 보여주려는 의미도 있었을 것입니다.

하지만 인간은 신에 비하면 어쨌든 부족하기 마련입니다. 그래서 고대 그리스인은 그들의 미적 이상을 최종적으로 예술을 통해 실현할 수밖에 없었으며 인체 조각에서 실현할 수밖에 없었던 것입니다. 고대 그리스의 인체 조각은 모델을 사용하지 않았습니다. 오늘날 그리스에 가면 그리스인들이 결코 그들의 조각만큼 아름답지 않다는 사실을 발견하게 될 것입니다. 그렇다고 해서 절대 그들이 예전보다 못하다고 생각하지 않기를 바랍니다. 그런 것이 아니라 고대 그리스의 인체 조각은 처음부터 미적 이상에 근거해서 만들어졌습니다. 그렇기 때문에 그것들이 흉내 낼 수 없는 모델인 것은 당연한 일입니다. 인체 조각은 확실히 고도로 완벽한 내용과 형식의 통일로 만들어졌으니까 말입니다.

모두들 생각해보십시오. 고대 그리스인의 이런 관념과 이상과 이념을 감성적으로 현현하는 데 건강하고 아름다운 나체보다 더 좋은 예술 형식이 무엇이 있었겠습니까? 인간만이 절대정신을 인식할 수 있었기 때문에 신은 결국 인간의 모습으로 표현돼야 했습니다. 절대정신 혹은 절대이념이 인성으로 표현될 때, 그것은 아름다운 인체 안에서 표현될 수밖에 없었던 것입니다. 인체는 결코 있어도 되고 없어도 되는 단순한 몸뚱이가 아닙니다. 인체는 정신이 머무는 곳이며 정신을 표현하는 데 가장 적합한 형식입니다. 인체 조각에서 신의 보편성은 개별적 형체로 변함으로써 '절대이념의 감성적 현현'을 실현했습니다. 물론 신의 보편성을 보존하기 위해서 고대 그리스의 인체 조각에는 '고귀한 조화' 내지는 '고요하고 엄숙한 슬픔'이 표현되지 않은 것이 없습니다.

　이 각도에서 보면 고대 그리스 조각은 바로 가장 완벽한 예술, 가장 예술을 '닮은' 예술입니다. 하지만 예술이 '절대이념의 감성적 현현'인 이상 그리고 미의 이상이 절대정신인 이상, 예술은 고전형 예술의 단계에 머물러 있을 수는 없었습니다. 고전형 예술도 문제를 가지고 있었기 때문인데, 고전형 예술의 문제는 절대정신이 일단 인체로 표현되고 나면 개별적이고 특수한 정신으로 바뀐다는 데 있었습니다. 가령 어떤 사람 혹은 어떤 신의 정신이 더 이상 절대적이고 영원한 정신이 아니게 되었던 것입니다. 정신은 무한하고 자유로우나 인체는 유한하고 자유롭지 못합니다. 유한하고 자유롭지 못한 인체는 결코 진정으로 무한하고 자유로운 정신을 표현할 수 없습니다. 따라서 고전형 예술 역시 해체되고 낭만형 예술에게 자리를 양보해야 했습니다.

　고전형 예술이 상징형 예술에 대한 부정이라고 한다면 낭만형 예술은 바로 부정의 부정입니다. 낭만형 예술이 이념과 현실의 통일을 파괴하고 더 높은 차원에서 상징형 예술의 상태로 되돌아갔는데, 그것은 내용과 형식의 모순, 정신과 물질의 대립입니다. 하지만 낭만형 예술의 상황은 상징형 예술과는 꼭 반대였습니다. 상징형 예술은 형식이 내용보다 중요하고 물질이 정신을 압도하지만, 낭만형 예술은 내용이 형식보다 중요하고 정신이 물질보다 넘쳐납니다.

헤겔에게 정신은 물질보다 높고 영혼은 자연보다 높았습니다. 그는 예술미와 자연미를 이야기할 때 "정신과 정신적 산물은 자연과 자연 현상보다 더 높고, 예술미 또한 자연미보다 더 높다"라는 유명한 말을 한 적이 있습니다. 헤겔은 심지어 '~보다 더 높다'라는 말은 정확하지 않으며 모두 자연을 대단히 '떠받들었다'고 생각했습니다. 그의 관점에서 보면 정신만이 진실하며 정신만이 모든 것을 포용합니다. 정신은 이념의 '무한한 주체성'이기 때문입니다. 헤겔의 이념은 주체와 객체 양 방면에 있습니다. 객체는 그것의 외적 현실이고 주체는 정신입니다. 그래서 그는 어떤 미도 완전히 정신에서 나올 때에만 비로소 진정으로 아름답다고 생각했습니다. 이 관점에 의하면 고전형 예술이 가장 완벽한 예술이지만 예술 발전의 가장 높은 단계는 오히려 낭만형 예술입니다.

전형적인 낭만형 예술은 근대 유럽 예술이며 주요하게는 이 시기의 회화와 음악과 시였습니다. 여기에서 헤겔이 말한 낭만형 예술이 일반문예 이론이나 문학사에서 말하는 낭만주의와 다르다는 점에 주목해야 합니다. 낭만주의는 일종의 풍격과 유파이고 낭만형 예술은 단계와 유형입니다. 헤겔은 이 역사 단계에서 예술의 대상은 더 이상 상징형 예술 시기의 나무, 돌덩이, 진흙 등과 같은 자연이 아니며, 더 이상 고전형 예술 시기의 인체도 아닌 정신이자 '자유롭고 구체적인 정신생활'이라고 생각했습니다. "예술은 당연히 정신생활로서 정신의 내적 세계를 향해 현현되어 나와야 한다"는 이 말은 듣기에는 빙빙 돌려서 하는 것 같지만 의미는 뚜렷합니다. 즉 회화, 음악, 시 중에서도 특히 근대의 회화, 음악, 시와 같은 낭만형 예술이 중시한 것은 인간의 내면 세계와 정신이었습니다. 낭만형 예술은 정신을 표현했으며 정신에서만 표현됐습니다. 그래서 헤겔은 낭만형 예술을 '외적 세계에 대한 내적 세계의 승리'라고 했습니다. 물론 낭만형 예술이 여전히 예술인 이상, 외적인 물질 재료를 전혀 사용하지 않을 수는 없습니다. 하지만 그것은 별로 중요하지 않으며 본질적인 것도 아닙니다. 낭만형 예술에서 예술의 본질은 오직 인간의 정신뿐입니다.

헤겔이 말한 영혼, 혹은 정신은 사실은 인간의 자아와 자아의식입니다. 그래서 낭만형 예술의 특징은 바로 자아를 가장 높은 지위에 두는 것입니다. 이것은 사실입니다. 예술장르의 각도에서 보면 건축과 조각에서 회화, 음악, 시에 이르기까지 확실히 정신적 성질이 점차 강해지는데 이 점에 대해서는 뒤에서 다시 이야기할 것입니다. 예술 발전의 각도에서 보면, 고대 이집트 예술에서 고대 그리스 예술에 이르기까지, 다시 근대 유럽 예술에 이르기까지 갈수록 주체성이 강해집니다.

고대 예술은 보편적 정치, 윤리와 종교적 이상을 중시했고, 근대 예술은 개인의 정감과 의지와 내면 충돌을 중시했습니다. 근대 예술은 고전형 예술처럼 조용하고 엄숙한 것과 조화를 숭상하지 않았고, 점점 더 개성을 드러내고 생각대로 행동하는 것을 문제 삼지 않았으며, 고통, 번뇌, 추함, 죄악과 내면 분열을 회피하지 않았습니다. 고전형 예술 시기에는 이런 것들을 상상할 수 없었습니다. 고전형 예술에서는 설령 고통을 표현하더라도 〈라오콘〉과 같이 다만 '고요하고 엄숙한 이상'일 수밖에 없었지만 낭만형 예술은 더 이상 그렇게 온화하거나 고상하지 않았습니다. 낭만형 예술은 고통을 표현하고 싶으면 그냥 고통스럽게 표현해냈습니다. 이것은 최종적으로 모더니즘 예술의 탄생을 유도했습니다.

헤겔은 당연히 모더니즘 예술을 알지 못했습니다. 모더니즘 예술의 탄생은 1863년 이후의 일이고 헤겔은 1831년에 죽었으니까요. 하지만 헤겔은 이미 이런 추세를 예견했던 것 같습니다. 적어도 그는 낭만형 예술도 해체되어야 한다는 점을 인정했는데 다만 그는 이 결과를 예술자신의 내적 모순과 절대이념의 운동 과정으로 귀결시켰습니다. 예술은 '절대이념의 감성적 현현'으로서, 그것의 이상은 단지 이념과 형상의 통일일 뿐이었습니다. 이념과 형상의 통일 정도에 따라 예술은 상징형, 고전형, 낭만형의 세 가지 유형으로 표현됩니다. 그것들은 또한 진정한 미의 개념에 대한 예술의 세 종류 관계이기도 합니다. 이 세 관계는 헤겔의 말을 빌리면 "처음에는 쫓아가고 그다음에는 실현하고 마지막에는 뛰어넘는다"입니다.

유형별 예술 장르와 특징

앞에서 역사적 각도에서 이야기한 예술의 단계와 유형은 종적 방면입니다. 지금부터는 횡적 방면, 그러니까 각 예술 간의 관계로부터 이 문제를 이야기하려고 합니다. 헤겔의 미학은 방대하고 완전하며 엄밀한 체계를 갖추고 있으며 '논리와 역사가 일치한다'는 원칙을 처음부터 끝까지 관통시키고 있습니다. 그리고 그의 각 결론들은 모두 미와 예술에 관한 그의 정의에서 출발한 것이며 이 정의에 대한 논리적 결론입니다. 헤겔에게 미는 절대이념의 감성적 현현입니다. 따라서 미는 일반적 유형으로 표현될 뿐만 아니라 예술의 장르로 표현되려고 합니다.

유형과 장르는 결코 완전히 같지 않습니다. 유형은 주로 역사적 개념이고 종적이지만, 장르는 횡적이며 예술의 물질적 재료와 표현 방식의 차이로 형성된 다른 종류와 등급을 말하는데, 건축, 조각, 회화, 음악, 시 등입니다. 유형과 장르라는 이 두 개념은 교차적입니다. 동일한 유형 중에도 다른 장르가 있을 수 있습니다. 가령 상징형 예술 시기라고 해서 건축만 있었던 것이 아니라 조각, 회화, 음악과 시도 있었습니다. 마찬가지로 동일한 장르에도 다른 유형이 있습니다. 같은 건축인데도 상징형 건축, 고전형 건축과 낭만형 건축의 세 종류가 있습니다. 이집트 건축은 상징형 건축이고 그리스 건축은 고전형 건축이며 고딕식 건축은 낭만형 건축입니다. 그래서 유형과 장르라는 이 두 개념은 네 안에 내가 있고 내 안에 네가 있는 것입니다.

헤겔에게는 유형이 주요했고 장르는 부차적이었습니다. 각 예술 장르는 모두 각종 예술 유형 중에서 출현할 수 있기는 하지만, 하나의 장르는 반드시 특정한 유형에 속하고 이 유형에 가장 적합한 것이며 이 유형의 대표여야 합니다.

상징형 예술을 가장 대표할 수 있는 것은 건축입니다. 건축은 유형의 각도에서든 장르의 각도에서든 그리고 논리의 각도에서든 역사의 각도에서든 가장 일찍 출현한 예술입니다. 이때는 절대이념이든 인간의 자아의식이든 무지함이 처음 열리는 상태였습니다. 사람들은 영문을 알지 못한 채 그저 한 무더기의 물질 재료를 사용해서 절대이념이나 자아의식을 거대한 공간감으로 표현했으며 이것으로 '정신을 집중해서 그것의 절대 대상을 관조하는 적당한 장소'로 삼았습니다. 요컨대 건축에서 예술미는 주로 심미 이상에 부합하는 하나의 외적 세계로 표현되었으며 내면세계와 외적 형식은 그다지 조화롭지 못하고 통일되지 않은 상태에 있었습니다. 헤겔의 말을 빌리면 건축은 정신을 '손님'으로 간주할 수 있을 뿐입니다. 따라서 건축은 '가장 완벽하지 않은 예술'이기도 합니다.

조각은 건축과 다릅니다. 조각에서 정신은 제대로 놓일 장소를 얻었으며 내면세계와 외적 형식은 일치해서 서로를 억누르지 않았습니다. 그래서 조각은 고전형 예술을 자신의 기본 유형으로 삼았고 고전형 예술 또한 조각을 자신의 대표적 장르로 삼았습니다. 조각에서 물질 재료는 이미 물질 재료가 아니라 정신과 정신적인 것으로 간주되기 시작했습니다. 조각의 재료에는 주로 진흙, 목재, 석재, 금속 등이 있습니다. 이런 재료들은 무기無機적이며 생명이 없지만 바로 그렇기 때문에 신의 보편성을 표현하는 데 사용하기에 아주 적합한데, 그중에서도 특히 대리석이 그러합니다. 그래서 정신은 대리석류類의 차디찬 물질적 재료에 정신의 영원한 장엄함을 표현했습니다.

여기에서 내용과 형식은 분명히 통일된 것이고 그것은 미의 이상에 부합했습니다. 안타까운 것은 조각의 이런 통일이 오직 절대정신과 그것의 육체구조의 통일이었을 뿐 그것의 내적 생활과의 통일이 아니었다는 점입니다. 그래서 예술의 발생과 발전은 조각에 머물 수 없었고 다시 앞으로 나아가야 했습니다.

조각의 뒤를 바짝 쫓아간 것이 회화였습니다. 헤겔은 회화의 특징은 색채로부터 확정된 성질이라고 생각했습니다. 비록 건축과 조각의 재료도 볼 수 있고 색채를 가지기는 하지만, 회화의 재료만이 순수한 색채이며 회화만이 순수하게 사람에게 보여주기 위한 것입니다. 건축은 사람들이 그 안에서 살 수 있고 조각은 사람들이 만져볼 수 있지만 회화는 사람들에게 보여주는 것 외에는 아무런 쓸모도 없습니다. 이것은 회화가 순수하게 사람들의 정신적 향유를 위해 제공되는 것이라는 말과 같습니다. 그래서 회화는 시각예술과 동일하지만 오히려 건축과 조각보다 훨씬 정신성이 강합니다.

그 밖에도 아주 중요한 한 가지가 있는데 '회화는 3차원 공간을 압축한 총체'입니다. 회화와 건축, 조각은 비록 모두 공간예술이지만 건축과 조각은 3차원의 입체적인 것이며 진정한 공간예술임에 반해 회화는 2차원의 평면적인 것이며 순수한 공간예술이 아닙니다. 그래서 회화의 공간은 조각보다 훨씬 추상적입니다. 헤겔의 관점에서 보면 회화의 공간은 다만 내적 정신의 현현일 뿐입니다. 확실히 회화에서 정신은 이미 물질보다 넘쳐나기 시작했습니다. 이것은 정신이 이미 물질적 재료와의 통일에 만족하지 않고 더욱 자유롭고 무한한 방향을 향해 발전하려고 했음을 설명해줍니다.

따라서 정신은 내면생활을 표현하기에 더욱 좋은 재료를 찾으려고 했습니다. 헤겔은 이것이 바로 색채, 소리, 언어이며 그와 서로 상응하는 예술 장르가 각각 회화, 음악, 시라고 했습니다. 이제 실제로 낭만형 예술단계로 넘어간 것입니다. 앞에서 말했듯이 낭만형 예술은 인간의 내면세계와 인간의 정신을 중시했습니다. 낭만형 예술은 정신을 표현했으며 정신 속에서만 표현되었습니다. 그래서 회화, 음악, 시는 낭만형을 자신의 기본 유형으로 삼았고 낭만형 예술 역시 회화, 음악과 시를 자신의 대표적 장르로 삼았습니다.

가장 전형적인 낭만형 예술 장르는 음악입니다. 회화는 비록 이미 물질적인 것을 정신적인 것으로 전환시키기 시작했지만, 2차원에 불과하더라도 공간을 보존하고 있습니다. 이것은 많든 적든 여전히 약간의 객체성을 보존하고 있다고 하거나, 혹은 내용은 주체적인데 형식은 아직 다소 객체성을 지닌다고 말할 수 있습니다. 하지만 음악은 공간성을 완전히 부정하고 제거했습니다. 공간성을 제거하고 부정했다는 말은 물질성을 제거하고 부정했다는 말과 같습니다. 일반적으로 공간성을 갖지 않는 물질을 상상하고 이해하기란 대단히 어렵기 때문입니다. 물론 음악 역시 물질성이 전혀 없지는 않습니다. 음악도 역시 물질인 공기의 진동에 의지합니다. 그러나 공기는 공간을 가득 채우고 있을 뿐 공간을 점거하지는 않아서 거의 공간성이 없다고 간주할 수 있습니다. 사실상 음악은 공간예술이 아니라 시간예술이며 그것도 유일한 시간예술입니다.

또한 음악은 시각예술이 아니라 청각예술입니다. 헤겔은 시각과 청각은 모두 실천적 감각이 아니라 인식적 감각이라고 생각했습니다. 그리고 청각은 시각보다 훨씬 관념적입니다. 이 점은 이해하기 어렵지 않을 것입니다. 인간의 다섯 가지 감각 중에서 촉각, 미각, 후각은 실천적입니다.

어떤 물건을 만지고 어떤 것을 듣고 어떤 냄새를 맡는 것처럼 이 세 감각은 모두 대상과 직접적으로 관계를 발생시켜 대상에 직접 접촉하기 때문입니다. 그렇지만 시각과 청각은 대상과 직접적으로 관계를 발생시키지 않습니다. 시감각視感覺과 청감각聽感覺, 시지각視知覺과 청지각聽知覺 활동에서 주체와 대상 사이에는 거리가 있습니다.

거리가 있으면 미감이 생기는데 이 점에 대해서는 앞에서 말한 적이 있습니다. 그래서 시각 예술과 청각 예술은 있어도 촉각 예술, 미각 예술, 후각 예술은 없습니다. 하지만 시각과 청각에도 정도의 차이가 있습니다. 시각의 관념성은 청각보다 약간 약합니다. 눈은 생동하거나 실재하는 구체적인 '것'을 보지만 귀는 어떤 '것'이 아니라 어떤 '것'의 신호를 듣기 때문입니다. 그래서 훨씬 '공허'해지지만 동시에 그것의 관념성, 인식성 혹은 정신성은 훨씬 강해집니다.

이렇게 해서 음악은 내용과 형식을 막론하고 모두 주체적이 됩니다. 그래서 헤겔은 음악이 '낭만형 예술의 중심'이라고 생각했습니다. 동시에 그는 음악이 회화에서 시에 이르는 전환점이라고 생각했습니다. 헤겔의 이 체계는 대단히 완전하고 대단히 엄밀합니다. 그의 사고와 사유방식은 처음부터 끝까지 일관되어 있습니다. 그래서 그가 단계와 유형과 장르를 어떤 식으로 나누었든 이것들은 모두 정, 반, 합, 혹은 긍정, 부정, 부정의 부정이라는 세 개의 고리로 이루어져 있습니다. 중간의 고리는 첫 번째 고리에서 세 번째 고리로 넘어가는 다리입니다. 가령 전체 세계에서 자연계에서 인간으로 넘어가는 정신적 다리는 인류 사회이고, 인간의 정신 중 예술에서 철학으로 넘어가는 다리는 종교이며, 예술 중 상징형 예술(건축)에서 낭만형 예술(회화)로 넘어가는 다리는 고전형 예술(조각)이고, 낭만형 예술 중 회화에서 시로 넘어가는 다리는 음악입니다.

회화, 음악, 시의 공통적 특징은 물질에서 멀리 떨어진 추상성을 가지고 있다는 것입니다. 회화의 물질성은 조각보다 적고 음악의 물질성은 회화보다 적으며, 시의 물질성은 그중 가장 적어서 거의 영에 가깝습니다. 음악은 어쨌든 진동하고 있는 공기에 의지해야 하지만 시는 이것조차 필요치 않을 수 있습니다. 시를 묵독黙讀하거나 묵송黙誦하는 경우에는 공기의 진동조차 필요치 않습니다. 그래서 시의 정신성이 가장 강합니다. 이처럼 아무런 물질성이 필요치 않으면 아주 좋을 것 같지만 그렇지 않습니다. 미는 '절대이념의 감성적 현현'이기 때문에 이념과 감성, 정신과 물질이 하나라도 없어서는 안 됩니다. 물질이 정신을 압도하는 것도 잘못이지만 정신이 물질보다 넘쳐나도 예술이 되지 못합니다. 따라서 낭만형 예술은 시로 발전된 후 역시 해체되어야 했습니다.

확실히 헤겔에게 예술은 절대이념이 인간의 정신 속에서 자신에게로 복귀하는 하나의 단계에 불과했으며, 그 자신도 불균형에서 균형으로 다시 불균형으로 이르는 하나의 과정이었습니다. '절대이념'과 '감성적 현현' 자체가 한 쌍의 모순이기 때문에 미의 시작은 불균형입니다. 이것이 '상징형 예술'입니다. 하지만 균형에 이를 수 없다면 절대이념은 제대로 감성적 현현을 이룰 수 없기 때문에 역시 균형이어야 합니다. 이것이 '고전형 예술'입니다. 그러나 절대이념의 목적은 '감성적 현현'이 아니라 '자유로운 사고'입니다. 그래서 예술은 균형에 도달하고 실현된 후에도 다시 불균형을 향해 나가야 했습니다. 이것이 '낭만형 예술'입니다. 낭만형 예술 단계에 이르자 예술은 더 이상 나아갈 길이 없었습니다. 낭만형 예술뿐만 아니라 예술 자체도 해체되어야 했으며 종교에 자리를 양보해야 했습니다.

헤겔에게 종교는 예술과 마찬가지로 세 개의 단계와 유형을 가집니다. 첫째는 '자연 종교', 즉 고대 이집트 종교입니다. 둘째는 '예술 종교', 즉 고대 그리스 종교이며, 셋째는 '계시 종교', 즉 기독교입니다. 종교의 이 세 가지 단계와 유형은 예술의 세 가지 단계와 유형과 상응합니다. 자연 종교는 상징형 예술과 상응하고 예술 종교는 고전형 예술과 상응하며 계시 종교는 낭만형 예술과 상응하는데, 그것들은 동시에 고대 이집트, 고대 그리스와 근대 유럽이라는 세 개의 역사 단계와 상응합니다. 고대 이집트는 자연 종교 시기이자 상징형 예술 시기였으며, 고대 이집트의 건축은 전형적인 상징형 건축이었습니다. 고대 그리스는 예술 종교 시기이자 고전형 예술 시기였으며, 고대 그리스의 조각은 전형적인 고전형 조각이었습니다. 근대 유럽은 계시 종교 시기이자 낭만형 예술 시기였으며, 근대 유럽의 음악은 전형적인 낭만형 음악이었습니다. 자, 이렇게 보니 아주 깔끔하게 딱 맞아떨어지지 않습니까?

종교는 예술과 마찬가지로 세 개의 단계와 유형을 가지며, 또한 절대이념이 인간의 정신 속에서 자신으로 복귀하는 단계, 즉 두 번째 역사단계일 따름입니다. 그래서 종교는 예술과 마찬가지로 해체되어야 하고 철학에 자리를 양보해야 합니다. 철학만이 절대이념의 진정한 자유로운 사고이며 절대이념의 진정한 귀속입니다.

철학도 물론 이런 과정을 가지고 있습니다. 이 과정에 대해서는 더 이상 말하지 않겠습니다. 어쨌든 절대이념은 철학에 이르렀을 때, 즉 헤겔 철학에 이르렀을 때 비로소 진정으로 자신을 인식했습니다. 하지만 이렇게 되자 절대이념 역시 한계에 도달했습니다. 헤겔의 논리에 따르면 철학만이 아니라 우리의 이 세계조차도 아마 해체되어야 할 것입니다. 그래서 헤겔 이후 니체는 큰 소리로 '신은 죽었다'라고 외쳤던 것입니다.

헤겔 미학을 되돌아보다

헤겔의 미학 체계에 대해서는 대체로 다 이야기했습니다. 헤겔 미학이 가지고 있는 문제점도 밝혔습니다. 하지만 문제는 결코 우리가 상상하는 것처럼 간단하지가 않아서 헤겔 철학이 출현한 이후, 세계는 정말 해체될 것 같고 우리는 모두 자살해야 할 것 같습니다. 사정은 물론 이렇게 간단하지 않습니다. 헤겔이 단언했던 예술의 해체조차도 그렇게 간단하지 않습니다. 그래서 우리는 헤겔의 미학을 다시 한 번 돌이켜 생각해볼 필요가 있습니다.

먼저 헤겔의 사상을 다시 정리해봅시다.

헤겔 미학의 세계관과 방법론은 다음의 세 가지 문장으로 귀결할 수 있습니다. 세계는 하나의 과정이다. 세계는 하나의 긍정(정), 부정(반), 부정의 부정(합)의 과정이다. 예술은 세계의 역사 과정 중 하나의 고리이며 예술 자체도 이런 과정이다.

헤겔의 전체 미학 체계는 이 기초 위에서 확립되었습니다. 그래서 그는 예술을 상징형, 고전형, 낭만형이라는 세 개의 단계와 유형으로 나누었습니다. 이 세 종류의 유형은 역사 단계일 뿐만 아니라 예술 등급으로서, 그것들 자체가 발전하고 운동하는 동태적인 구조입니다. 그것의 발전 논리는 불균형에서 균형에 이르고 다시 불균형에 이릅니다. 그리고 그것의 발전 방향은 물질에서 정신으로 향합니다. 헤겔에게 예술(미)은 절대이념의 감성적 현현이기 때문입니다. 그래서 예술의 단계든 예술의 유형이든 '진정한 미의 개념'에 대해 반드시 '처음에는 쫓아가고 그다음에는 실현하고 마지막에는 뛰어넘습니다.'

하지만 헤겔의 '절대이념'이란 사실 인간의 자아의식입니다. 적어도 그것이 '인간의 정신'이라는 이 역사 단계에 진입했을 때 그것은 실제로 인간의 자아의식이었습니다. 그래서 예술의 발전 논리는 '대상'에서 '대상과 자아의 통일'에 이르고 다시 '자아'에 이르거나, '객체'에서 '주객체의 통일'에 이르고 다시 '주체'에 이릅니다. 이것이 우리가 파악하려는 첫 번째입니다.

우리가 파악하려고 하는 두 번째는 헤겔의 미학 체계이자 그의 철학 체계의 한 부분입니다. 그의 철학 체계 속에서 세계는 하나의 과정이고, 이 과정은 자연계, 인류 사회, 인간의 정신이라는 세 개의 고리로 구성됩니다. 인간의 정신도 예술, 종교, 철학이라는 세 개의 고리로 구성됩니다. 마지막으로 예술 역시 상징형 예술(건축), 고전형 예술(조각), 낭만형 예술이라는 세 개의 고리로 구성되며, 낭만형 예술 역시 회화, 음악, 시라는 세 개의 고리로 구성됩니다. 이것들은 다음의 표로 열거할 수 있습니다.

절대이념	개념, 개념이 대표하는 실체, 양자의 통일
변증 관계	긍정, 부정, 부정의 부정
논리 서열	정명제, 반명제, 종합명제
세계 역사	자연계, 인류 사회, 인간의 정신
인간의 정신	예술, 종교, 철학
예술	상징형 예술, 고전형 예술, 낭만형 예술

| 낭만형 예술 | 회화, 음악, 시 |

헤겔은 이런 식으로 예술의 역사를 말하고 예술을 분류했으며, 더욱이 이런 식으로 예술의 발전과 종류를 논리와 역사가 서로 일치하는 하나의 체계, 혼연일체의 긴 역사의 과정으로 이야기한 최초의 인물이라고 할 수 있습니다. 이는 전무후무한 일입니다.

하지만 어떤 체계가 지나치게 정교하면 사람들이 의혹을 갖기 마련입니다. 세계는 정말 헤겔이 말한 것과 같을까요? 그는 정말 신만이 아는 비밀을 확실히 확인했을까요? 실제로 헤겔의 체계에 허점이 없는 것이 아닙니다. 가령 그의 예술의 '원소주기표'에는 무용의 자리가 없으며 영화와 같은 새로운 예술 장르의 탄생을 예견할 방법이 없습니다. 무용은 상징형 예술로 간주해야 할까요, 아니면 고전형 예술에 포함해야 할까요? 영화는 오늘날 가장 유행하는 방식에 따라 '포스트 낭만형 예술'이라고 불러야 하는 걸까요? 이것들은 모두 중요한 문제입니다.

그리고 연극도 있습니다. 연극은 헤겔의 체계에서 시에 포함되어 있습니다. 이는 물론 헤겔 개인의 견해가 아니지만 헤겔에게는 특별히 문제가 됩니다. 연극에는 두 종류가 있기 때문입니다. 한 종류는 문학으로서의 연극으로, 바로 희곡이고 또 한 종류는 예술로서의 연극, 즉 무대 공연입니다. 희곡을 문학으로 간주하거나 넓은 의미에서 시라고 간주하는 것은 아무런 문제가 되지 않습니다. 그러나 만약 무대에서 공연하는 연극도 낭만형 예술로 간주하고, 시로 간주한다면 문제가 커집니다.

헤겔에게 예술 발전의 추세는 공간에서 시간에 이르고 물질에서 정신에 이르며 객체에서 주체에 이르기 때문입니다. 낭만형으로 발전하고 시로 발전했다면 당연히 공간성과 물질성이 제일 약하고 정신성과 주체성이 제일 강해야 합니다. 건축은 공간성만을 가지고, 조각이 표현한 인체는 공간성과 시간성을 모두 가지며, 음악은 시간성만 가집니다. 그래서 건축은 전형적인 상징형 예술이고 조각은 전형적인 고전형 예술이며 음악은 전형적인 낭만형 예술입니다. 이 논리에 따르면 무대 위에서 공연하는 연극은 당연히 고전형 예술이어야 합니다. 무용 또한 그렇습니다. 연극과 무용은 모두 인체를 매개로 하며 시간과 공간을 종합한 예술이기 때문입니다.

하지만 헤겔은 연극을 시에 포함시켰으며 입을 닫은 채 무용을 이야기하지 않았습니다. 무용은 어쨌든 등한시해서는 안 되는 예술 장르이며, 무대 위에서 공연하는 연극만이 진정으로 엄격한 의미의 연극입니다. 무용을 회피하고 이야기하지 않고 연극을 이야기하면서 문학만을 이야기한 것은 발을 깎아서 신발에 발을 맞췄다는 혐의를 피하기 어렵습니다.

사람들이 불만스럽게 여긴 또 다른 점은 우리의 세계에 대한 헤겔의 서술이었습니다. 헤겔은 이런 식으로 말했습니다. "한편으로 이집트는 그리스를 위해 준비되었고 그리스는 유럽을 위해 준비되었으며, 다른 한편으로 예술은 종교를 위해 준비되었고 종교는 철학을 위해 준비되었다." 좀 더 덧붙이면, '동양은 서양을 위해 준비되었고 서양은 독일을 위해 준비되었으며, 독일은 독일 철학을 위해 준비되었고 독일 철학은 헤겔 철학을 위해 준비되었다. 헤겔 철학은 독일 철학의 최고봉이고 독일 철학은 유럽 철학의 최고봉이다. 유럽 철학은 서양 문화의 최고봉이고 서양 문화는 인류 정신의 최고봉이며, 인류 정신은 절대이념의 최고 단계이기 때문에 헤겔 철학은 절대이념의 최종 목표다. 오직 헤겔 철학에 이르러서만이 절대이념이 비로소 진정으로 자신을 인식하고 실현했기 때문이다.' 이것은 신화가 아니겠습니까?

그래서 헤겔의 체계는 표면적으로는 동적이고 발전적이며 변증적으로 보이지만 실제로는 폐쇄적입니다. 그 폐쇄성으로 말미암아 헤겔은 예술의 미래를 정확하게 예견할 수가 없었던 것입니다. 예술이 결국에는 해체될 것이라는 헤겔의 견해는 일리가 있지만 예술은 종교가 아니라 '탈脫예술'을 향한다는 점을 인정해야 합니다. 내가 보기에 영화가 바로 탈 예술인데, 그것은 '작품'이 아니라 '상품'이기 때문입니다. 그 밖에 설계예술, 인터넷예술, 행위예술 같은 것들도 모두 탈 예술입니다. 그것들은 예술의 어떤 특징들, 심지어는 본질적인 특징을 가지고 있지만 아주 많은 면에서 이미 예술 같지 않으며, 심지어 예술이 아니기 때문에 '탈 예술'이라고 부를 수밖에 없습니다.

그와 상응하여 순수예술이 탄생하기 이전에 '예술 이전' 단계가 있었습니다. 그것은 고대 이집트 시기가 아니라 원시 시대에 발생했습니다. 우리가 통상적으로 말하는 예술은 예술 이전의 예술과 탈 예술 사이에 있는데 이것이 헤겔이 말한 예술입니다. 예술의 특징 중 하나는 창작과 감상의 분리입니다. '예술가'가 '예술품'을 창작하고 나면 '감상자'가 감상을 합니다. 예술가는 예술가이고 예술품은 예술품이며 감상자는 감상자입니다. 이것이 예술과 '예술 이전의 예술'의 차이입니다.

'예술 이전' 단계에는 전문 '예술가'라는 것이 없었으며 순수한 '예술품'도 없었습니다. 예술과 생활은 하나였습니다. 사람들 각자가 모두 예술가이자 감상자였습니다. 이후에 예술이 생활로부터 떨어져 나오자 창작과 감상도 분리되었습니다. 생활은 생활이고 예술은 예술이 되어 생활이 아닌 예술은 '순수예술'이라고 불렸습니다. 이런 예술은 물론 해체되어야 합니다. 영화예술과 설계예술을 포함한 '탈 예술'이 장차 현대 예술의 주류가 되려고 합니다. '탈 예술'의 특징은 예술이 새로이 생활로 돌아가기 시작했고 창작과 감상의 경계 또한 모호해지기 시작했다는 것입니다. 이 점에 대해서는 지금은 자세히 말할 방법이 없고 다음에 기회가 있으면 이야기하겠습니다.

요컨대 내가 보기에 우리가 헤겔의 변증법을 사용하려면 세계관을 바꾸어야 합니다. 세계가 하나의 과정이라는 점에는 결코 틀림이 없습니다. 하지만 세계는 절대이념의 자아실현 과정이 아니라 인류가 자신의 실천을 통해서 자아를 창조하고 실현하는 과정입니다. 실천은 마르크스주의의 과학적 세계관의 핵심입니다. 마르크스는 『포이어바흐에 관한 테제』에서 다음과 같은 말을 한 적이 있습니다. "무릇 이론을 신비주의 방면으로 유도하는 신비로운 것은 모두 인간의 실천과 이 실천에 대한 이해 속에서 합리적으로 해결될 수 있다." 이것이 마르크스와 마르크스 이전의 철학을 구분했습니다.

　마르크스 이전의 서양 철학, 그중에서도 특히 헤겔 철학은 비록 연구에 깊이가 있고 논리에 빈틈이 없고 체계가 완전하며 논술이 정교했지만, 오히려 뿌리가 없이 허공에서 '펄럭였으며' 튼튼한 기초가 부족했습니다. 마르크스만이 그 기초를 찾았는데 그것이 실천입니다. 따라서 마르크스는 새로운 유물론의 발판은 인간 사회 혹은 사회화된 인간이고, 인간의 본질은 결코 개인의 고유한 추상물이 아니며 그 현실성 위에서 모든 사회관계의 총화라고 선포했습니다.

　이는 바로 미학의 수수께끼의 최종해결을 위해 새로운 방향을 개척했습니다. 물론 단지 방향을 개척했을 뿐이었습니다. 마르크스든지, 엥겔스든지 간에 하나의 미학 체계를 구축하기에는 역부족이었습니다. 그들은 하고자 한 일이 너무 많아서 상당히 오랫동안 이 일을 생각할 수가 없었습니다. 하지만 이것은 결코 걱정할 일이 아니며 심지어 아주 잘된 일이기도 한데, 우리에게 약간의 일을 남겨주었기 때문입니다.

　나는 우리가 몇 가지만 기억하면 충분하다고 생각합니다. 첫째, 헤겔의 변증법은 훌륭하지만 그의 세계관은 앞뒤가 뒤바뀌었습니다. 우리가 할 일은 헤겔에 의해 뒤집혀진 세계를 다시 뒤집는 것입니다. 둘째, 새로운 유물론은 실천적 유물론이기 때문에 새로운 미학 역시 실천 미학이어야 합니다. 물론 실천 미학이라는 구호는 이미 존재하고 있습니다. 그러나 과거의 그 실천 미학들, 가령 리쩌허우 같은 사람들의 미학은 마르크스의 실천적 유물론에 대해 이해가 깊지 않기 때문에 많은 지적과 비판을 받았기는 하지만, 그렇다고 실천을 미학의 논리적 출발점과 역사적 출발점으로 삼는 데 문제가 있다는 것은 아닙니다. 다만 '신新실천 미학'으로 그것을 대신해야 할 따름입니다. 셋째, 우리들의 연구는 반드시 발을 땅에 붙여야 하지, 더 이상 뿌리 없이 허공에서 '펄럭이고' 있을 수 없습니다. 사변思辨이 끝나는 곳이 바로 진정으로 실증적인 과학이 시작되는 곳입니다. 우리는 다시 그런 막막한 명제들에 잡혀 있어서는 안 되고 아주 실재적인 작업을 해야 하며, 특히 인간의 심미 경험과 예술 실천에 눈을 돌려야 합니다.

그래서 '신실천 미학'의 관점을 이야기하기에 앞서 먼저 일반예술학을 이야기해야 합니다. 일반적으로 말해서 일반예술학은 예술철학보다 좀 '실재'적이어야 합니다. 예술철학만 이야기하고 일반예술학은 이야기하지 않는다면 '실재'적인 이야기를 계속해나갈 수가 없습니다. 역사상의 미의 연구, 심미의 연구, 예술의 연구에 관한 각종 학설들을 모두 확실하게 점검하고 나면 자신의 미학을 이야기할 수 있게 될 것입니다.

예술과
일반
예술학

예술은 모방이다

예술철학과 마찬가지로 일반예술학도 '예술은 무엇인가'라는 이 문제에 대답해야 합니다. 물론 모든 예술학이 이 문제에 대답하지는 않았습니다. 하지만 이 문제에 대답을 하지 않았다면 그 예술학은 미학이라고 하기가 어렵습니다. 그래서 이번 강의에서는 이 문제에 대답을 한 일반예술학의 관점들에 대해서만 이야기하겠습니다. 혹은 미학 중에서 예술학의 문제만을 다루겠다고 할 수 있겠습니다.

가장 오래된 관점은 '모방설'입니다. '모방설'이란 예술의 본질이 모방이라고 생각하는 것입니다. 그렇다면 이 관점은 얼마나 오래되었을까요? 적어도 소크라테스의 시대에는 대단히 유행했습니다. 그 시대의 예술가들은 모두 예술이 모방이라고 생각했습니다. 모방을 잘하고 가장 비슷하게 모방하는 사람이 가장 뛰어난 예술가였습니다. 이것에 관련된 이야기가 하나 있습니다. 이 이야기는 고대 그리스의 화가인 제욱시스Zeuxis와 팔라시오스Palacios에 관한 이야기입니다. 하루는 이 두 사람이 사람들 앞에서 그림 그리기 시합을 했는데 제욱시스가 먼저 그림을 완성했습니다. 제욱시스가 그림을 가리고 있던 천을 벗겼을 때 관중들은 어쩔 줄을 모르며 좋아했습니다. 제욱시스가 그린 포도는 진짜 포도와 꼭 닮았고 너무나 진짜 같아서 하늘을 나는 새들조차도 속을 정도였습니다. 그래서 새들이 한 마리씩 잇달아 그림에 달려들어 먹이를 쪼아 먹으려고 했습니다. 그러자 제욱시스는 의기양양하게 팔라시오스에게 "선생, 그 천을 걷어서 당신이 무엇을 그렸는지 보여주시오"라고 말했습니다. 하지만 팔라시오스는 그에게 공손히 절을 하더니 "미안하군요. 내가 그린 것은 바로 이 천이오"라고 말했습니다. 이 시합의 결과는 말할 필요도 없이 팔라시오스의 승리였습니다. 제욱시스의 그림은 새를 속인 것에 불과했지만 팔라시오스는 화가를 속였기 때문입니다.

이 이야기는 고대 그리스인의 예술관을 아주 잘 설명해주지만 플라톤은 이런 관점에 반대했습니다. 플라톤이 보기에 이런 '모방 예술'은 진실하지 않았습니다. 그에게는 절대적이고 유일하며 영원한 진실이라는 세 가지 조건이 있었기 때문이었습니다. 이 세 가지 조건에 부합하는 것은 오직 이데아 혹은 개념이라고도 하는 형상뿐이었습니다.

탁자를 예로 들어봅시다. 탁자에는 세 종류가 있습니다. 탁자의 개념, 탁자의 실체, 탁자의 모방이 그것으로, 탁자의 모방은 화가가 그린 탁자 같은 것을 말합니다. 이 세 종류의 탁자 중에서 탁자의 개념만이 진실합니다. 그 이유는 셋입니다. 첫째, 개념은 절대적이어야 하는데 탁자의 개념은 당연히 절대적으로 탁자입니다. 둘째, 개념은 유일해야 하는데 탁자는 당연히 탁자라는 이 한 가지 개념만을 가집니다. 셋째, 개념은 영원해야 하는데 탁자의 개념은 당연히 영원히 탁자입니다. 반면 탁자의 실체, 즉 하나의 구체적인 탁자는 이야기하기가 쉽지 않습니다. 첫째, 그것은 절대적이지 않아서 앉으면 의자가 되고 잠을 자면 침대가 됩니다. 둘째, 그것은 유일하지 않은데 세상에는 탁자가 아주 많습니다. 셋째, 그것은 또한 영원하지 않은데 불이 났다 하면 탈 수도 있습니다.

그러면 왜 실체는 절대적이지 않고 유일하지 않으며 영원하지 않은 걸까요? 플라톤의 관점에서 보면 그것은 개념에 대한 모방이기 때문입니다. 예를 들어보지요. 목수가 톱질을 하고 있는데 여러분이 그에게 "아저씨, 뭘 하세요?"라고 물었습니다. 그가 "탁자를 만들고 있소"라고 했습니다. 다시 "탁자가 어디에 있어요?"라고 물었더니 "아직 다 만들지 않았소"라고 대답했습니다. 이처럼 탁자가 아직 만들어지지 않았지만 목수는 자신이 탁자를 만들고 있다는 것을 알고 있으니, 탁자의 개념은 탁자의 실체적인 존재보다 우선하는 것이 아니겠습니까? 목수는 탁자를 만들고 있을 때 자기 머릿속에 있는 탁자의 개념 혹은 형상을 모방하고 있는 것이 아닐까요?

모방한 것은 결국 모방한 대상보다 진실하지 못합니다. 가령 여러분 자신과 여러분의 초상화 중에서 어느 쪽이 진실할까요? 당연히 여러분 자신입니다. 그래서 개념은 진실하지만 실체는 그다지 진실하지 않습니다. 이번에는 목수가 탁자를 만들고 난 후에 화가가 그것을 그대로 그렸습니다. 이것은 더욱 진실하지 않습니다. 이것은 모방의 모방, 그림자의 그림자이며, 플라톤의 논리에 따르면 진실과 세 겹의 간격을 두었으니, 내 계산으로는 당연히 두 겹이어야 하는데 어째서 세 겹이라고 했는지 모르겠지만, 아무튼 세 겹의 간격을 두었으니 아주 멀어졌습니다.

예술은 진실하지 않을 뿐만 아니라 도덕적이지도 않습니다. 예술은 진선미뿐만 아니라 가악추假惡醜도 모방하기 때문입니다. 그래서 예술을 감상할 때에 가악추를 모방할 수도 있습니다. 내 개인적 경험에 의하면 사람들은 나쁜 것은 비교적 쉽게 배웁니다. 내가 어렸을 적에 영화를 보고 나면 남자아이들은 거의 모두 '국민군'으로 변장을 했습니다. '국민군'은 거드름을 피워서 아이들의 눈에는 멋있어 보였기 때문이었을 겁니다. 그리고 '일본 놈'으로 변장하는 아이들도 있었지만 정작 '공산군'으로 변장하는 아이는 그리 많지 않았습니다. 당시 우리가 가장 즐겨 모방했던 것은 〈상하이전투戰上海〉 속의 한 장면이었습니다. 머리끝에서 발끝까지 미국식 장비를 갖춘 국민군 군단장인 사오촹邵壯이 지시봉으로 자신의 모자를 위로 치켜 올리면서, "내가 이미 공산군의 진지 위에 서 있다고 대장에게 송신해라. 생각만 해도 정말 끝내주는군"이라고 하는 장면이었습니다.

예술은 진실하지도 않고 도덕적이지도 않을 뿐만 아니라 쓸모도 없습니다. 플라톤은 그림 속의 구두는 신을 수 없고 그림 속의 사과는 먹을 수 없으며 시인이 아무리 생동감 넘치게 마술馬術을 묘사해도 정작 자신은 말을 탈 줄도 모른다고 말했습니다. 예술이 무슨 쓸모가 있을까요? 만약에 음유시인이 우리나라에 온다면 우리는 어떻게 해야 할까요? 그에게 근사한 식사를 대접한 다음에 쫓아내야 할 것입니다. 근사한 식사를 대접해야 하는 이유는 그가 아름다운 노랫소리로 우리를 즐겁게 해주기 때문이고, 쫓아내야 하는 이유는 예술은 결국은 진실하지도 도덕적이지도 않으며 쓸모도 없기 때문입니다. 물론 여기에서 말하는 것은 '광기(영감)의 예술'이 아니라 '모방의 예술'인데, 여기에 대해서는 첫 번째 강의에서 말했습니다. 이것이 바로 플라톤의 관점입니다.

하지만 아리스토텔레스는 이런 플라톤의 관점에 동의하지 않았습니다. 아리스토텔레스는 플라톤의 학생이었는데 이 학생은 결국 스승의 의견에 반기를 들었던 것입니다. "나는 내 스승을 사랑하지만 진리를 더욱 사랑한다"라는 말은 바로 아리스토텔레스가 했던 말입니다. 아리스토텔레스는 예술은 진실하다고 생각했으며, 예술뿐만 아니라 그것이 모방하는 대상인 현실 또한 진실하다고 보았습니다. 사물은 모두 이데아와 현실, 개념과 실체의 통일이기 때문입니다.

현실과 실체가 없으면 개념, 이데아, 형상 등등도 의미가 없습니다. 만약에 현실과 실체가 진실하지 않다면 그것들이 대표하는 개념, 이데아,

형상이 어떻게 진실할 수 있겠습니까? 개념, 이데아, 형상이 진실한 이상, 현실과 실체 역시 당연히 진실하며 현실과 실체가 진실하면 예술 또한 당연히 진실합니다. 예술이 거짓되게 모방하는 경우를 제외하면 말입니다. 다시 말해서 진실하게 모방해야만 예술이 진실하다는 말입니다. '진실한 대상을 진실하게 모방한다'는 이것이 아리스토텔레스의 모방설의 핵심입니다.

아리스토텔레스는 예술이 단순히 진실할 뿐만 아니라 현실보다도, 역사보다도 진실하다고 생각했습니다. 예술은 이데아를 직접 모방하기 때문입니다. 아리스토텔레스는 『시학』 25장에서 세 가지 모방 방식을 열거했습니다. 첫째, 사물 본래의 모습에 근거해서 모방한다. 둘째, 사물이 사람들을 위해 말하고 생각하는 모습에 근거해서 모방한다. 셋째, 사물이 당연히 가져야 하는 모습에 근거해서 모방한다. 첫 번째는 단순한 사실이고 두 번째는 신화와 환상이며 세 번째야말로 진정으로 '진실한 모방'입니다.

아리스토텔레스는 "시인의 소임은 이미 발생한 일을 기술하는 데 있는 것이 아니라 발생할 수 있는 일, 즉 개연성이나 필연성에 따랐을 때 가능한 일을 묘사하는 데 있다"라고 말했습니다. 개연이란 가정의 전제와 조건하에서 발생할 수 있는 것을 말하고, 필연이란 이미 정해진 전제와 조건하에서 반드시 발생하게 되어 있는 것을 말합니다. 아리스토텔레스는 이런 일을 기술하는 것이야말로 예술의 임무라고 생각했습니다. 만약 이미 발생한 일만을 기술한다면 역사학으로도 충분합니다. 그러나 발생할 수 있고 필연적으로 발생하는 일을 예술이 기술하기 때문에 예술은 역사보다 더 중요하며 진실한 것입니다.

사물이 당연히 있어야 하는 모양에 따른 모방은 사실 창조입니다. 바로 이런 의미에서 아리스토텔레스는 예술의 본질을 파악했습니다. 아리스토텔레스는 과학에는 세 종류가 있다고 생각했습니다. 첫째는 이론적 과학으로, 자연과학, 수학, 철학이 있습니다. 둘째는 실천적 과학으로, 여기에는 윤리학, 정치학, 경제학, 전략학, 수사학이 있습니다. 그리고 또 하나는 창조적 과학으로, 시학과 예술학입니다.

예술은 창조이기 때문에 피동적인 모방이 아니며 유치한 표절은 더욱 아닙니다. 예술은 사물의 표면적인 현상이 아니라 그 본질적 법칙과 내적 연계를 보여줍니다. 아리스토텔레스의 이런 생각은 현실주의와 '전형론', '본질묘사론' 등을 위한 튼튼한 미학적 기초를 닦았습니다. 그래서 체르니셰프스키Chernyshevsky가 "아리스토텔레스의 개념은 2000여 년 동안 강력하게 군림했다"고 말했던 것입니다.

하지만 아리스토텔레스의 관점에도 문제가 존재합니다. 아리스토텔레스의 모방설의 핵심은 '진실한 대상을 진실하게 모방하는 것'인데 여기에는 두 가지 문제가 존재합니다. 첫째는 '진실한 대상'이 무엇인가 하는 점입니다. 신화 속의 인물도 포함이 될까요? 물론 억지로 포함을 하려고 한다면 가능한데, 그것은 마르크스와 엥겔스가 말한 '어떤 진실한 것을 상상할 필요 없이 진실하게 상상할 수 있는 어떤 것'입니다.

이런 진실은 결국은 '상상된 진실'입니다. 이른바 '진실하게 상상한다'는 것은 거짓을 진짜처럼 생각하는 것에 불과합니다. 하지만 거짓은 결국은 거짓이고 현실의 진실이라고 하기 어려우며 모방의 대상으로 간주하기도 어렵습니다. 그것들은 사실 모방의 대상이 아니라 당연히 창조의 산물이라고 해야 합니다. 물론 아리스토텔레스에게 모방은 곧 창조였지만 창조가 곧 모방인 것은 아니었습니다. 창조적인 모방도 있고 창조적인 상상도 있습니다. 그리고 모방은 창조성을 가져야 하고 상상을 벗어나서는 안 됩니다. 그렇다면 상상이 모방보다 더 중요하지 않을까요?

두 번째 문제는 무엇이 '진실한 모방'인가 하는 것입니다. 호리병박에 근거해서 바가지를 그리는 것은 어떨까요? 아리스토텔레스의 의미로 본다면 포함되지 않으며 적어도 가장 진실하다고는 할 수 없습니다. 가장 진실한 모방은 이데아를 직접 모방한 것이고 사물의 본질을 모방한 것입니다. 그렇다면 무엇이 사물의 이데아 혹은 본질일까요? 이 문제는 분명하게 말할 수 없습니다. 그리고 아리스토텔레스의 관점에 의하면 생활 속의 모든 사물과 현상이 진실한 것은 아닙니다. 개연성이나 필연성을 구현할 수 있는 것들만이 포함됩니다. 그렇다면 어떤 사물과 현상들이 개연성이나 필연성을 구현할 수 있는 '진실한 대상'일까요? 이 문제 역시 말하기 힘듭니다.

1960년대의 중국 문예계에서는 당시와 같은 시대에 비극을 창작할 수 있는가 하는 문제를 토론한 적이 있는데 결론은 할 수 없다고 났습니다. 사회주의 시대에서 인민들의 생활은 아주 행복한데 어디에 비극이 있겠습니까? 비극이 안 된다면 코미디는 어땠을까요? 코미디 역시 문제가 있습니다. 코미디에는 결국 풍자가 없을 수 없습니다. 사회주의 시대에는 모두가 동지이고 모순이 있어도 인민 내부의 모순인데 누구를 풍자할 수 있었겠습니까? 그래서 결국은 우습게도 비극을 창작할 때는 자본주의 국가의 일을 쓸 수밖에 없었고 코미디를 창작할 때는 미국의 제국주의를 풍자할 수밖에 없었습니다.

사실 아리스토텔레스와 중국의 이론가는 모두 실수를 했습니다. 예술의 진실은 '대상의 진실'도, '모방의 진실'도 아닌 '정감의 진실'입니다. 설령 '상상된 진실'이라고 하더라도 '정감의 진실'을 위한 것인데, 그렇지 않다면 사람들은 왜 저마다 자기가 생각하고 싶은 대로 생각하겠습니까?

『삼국지三國志』에서 제갈량이 몰려오는 사마의司馬懿의 대군과 맞설 방법이 없자 오히려 비어 있는 성문을 활짝 열어놓고 성루에서 악기를 연주해 사마의를 물리쳤다고 하는 공성계空城計 이야기는 전혀 논리에 맞지 않습니다. 사마의는 왜 감히 성을 공략하지 못하고 줄행랑을 쳤을까요? 그는 성안에 매복이 있지는 않을까, 아니면 비밀무기를 숨기고 있지는 않을까 어느 것 하나 두렵지 않은 것이 없었습니다. 그러나 그렇게 작은 성에 사람을 숨기면 얼마나 숨길 수 있었겠습니까? 그리고 칼이나 창 같은 무기가 고작이었던 시대에 무슨 비밀무기가 있었겠습니까? 설령 그런 것이 있었다고 하더라도 먼저 정찰병을 보내 조사를 하는 것이 우선이지요. 당연히 성을 포위하고 사흘간 동태를 지켜봤어야 했습니다. 그리고 제갈량이 성루에서 거문고를 타고 있을 때 그의 얼굴빛이 아주 편안하고 여유롭다는 것을 볼 수 있었고, 그의 거문고 소리가 어지럽지 않다는 것을 들을 수 있었다니 그 거리가 멀지 않았음을 알 수 있습니다. 그렇다면 신궁神弓을 찾아 그를 쏘면 되지 않았을까요? 지레 겁을 먹고 군사들이 다투어 도망을 칠 가치가 있었을까요?

여기에는 어떤 본질적인 진실이 있는 걸까요? 있다면 정감의 진실뿐입니다. 즉 모두들 진심으로 제갈량이 상대방의 허를 찌르는 방법으로 승리해서 위험을 물리치고 평안해지기를 희망했다는 것입니다. 설령 공성계라는 이런 유치한 계략을 짜내 엉성하게 대처했음에도 불구하고 말입니다.

실제로 아리스토텔레스 자신도 이 점을 알았다고 할 수 있는데 그가 음악을 가장 전형적인 모방 예술로 간주한 것이 그 증거입니다. 음악이 가장 전형적인 모방 예술인 이유는 음악이 '인간의 정감을 직접 모방'하기 때문입니다. '직접 정감을 모방하는 것'과 '직접 이데아를 모방하는 것'은 정말 서로 다른 개념입니다. 이데아는 객관적이고 정감은 주관적입니다. 마찬가지로 '본질 묘사'라는 이 길은 객관 미학처럼 점점 더 앞으로 나아가기 어려워졌습니다. 그래서 사람들이 서서히 모방을 이야기하지 않게 되었으며 표현이 모방을 대신하게 되었습니다.

예술은 정감의 표현이다

표현설이 '정식'으로 미학이론이 된 것은 서양의 근대 이후입니다. 표현설의 창시자는 일반적으로 이탈리아의 미학가인 크로체라고들 생각합니다. 그는 심지어 '표현주의의 거장'이라고 불립니다. 이후에 또 콜링우드Collingwood와 캐리트Carritt 등이 파란을 일으켰습니다. 그래서 이 일파의 이론을 '크로체-콜링우드 표현설'이라고 하는데, 서양의 근대 시기에 가장 위력을 떨쳤습니다. 반대로 '2000여 년동안 강력하게 군림해왔던' 모방설은 일찌감치 유행이 지난, 상당히 우스운 것으로 간주되었습니다. 이러한 변화는 그야말로 '천지를 뒤엎는 것'이라고 할 수 있었기 때문에 프랑스의 미학가인 뒤프렌느Dufrenne는 이것을 '미학 혁명'이라고 불렀습니다.

서양 미학계의 이런 혁명은 전혀 이상한 일이 아니었습니다. 당시 서양의 예술계 또한 중국의 공산당이 그랬던 것처럼 '지방 호족을 타파하고 논밭을 나누어주고 혁명을 일으켰기' 때문입니다. 전통적인 고전 예술은 지방 호족이고 모방설은 이들 지방호족의 막후 세력가입니다. 그래서 '전통을 반대'하려면 '표현을 중시'해야만 했습니다. 하물며 지방 호족의 타파는 '논밭을 나누기' 위한 것으로, 개성을 펼치려면 개체로서의 예술가의 감성적 존재와 독립적 존재를 강조해야 했습니다. 그래서 표현설은 제기되자마자 현대 예술가들이 열렬히 옹호했으며 깃발처럼 여겨졌습니다.

이 역시 이상하지 않습니다. 예술가는 결국 자아를 표현해야 하니까요. 단지 모방설이 통치적 지위를 점하던 시대에는 표현이 언제나 당당하지 못했고 횡설수설했고 우물쭈물했으며 슬슬 피했을 뿐이었습니다. 하지만 이제 시절이 좋아져서 표현설의 등장으로 기댈 만한 언덕이 생기된 것입니다. 표현설의 진실한 함의가 무엇인지 자세히 연구한 사람은 그다지 많지 않았습니다. 더군다나 예술가도 이론적 인내심이 그다지 많지 않았습니다. 그들은 이론을 원할 뿐이었습니다. 그 주장이 마음에 들기만 하면 가져다가 자신이 이해하는 대로 아무렇게나 말할 뿐 그것이 정확한가 아닌가는 생각할 겨를도 없었습니다.

사실상 표현설의 가장 중요한 의의는 개체의 감성이 갖는 가치를 미증유의 높이로 향상시켰다는 데 있습니다. 개체가 자아를 실현하는 면전에서 무리는 더 이상 신성하고 권위적이며 변화할 수 없고 초월할 수 없는 것이 아니었습니다. 주체가 자유롭게 질주하는 이상 객체는 더 이상 개체의 경험보다 중요시 되어 철저하게 모사하거나 모조해야 하는 것이 아니었습니다. 요컨대 사람들은 더 이상 '모사하는 작업'을 할 필요 없이 '손 가는 대로 먹을 더덕더덕 칠할' 수 있게 된 것입니다. 이것이야말로 사람들이 기뻐서 어쩔 줄을 모르게 할 만한 일이 아니고 무엇이었겠습니까. 그래서 하룻밤 사이에 모두들 모방을 팽개치고 표현을 이야기하게 되면서 모방을 말하는 사람은 촌뜨기가 되어버렸습니다. 사람들은 기쁨에 들떠 저마다 분장을 하고 나타났으며 너도 나도 자아를 표현했습니다.

물론 반대하는 사람도 있었습니다. 가장 열심히 반대한 사람은 미국 브룩클린대학교의 교수인 존 호르스패드John Horspath였습니다. 호르스패드는 『예술 표현의 개념』에서 창작 과정, 분발 작용, 전달 현상, 작품 성질의 네 가지 방면으로부터 표현설이 성립될 수 없는 점을 설명했습니다.

호르스패드는 아주 재미있는 문제들을 여러 가지 제기했습니다. 예를 들어 그는 예술은 일찍부터 있었는데, 예술의 본질이 정감의 표현이라면 왜 표현설이 이제야 사람들에게 인식되고 채택되었느냐고 질문을 던졌습니다. 많은 사람들이 이 문제에 대해 대답하지 못했습니다. 바보가 아닌 이상 2000여 년간이나 엉뚱하게 헤매고 나서 이제 와서야 이런 이치를 알고 싶어졌다니 저능아가 아니면 무엇이겠습니까? 안타깝게도 서양 사람들은 결코 이 점을 시인하고 싶어 하지 않았습니다.

이 문제는 결코 어렵지 않습니다. 우리는 오히려 호르스패드에게 이렇게 반문할 수 있습니다. 즉 "모방설이 출현하기 이전에도 예술은 아주 오랜 세월을 존재했는데 그 세월은 모방설에서 표현설에 이르는 기간보다 훨씬 길었습니다. 만약에 예술의 본질이 모방이라면 모방설은 왜 그렇게 늦게서야 출현했을까요? 그리고 모방설 이전에 예술이론이 없었던 것은 예술에 근본적으로 무슨 본질이라는 게 없다는 의미가 아닐까요?"라고 말입니다. 이런 반문에 대해 호르스패드는 아마 대답하지 못했을 겁니다. 인류의 인식은 결국 하나의 과정입니다. 만약에 뒤늦게 관점을 모두 인정할 수 없다고 한다면 과학과 예술이 발전할 필요가 있을까요?

실제로 모방설과 표현설은 결코 모순되지 않으며 동전의 양면과 같습니다. 이 동전은 예술이고 그것의 양면은 정감과 형상입니다. 모방설이 주목한 것은 형상이고 표현설이 주목한 것은 정감입니다. 고대 그리스에서 가장 번영을 이루었던 예술은 조각, 연극 그리고 문학 중의 서사시처럼 재현성을 띤 분야였기 때문입니다. 이 점은 아리스토텔레스와 그의 추종자들로 하여금 특히 형상의 문제에 관심을 갖지 않을 수 없게 했으며, 예술의 본질을 모방으로 간주하지 않을 수 없게 했습니다.

중국에서였다면 상황은 달랐을 것입니다. 중국의 고대에 가장 번영을 이루었던 예술은 음악, 무용 그리고 문학 중의 서정시 같은 표현성을 띤 분야였습니다. 그래서 중국 미학의 예술관은 대체로 표현론이었습니다. 중국 미학에서는 인간이 예술을 필요로 하는 까닭이 정감을 가지고 있기 때문이라고 했습니다. "정감이 마음속에서 움직이기 때문에 말로 나타나는데, 말하는 것만으로는 부족한 까닭에 탄식하는" 것은 시이며 "탄식하는 것만으로는 부족하기 때문에 길게 노래하는" 것은 노래이며 "길게 노래하는 것만으로는 부족하기 때문에 자신도 모르는 사이에 손과 발을 움직여 춤을 추는" 것은 춤입니다. 시, 노래, 무용의 삼위일체는 모두 정감의 표현입니다.

자, 모방설과 표현설은 동전의 양면이라는 말이 맞지 않습니까? 동전의 양면인 이상 뒤집어질 수 있습니다. 따라서 서양의 근대에 표현설은 모방설을 대체했고 현대 중국에서는 모방설에서 발전한 반영론이 한때를 제패했습니다. 이를 가리켜 '무릇 현실적인 것은 모두 합리적인 것이고 합리적인 것은 모두 현실적인 것이다'라고 합니다. 모방설은 현실적이기 때문에 합리적입니다. 표현설은 합리적이기 때문에 현실적인 것으로 변할 것입니다. 호르스패드의 주장은 이치에 맞지 않습니다.

그 밖의 다른 문제들 또한 대답하기 어렵지 않습니다. 가령 호르스패드는 물론 많은 예술품들이 아주 감동적이며 그것이 표현하고 있는 것을 이해할 수 있지만 그중에는 이해하지 못하는 것도 있는데, 예컨대 모차르트 Mozart의 사중주나 바흐Bach의 푸가를 이해하는 사람은 극소수지만 그것을 이해하지 못하는 대부분의 사람들도 백 번을 들어도 지겨워하지 않으니 이런 현상은 어떻게 해석해야 하느냐고 물었습니다.

이 또한 어려운 문제가 아닙니다. 예술가가 무엇을 표현했는지를 아는가 모르는가 하는 것은 예술가가 표현하고 있는가 아닌가 하는 것과는 별개의 일이고, 예술가가 무엇을 표현했는지를 모르기 때문에 예술이 표현이 아니라고 말할 수는 없기 때문입니다. 표현은 단지 예술가의 사정이고 우리와는 관계가 없으며, 우리는 감동을 받기만 하면 됩니다. 만약에 백 번을 들어도 지겹지 않다면 단순히 감동을 받는 정도가 아니라 대단히 크게 감동을 받은 것입니다. 다만 우리는 왜 감동을 받았는지를 말할 수 없을 따름입니다. 제대로 말하지 못하는 것 역시 없는 것과는 다릅니다.

사실상 감상자의 입장에서는 예술가가 표현한 것이 무엇인지를 분명히 알아야 할 필요가 전혀 없으며 자신의 체험이 예술가의 표현과 일치하는지를 확실하게 알고 확인할 필요가 없습니다. 가령 "몸은 날개 달린 화려한 봉황이 아니지만 마음은 영검을 가진 무소의 뿔 같구나"라는 것이 무슨 뜻이고 누구에게 쓴 글인지 우리는 알지 못합니다. 이런 사실들에 관해서는 아무것도 모르지만 우리가 감상하는 데에는 아무런 상관이 없습니다.

다른 한 편 "군주에게 얼마나 많은 근심이 있는지를 물으니 마치 봄날 불어난 강물이 동쪽으로 흐르는 것과 같다"라는 시는 아주 유명해서 이것이 망국亡國의 군주가 망국의 한을 노래하고 있다는 사실은 누구나 다 압니다. 이 시를 지은 이욱李煜은 남당南唐의 마지막 임금이자 시인이었는데 송나라의 침공으로 나라를 잃은 후 송나라로 끌려가 비참한 생활을 했습니다. 그러나 우리가 이런 사실을 알고 있다고 해서 그것이 우리의 감상에 영향을 미치지는 않습니다. 설령 우리가 망국의 군주가 아니고 망국의 한이 없다고 하더라도 말입니다. 다시 말해서 이욱은 자신의 감정을 표현했고 우리는 감상할 뿐입니다. 우리와 그의 정감이 완전히 일치하는지 여부는 결코 상관이 없습니다.

혹시 여러분 중에는 우리에게 이욱과 같은 망국의 한이 없는데 어떻게 그의 시를 감상할 수 있느냐고 질문을 하는 학생이 있을지도 모르겠습니다. 물론 우리에게는 작가와 같은 망국의 한이 없지만 참담한 이별의 한은 있습니다. 우리의 근심이 '봄날에 불어난 강물이 동쪽으로 흐르는 것' 같기만 하다면 공명을 일으킬 수 있습니다. 그렇다면 아무런 근심이나 한 도 없고 아주 즐겁지만 역시 이욱의 시가 매우 좋다고 느끼고 감상할 수 있다는 사람도 있을 수 있겠지요. 그렇습니다. 이것은 표현설에 확실히 문제가 있으며, 적어도 오직 표현이라는 이 두 글자만으로는 모든 예술 현상을 해석하기에 역부족이라는 것을 말해줍니다. 사실상 나 역시도 결 코 표현설에 찬성하지 않지만, 호르스패드가 제기한 이 문제가 결코 이론 적으로나 논리적으로 표현설을 반박하고 굴복시킬 수 없다고 생각할 따 름입니다. 아무런 근심이나 한도 없고 아주 즐겁지만 이욱의 시가 매우 좋다고 느끼고 감상할 수 있는 사람도 있다고 하는 이 질문은 다음 수업 에서 해결될 것입니다.

앞에서 살펴본 이런 문제들보다는 호르스패드가 제기한 또 다른 문제 가 정곡을 찌르는 것입니다. 그는 만약에 예술이 곧 표현이라면 정감을 표현하기만 하면 곧 예술이고 예술품인가 물었습니다. 자, 우리는 이런 예술품들을 어떻게 평가해야 할까요? 우수한 예술품도 있고 저급한 예술 품도 있으며 천재적인 예술가도 있고 평범한 예술가도 있다는 사실은 누 구나 다 알고 있습니다. 이것들을 어떻게 구별합니까? 설령 저급하고 평 범한 예술품이라고 하더라도 모두 정감을 표현하고 있는데요. 물론 그것 들의 표현을 보아야 한다고 말할 수 있습니다. 제대로 표현하고 있는 것 은 우수하고 그렇지 못한 것은 저급합니다. 하지만 어떤 것이 제대로 된 표현이고 어떤 것이 제대로 되지 않은 표현일까요? 이것은 표현 이외에 또 다른 기준이 있다는 말이 아니겠습니까? 만약 이 기준이 성립한다면, 예술에는 비록 표현이 없을 수 없지만 예술이 예술로 성립하는 것은 표현 자체에 있지 않게 됩니다.

이로써 예술이 정감을 표현하는가 하는 문제와 예술품이 예술적 가치를 가지는가 하는 문제는 별개라는 것을 알 수 있습니다. 그렇다면 표현이란 무엇일까요? 글자 그대로, '표表'란 내적인 것을 외적인 것으로 바꾸는 것이고, '현現'은 볼 수 없는 것을 볼 수 있는 것으로 바꾸는 것을 말합니다. 다시 말해서 정감같이 내적이고 볼 수 없는 것을 외적이고 볼 수 있는 것, 혹은 들을 수 있고 감각을 이용해서 파악할 수 있는 것으로 바꿀 수만 있다면 바로 표현입니다.

예술은 물론 표현입니다. 예술가의 내면 깊은 곳에 자리 잡고 있는 정감을 다른 사람도 느낄 수 있도록 변화시키기 때문입니다. 그러나 예술이 표현이기는 하지만 표현이 반드시 예술인 것은 아닙니다. 표현에는 예술적인 것도 있지만 그렇지 않은 것도 있습니다. 그 차이는 표현의 예술성에 있습니다. 예술성이야말로 예술의 가치가 드러나는 부분입니다. 그래서 적어도 '예술은 곧 표현'이라고 간단하게 말할 수 없습니다.

하지만 표현설이 논란을 일으킬 수 있는 가장 큰 이유는 개념의 모호함과 이론의 혼란에 있습니다. 우선 이른바 '표현설'이 결코 단순하거나 단일한 이론이 아니라 공동의 기치 아래에 있는 혼란스러운 이론군理論群이라는 점을 명확히 해야 합니다. 설령 많은 사람들이 이구동성으로 표현설을 찬성하고 있다고 하더라도 실제로는 '각자가 각자의 나팔을 가지고 각자의 곡조를 불고 있는' 식이어서 표현설에 대한 해석은 다 제각각입니다.

표현이란 무엇인가를 예로 들어봅시다. 표현의 정의는 도대체 무엇인가 하는 문제에 대해 다들 명확하게 말하지 않았습니다. 크로체는 '표현은 직관'이라고 했고 콜링우드는 '표현은 상상'이라고 했으며, 예술가들은 대부분 일종의 정감 혹은 정서의 발산이라고 간주했습니다. 또 예술은 무엇을 표현하는가에 대해서도 저마다 각자의 주장을 가지고 있었습니다. 개성을 표현한다는 사람도 있었고 자아를 표현한다는 사람도 있었으며, 무의식을 표현한다는 사람과 사상관념을 표현한다는 사람도 있어 아주 다양합니다. 젠틸Gentile이라는 미학가는 심지어 예술이 무슨 표현이나 직관이 아니라 '정감 자체'라고 생각했습니다. 그렇다면 또 정감은 무엇일까요? 그는 정감이란 '정확하게 설명할 수 있는 사람이 없는 어떤 것'이라고 정의했습니다.

냉정하게 말하면, 표현설은 모방설에 비해서 비교적 예술 실천, 특히 예술 창작의 경험에 가깝습니다. 표현설은 예술의 정신적 성질을 더욱 중시하고 인간의 심리 활동을 더욱 중시했으며, 인체의 자유로운 정신을 더욱 중시했고 대상의 정감적 특징을 더욱 중시했기 때문에 예술가들로부터 대단히 환영을 받았습니다. 그러나 대다수 예술가의 입맛에 맞기는 했지만, 표현설이 철학가들의 보편적인 동의를 얻었다고 할 수는 없었습니다. 표현설의 개념은 모호하고 명확하지 않았으며, 명제는 텅 비고 두리뭉실했으며, 그것에 대한 이해는 사람들마다 제각각이었고 체계는 사분오열되어 있었기 때문입니다.

표현설은 경험적 형태가 더 많아서 논리가 엄격한 이론적 체계를 가지고 있는 모방설과는 달랐습니다. 표현설은 예술의 본질을 제대로 해석하고 설명할 수 없었으며, 결국 사람들에게 어설픈 이론으로 전체를 개괄한다는 느낌을 주었습니다. 따라서 어떤 사람들은 모방설은 물론이고 표현설에도 찬성하지 않았습니다. 그들은 유희설이나 형식설과 같은 다른 이론들을 주장했습니다.

유희와 예술, 그런 것 같으면서도 아닌

역사적으로 '유희설'에는 두 가지가 있습니다. 하나는 '칸트-실러 유희설'이고 하나는 '스펜서-그로스-룬드그렌 유희설'입니다. 이 두 가지는 서로 다른데 전자는 철학적 관점의 하나입니다. 칸트는 『판단력 비판』에서 "사람들은 예술을 일종의 유희遊戱로 여긴다"라고 한 다음, 시는 "상상력의 자유로운 유희"이고 다른 예술들은 곧 "감각의 유희"라고 말했습니다.

뒤에 실러는 칸트의 이런 관점을 더욱 발전시켰습니다. 실러는 사람에게는 감성 충동, 이성 충동, 유희 충동의 세 가지 충동이 있다고 생각했습니다. 앞의 두 가지 충동은 상호 모순적이며 나머지 하나의 충동이 그것들을 통일할 수 있습니다. 예를 들어 감성 충동은 야수성野獸性에 비유할 수 있고 이성 충동은 신성神性에 비유할 수 있으며 유희 충동은 인성人性에 비유할 수 있습니다. 인간은 절반은 천사고 절반은 악마라고 하는 말이 있지 않습니까? 이성 충동은 천사가 차지하고 있는 절반에 해당하고, 감성 충동은 악마가 차지하고 있는 절반에 해당합니다. 하지만 인간은 천사가 될 수도 없고 악마로 변할 수도 없기 때문에 야수성과 신성을 조화롭게 통일시켜야 하는데 감성 충동과 이성 충동을 조화롭게 통일시킬 수 있는 것이 바로 유희 충동입니다.

왜냐하면 유희는 하고 싶은 대로 하면서도 규칙을 엄수하는 특징을 가지기 때문입니다. 유희에서 규칙은 대단히 중요합니다. 가령 세계무역기구WTO에 가입한 다음에는 세계 무역의 '유희 규칙'을 반드시 준수해야 합니다. 원래 중국어에서 규칙이란 단어는 동그라미나 사각형을 그릴 때 쓰던 도구를 가리킵니다. 그러니 규칙이 없으면 사각형과 원형을 제대로 그리지 못하고 엉망진창이 되지 않겠습니까.

한편 규칙을 지키는 것과 마찬가지로 하고 싶은 대로 하는 것 역시 대단히 중요합니다. 처음부터 끝까지 융통성 없이 조금의 자유도 없다면 그것은 유희가 아니라 노동입니다. 그래서 유희, 혹은 유희 상태는 규칙을 지키면서도 대단히 자유롭습니다. 공자의 말을 빌리자면 "마음 내키는 대로 해도 법도를 거스르지 않는" 것입니다. 이렇게 하기란 물론 아주 어렵습니다. 공자 같은 성인聖人조차도 70세가 되어서야 비로소 이렇게 할 수 있었다고 하니 우리 같은 평범한 사람들은 아마도 평생 가망이 없을 것입니다. 그렇지만 그처럼 어렵기 때문에 이상으로 삼고 계획할 수 있습니다. 어렵지 않다면 이상으로 삼지 않습니다. 요컨대 '마음 내키는 대로 해도 법도를 거스르지 않는' 유희 상태란 대단히 이상적이기 때문에 미적이고 예술적입니다.

이런 상태에 도달하면 인격의 완벽함과 정신의 아름다움에 도달하게 되고 사회와 인간의 최고 경지, 즉 자유의 경지에 도달하게 됩니다. 실제로 칸트와 실러가 말한 유희는 자유입니다. 그래서 실러는 "오직 인간이 충분히 인간일 때에만 유희를 하며 인간이 유희를 할 때에만 비로소 완전한 인간이다"라고 말했습니다.

확실히 칸트와 실러가 말한 유희는 우리가 통상적으로 말하는 유희와 결코 같지 않습니다. 진정으로 엄격한 의미의 유희설은 칸트와 실러의 유희설이 아니라 스펜서-그로스-룬드그렌 유희설입니다. 이것을 이야기하기 이전에 우선 설명이 좀 필요합니다. 미학사에서 룬드그렌이란 이름을 가진 인물은 두 명이 있습니다. 한 명은 수잔 룬드그렌으로 여성이고 미국인이며 기호학의 대표적 인물입니다. 그리고 한 명은 콘라드 룬드그렌으로 남성이며 독일인입니다. 유희설을 주장한 사람은 후자입니다.

스펜서, 그로스, 콘라드 룬드그렌의 관점은 예술이 본질적으로 유희와 아무런 차이가 없다고 생각하기 때문에 유희설이라고 불립니다. 그중에서 스펜서의 관점이 실러와 가장 가까운데 두 사람은 모두 예술이 유희와 마찬가지로 인간의 잉여 정력의 발산이라고 생각했습니다. 만약 예술과 유희 간에 차이가 있다고 한다면 예술은 인류의 고급한 기능을 위해 소일거리를 제공하지만, 유희는 인류의 저급한 기능을 위해 출구를 찾는다는 것입니다. 그래서 사자는 굶주림에 시달리지 않을 때에는 자신의 울음소리를 사막에 가득 울려 퍼지게 하고, 사람은 술과 밥을 배불리 먹고 따분하거나 정력이 남으면 유희를 하거나 예술을 합니다. 요컨대 예술은 유희와 마찬가지로 모두 '배가 불러야 하는 일입니다.'

그로스가 이런 실러와 스펜서의 관점 중에 동의하는 부분은 예술이 유희처럼 사람에게 이해利害가 없는 쾌락을 줄 수 있다는 점입니다. 하지만 그로스는 유희가 '잉여 정력의 발산'이 아니라 필요한 학습이라고 생각했습니다. 고양이가 공을 가지고 노는 것은 쥐를 잡는 훈련이고 여자아이가 인형을 안아주는 것은 엄마 역할의 학습이라는 식으로 말입니다. 예술과 마찬가지로 '즐거움 속에 가르침이 있는' 것입니다.

유희와 예술은 모두 감상적인 태도를 취하면서도 내심으로는 은근히 자신의 대상을 모방합니다. 이처럼 유희와 예술은 우리에게 지극히 좋은 기회를 제공하고 우리가 홀가분하고 유쾌한 가운데에 사회에 적응하는 능력을 강화시킬 수 있게 해줍니다. 그 누군가 쓸모 있는 사람이 되고 싶어서 만날 놀고 만날 영화를 보러 다닌다고 한다면 그 말에도 일리가 있다고 할 수 있지 않을까요?

콘라드 룬드그렌은 예술과 유희의 가장 확실한 공통점이 '가상' 혹은 '허구'의 성분에 있다고 생각했습니다. 여자아이는 엄마 아빠 놀이를 하면서 인형을 안으며, 화가는 사과를 그리고 신발을 그리지만 먹을 수도 없고 신을 수도 없습니다. 그래서 예술과 유희는 모두 사기를 당하고 속임을 당하며 자신도 속고 남도 속이는 것입니다. 하지만 '사기와 속임을 당하는 것'과 '자신도 속고 남도 속이는 것'은 모두 기꺼이 원하는 것들입니다. 분명히 가짜라는 것을 알지만 진짜로 간주하기 때문에 일종의 '의식적인 자기기만'이기도 합니다. 이런 '의식적인 자기기만'이 없다면 유희의 쾌감과 예술의 미감도 없습니다. 이것이 예술과 유희의 가장 본질적인 공통점입니다. 차이가 있다고 한다면 예술에는 유희보다 성숙한 지혜와 복잡한 기교가 필요하다는 것입니다. 따라서 룬드그렌은 "유희는 아동 시기의 예술이고 예술은 형식이 성숙된 유희"라고 주장했습니다.

이런 주장은 대단히 이치에 맞는 것처럼 보입니다. 확실히 예술과 유희는 모두 이해가 없으면서 유쾌함을 만들며, 자신을 목적으로 할 뿐입니다. 전쟁놀이는 놀이를 위한 것이지 전쟁을 위한 것이 아니며 형사 사건을 다루는 연극 또한 단지 연극을 위한 것이지 형사 사건의 해결을 위한 것이 아닙니다. 그렇지 않으면 누가 비극을 보려고 할 것이며 누가 경찰놀이를 하려고 하겠습니까? 만약 경찰놀이가 진짜로 경찰이 강도를 잡기 위한 것이라고 한다면, 매번 경찰 역할을 하는 아이는 좋아하겠지만 매번 강도 역할을 하는 아이는 절대로 하려고 하지 않을 것입니다.

바로 공리를 초월한다는 점 때문에 예술과 유희는 '가짜'를 두려워하지 않으며, 심지어 가짜일수록 좋아합니다. 예술과 유희는 가짜는 하지만 진짜는 하지 않고 먼 것은 하지만 가까운 것은 하지 않으며 비슷한 것은 하지만 원래의 것은 하지 않습니다. 여자아이가 인형을 가지고 엄마놀이를 하는 것은 즐거운 일이지만, 만약 그 아이에게 진짜 아기를 안겨주면 그 아이는 어쩔 줄을 몰라하며 싫어할 것입니다. 예술 작품도 지나치게 진짜 같은 것은 좋지 않으며 거짓인 듯 진짜인 듯하면서 거짓과 진짜 사이에 거리가 있는 것이 가장 좋습니다. 예를 들어 진짜 사람과 흡사하게 만든 조각품을 전시관 입구에 세워둔다면 사람들이 깜짝 놀라지 않을까요? '가짜 놀이'를 '진짜로 할' 수는 없습니다. 예를 들어 전쟁놀이를 하던 아이가 진짜로 상대방을 때려 머리를 깨고 피가 흐르게 하거나 사랑 이야기를 연기하던 연기자가 자신이 연극을 하고 있다는 사실을 잊어버리고 진짜로 행동하는 것처럼 '장난삼아 한 행동이 사실이 되어버리는 것'은 모두 예술과 유희 규칙의 파괴이며 여기에는 미감과 쾌감이라고는 조금도 없습니다.

예술과 유희는 비록 '가짜'지만 또 한편으로 '진짜'를 추구합니다. 그것들은 모두 가짜라는 것을 명확하게 알지만 진짜로 간주하고 하는 일입니다. 이 말이 믿어지지 않는다면 여자아이들의 인형놀이를 한번 자세히 지켜보세요. 그러면 그들이 얼마나 진지한지를 알 수 있을 것입니다. 인형에게 주사를 놓을 때는 반드시 '소독'을 하며 솜이나 솜이 없다면 종이를 솜처럼 동그랗게 말아서 인형의 엉덩이를 문질러주면서 "착하지. 정말 씩씩하네. 울지 마"라고 말합니다. 아이들은 주사를 놓는 단 하나의 순서도 빠뜨리지 않습니다.

진정으로 놀이를 하고 있는 사람이나 진정으로 예술을 하고 있는 사람은 똑같이 모두 혼신의 힘을 다해 자신이 하고 있는 행위가 가짜라는 것을 잊어버린 사람입니다. 이럴 때는 끼어들지 말고 그냥 놔둬야지 그렇지 않으면 그는 화를 낼 것입니다. 어린아이들이 놀이를 할 때 어른이 옆에 있는 것을 가장 싫어하는 이유는 어른들이 자신들의 그 '의식적인 자기기만을 방해하기 때문입니다. 그래서 어린아이와 친구가 되고 싶다면 그들과 마찬가지로 진지한 자세로 놀이에 임해서 고양이가 되라고 하면 고양이가 되고 강아지가 되라고 하면 강아지가 되어야 합니다.

예술도 마찬가지입니다. 가령 중국 고전 연극은 허구성이 대단히 강해서 '술과 잔만 있고 요리와 젓가락은 없으면서도' 마치 모든 것이 다 갖추어진 것처럼 행동합니다. 그래서 연극이 시작되어 동작을 하게 되면 진지하기 그지없습니다. 바늘에 실을 꿰려고 '실' 끝을 말아 올려 매듭을 만드는데 연극하는 사람의 손에는 바늘도 없고 실도 없습니다. '거짓이라는 것을 알지만 진지하게 하는 것입니다. 그 이유는 바로 그렇게 해야만 진정한 정감적 체험을 얻을 수 있으며, 예술과 유희의 성공 여부는 전적으로 이런 체험을 얻을 수 있는가 없는가에 달려 있기 때문입니다.

체험이 있으면 유쾌하고 체험이 없으면 유쾌하지 않습니다. 무엇을 체험하는가는 중요하지 않습니다. 그렇기 때문에 전쟁놀이와 사냥놀이에서 승리하는 쪽은 당연히 즐겁지만 실패하는 쪽도 반드시 실의에 빠지지는 않으며, 사냥꾼은 당연히 의기양양하지만 토끼들도 반드시 기분이 언짢고 우울하지는 않습니다. 그렇지 않다면 아주 어린 아이들은 놀이에 동참할 수 없고 약소한 동물 역할을 하려는 사람도 없을 것입니다.

놀이에의 참가와 예술 감상은 모두 외부인이 내부인의 역할을 맡는 것으로, 가상 속에서 '그런 것 같으면서도 아닌' 즐거움을 깨닫는 일입니다. 닮지 않은 것은 재미가 없고 지나치게 닮은 것도 재미가 없기 때문에 반드시 '그런 것 같으면서도 실제로는 아닌' 것이어야 합니다. 이런 즐거움은 체험과 상상에서 비롯되는 것으로, 일종의 가설적 체험과 진실한 상상이기 때문입니다. 내부인이라는 신분은 체험의 진실을 보장하며 외부인이라는 신분은 상상의 자유를 보장하기 때문에 그 절묘함이란 말로 표현할 수 없을 정도이고 그 즐거움은 끝이 없습니다.

이는 꿈을 꾸는 것과 닮았기 때문에 예술을 백일몽이라고 생각하는 사람도 있지만 사실은 그렇지 않습니다. 꿈은 순수한 환상으로, 물질적 매개나 수단을 필요로 하지 않습니다. 그러나 예술과 놀이는 그렇지 않습니다. 가령 기마놀이를 하려면 적어도 말로 삼을 대막대기가 있어야 합니다. 어렸을 적부터 대말을 타고 놀며 친하게 지내온 벗이라는 뜻으로 죽마고우竹馬故友라고 했는데 대막대기가 없어서야 되겠습니까? 대막대기가 없어도 아쉬운 대로 빗자루로 대체할 수는 있지만, 빗자루는 자칫 마녀 같다는 느낌을 줄 수 있기 때문에 쓰지 않는 것이 가장 좋습니다.

또한 꿈은 순수하게 개인에게 속한 것으로, 타인과 함께 즐길 수 없습니다. 함께 예술을 감상하거나 유희를 하기 위해 다른 사람을 초대할 수는 있지만, 함께 같은 꿈을 꾸자고 초대해서 꿈속으로 들어갈 수는 없습니다. 여러분이 친구들에게 "그대들이여, 내가 오늘밤에 꿈의 세계로 함께 들어가도록 삼가 초대하니 함께 같은 꿈을 꾸시겠는가?"라고 초대장을 보낸다고 합시다. 이것이야말로 정말 '꿈꾸고 있네'입니다. 요컨대 꿈은 순전히 개인에게 속하는 순수한 환상입니다. 꿈에는 사회적 가치가 없고 유희의 규칙과 예술적 기교도 없습니다. 멍청이만이 꿈과 현실을 분간하지 못하고 사람들에게 이야기하기 때문에 그런 것을 황당무계하다고 하는 것입니다. 또한 멍청이만이 '당신은 어째서 이런 꿈을 꾸세요? 수준이 형편없군요'라고 다른 사람을 꾸짖을 수 있습니다.

예술과 유희는 대단히 닮았지만 사실 차이가 더욱 큽니다. 우선 유희는 쾌감에만 관심을 가질 뿐 내용에는 관심이 없습니다. 유희를 하는 사람은 방금 전에 독수리가 새를 잡는 놀이를 하고 곧바로 돌아서서 귀염둥이 새끼양 놀이를 할 수 있습니다. 그는 작은 새나 새끼양의 운명에는 관심이 없습니다. 예술가는 자기 작품 속 인물의 운명에 관심을 갖지만 유희를 하는 사람은 자기 작품의 내용에 관심을 갖습니다. 유희는 결국 순수한 향락일 뿐입니다. 어떤 내용을 가지고 있든 별로 의미가 없습니다. 하지만 한 민족의 예술은 설령 미성숙한 초기 단계라고 하더라도 진실한 내용과 의의를 요구합니다. 그래서 훌륭한 예술품은 종종 인생의 철리로 가득하고 진리의 빛으로 반짝입니다. 하지만 이런 유희가 있습니까?

다음으로 유희는 형식에도 관심이 없습니다. 인형놀이를 할 때 일반 인형 대신 헝겊인형을 사용할 수 있으며 헝겊인형도 없다면 아쉬운 대로 베개를 사용할 수도 있습니다. 나는 어떤 여자아이가 베개를 안고 왔다 갔다 하는 것을 본 적이 있습니다. 그래서 그 아이에게 안고 있는 것이 무엇이냐고 물었더니 "아기예요"라고 대답했습니다. 예술이 이런 식으로 대체를 할 수 있을까요? 진지한 화가는 심지어 선 하나를 잘못 그리는 것조차도 인정하지 못합니다. 예술품의 가치는 종종 독특하고 신선하며 중복될 수 없고 대체될 수 없는 형식에 있기 때문입니다. 예술가에게 형식의 문제는 조금도 양보할 수 없는 부분입니다. 이 점에 대해서는 잠시 후에 다시 이야기하겠습니다.

그다음으로 예술과 유희가 주는 느낌 또한 다릅니다. 놀이가 주는 것은 쾌감이고 예술이 주는 것은 미감입니다. 미감은 전달될 수 있지만 쾌감은 오직 개인에게 속합니다. 물론 놀이도 옆에서 구경할 수 있지만 '구경을 하는 것'과 '놀이를 하는 것'은 어쨌든 별개의 일입니다. 그래서 놀이를 아주 좋아하는 아이들은 구경꾼이 되면 절대 참지 못합니다. '장기를 그따위로 두다니'라며 옆에서 말참견을 하다가 하다가 결국은 자기가 나서고 맙니다. 하지만 예술 활동에서는 창작자와 감상자가 엄연히 분리되어 있고 이것은 대단히 정상적인 일입니다. 미감은 전달될 수 있기 때문입니다. 전달할 수 있는 이상 모든 사람이 예술가가 될 필요는 없습니다. 그래서 놀이는 놀이를 하는 사람한테만 유쾌함을 줄 수 있지만 예술은 전 인류에게 즐거움을 선사할 수 있습니다.

마지막으로 가장 중요한 점이기도 한데, 예술은 인류 문화의 정화로, 한 민족의 문명 정도를 나타내지만 유희는 기껏해야 부유한 정도나 한가한 정도를 나타낼 수 있을 뿐입니다. 유희를 하는 조건은 결코 까다롭지 않아서 돈이 있거나 여가가 있으면 되지만 예술을 하려면 문화가 있어야 합니다. 예술은 결코 사람들이 심심하고 할 일이 없어서 그저 마음 내키는 대로 노는 것이 아닙니다. 불후의 예술 작품들의 아래에는 종종 인류의 오랜 고난이 가로누워 있고 감동적인 예술 걸작들 속에는 종종 인류가 전진하는 동력이 내포되어 있곤 합니다. 이것은 유희가 절대로 따라할 수 없는 점입니다. 그래서 예술은 최종적으로 사회 역사의 진보를 추동하고 인간의 전면적이고 자유로운 발전을 촉진하지만 유희는 그럴 수 없습니다.

보편적 의의와 심미형식의 결합

앞에서 모방설, 표현설, 유희설에 관해 이야기했는데 모두들 듣고 난 후의 느낌이 어떤지 모르겠습니다. 어쨌든 나 자신이나 예술을 하는 일부 사람들은 이것들에 대해 어느 정도 회의를 가지고 있습니다. 예술이 모방이고 표현이고 유희라고 한다면, 어떤 물건이 현실을 반영하거나 정감을 표현하거나 아니면 유희처럼 '의식적인 자기기만'을 하기만 하면 바로 예술일까요? 그렇지는 않을 것입니다.

어떤 사람이 나에게, "당신네 이론가들은 언제나 '분노가 시인을 만든다'고 말합니다. 하지만 나는 자주 분노하는데도 어째서 시인이 아닌 걸까요?" 하고 물었습니다. 나는 원래 대답하고 싶지 않았지만 그 사람이 너무 진지해 보였기 때문에 여기에는 두 가지 문제가 있다고 대답해주었습니다. 하나는 '그의 분노가 사회적 의의를 가지는가?' 하는 것입니다. 그가 단순히 시장에 가서 장을 보다가 돈을 내는 것을 잊어버리고 집에 돌아와서 스스로에게 화를 낸다면, 아마도 시를 쓸 수 없을 것이며 설령 쓴다고 하더라도 보는 사람이 없을 것입니다. 둘째, 그의 분노가 사회적 의의가 있다고 하더라도 그가 적절한 형식을 찾았는지를 따져봐야 합니다. 적절한 형식을 찾지 못했다면 시인이 될 수 없습니다.

여기에 대해서는 크로체가 아주 적절하게 말했는데, 그는 모든 사람들의 마음속에 동일한 시의 제재가 존재할 수 있지만 바로 독특한 형식이 시인을 시인으로 만든다고 말했습니다. 예를 들어 많은 사람들이 마음속에 사랑을 간직하고 있습니다. 그래서 가능성이라는 의미에서 우리들 각자는 모두 시인입니다. 그리고 내가 아는 바에 의하면 많은 사람들이 사랑을 하고 있을 때에는 모두 시를 쓰려고 합니다. 물론 요즘 젊은이들은 어떤지 잘 모르겠습니다. 아마도 휴대전화를 이용해서 메시지를 보내는 것으로 바뀌었겠지요. 그런데 사랑의 시를 쓰는 사람이 한둘이 아닐텐데 왜 하이네Heine, 푸시킨Pushkin, 이상은李商隱 같은 소수의 사람들만이 시인이 될까요? 그리고 이 세상에 사랑의 시가 한두 편이 아닐 텐데 어째서 소수의 몇 편만이 훌륭할까요? 그들은 독특한 표현 방식을 가지고 있기 때문입니다.

하이네의 말년의 대작시집 『로만체로Romanzero』에 수록되어 있는 「가련한 피터」라는 시는 일찍이 슈만Schumann이 곡을 붙여 널리 불렸습니다. 하지만 이 시는 연애가 아닌 실연을 노래한 것입니다. 이 시는 "가련한 피터가 흙빛 얼굴로 흐느적거리듯 걷고 있다. 길을 오가는 행인들이 그를 보고 발걸음을 멈춘다. 아가씨들은 저 사람은 막 무덤에서 걸어 나온 것이 아닐까 속닥인다. 아, 아니요. 그대 아름다운 소녀들이여, 이 사람은 바로 무덤으로 걸어 들어가고 있소"라고 노래하고 있습니다. 그렇습니다. 실연을 하면 살아 움직이는 시체나 영혼이 없는 고깃덩어리나 마찬가지지요.

「가련한 피터」가 고통을 묘사했다면 이번에는 분노를 묘사한 것을 말해봅시다. 베이다오北島는 「대답回答」이라는 시에서 "비겁함은 비겁한 자들의 통행증이고 고상함은 고상한 자들의 묘지명이다. 보라, 저 도금된 하늘에 죽은 자의 일그러진 그림자들이 가득 떠다니는 것을"이라고 노래했습니다. 이 시는 대단히 훌륭합니다. 아주 훌륭한 시의 형식을 가지고 있을 뿐만 아니라 전달하는 정감이 사회적 의의를 가지고 있으며 보편성을 가지고 있습니다.

정감의 보편성은 대단히 중요합니다. 사랑, 죽음, 생명의 가치 등과 같은 사회의 보편적 의의를 가진 정감과 제재들을 가져야만 비로소 예술이 표현하는 대상이 될 수 있습니다. 그래서 잃어버린 사랑을 노래할 수는 있지만 잃어버린 돈을 노래할 수는 없습니다. 마찬가지로 작은 강에서 죽은 물고기를 노래하는 사람은 있을 수 있지만 시장에 잊어버리고 두고 온 물고기를 노래하는 사람은 없을 것입니다.

내용의 의의는 예술을 필요로 만들고 형식의 창조는 예술을 가능으로 만듭니다. 다시 말해서 많은 느낌과 체험들이 사회적 의의를 가지고 있고 보편적으로 전달되어야 하기 때문에 우리에게는 예술이 필요합니다. 하지만 이런 전달이 예술이 될 수 있는가 하는 것은 형식을 봐야 합니다. 예를 들어 "자나 깨나 요조숙녀를 찾을 길이 없을까 하는 생각으로 찾고 있다. 그런 아가씨를 구하려고 해도 구할 길이 없어 잠자리에서도 잠을 이루지 못한 채 이리저리 뒤척이기만 한다"라는 시입니다. 그러나 "예쁜 계집애, 네가 그리워 죽겠다"라고만 한다면 중얼거림입니다.

사실 중얼거리는 것도 제대로 잘하기만 하면 예술이 될 수 있습니다. 가령 〈'오빠, 나를 데려가 주세요'라고 말하네〉라는 서북西北민요는 이렇게 노래하고 있습니다. "나는 그대를 위해 돈과 식량 자루를 준비해두었고, 나는 그대를 위해 마을 어귀의 누렁이를 따돌렸고, 나는 그대를 위해 삐걱거리는 뒷문을 열어두었으며, 나는 그대를 위해 하늘 가득한 별들, 하늘 가득한 별들을 밝혔네. 나는 그대에게 입술을 내밀어 입 맞추고 싶고, 나는 그대가 눈물이 날 정도로 웃었으면 좋겠고, 체면을 구기는 것도, 부끄러운 것도 상관하지 않고 '오빠, 나를 데려가 주세요'라고 말하네.

'오빠, 나를 데려가 주세요'라고 말하네." 이 노래는 중얼거림입니다. 하지만 심미형식으로 받아들여졌기 때문에 이 '중얼거림'은 예술입니다.

심지어 어떤 예술 작품은 근본적으로 그것이 어떤 정감을 표현했는지, 어떤 내용을 가지고 있는지 알 수 없지만 아주 훌륭한 심미 형식을 가지고 있기 때문에 예술이 됩니다. 가령 〈소나티나 G장조〉 같은 것이 그렇습니다. 반대로 과학 논문같이 내용이 아무리 좋아도 이런 형식이 없으면 예술이라고 할 수 없습니다. 사실 우리가 예술은 모방이고 표현이며 유희라는 주장에 동의하더라도 일정한 예술 형식을 통해서 모방하고 표현하며 유희를 해야 하는 것 아닐까요? 그래서 어떤 이론가들은 예술의 본질이 예술의 형식에 있으며, 예술은 '형식의 창조'이고 예술학은 바로 '형식의 과학'이라고 생각합니다.

프랑스의 미학가인 수리오Souriau가 그렇게 생각했습니다. 그는 사회과학과 인문과학을 포함해서 자연과학은 '내용의 과학'이라고 생각했습니다. 자연과학은 사물의 내적 연계와 내적 규칙에 관심을 가지는 반면, 예술학은 평면 혹은 입체 구성 형식, 음악의 운동 형식 등과 같은 형식에 더욱 많이 관심을 갖기 때문입니다. 그리고 영국의 미학가인 허버트 리드Herbert Read는 여기에 대해 더욱 명확하게 이야기했습니다. 그는 미는 '형식상의 각종 관계가 우리의 감관과 지각 사이에서 이루는 일종의 통일성'이고, 예술은 '사람들이 좋아하는 형식을 창조하는 일종의 기도企圖'라고 생각했습니다. 이런 관점을 '예술의 형식설'이라고 부릅니다.

예술의 형식설 역시 예전부터 있던 이론으로, 어떤 사람은 그 근원을 피타고라스학파까지 거슬러 올라갈 수 있다고 말합니다. 그러나 이것은 좀 지나치게 멀리까지 올라간 것이고 비교적 신뢰할 만한 것은 중국의 혜강과 오스트리아의 한슬릭Hanslick입니다. 이 두 사람은 비록 거리상으로는 천 리나 멀리 떨어져 있고 살았던 시대도 다르지만 생각은 상당히 일치합니다. 첫째, 그들은 모두 음악은 일종의 형식이라고 주장했습니다. 둘째, 그들은 정감적 미학에 반대했으며 예술은 정감의 표현이라는 주장에 찬성하지 않았습니다. 혜강은 사람들이 음악을 들으면서 즐거울 때도 있고 비애를 느낄 때도 있기는 하지만, 이런 이유로 음악 속에 정감이 있다고 한다면 그것은 사실이 아니라고 했습니다. 마찬가지로 우리가 술을 마시면 때로는 즐겁기도 하고 때로는 슬프기도 한데 그렇다면 술 속에도 정감이 있는 걸까요? 술 속에 정감이 없는데 음악 속에는 어떻게 정감이 있을 수 있을까요?

한슬릭은 동일한 악곡도 의미가 상반되는 가사와 충분히 어우러질 수 있다고 말했는데, 가령 〈오르페오L'Orfeo〉라는 오페라에서 "나는 에우리디체를 잃어버렸네. 내 불행에 견줄 만한 것은 없네"라는 구절은 "나는 에우리디체를 찾았네. 내 행복에 견줄 만한 것은 없네"라고 바꿀 수 있습니다. 만약 음악이 정감을 표현한다면 어떻게 바꿀 수 있겠습니까? 그래서 한슬릭은 음악은 형식이며 악음樂音의 운동 형식이라고 말했습니다. 혜강은 음악의 미는 오직 악음의 조화에 있으며 정감과는 무관하다고 생각해서, "악곡에 맞춘 정감은 화음의 조화로움에서 다하고 맛에 응한 입은 달콤한 경지에서 끊어지는데 어찌 그 사이에서 애통함과 즐거움을 얻을 수 있으리오"라고 했습니다. 이것이야말로 '비범한 사람들의 생각은 통하는 바가 있다'는 것을 증명해주는 것입니다.

하지만 진정으로 형식설에 힘을 실어준 이들은 음악미학가가 아니라 조형예술을 연구하는 사람들로, 그들은 바로 클라이브 벨Clive Bell, 로저 프라이Roger Fry, 허버트 리드였습니다. 이 세 영국인의 관점은 현대 형식주의 미학의 주장을 아주 잘 대변하고 있습니다.

클라이브 벨은 예술의 가치가 정감적이거나 이지적인 내용이 아니라 선이나 색채, 혹은 부피의 관계에 있다고 생각했습니다. 로저 프라이도 회화가 본래 오직 조형과 순수한 설계 구도에 관한 예술이기 때문에 형식이 평면 예술의 가장 중요한 특징이라고 생각했습니다. 허버트 리드의 관점에 대해서는 앞에서 이미 말했는데, 그는 예술이 '사람들이 좋아하는 형식을 창조하는 일종의 기도'라고 생각했습니다.

이들 이전에는 음악 미학이든지, 회화 미학이든지 모두 내용에 관심을 두었습니다. 음악은 정감을 이야기하고(사실은 표현설입니다) 회화는 형상을 이야기했을 뿐(사실은 모방설입니다) 형식에 관해서는 그다지 이야기하지 않았으며 형식을 예술의 본질로 삼은 경우는 더욱 드물었습니다. 비록 혜강과 한슬릭이 있기는 하지만 어쨌든 그들은 세력이 약했고 목소리도 미미했습니다. 지금은 미술 쪽에서도 형식주의를 주창하여 자연히 옛날과는 형세가 많이 달라졌습니다.

앞에서 언급한 이 세 사람 중에서 영향력이 가장 컸던 사람은 클라이브 벨입니다. 그는 형식설을 현대 미학의 주류로 승격시켰습니다. 벨이 한때 명성이 자자했던 이유는 그가 '의미 있는 형식'이라는 구호를 제기했기 때문이었습니다. 그의 구호는 과거의 형식 미학과는 아주 다릅니다. 적어도 그가 제기한 형식은 공허하고 내용이 없는 것이 아니라 '의미 있는 것'입니다. 대충 보더라도 '내용이 있는 형식'으로 이해할 수 있습니다.

이것은 단순히 형식만을 이야기하는 것보다 훨씬 훌륭합니다. 하지만 만약 그의 주장을 '내용과 형식의 통일'로 이해한다면 아주 큰 오해입니다. 실제로 벨이 말한 '의미'는 우리가 통상적으로 말하는 주제, 사상, 정감 등이 아니라 '일반적 의미가 아닌' 의미, '일상적 정감이 아닌' 정감입니다. 쉽게 말해서 '사물 속의 정신, 특수 속의 보편, 어디에나 존재하는 운율'이며 일종의 '최후의 존재'로, 중국 미학의 도道, 기氣, 기운氣韻, 운미韻味, 신운神韻 등과 약간 유사한데 뭐라고 꼬집어 말하기는 좀 어렵습니다.

그렇지만 이 '일반적 의미가 아닌 의미'는 신비한 것처럼 들리기는 해도 예술가, 특히 형식주의와 표현주의 예술가의 입맛에 딱 맞습니다. 이 사람들은 확실하게 말할 수 없는 것을 가장 좋아하기 때문입니다. 확실하게 말할 수 없는 것일수록 그들은 기운이 솟습니다. 확실하게 말할수록 그들은 그것이 별것 아니라고 느낍니다. 그래서 벨의 학설은 순식간에 일시를 풍미했고, 사람들이 입버릇처럼 하는 말이 되어 모두들 자신의 작품이 '의미 있는 형식'이라고 말했습니다.

신비한 이 '의미'란 도대체 무엇인지, 어디에 존재하고 어떻게 예술가에게 감지되며 자신의 예술 작품 속에서 표현되는지는 아마 신만이 알 것입니다. 예술가 자신조차도 명확하게 알지 못할 것이며, 설령 명확하다고 하더라도 여러분에게 알려주지 않을 테니 여러분 스스로 깨달아야 합니다. 깨닫지 못하겠다면 불행한 일이기는 하지만 어쩔 수 없습니다.

예술가뿐만 아니라 이론가들도 '의미 있는 형식'을 좋아합니다. 형식미학과 그 밖의 미학을 포함한 과거의 미학은 언제나 내용과 형식을 대립시켰습니다. 예술의 본질은 내용에 있거나 형식에 있었습니다. 이것은 편파적이지 않을 수 없습니다. 실제로 헤겔은 "내용은 곧 형식의 전화轉化이고 형식은 바로 내용의 전화다"라고 말한 적이 있습니다. 내용과 형식은 결코 양립하는 것이 아닙니다. 하지만 여러분은 어쨌든 예술이 곧 내용과 형식의 통일이라거나 내용과 형식의 전화라고 말할 수 없을 것입니다. 이는 어떤 것도 말하지 않는 것과 마찬가지입니다.

다시 말해서 예술이 내용과 형식의 통일이라면 설마 과학과 종교는 안 그럴까요? 오직 내용과 형식의 통일만을 말하자면 예술과 과학, 종교는 어떻게 구별해야 할까요? 예술의 특징을 부각시킬 수 있으면서도 내용과 형식을 대립시키지 않는 그런 논리가 필요한데, '의미 있는 형식'이 그런 논리입니다. 과학과 종교는 '형식이 있는 의미'로 이해될 수 있기 때문에 예술은 '의미 있는 형식'이라는 정의가 이들을 구별시켜줍니다. 예술의 형식은 '의미를 가진 것'이고, 그것이 형식과 내용을 통일했습니다. 예술의 형식에서 의미는 무엇인가, 그것이 어떻게 가능한가에 대해서는 다음에 다시 말할 것입니다. 가령 리쩌허우가 말한 '의미 있는 형식'은 벨의 의미와는 다릅니다. 우리가 말하는 '정감이 대상화된 형식'도 벨의 생각과 다릅니다. 하지만 어떻게 말하든지 간에 벨이 제공한 깨우침은 의미가 아주 큽니다.

미학, 미·심미·예술을 묻다

이로써 미학의 역사에 대해서는 대체로 이야기를 다 한 셈입니다. 물론 하나도 남김없이 다 이야기한 것은 아니지만 그럴 수도 없을뿐더러 그럴 필요도 없습니다. 여러분은 미학을 전공하는 학생이 아니기 때문에 여태까지 이야기한 것만으로도 기본적으로 미학의 문제와 역사는 파악한 셈이니 이 정도면 충분합니다. 물론 그러기 전에 약간의 결론을 끌어내야 합니다. 내가 아무리 결론은 결코 중요하지 않으며 중요한 것은 과정이라고 강조했더라도, 결론이 없으면 모두들 마음속으로 뭔가 덜 끝난 듯한 느낌을 받을 지도 모르니까요.

그렇다면 어떤 결론들을 정리해야 할까요?

내 생각으로 첫째는 우리가 마침내 미학이 무엇인가를 알 수 있었다는 것입니다. 미학이란 바로 미의 연구, 심미의 연구, 예술의 연구라는 이 세 부분과 이 세 방면의 총화입니다. 리쩌허우는 이 세 부분을 각각 미의 철학, 심미심리학, 예술사회학이라고 칭했습니다. 다시 말해서 미학은 곧 미의 철학＋심미심리학＋예술사회학이라는 것입니다. 이 말은 매우 설득력이 있고 말도 아주 그럴싸합니다. 하지만 '예술사회학'이라는 이 표현이 그다지 정확하지 않다는 것이 문제입니다. 미학에서 예술의 연구라는 이 부분은 사회학적이라고 말하기가 힘들기 때문입니다. 나는 일찍이 그것을 '예술인류학'이나 다른 무언가로 바꿔야 하지 않을까 하고 고려했지만 모두 정확하지가 않아서, 하는 수 없이 리쩌허우의 이 그럴싸한 표현을 포기하고 연구 대상 뒤에 붙이는 '~학學'이라는 말도 빼고 아주 정직하게 미의 연구, 심미의 연구, 예술의 연구라고 칭했습니다.

이 결론이 말하는 것은 무엇일까요? 첫째, 미학의 대상은 미, 심미, 예술이라는 것입니다. 주요하게는 이 세 덩어리입니다. 물론 어떤 사람은 예술의 연구는 미학이 아니라 예술학이라며 여기에 반대하고, 미학의 대상은 당연히 미, 미감, 심미가 되어야지 예술이 들어가서는 안 된다고 생각할 것입니다. 그렇지만 이런 식으로 말하면 헤겔의 미학은 미학이 아닌 것이 됩니다. 그리고 심미와 미감은 사실 같은 문제로, 단지 심미는 과정이고 미감은 결과일 뿐이기 때문에 나누어서는 안 됩니다. 그래서 나는 미학의 대상이 미, 심미, 예술이라는 데 동의합니다.

둘째, 미학의 방법은 다학문적입니다. 가령 미의 연구는 주요하게는 철학적이고 심미의 연구는 심리학적입니다. 예술의 연구는 헤겔처럼 철학적일 수도 있고 그로세처럼 사회학적일 수도 있으며, 텐느Taine처럼 인류학적일 수도 있고 또 그 밖의 무슨 학일 수도 있습니다. 사실 텐느의 『예술철학』은 예술사회학이고 그로세의 『예술의 기원』은 예술인류학이며 플레하노프의 『예술을 논함』은 철학적일 뿐만 아니라 인류학적이고 사회학적입니다. 심미 연구도 마찬가지입니다. 감정이입파 등의 방법은 심리학적이고 칸트와 크로체의 연구는 철학적입니다. 미의 연구만이 기본적으로 철학적이며 심미와 예술의 연구는 동시에 양면성을 가집니다. 그래서 철학은 여전히 미학의 가장 주요하고 기본적인 연구 방법입니다.

이것이 미학의 대상이자 방법입니다. 이 점을 확실히 알게 되었다면 수확이 없었다고 할 수 없습니다.

하지만 내가 좀 더 많은 수확이 있었으면 바라는 것은 헤겔의 변증법을 운용해서 그로부터 약간의 성과를 얻어내는 것입니다. 그 성과란 미학의 이 세 부분이 미학의 세 역사 단계라는 것입니다. 첫 번째 역사 단계는 고대 그리스·로마 미학으로 대표되며 미의 연구입니다. 두 번째 단계는 칸트를 대표로 하며 심미의 연구입니다. 세 번째 단계는 헤겔을 대표로 하며 예술의 연구입니다. 고대 그리스·로마 미학도 이런 세 개의 단계로 간주되는데, 피타고라스는 미의 연구이고 소크라테스와 플라톤은 심미의 연구이며 아리스토텔레스는 예술의 연구입니다. 소크라테스는 관계를 이야기했고(적합) 플라톤은 경로를 이야기했지만(광기) 실제로는 심미를 이야기했습니다.

이것은 미와 심미와 예술 간에 일종의 논리 관계가 있다는 점을 말해줍니다. 이런 논리 관계의 전개는 미학의 역사로 표현됩니다. 미의 연구는 미학의 첫 번째 역사 단계이며 헤겔의 말을 빌리면 정명제입니다. 여기서 미학은 미의 객관성 문제를 연구합니다. 심미 연구는 미학의 두 번째 역사 단계로, 반명제이며 미의 주관성 문제를 연구합니다. 예술의 연구는 미학의 세 번째 역사 단계이며, 종합 명제이고 미의 객관성과 주관성의 통일 문제를 연구합니다. 그래서 이 세 부분은 하나라도 없어서는 안 되며 세 단계 또한 필연적으로 출현할 수밖에 없습니다.

이 점을 분명히 하는 것에 무슨 의미가 있을까요? 우리는 이전 사람들의 연구 성과를 바탕으로 함으로써 이 과정을 다시 반복할 필요가 없어졌습니다. 또한 이 순서를 뒤집어서 가장 마지막 단계로부터 시작해서 역으로 사물의 근본을 탐구하고, 예술의 연구로부터 미의 비밀을 밝힐 수도 있습니다.

이렇게 하면 일이 비교적 쉽다는 장점이 있습니다. 비록 분명하게 말하기는 어렵지만 미에 비하면 예술이 훨씬 이야기하기 쉽습니다. 미는 '성질'이지만 예술은 '물건'이기 때문입니다. 이 세상에 '미'라는 물건은 없습니다. 미는 아름다운 아가씨, 아름다운 항아리, 아름다운 암말처럼 어떤 '물건'에 붙어 있습니다. 여기에서 아가씨, 항아리, 암말은 아주 실재적인 것이며 분명히 할 수 있고 분명하게 말할 수 있는 것들입니다. 하지만 아가씨와 항아리와 암말에 붙어 있는 미는 막연해서 분명하게 말할 수 없습니다. 그것은 공기와 마찬가지로 없는 곳이 없고 없을 때가 없어서 어디에 있는지 분명하게 알고 있지만 손을 내밀어 잡으려고 하면 잡을 수가 없습니다.

예술은 상대적으로 쉬운 편입니다. 예술은 성질(예술성)일 수도 있고 물건(예술품)일 수도 있습니다. 성질은 파악하기 힘들지만 물건은 파악할 수 있습니다. 물론 미의 연구도 어떤 '물건'으로부터 시작할 수 있는데 그것이 심미 대상입니다. 하지만 무엇이 심미 대상인지 아닌지를 명확하게 말할 수 없기 때문에 심미 대상의 연구는 예술품 연구보다 번거롭습니다. 소석담은 유종원의 눈에는 심미 대상이지만 관광객의 눈에는 그렇지 않으며, 『홍루몽』에서 임대옥林黛玉은 가보옥賈寶玉의 눈에는 심미 대상이지만 초대焦大의 눈에는 심미대상이 아닙니다. 여러분의 눈에는 또 어떻게 보일까요? 그래서 칸트 이후로 모두들 미가 무엇인지를 연구하지 않게 되었으며, 심미가 무엇인지에 대한 연구도 왜 소석담이 유종원의 눈에는 심미 대상이고 우리의 눈에는 아닌가, 임대옥은 가보옥의 눈에는 심미 대상이지만 초대의 눈에는 아닌가를 연구하는 것으로 바뀌었습니다.

하지만 이것은 기껏해야 우리가 왜 어떤 대상이 아름답다고 생각할 수 있는지에 대해서만 대답할 수 있을 뿐이고, 여전히 미의 본질에 대해서는 대답할 수 없습니다. 따라서 미학은 심미 과정만이 아니라 심미 대상을 연구해야 하는데, 가장 연구하기 편한 심미 대상이 예술품입니다. 예술품에도 논쟁의 여지가 있기는 하지만 그 여지가 다소 적습니다. 어쨌든 미켈란젤로Michelangelo의 조각, 제백석齊白石의 그림, 베토벤Beethoven의 음악, 셰익스피어Shakespeare의 연극 같은 것은 예술품이라고 공인되고 있으니까요. 설령 어떤 사람이 그렇지 않다고 아무리 억지를 부린다 해도 우리는 거들떠보지도 않을 것입니다. 그래서 심미 대상은 훨씬 다루기가 좋습니다.

남은 문제는 역시 어떻게 파악하는가입니다.

예술의 연구에도 본질, 기능, 특징이라는 세 개의 고리가 있습니다. 과거의 미학의 방법은 대부분 본질로부터 시작되었습니다. 여기에는 문제가 없을 수 없는데, 미학가들이 말한 이 '본질'이 자칫하면 그들이 당연하다고 생각하는 어떤 것이 될 수 있다는 점입니다. 플라톤의 이데아와 헤겔의 절대정신이 그렇습니다. 결국 예술을 이야기하면 비록 각각은 이치에 맞지만 마지막에는 언제나 문제가 생깁니다.

그래서 예술로부터 시작하더라도 순서를 거꾸로 돌려서 먼저 특징을 이야기한 후에 기능을 이야기하고, 제일 마지막에 본질을 이야기해야 합니다.

그렇다면 예술의 특징은 무엇일까요? 이 문제에 대답하기 위해 모든 예술품을 일일이 연구하고 모든 예술 장르를 일일이 연구할 수는 없습니다. 그러기에는 작업량이 너무 많을 뿐만 아니라 틀림없이 애쓴 보람도 없을 것입니다. 왜냐하면 우리는 즉시 음악에는 음악의 특징이 있고 회화에는 회화의 특징이 있어서, 각 장르의 예술이 모두 자신의 특징을 가지고 있고 이 특징들이 서로 다르다는 것을 발견할 것이기 때문입니다. 이 점 역시 이상하지 않습니다. 서로 같다면 특징이 아니니까요.

따라서 각 장르별로 하나씩 예술의 특징을 연구한다면 기껏해야 개별 예술학의 결론을 얻을 수 있을 뿐 미학의 결론을 얻을 수는 없습니다. 심지어 개별 예술학의 결론조차도 얻을 수가 없습니다. 예술은 장르에 따라

서로 다른 특징을 가질 뿐만 아니라 동일한 장르 중에서도 풍격과 유파가 다르면 특징이 다르기 때문입니다. 가령 동양화와 유화는 그 차이가 아주 큽니다. 동양화는 필묵을 중시하지만 유화는 그렇지 않습니다. 그 밖에 고전 예술과 현대 예술은 차이가 아주 크며 동양화와 유화의 차이에 비해서도 훨씬 큽니다. 가령 고전 유화와 고전 동양화는 아주 다르기는 하지만 어쨌든 모두 회화입니다. 다시 말해서 고전 회화를 하는 사람들은 유화든 동양화든 모두 붓을 사용하며 선을 긋고 색을 칠합니다. 하지만 현대 회화는 틀림없이 선을 긋지도, 색을 칠하지도 않을 것입니다. 그들은 붓이 아니라 스프레이를 뿌리고 가위로 자르고 풀로 붙이거나 컴퓨터를 이용하기도 합니다. 이처럼 회화예술에서 가장 기본적인 특징인 선을 긋고 색을 칠하는 원칙조차 모두 뒤엎었는데 더 이상 무슨 말을 할 수 있겠습니까?

하지만 현대 예술이 비록 '파괴자'이기는 해도 우리에게 중요한 시사점을 제공하는데, 예술의 특징 연구가 다시는 과거처럼 예술이 '무엇을 가지고 있는가'에만 관심을 둘 수 없고 그것이 '무엇을 가지고 있지 않는가'에 관심을 두어야 한다는 점입니다.

가령 회화는 선을 긋지 않고 색을 칠하지 않으며 붓과 종이를 사용하지 않을 수 있지만 몇 가지는 반드시 필요합니다. 첫째, 반드시 볼 수 있는 형상이어야 합니다. 이 형상이 추상적이든지 구상적이든지, 흑백이든지 컬러든지 간에 말입니다. 둘째, 이 형상은 반드시 2차원의 평면적인 것이어야 합니다. 만약 3차원적이고 입체적이라면 그것은 조각이나 건축이지 회화가 아닙니다. 셋째, 이 형상은 반드시 정태적이어야 합니다. 만약 움직인다면 영화나 텔레비전 혹은 컴퓨터예술이지, 역시 회화가 아닙니다. 설령 그것이 그려진 것(애니메이션)이라고 해도 말입니다. 이로써 회화란 2차원의 평면에 정태적이고 볼 수 있는 형상을 만든 예술이라고 정의를 내릴 수 있습니다.

　이것이 우리가 방법론상에서 주의해야 할 첫 번째 점입니다. 예술의 특징을 연구할 때 뺄셈을 사용해서 하나씩 제해가면서 절대 없어서는 안 되는 '마지노선'을 찾아야 한다는 것입니다. 연극을 연구할 때도 뺄셈을 하면 많은 요소가 없어도 된다는 것을 발견할 수 있습니다. 즉흥연기처럼 시나리오와 감독이 없을 수도 있고 판토마임처럼 대사가 없을 수도 있으며 음악, 무대장치, 소품 등이 없을 수도 있지만, 두 가지 요소는 절대 없어서는 안 됩니다. 바로 동작과 관객입니다.

　동작이 없으면 연기자는 처음부터 끝까지 무대 위에서 꼼짝도 하지 않고 서서, 한마디도 하지 않고 무표정하게 있는데, 이것은 공연이 아니라 넋을 잃고 있는 것입니다. 그리고 관객이 없으면 아무리 연기자가 무대 위에서 덩실덩실 춤을 추고 대사를 하고 웃으며 바삐 들어갔다 나갔다 해도 공연이 아니라 발광일 뿐입니다. 그래서 관객 또한 없어서는 안 됩니다. 물론 리허설과 같이 관객이 없을 때도 있지만 리허설은 공연이 아닙니다. 하물며 리허설도 사실 관객이 있는데, 바로 감독입니다. 이때는 감독이 관객이 됩니다. 만약 감독도 없다면 연기자끼리 서로 관객이 되어줄 수 있습니다. 그리고 모노드라마라면 하는 수 없이 스스로 관객을 설정하는 수밖에 없을 겁니다. '술잔을 들어 밝은 달을 맞이하니 그림자가 나타나 세 사람이 되었네'라는 싯구절에서 비유하는 것은 군사훈련을 할 때 아군을 가상의 적으로 간주하는 것과 마찬가집니다. 더군다나 엄격하게 말하면 리허설은 연극이 아닙니다. 어쨌든 연극에서 관객이 없을 수 없는 것은 전쟁에서 적이 없을 수 없는 것과 같습니다. 연극에서 동작이 없을 수 없는 것은 마치 전쟁에서 교전이 없을 수 없는 것과 같습니다. 연극의 마지노선을 찾았으면 그것의 특징 또한 밝히기가 어렵지 않습니다. 이것이 첫 번째 점입니다.

두 번째 점은 바로 미학이 찾아야 하는 이 특징과 마지노선이 특정한 예술만이 아니라 각 개별 예술이 공통적으로 가지고 있는 것이어야 하며, 그렇게 얻은 결론은 개별 예술학의 결론이 아니라 미학적 의미의 결론이라는 사실입니다. 그래서 우리는 모든 예술의 특징에 대해 뺄셈을 해야 합니다. 이 과정은 너무 길기 때문에 결론만 이야기하겠습니다. 결론에 대해서는 다음 시간에 말할 것이며 그렇게 함으로써 여러분과 함께 미학의 막막함에서 걸어 나가려 합니다.

일곱째마당

오래된
미학의
질문에
답하다

예술은 정감을 대상화한 형식인가

지난 강의에서 미학이란 무엇인가에 관해서 분명하게 말하기는 했지만 실제로는 방법론의 문제만을 해결했습니다. 이 문제는 대단히 중요하며 이 결론 역시 매우 어렵게 얻은 것으로, 2000여 년간이나 시간을 들였으니 정말 무시할 수 없습니다.

그래서 쉽게 얻기 어려운 이 결론을 다시 한 번 말하려고 하는데, 우리가 예술의 특징과 마지노선을 찾으려면 하나는 뺄셈을 해야 하고 또 하나는 공통성을 찾아야 한다는 것입니다. 여기에 하나를 더 추가한다면, 가장 정통적이지 않고 표준적이지 않은 예로부터 착수해야 한다는 것인데, 이렇게 해야만 도대체 어떤 특징이 예술에서 없어서는 안 되는 것인지 발견할 수 있습니다. 가령 케이지Cage의 〈4분 33초〉는 바로 가장 음악 같지 않은 음악 작품입니다. 이 곡은 악음, 선율, 박자 같은 음악의 주요한 요소를 하나도 갖고 있지 않으며 다만 연주자가 피아노 앞에서 4분 33초 동안 조용히 앉아 있을 뿐이기 때문입니다. 앞에서 사용했던 표현에 따르면 이것은 '넋을 놓고 있는 것'이라고 할 수밖에 없습니다. 하지만 그렇다고 해도 아무것도 없이 완전히 영과 같은 것은 아닙니다. 여기에는 결코 없어서는 안 되는 한 가지가 있는데 그것은 시간입니다. 4분 33초라는 시간은 결국 없을 수 없습니다. 여기에서 우리는 아무리 전위적인 예술가라고 해도 절대적으로 자유로울 수는 없다는 것을 알 수 있습니다. 현대 예술도 마찬가지라고 할 수 있습니다. 케이지의 이 작품은 음악이 시간예술이라는 것을 알려줍니다. 이 결론에서 한 걸음 더 나아가 음악의 다른 특징들을 이끌어낼 수 있지만 여기에서는 이야기하지 않겠습니다.

다시 예를 들어 행위예술을 말해봅시다. 행위예술 역시 가장 예술 같지 않은 예술입니다. 잠시만 조심하지 않으면 경계를 벗어나 예술이 아니게 됩니다. 팡팡方方의 소설에는 퍄오윈飄雲이라는 여자가 하얀 망토를 걸치고 머리 위에서 발끝까지 순백색의 모습으로 단장을 한 채 마천루 꼭대기에서 뛰어내리려는 장면이 나옵니다. 빌딩 아래에는 무장경찰과 소방대원과 경찰들이 달려와 그녀를 구하려고 혼잡스럽게 왔다 갔다 하며 만반의 태세를 갖춥니다. 이때 그녀가 아래로 뛰어내리는데 그녀의 머리 위에서는 낙하산이 펼쳐집니다. 붉은색과 흰색이 번갈아 있는 무늬의 낙하산이 황혼의 회백색 하늘에서 펼쳐지자 그야말로 장관을 이룹니다. 그녀는 낙하를 마친 후에 텔레비전 기자에게 "나는 예술가입니다. 방금 내가 한 것은 〈백색의 퍄오윈〉이라는 행위예술이었고 나의 자아 감각은 아주 양호합니다"라고 말했습니다.

그러나 경찰의 감각은 그렇게 양호하지 못했습니다. 생각해보십시오. 극도의 긴장 속에서 한나절을 허둥거렸는데 알고 봤더니 행위예술이라니요. 그들은 가차 없이 이 '예술가'를 유치장에 집어넣습니다. '예술가'는 저항하며 "당신네 경찰들은 예술을 몰라도 너무 모르는군요"라며 아주 당당하게 항의를 합니다. 경찰이 뭐라고 했을까요? 그녀를 유치장에 잡아넣은 경찰은 그녀에게, "미안하지만 아가씨, 나도 예술가라오. 내게도 작품이 하나 있는데 〈여성 화가를 유치장에 집어넣다〉라고 하는 행위예술이오. 협조해주면 고맙겠소"라고 말합니다. 퍄오윈이라는 이 '예술가'

는 한참을 침묵하더니 "당신은 예술을 아는 사람이 확실하군요"라고 합니다.

한 가지 이야기가 더 있는데, 베이징대학교 예술과에 주칭성朱青生이라는 교수가 있었습니다. 주칭성은 자기 아들의 이름을 명나라 태조와 같은 주위안장朱元璋이라고 붙여주었습니다. 주칭성은 아주 득의양양해하며 이를 현대 예술이라고 말했습니다. 하지만 '주위안장'은 결코 기쁘지 않았습니다. 그 모습을 보고 주칭성은 아들에게 자라서 이름을 바꾸면 되지 않느냐고 말했습니다. 그러자 '주위안장'은 자기가 크면 '주칭성'이라고 바꿔서 아버지의 이름이 없어지도록 하겠다고 말했습니다. 그야말로 그 아버지에 그 아들이고 청출어람이라고 할 수 있습니다. 주칭성은 그 말을 듣더니 "바로 그거야. 방금 네가 한 말이 바로 현대 예술이야"라고 극찬을 했답니다.

자, 〈4분 33초〉, 〈백색의 퍄오윈〉, 그리고 〈주위안장〉 세 가지 '예술품'의 공통점은 무엇일까요? 형식입니다. 〈4분 33초〉에는 한 명의 연주자가 피아노 앞에서 4분 33초 동안 조용히 앉아 있는 형식이 있어야 합니다. 〈백색의 퍄오윈〉에는 한 명의 '예술가'가 머리부터 발끝까지 순백색으로 치장을 하고 하늘에서 뛰어내려려야 하는 이 형식이 없어서는 안 됩니다. 〈주위안장〉 또한 '주위안장'이라는 이 기호, 혹은 이 형식이라는 것이 있어야 합니다. 그리고 이것들은 바로 이런 일들이나 이런 행위들이 형식에 불과하고 진짜가 아니기 때문에 비로소 예술이 될 수 있는 것입니다. 가령 그 '여성 예술가'가 편안하고 멋스럽게 하늘에서 떨어진 것이 아니라 땅으로 곤두박질해서 머리가 깨져 피가 흐르고 몸이 으스러졌거나 그 '주위안장'이 정말로 황제가 되었다면 그것은 조금도 재밌지 않으며 행위예술도 아니게 됩니다.

가장 예술 같지 않은 예술도 형식이 없어서는 안 된다, 혹은 형식 때문에 그것이 예술이 된다는 것은 '예술은 곧 형식'이라는 말과 같습니다. 이점은 이전 수업에서 아주 분명하게 말했는데, 여러분이 예술을 모방이든 표현이든 유희든 그 무엇으로 보든지 예술에는 형식이 있어야 합니다. 형식은 예술과 비예술, 이런 예술과 저런 예술, 훌륭한 예술과 평범한 예술을 구분해줍니다. 형식은 예술의 생명선입니다.

이렇게 말하면 내가 '예술의 형식설'을 찬성하는 것처럼 보일 수도 있겠지만 그렇지 않습니다. 적어도 완전히 그런 것은 아닙니다. 예술의 특징이 형식에 있다고 한다면 과학과 종교에는 형식이 없을까요? 예술에는 반드시 자신만의 특정한 형식이 있어야 하지만 과학과 종교에는 그렇지 않아도 되는 걸까요?

가령 학위논문을 쓸 때에는 반드시 논점, 논거, 결론, 주제어 등이 있어야 합니다. 인용문을 어떻게 인용하고 주석을 어떻게 처리하는지, 각주, 미주, 페이지 여백에 다는 주 역시도 모두 일정한 규칙이 있습니다. 이런 형식적 규범들은 신경을 쓰지 않을 수 없습니다. 한번은 어떤 학생이 논문을 제출하는데 첫마디가 "어떤 명인이 이런 말을 했던 것으로 기억됩니다"였습니다. 이런 식으로 소설을 쓰는 것은 상관없지만 논문은 곤란합니다. 논문은 논문의 모습이 있습니다. 개념, 용어, 인용문, 수치, 도표 이런 것들을 모두 꼼꼼하게 따져서 제대로 갖추어야 합니다. 독창적인 견해, 새로운 의미, 깊이가 있는가 하는 것은 별개로 치더라도 어쨌든 모양은 그럴 듯해야 합니다. 빽빽하게 주석을 달고 태도가 성실하고 하나하나 사리에 들어맞는 것, 이 세 가지가 있으면 논문은 비교적 통과되기 쉽습니다.

종교도 성호를 긋고 미사를 드리며 무릎을 꿇고 절을 하는 것과 같이 자신만의 독특한 형식을 가지고 있습니다. 그래서 예술만 형식을 중시한다고 할 수 없습니다. 물론 예술은 '의미를 가진 형식'이고 과학과 종교는 '형식을 가진 의미'라는 이 말은 여전히 유효합니다. 과학과 종교에 비해 예술은 훨씬 형식에 치중하기 때문입니다. 예를 들어 과학 보급을 위해 만든 작품은 예술의 형식을 취하지만 본질상으로는 여전히 과학입니다. 예술 작품이 논문의 형식을 취한다면 그것은 예술이 아닙니다. 과학과 종교는 형식에 대해서 예술만큼 집착하지 않습니다. 신상神像 없이 허공을 바라보며 기도를 해도 무방하며 촛불 없이 한 줌 흙으로 향을 삼아도 무방합니다. 하지만 '의미 있는 형식'이든 '형식을 가진 의미'든 결국 내용과 형식의 통일로 귀결됩니다.

내용과 형식이 통일된 이상 예술이 자신만의 독특한 형식을 가진다는 것은 또한 자신만의 독특한 내용을 가짐을 의미하기도 합니다. 결코 아무렇게나 무엇이든지 예술의 내용이 될 수는 없으며 제멋대로 형식을 바꾼다고 해서 예술이 될 수 있는 것도 아닙니다. 수학 문제에 관한 골드바흐의 추측에는 악곡을 붙일 수 없습니다. 악곡을 붙인다면 아마 무슨 말인지 더욱 알지 못할 것입니다. 수학은 본래 이해하기 어려운 것인데다가 음악 역시 이해하기 쉬운 것이 아닌데 이 둘을 합한다면 어찌 '신선의 글'이 되지 않겠습니까? 한번은 어떤 화가가 소 두 마리가 싸우는 그림을 그려놓고 그것이 원자로 안에서 입자가 서로 부딪히는 것을 표현한다고 말했습니다. 나는 속으로 어째서 귀뚜라미를 그리지 않았을까, 그랬더라면 훨씬 비슷했을텐데 하고 생각했던 적이 있습니다.

그래서 나는 과학이 예술을 바꾸고 예술이 과학을 바꾸는 일에 줄곧 회의적인 태도를 가지고 있습니다. 과학, 종교, 예술의 차이는 형식에도 있고 내용에도 있습니다. 과학, 종교, 예술 그리고 도덕은 인류의 서로 다른 심미 활동의 대응물이며 인류의 서로 다른 정신적 요구를 만족시킵니다. 과학은 진리를 추구하고 도덕은 선을 추구하며 예술은 미를 추구하고 종교는 성스러움을 추구합니다. 추구하는 것이 다르고 말하는 것이 서로 다른데 내용이 어떻게 같을 수 있으며 또 어떻게 마음대로 이리저리 바꿀 수가 있겠습니까?

그렇다면 예술의 내용이란 무엇일까요? 다시 앞의 예를 봅시다. 〈4분 33초〉, 〈백색의 꺄오원〉, 〈주위안장〉이라는 이 세 가지 '예술품'은 형식 외에도 공통 요소가 한 가지 있는데, 체험입니다. 〈4분 33초〉는 '소리가 없는 것이 소리가 있는 것을 이기는' 느낌을 체험하며, 〈백색의 꺄오원〉은 높은 공중에서 삶과 죽음 사이로 떨어지는 감각을 체험하며, 〈주위안장〉은 위인의 이름을 머리에 이고 살아가는 느낌을 체험합니다. 물론 이것은 내 생각일 뿐, 창작한 사람들의 본뜻은 아닐 것입니다. 이는 예술의 체험이 사람에 따라 다르며 감상자는 예술가와 동등하거나 동일시할 필요가 없다는 것을 말해줍니다. 하지만 체험의 유무는 예술과 비예술의 분수령입니다. 가령 이 세 가지 예에 조금의 체험도 없다면 웃음거리에 불과하며 예술이 아니게 됩니다.

나는 심지어 한 걸음 더 나아가, 쇼를 하는 사람이나 관객이 체험을 가지고 있다면 이로 인해 단순히 즐길 거리에 불과한 쇼도 예술성이 생길 수 있다고 말하겠습니다. 내가 보기에 대형 콘서트는 기본적으로 쇼라서 그다지 예술성이 없습니다. 수천수만 명의 사람들이 체육관이나 큰 광장에 빽빽이 모여 제대로 보이지도 않고 제대로 들을 수도 없는데도 음악을 감상한다고 하니 어불성설이 아니고 무엇이겠습니까? 기껏해야 쇼를 하는 사람의 인기를 느낄 수 있을 뿐입니다. 멋지고 쿨한 가수들이 무대 위에서 팔짝거리면서 "여러분, 사랑해요"라고 외치는 것은 더욱 쇼입니다. 그들이 꼭 여러분을 사랑하는 것은 아닙니다. 그들 중 적어도 절반은 여러분의 주머니 속의 지폐를 더욱 사랑할 것입니다. 믿어지지 않는다면 한 푼의 출연료 없이도 과연 그들이 무대에 설지 보기 바랍니다.

비록 그렇다고는 해도 현장의 관객들은 크게 감동을 받습니다. 감동이 없다면 적어도 감염은 있는데, 그렇지 않으면 모두들 뭣하러 거기서 야광

봉을 흔들고 있겠습니까? 어떤 이들은 정말로 뜨거운 눈물을 주룩주룩 흘리기도 합니다. 오해하지 말기 바랍니다. 나는 이런 관중들을 비웃을 생각은 조금도 없습니다. 반대로 나는 그들이 이런 반응을 보이는 것이 아주 좋으며 아주 정상이며 아주 정리情理에 맞다고 생각합니다. 앞에서 말한 유희설은 이미 우리에게 예술은 '의식적인 자기 기만'이며 '거짓이라는 것을 확실하게 알지만 진지하게 하는' 일임을 알려주었기 때문입니다.

따라서 그 가수들의 감정이 거짓이라고 할지언정 진지하기만 하면 됩니다. 물론 나는 그들이 진심이기를 더욱 바라며 진심인 사람도 있을 거라고 믿습니다. 뜨거운 눈물이 눈에 그렁그렁한 관객들에 대해서는 그들의 정감이 진실하며 그들의 체험 또한 진짜라고 믿습니다. 바로 관중들의 진실한 체험이 있기 때문에 전통적인 예술가와 이론가들이 인정하지 않음에도 불구하고 대형 콘서트라는 이런 활동이 비로소 예술성을 가지게 되며 심지어 그런대로 예술이라고 간주할 수 있게 되는 것입니다.

이것은 어떤 예술도 모두 형식이며 이런 형식은 또한 정감 체험을 위한 것임을 말해줍니다. 따라서 예술은 정감을 대상화한 형식입니다. 이것이 우리의 첫 번째 결론입니다.

예술은 정감을 대상화한 형식이라는 이 정의가 표현하는 것에 주목해 보십시오. 첫째, 예술은 형식입니다. 둘째, 예술의 형식은 공허한 것이 아니라 내용이 있는 것으로, '의미 있는 형식'입니다. 셋째, 예술의 형식이라는 '의미'는 사유와 의지가 아니라 정감입니다. 예술은 또한 사유의 형식, 의지의 형식, 혹은 사유를 대상화한 형식, 의지를 대상화한 형식이 아니라 정감을 대상화한 형식입니다.

하지만 우리가 '예술은 형식을 가진 정감'이라고 말하지 않는 이유는 예술에는 형식이 정감보다 훨씬 중요하기 때문입니다. 이것은 예술과 과학, 도덕, 종교가 서로 구별되는 중요한 지점입니다. 과학, 도덕, 종교는 모두 내용이 형식보다 중요하지만 예술은 형식이 내용보다 중요합니다. 예술의 내용은 없어지고 잊힐 수 있지만 형식이 생명력을 가지기만 한다면 예술품은 오래도록 존재할 것입니다. 가령 원시 예술은 그것들의 내용을 어디에서 명확하게 말할 수 있겠습니까? 이상은의 많은 시들의 내용 또한 확실하게 말할 수 없습니다. "시인들은 모두 이상은의 시를 사랑하지만 정현鄭玄이 전箋을 지어 모시毛詩를 해석했던 것처럼 이상은의 시에 전을 지어 해석하는 사람이 없는 것을 아쉬워한다"는 것은 모두들 이상은의 시를 좋아하지만 보고도 이해하지 못한다는 말입니다. 그렇다면 사람들은 무엇을 좋아하는 걸까요? 형식이 아닐까요?

지난 수업에서 어떤 사람은 아무런 근심이나 한도 없고 아주 즐겁지만, 자신 역시 이욱의 시를 매우 좋아하고 감상한다고 했던 부분을 상기해봅시다. 이것이 가능한 이유는 여러분이 형식을 감상하기 때문입니다. 이는 외국인이 서예를 감상하는 것과 같은 이치입니다. 외국인이 어떻게 그 글자들을 알겠습니까. 그래서 우습게도 서예 작품을 거꾸로 걸어놓기까지 합니다. 하지만 그 사람은 용이 날고 봉황이 춤을 추는 듯 힘차고 생동적인 글자가 정말로 보기 좋은 것이, 마치 경극의 얼굴분장처럼 '너무도 아름답고 너무도 절묘해서 정말 좋다'고 생각합니다.

하지만 우리는 결코 이런 이유로 예술이 내용도 의미도 정감도 없는 '순형식純形式'이라고 할 수 없습니다. 시도 서예도 경극의 얼굴분장도 그밖의 어떤 예술형식도 결국은 모두 정감을 대상화할 필요로 인해 생겨나기 때문입니다. 따라서 완벽하고 정확한 표현은 예술은 정감을 대상화하는 형식이라고 할 수 있습니다.

예술은 정감의 전달인가

예술은 정감을 대상화하는 형식이며 이런 형식은 정감을 대상화할 필요 때문에 만들어집니다. 이것은 우리가 지난 수업에서 얻은 결론입니다. 하지만 이 결론은 논증이 필요하며 그러려면 반드시 첫째, 정감은 대상화할 수 있고, 둘째, 정감은 반드시 대상화되어야 하며, 셋째, 정감을 대상화하는 가장 좋은 방식은 예술이라는 세 가지를 증명해야 합니다.

먼저 첫 번째에 관해 말해봅시다. 정감은 대상화할 수 있을까요? 정감은 대상을 가진 정서이기 때문에 대상화할 수 있습니다. 이것은 정감과 정서의 중요한 차이입니다. 정서는 동물도 가지고 있습니다. 개는 뼈다귀를 얻으면 매우 흥분합니다. 닭은 달걀을 낳으면 매우 흥분합니다. 사람들은 날씨가 좋지 않으면 우울해지고 상을 받으면 기뻐합니다. 이것들은 모두 정서로, 원인만 있고 대상은 없습니다. 우리는 다만 '나는 우울하다', '개가 흥분했다'라고 말할 수 있을 뿐 '내가 하늘을 우울하게 했다', '개가 뼈다귀를 흥분시켰다', '닭이 달걀을 흥분시켰다'라고 할 수는 없는데, 정서에는 대상이 없기 때문입니다.

정감은 다릅니다. 우리는 '사랑한다'라거나 '미워한다'라고 할 수 있을 뿐만 아니라 누구를 사랑하고 누구를 미워한다고 말할 수도 있으며 반드시 누구를 사랑하고 누구를 미워하는지 말해야 합니다. 대상을 말하지 않고 단지 '나는 무지 사랑한다', '나는 무지 미워한다', '나는 좋아해서 죽겠다'라고 공허하게 소리를 지른다면 다른 사람들은 저 사람이 미쳤나 하는 느낌을 받지 않을까요? 내가 이렇게 말을 했더니 어떤 학생이 "말하지 않을 때도 있습니다. 어떤 사람이 '그가 미워 죽겠어'라고 하기에 누구를 미워하는지를 물어도 말을 하지 않았습니다"라며 이의를 제기한 적이 있습니다. 이때 구체적인 대상의 구체적인 이름을 말하지 않는 것은 대상이 없는 것과 다릅니다. 그가 말한 '그'가 대상입니다. '그'라는 말조차 하지 않고 다만 '미워 죽겠어'라고만 한다 해도 그의 마음속에는 대상이 있습니다. 어쩌면 그 사람에게 반드시 구체적인 대상이 있는 것이 아니라 모든 것을 미워한다고 느낄 수도 있겠지만 그렇다면 더욱 대상이 있는 것입니다. 대상이 있는 정도가 아니라 아주 많은 대상, 모든 대상이 있는 것입니다.

분명히 정감에는 대상이 있고 정서에는 대상이 없습니다. 정감은 언제나 어떤 대상을 지향하며 반드시 지향해야 합니다. 그래서 정서는 대상화할 수 없으며 대상화할 필요도 없지만, 정감은 대상화할 수 있고 반드시 대상화해야 합니다. '감정이입', '자신의 정감을 대상에 이입한다'는 것은 사실은 정감을 대상화하는 것을 말합니다. 만약에 정감을 대상화할 수 없다면 어떻게 '사랑하는 이의 눈에는 서시가 나타나고 원수의 눈에는 종규가 나타날' 수 있겠습니까?

심미가 감정이입이라면 또한 정감을 대상화하는 것이라고 말할 수 있습니다. 마찬가지로 예술이 표현이라면 또 정감을 대상화하는 것이라고 할 수 있습니다. 앞에서 말했듯이 표현의 '표'는 내적인 것을 외적인 것으로 변화시키는 것이고, '현'은 볼 수 없는 것을 볼 수 있는 것, 혹은 감지할 수 있는 것으로 변화시키는 것입니다. 정감은 내적인 것, 볼 수 없는 것이고 예술품은 외적인 것, 볼 수 있는 것, 감지할 수 있는 것입니다. 예술가가 자신의 정감을 예술품으로 표현하는 것은 자아를 대상으로 변화시키는 것입니다. 그래서 예술 표현은 정감의 대상화입니다.

　감정이입은 정감의 대상화이고 표현 또한 정감의 대상화인데, 이것은 예술과 심미가 모두 정감의 대상화라는 말과 같습니다. 예술과 심미는 심미 활동 과정에서 심미 대상으로 대상화되고 예술 활동 과정에서 예술 작품으로 대상화됩니다. 하지만 이는 정감이 대상화될 수 있음을 증명할 수 있을 뿐이지, 결코 정감이 반드시 대상화되어야 한다고 증명할 수는 없습니다. 이 문제를 해결하지 않으면 미와 예술의 비밀은 밝혀지지 않습니다.

　그래서 정감을 다시 분석해야 합니다. 정감은 주관성, 대상성, 전달성이라는 세 가지 특징을 가집니다. 정감의 주관성은 우선 그것이 이치를 따지지 않는 데에서 표현됩니다. 생활 속에는 종종 다음과 같은 현상이 있습니다. 한 쌍의 남녀가 서로 사랑을 하게 되었는데 다른 사람들은 그것을 보고 정말 이해할 수가 없다고 생각합니다. 정말 어울리지 않는데 그들 두 사람이 어떻게 좋아할 수 있을까요? 하지만 그들이 정말 죽고 못 사는데 여러분이 간섭할 수 있을까요? 이런 일은 원래 논리적으로 따질 수가 없습니다.

　만약 논리적으로 따지려고 하거나 따질 수 있다면 이 정감의 진실성에는 문제가 있습니다. 이 세상에는 이유 없는 사랑은 없으며 이유 없는 미움도 없다는 말이 있습니다. 이 말은 맞기도 하고 틀리기도 합니다. 미움은 이유가 없을 수 없겠지만 사랑, 특히 남녀 간의 사랑은 정확하게 말할 수가 없습니다. 첫눈에 반하는 것이 바로 아무런 이유가 없는 사랑입니다. 물론 억지로 분석을 하자면 남자는 재능 있고 여자는 아름답다거나, 두 사람이 청춘남녀라는 등 원인을 이야기할 수는 있습니다. 하지만 그것은 분석가의 일이지, 당사자들의 일이 아닙니다. 당사자 자신들은 아무런 이유도 없이 그저 상대방을 좋아합니다. 그래서 만약에 여러분의 여자 친구가 여러분에게 왜 자기를 사랑하는지, 혹은 자신의 어떤 점을 사랑하는지를 묻는다면 '그냥 좋아, 아무런 이유도 없어'라는 대답이 가장 좋습니다.

정감은 이치를 따지지도 않고 강제할 수도 없습니다. 여러분은 어떤 사람에게 다른 사람을 사랑하거나 미워하도록 강제할 수 없습니다. 명령을 내리고 계약서를 쓰고 값을 흥정할 수 없으며 '세뇌 공작'을 하고 '동원 대회'를 열 수도 없습니다. 여러분은 두 사람이 결혼을 하도록 설득하거나 강제할 수는 있지만 그들이 서로 사랑하도록 설득하거나 강제할 수는 없습니다. 부모가 정해준 결혼을 하고서도 서로 사랑하는 사람도 있지만 그 사랑은 그들이 나중에 스스로 만들어낸 것이지, 부모가 만들어준 것이 아닙니다. 정감은 강제할 수 없으며 대체할 수도 없습니다. 나는 여러분에게 남자친구나 여자친구를 소개해줄 수는 있지만 여러분 대신 연애를 해줄 수는 없습니다. 나는 '뭐라고, 내가 소개해준 사람이 마음에 안 든다고? 그럼 내가 대신 사랑하지, 뭐'라고 할 수 없습니다.

정감을 체험하는 것은 사람들 각자의 일일 수밖에 없습니다. 사정이 이런 이상, 정감이 각 사람들 자신의 내면 체험인 이상, 그것은 또한 잊어버릴 수가 없습니다. 그것은 원래 바로 여러분 자신의 것이지, 다른 사람에게서 복제하거나 복사할 수 없는 것이기 때문입니다. 나는 여러분이 연애나 실연을 해본 경험이 있는지는 모르겠지만, 만약 있다면 여러분 자신의 진실한 정감 체험이어야 마음속 깊이 새겨진다고 확신합니다.

정감이 이치를 따지지 않고 강제하지 않으며 대체할 수 없고 잊을 방법이 없다는 것은 정감이 주관적이라는 의미입니다. 주관적 정감이 타인의 동정과 공명을 얻고 타인으로 하여금 이 정감에 동정하게 하려면 반드시 대상화해서 타인도 감지하고 받아들일 수 있도록 바꿔야 합니다. 그래서 첫눈에 반하는 것도 좋고 하늘과 땅처럼 영원한 것도 좋지만 마음속으로 만 생각해서는 안 되고 표현과 행동이 있어야 합니다. 연애편지를 쓴다든 지 징표를 보낸다든지 아니면 적어도 은근한 눈길로 서로 바라보기라도 해야지요. 그렇지 않으면 여러분이 사랑하는 아름다운 그 혹은 그녀는 여 러분의 사랑을 알지 못할 테니까요. 정감은 주관적이기 때문에 반드시 대 상화되어야 하며 대상을 가지기 때문에 대상화될 수 있음을 알 수 있습니 다. 연애편지, 징표, 은근한 눈길 같은 것들이 대상화된 정감입니다.

단지 두 사람이 사랑을 표현하는 것이라면 연애편지, 징표, 은근한 눈 길을 전달하는 행위만으로도 충분합니다. 여기에서 연애편지를 어떻게 썼고 징표가 무엇인가 하는 것들은 그다지 중요하지 않습니다. 어떤 시인 은 연인들 사이에서 하는 말이 '뭐라고 하는지 모를 속삭임'이라고 정의 했습니다. 다시 말해서 그들이 구체적으로 무엇을 말하는지는 결코 중요 하지 않습니다. 중요한 것은 함께 말한다는 점입니다. 그러나 만약 여러 분의 정감이 다른 사람, 모든 사람, 전 인류로 하여금 동정하고 공명하게 해야 하는 것이라면 이런 대상화 방식은 아주 신중하게 고려해봐야 합 니다.

이때 고려해야 할 점은 사람과 사람 사이의 정감을 보편적으로 가장 잘 전달할 수 있어야 한다는 것입니다. 이 말에서 두 가지를 주목해야 하는 데, 하나는 보편이고 또 하나는 전달이라는 점입니다. 전달이란 다른 사 람이 같은 정감, 즉 동정과 공명을 체험하게 하는 것입니다. 그래서 전달 과 표현은 다릅니다. 표현은 단지 내적인 것을 외적인 것으로 변하게 하 고 감지할 수 없는 것을 감지할 수 있는 것으로 변하게 할 뿐이지만, 전달 은 감지할 수 있기를 요구할 뿐만 아니라 그 '감感'이 같기를 요구합니다.

이것은 정감의 세 번째 특징, 즉 전달성에 영향을 미칩니다. 이 특징은 전달할 수 있으며 전달해야 한다는 두 가지 방면을 포함합니다. 우선 정감은 전달할 수 있습니다. 마음속에 사랑으로 가득한 사람은 애정시나 산수화와 같은 방식으로 자신의 사랑을 전달해 타인이 자신의 사랑에 동정하게 할 수 있습니다. 마음속에 미움으로 가득한 사람 역시 '규탄 대회' 같은 방식으로 자신의 증오를 전달해 타인으로 하여금 자신의 증오에 동정하게 할 수 있습니다. 다시 말해서 사람들은 다른 사람이 자신처럼 무언가를 좋아서 잠시도 손에서 놓지 못하게 하거나 뼛속 깊이 원한에 사무치게 할 수 있습니다. 그가 어떤 방법을 사용하든지 간에 이것을 완수하기만 하면 정감의 전달은 실현됩니다.

정감은 또한 반드시 전달되어야 합니다. 어떤 사람의 마음속에 희열이 생기면 언제나 이 희열을 다른 사람에게 전달해서 함께 향유하게 하려고 하고, 어떤 사람의 마음속에 비통함이 생겨도 언제나 다른 사람에게 하소연을 해서 그 사람이 자신의 비통함을 분담해주기를 바랍니다. 여러분이 대학 합격 통지서를 받았을 때 만나는 사람마다 간절하게 그 사실을 알리고 싶지 않던가요? 몇 사람한테만 말했다고 해도 어쨌든 다른 사람에게 말한 것입니다. 만약 아무에게도 알리지 않았다면 그 학생에게는 말할 만한 사람이 없었기 때문이지, 알리고 싶지 않았던 것이 아니었을 것입니다. 〈휴대폰手機〉이라는 영화에서 바이스터우白石頭라는 별명을 가진 옌서우이嚴守一가 동네의 아는 형의 아내인 뤼구이화呂桂花를 데리고 읍내로 전화를 하러 갔다 돌아오면서 자신이 그녀와 함께 읍내로 갔다는 사실만으로도 기뻐서 고함을 지르려고 하는데, 여러분은 대학 합격이라는 큰일을 어떻게 다른 사람에게 말하지 않을 수가 있었겠습니까. 마찬가지로 여러분이 만약 재수 없는 일을 당해 고통이 생기면 그때도 역시 누군가와 말하고 싶어 할 것입니다. 하소연을 하는 동안 즐거움은 강화되고 고통은 완화될 수 있기 때문입니다. 만약 자신의 즐거움이 전달될 수 없다면 그는 그것이 즐거움이 아니지 않을까를 의심할 것이고, 만약 그의 고통이 하소연할 수 없는 것이라면 그는 그 고통에 빠져 헤어날 수 없을 것입니다. 만약 그의 하소연이 동정을 얻을 수 없고 다른 사람에게 자신과 같은 즐거움이나 고통을 체험하게 할 수 없다면, 그는 낙담할 것이며 심지어는 더욱 고통을 느낄 수 있습니다. 따라서 정감은 반드시 전달되어야 하는 것입니다.

그래서 고독과 절망 속에서 흐느끼는 사람도 불행하지만, 즐거움을 마음속에 깊이 감추고 있어야 하는 사람도 고통스럽기는 마찬가집니다. 여러분은 좋은 시절에 태어나서 대학을 다니면서 자유연애를 할 수 있지만 예전에는 대학생이 연애를 하려면 '지하공작'을 할 수밖에 없었습니다. 하지만 내가 아는 바에 의하면 비밀을 지키는 사람도 많지 않았고 비밀을 누설하는 사람도 적지 않았습니다.

비밀을 누설하는 사람은 다른 사람이 아니라 바로 당사자들 자신이었습니다. 왜냐하면 그들이 참지 못하고 다른 사람에게 말하고 싶어 했기 때문이었습니다. 남학생들은 얼굴이 두꺼워서 기숙사에서 허풍을 떨며 떠들어댔지만 여학생들은 얼굴이 두꺼워도 제일 친한 친구의 이불 속에서 소근거릴 뿐이었습니다. 이런 이야기를 털어놓을 만한 친구가 없었다면 틀림없이 일기를 썼을 것입니다. 일기는 대상화된 자아이며 타인으로 간주할 수 있는 대상입니다. 글자를 모른다면 하는 수 없이 작은 강을 바라보며 노래를 했겠지요. 마치 영화 속의 한 장면처럼 말입니다. 세상에 어떻게 그렇게 많은 연가戀歌가 있을 수 있겠습니까? 세계 각 민족의 민요 중에 왜 대부분이 연가이겠습니까? 노래라도 하지 않으면 미칠 것 같으니까 그런 겁니다.

하하, 이건 물론 농담입니다. 사실 예술은 정감을 전달하는 가장 좋은 방식으로, 사랑의 노래를 부르는 것이 일기를 쓰는 것보다 정감을 더욱 잘 전달할 수 있습니다. 각 개인의 정감은 모두 감성적이고 구체적이기 때문에 추상적이고 개념적인 언어로는 충분히 전달하기가 힘들기 때문입니다. "말하는 것만으로는 부족하기 때문에 길게 말하고, 길게 말하는 것만으로는 부족하기 때문에 탄식하며, 탄식하는 것만으로는 부족하기 때문에 노래하며 노래하는 것만으로는 부족하기 때문에 자신도 모르는 사이에 손과 발을 움직여 춤을 추는 것입니다." 예술은 정감을 전달하기 위해 생겨났습니다.

또한 예술은 정감 전달이라는 목적을 가장 잘 실현할 수 있습니다. 어떤 예술 작품과 예술 형식도 모두 감성적이고 생동적이며 구체적이고 형상적이며 자신의 독특한 정조情調, 즉 형식감을 가지고 있기 때문입니다. 가령 음악 속의 장조와 단조는 서로 분위기가 달라서 장조의 색채는 보통 단조보다 명랑합니다. 실제로 모든 예술형식은 자신의 멜로디를 가지고 있습니다. 이 멜로디는 정감을 전달하고 우리의 고통과 즐거움을 전달할 수 있을 뿐만 아니라 우리에게 고통이 산사태 같고 하늘에 온통 흩날리는 버들개지 같다고 알려줄 수 있습니다. 역시 그렇기 때문에 예술은 정감을 대상화하는 가장 좋은 방식입니다.

이제 우리는 두 가지 결론을 얻었습니다. 정감을 대상화한 형식이 예술이라는 것은 예술의 특징이고, 정감의 전달이 예술이라는 것은 예술의 기능입니다. 하지만 정감이 예술이라는 이 형식을 가지고 대상화하려고 하는 까닭은 결국 정감이 반드시 전달되어야 하는 것이기 때문입니다. 전달은 다른 사람에게 같은 정감, 즉 동정과 공명을 체험하게 합니다. 그래서 예술은 정감의 발산이 아니며 심지어 단순한 정감의 표현이 아닙니다. 설령 예술가들이 발산과 표현을 더욱 즐겨 말하더라도, 나는 발산과 표현이라는 이 두 용어가 정확하지 않으며 정확한 것은 전달이라는 사실을 책임지고 알리고자 합니다.

예술은 인간임을 증명하는 증거일까

이상의 분석으로부터 정감의 전달은 예술 문제의 핵심이라는 것을 알았습니다. 그렇다면 정감은 왜 반드시 전달되어야 하는 걸까요? 왜 우리들 각자의 주관적 느낌과 내면 체험이 다른 사람의 동정과 공명을 요구하는 걸까요? 왜 정감이 전달될 때 즐거움은 강화되고 고통은 완화될까요? 그 이유는 정감이 본질적으로 '동정감'이기 때문입니다. 다시 말해서 정감은 본질적으로 다른 사람과 자신이 같기를 요구합니다. '동정'이란 연민이 아니라 상호 간의 같은 정감을 말합니다. 연민을 '동정'이라고 부를 수 있는 까닭은 연민이 서로 같은 정감을 전제로 하기 때문입니다.

우리는 반드시 우선 타인과 같은 정감을 체험하는 능력을 갖추고 있어야 합니다. "내 집의 노인을 노인으로 섬김으로써 남의 집의 노인에게까지 미치고, 내 집의 어린아이를 어린아이로 사랑함으로써 남의 집의 어린아이에게까지 미치며", 타인의 고통을 자신의 고통으로 간주하고 타인의 불행을 자신의 불행으로 간주하는 능력이 있어야 비로소 연민을 생기며 이런 연민을 비로소 동정이라고 부를 수 있습니다. 동정이 없으면 연민도 없습니다.

그러면 정감은 동정감일까요? 그렇습니다.

사랑은 긍정적인 동정감입니다. 사랑에 빠진 사람은 언제나 자신의 상상 속에서 상대방도 자신을 사랑하고 있으며, 자신을 이 사랑과 교류할 수 있는 사람으로 간주합니다. 만약 여러분이 어머니가 되어본 적이 있다면, 음, 아직은 없겠군요. 그렇다면 강아지를 길러본 적이 있어도 되는데, 왜냐하면 강아지를 키우는 사람은 거의 모두 강아지를 자식처럼 여기니까요. 요컨대 여러분에게 이런 경험들이 있기만 하면 어머니가 된 사람, 강아지를 기르는 사람이 하나같이 자신의 갓난아이에게 이야기를 건네고 자신의 강아지와 이야기한다는 것을 발견할 수 있을 것입니다. 그 사람은 자신이 이 아이나 강아지를 사랑하듯이 그들도 자신을 사랑하고 있으며 자신의 사랑을 이해하고 체험할 수 있다고 깊이 믿기 때문입니다.

아이의 웃음소리와 표정은 '사랑에 대한 회답'입니다. 즐거이 뛰놀고 애교를 부리는 듯한 강아지의 동작들도 역시 '사랑에 대한 회답'입니다. 이것은 사랑하고 있는 모든 사람들의 공통된 심리입니다. 사랑이 깊을수록 상대방도 사랑에 대한 회답을 하고 있다고 굳게 믿을 수 있습니다. 자, 그녀의 일거수일투족, 찡그리고 웃는 것이 모두 나에게 사랑을 보여주지 않습니까? 그래서 결과는 '보면 볼수록 사랑스럽다'는 것입니다.

하지만 이 '사랑에 대한 회답'은 '상상 속'의 것이지, '사실상'의 것이 아니라는 점을 분명히 해야 합니다. 사실 상대방에게는 아예 이런 의사가 없을지도 모릅니다. '당백호唐白虎가 추향秋香을 마음에 둔 것'이 그렇습니다. 당백호는 추향에게 첫눈에 반했기 때문에 추향도 그럴 것이라고, 그렇지 않다면 추향이 어떻게 자기를 보고 세 번이나 웃었겠느냐고 생각했습니다. 하지만 사실은 추향이 자신을 좋아한다고 착각하고 당연히 그럴 것이라고 생각한 것뿐입니다. 그러나 추향이 자신을 좋아한다고 착각하지 않고 당연히 그럴 것이라고 생각하지 않았다면 사랑도 없었을 것입니다. 그렇다면 짝사랑은 어떻게 해석할 수 있을까요? 짝사랑은 더욱 상대가 자신을 좋아하는 것으로 착각하는 것입니다. 짝사랑은 상대가 자신을 좋아하는 것으로 착각하는 전형적인 경우입니다. 대체로 짝사랑을 하는 사람은 반드시 상대방이 자신을 사랑한다고 상상해야 합니다. 만약에 이런 상상조차도 없다면 그는 사랑을 지속할 수가 없습니다.

이번에는 미움을 가지고 생각해봅시다. 사랑은 긍정적인 동정감이고 미움은 부정적인 동정감입니다. 미움으로 가득 찬 사람은 언제나 자신의 상상 속에서 자신이 상대방을 미워하는 것과 마찬가지로 상대방도 자신을 미워하고 있다고 간주합니다. 이런 생각은 미움이 깊을수록 더욱 강합니다. 그래서 상대방이 말을 하면 '악랄하게 공격하는 것'이 되고 입을 삐죽이면 '이를 바득바득 가는 것'이 됩니다. 자신을 보면 '음모를 꾸미고 있는 것'이고 보지 않으면 '안하무인'이며, 눈물을 흘리면 '고양이가 쥐 생각을 하는 것'이고 미소를 지으면 '남의 재난을 보고 기뻐하는 것'이거나 적어도 '거짓 웃음을 웃는 것'입니다. 어쨌든 어떻게 보아도 눈엣가시입니다. 그 결과 '보면 볼수록 밉살스럽기 짝이 없습니다.'

더 나아가 미워하는 사람은 미움 받는 사람이 자신의 미움에 반응하는 것을 분명하게 느낄 때 비로소 통쾌함을 느낍니다. 영화와 소설에는 종종 다음과 같은 이야기가 있습니다. 복수를 하려고 하는 사람은 배후에서 손을 쓰는 것이 아니라 얼굴을 맞대고 상대방을 자극하고 집적거려서 상대방이 이를 부득부득 갈 정도로 만들어야 복수의 쾌감을 느낍니다. 상대가 의외로 무덤덤하거나 가련한 얼굴을 하고 있다면 복수를 하려고 하는 사람은 분노와 억울함을 느낍니다. '나쁜 자식, 생각지도 않게 내가 '미워할 수 없게' 만들다니, 정말 재수 없는 놈이 밉살스럽기 짝이 없군'이라고 말입니다.

여기에서 밉살스럽다는 것과 미워하는 것은 다릅니다. 밉살스럽다는 말은 억울하고 속상하다는 뜻입니다. 분명히 밉살스럽기는 하지만 미워할 수 없으니 억울하지 않겠습니까? 정말 발로 뻥 차버리지 못하는 것이 한스러울 것입니다. 그래서 결과는 종종 뻥 차고는 '꺼져버려'라고 말하는 것입니다. 왜냐하면 이때 복수를 하려는 사람의 심리에는 이미 변화가 생겨 증오가 혐오나 멸시로 바뀌었기 때문입니다. 물론 상대방도 혐오나 멸시로 답한다면 싸움을 해야겠지요. 하지만 상대방이 변변찮은 놈인 이상 오직 억울함을 느낄 수 있을 뿐 더 이상 미움을 느낄 수는 없습니다. 억울함은 어쩔 도리가 없습니다.

만약 『수호지』에서 진관서鎭關西가 그야말로 한심한 얼굴을 하고 있었다면 노지심魯智深이 계속 주먹을 날릴 수 있었겠습니까? 그래서 그는 진관서가 머리꼭지까지 화가 치미도록 만들 수밖에 없었습니다. 이것은 미움에 대한 상대의 반응이 없으면 복수를 하려는 사람조차도 '미워할 수 없다'는 것을 말해줍니다.

사랑에 대한 반응이 없으면 '사랑을 지속할 수 없고', 미움에 대한 반응이 없으면 '미움을 지속할 수 없습니다.' 이는 또한 동정이 없고 동일한 정감이 없으면, 정감은 정감이 될 수 없다는 말과 같습니다. 따라서 정감이 바로 동정감이라고 말하는 것입니다. 또 정감이 동정감인 이상 그것은 전달할 수 있으며 반드시 전달해야 합니다.

그러면 정감은 또 왜 동정감인 걸까요? 인간의 확증이기 때문입니다.

인간의 확증은 하나의 큰 테마이기 때문에 여기에서는 간략하게 말할 수밖에 없습니다. 사람에게는 모두 약점이 있는데 이들 약점에 대한 우리의 견해와 평가는 다릅니다. 어떤 사람의 생각이 단순하다면 백치라고 할 것이고 의지가 약하다면 겁쟁이라고 할 것이며, 지능이 낮으면 멍청이라고 할 것이고 이성을 상실했다면 미치광이라고 할 것입니다. 어찌됐든 그를 '사람이 아니라고' 할 수는 없습니다. 하지만 어떤 사람이 무정하고 쇠와 돌처럼 냉정해서 정감이라고는 조금도 없다면 '사람도 아니야', '정말

짐승 같은 놈'이라고 할 것입니다.

　이는 정감이 인간의 확증임을 말해줍니다. 정감이 없으면 인간은 자신이 인간이라는 것을 증명할 방법이 없습니다. 어떤 사람이 사랑스럽지도 않고 밉살스럽지도 않거나, 사랑할 수도 없고 미워할 수도 없거나, 사랑받거나 미움을 받을 수도 없다면 그런 사람은 돌, 들풀, 고양이, 강아지만도 못할 것입니다. 설령 돌, 들풀, 고양이, 강아지라고 하더라도 그것들은 사람이 상대하는 것으로 간주될 때 사랑이나 미움을 받을 수 있기 때문입니다.

　확실히 인간은 다른 사람에게 사랑을 받거나 미움을 받든지, 다른 사람을 사랑하거나 미워하든지 반드시 정감을 체험하는 가운데에서 자신이 인간임을 증명할 수 있습니다. 다시 말해서 인간은 사랑하거나 미워할 때뿐만 아니라 사랑받거나 미움을 받을 때도 인간으로 확증될 수 있습니다.

　하지만 여러분이 다른 사람에게 사랑을 받으려면 먼저 다른 사람을 사랑해야 합니다. 여러분이 다른 사람을 사랑하지 않는데 다른 사람이 어떻게 여러분을 사랑할 수 있겠습니까? 마찬가지로 여러분이 다른 사람에게 미움을 받는다는 것은 여러분이 다른 사람을 미워한다는 뜻입니다. 그렇지 않다면 다른 사람이 왜 여러분을 미워하겠습니까?

　만약 누군가가 자신은 다른 사람을 미워하지 않는데도 다른 사람이 자신을 미워해서 그 이유를 모르겠고 정말 억울하다고 생각한다면 나는 그에게 축하를 할 겁니다. 그건 다른 사람이 그를 인간으로 여긴다는 의미니까 말입니다. 이것은 결코 우스갯소리가 아닙니다. 이런 예를 하나 들어봅시다. 여러분이 길을 가는데 돌부리에 걸려 넘어졌다면 여러분은 이 돌을 미워할까요? 여러분은 그 돌을 발로 차며 화를 내거나 짜증을 부릴 수는 있지만 그 돌을 미워하지는 않을 것인데 돌은 사람이 아니기 때문입니다. 그런데 돌부리가 사람을 넘어지게 한 것과 마찬가지로 고의가 아니었음에도 불구하고 여러분이 다른 사람의 기분을 상하게 했다면, 여러분은 사람이기 때문에 결과적으로 미움을 받게 됩니다. 이것은 사랑이나 미움이 모두 사람을 대상으로 한다는 것을 말해줍니다. 인간만이 사랑할 수 있고 미워할 수 있으며 또한 사랑받을 수 있고 미움을 받을 수 있습니다. 그래서 미움조차도 인간의 확증이 됩니다. 우리가 결코 이런 방식으로 자신이 인간임을 증명하기를 원하지 않을지라도 말입니다.

미움조차도 인간의 확증이라고 한다면 사랑은 더욱 그렇습니다. 생각해보십시오. 여러분이 한 사람이나 많은 사람들에게 사랑받고 있을 때 자신이 지극히 인간답다고 느끼지 않을까요? 문제는 왜 그런가 하는 것입니다. 왜 사람은 정감의 체험을 통해 자신이 인간이라는 것을 증명하는 걸까요? 간단히 말하면 주요하게는 두 가지 원인이 있습니다. 첫째, 사람은 반드시 사람과 사람의 관계를 통해서, 타인을 통해서 자신을 확증해야 하는데 정감이 사람과 사람의 관계이기 때문입니다. 둘째, 사람은 자신의 내면 체험을 통해서만 자신이 확증을 얻었는지의 여부를 정할 수 있는데 정감이 일종의 체험이기 때문입니다.

먼저 첫 번째 원인을 말해봅시다. 사람은 어떻게 자신이 사람이라는 것을 증명할까요? 그것은 타인을 통해서만 증명할 수 있습니다. 이 말은 내가 한 말이 아니라 마르크스가 한 말입니다. 마르크스는 사람이 이 세상으로 올 때 거울을 가져오지 않았기 때문에 다른 사람을 통해서 자신을 반영하고 인식한다고 했습니다. 피터라는 사람이 자신을 인간으로 간주하는 것은 폴이라는 사람이 자신과 같다는 것을 알기 때문입니다. 폴이 인간인 이상 당연히 피터도 인간입니다. 이처럼 폴은 피터의 '인간의 증명'이 됩니다. 하지만 폴이 사람이 아니라면 어떻게 피터를 증명할 수 있을까요? 피터가 사람임을 폴이 증명할 수 있는 것은 폴이 사람임을 의미합니다. 폴은 피터를 증명했으며 자신도 증명했습니다. 피터는 폴에 의해 증명되는 동시에 폴을 증명했습니다. 따라서 인간의 확증은 인간과 인간 간의 상호 증명, 혹은 인간과 인간 사이의 상호 확증입니다.

그렇다면 사람은 또 어떻게 자신이 확증을 얻었다는 것을 알 수 있을까요? 그것은 수학 공식으로 계산할 수도 없고 측량 도구로 잴 수도 없으며 오직 자기 자신에 의지해서 느낄 수밖에 없습니다. 만약 어떤 사람이 이미 증명을 받았는데도 그 자신은 그 사실을 알지 못한다면 이것은 증명되지 않은 것이나 마찬가집니다. 이렇게 해서 인간의 확증은 인간의 내면 체험에 호소할 수밖에 없습니다. 실제로 인간은 자유를 느낄 때에만 비로소 자유로우며 행복을 느낄 때에만 행복한 것처럼, 자신이 확증을 받았다고 느낄 때에만 확증될 수 있습니다. 다시 말해서 인간의 확증은 '확증감'으로 증명되어야 합니다. 확증감은 확증의 확증입니다.

정감은 본질상 인간의 확증감이며 인간이 하나의 대상에게서 자아 확증을 체험하는 심리 과정입니다. 사랑은 긍정적인 확증감입니다. 조국, 고향, 부모, 가족, 노동 성과, 예술 작품과 같이 인간의 사랑을 일으킬 수 있는 모든 대상은 이런 증명을 가장 잘 제공할 수 있습니다. 미움은 부정적인 확증감입니다. 생활 속에서 우리가 가장 미워하는 것은 우리를 사람으로 간주하지 않고 우리가 사람이라는 것을 증명할 수 없거나 혹은 우리가 사람이 되지 못하게 하는 사람들입니다. 우리는 이런 사람들을 종종 '죽이고 싶을 정도로 증오합니다.' 그래서 사회는 사랑을 제창할 수 있을 뿐 미움을 제창할 수는 없습니다. 미움은 부정적인 확증감으로서, 반드시 제거되어야 하며 이를 '미움의 해소'라고 합니다. 미움의 해소는 바로 부정성을 제거하고 확증감을 체험하는 것이기 때문에 일체의 긍정적인 확증감을 받아들이기 쉽게 합니다.

이제 다들 대체로 정감이 어떤 것인지 알게 되었을 것입니다. 정감이란 인간과 인간 간의 상호 확증의 심리 체험입니다. 정감이 상호 확증인 이상 그것은 본질적으로 반드시 동정감이어야 하며 반드시 이론적, 논리적으로 각 개인의 정감이 모두 같기를 요구합니다. 그래서 여러분이 다른 사람을 미워하지 않는데도 불구하고 억울하게 오해를 받는다 하더라도 다른 사람은 여전히 여러분이 자신을 미워한다고 상상하려고 합니다. 물론 그 사람이 여러분을 사랑한다면 그는 여러분이 자신을 사랑한다고 상상할 것이며 결코 자신이 여러분을 오해하고 있는지 아닌지는 상관하지 않습니다.

결론적으로 여러분은 다른 사람이 자신을 사랑한다고 상상할 수 있어야만 다른 사람을 사랑할 수 있고, 다른 사람이 자신을 미워한다고 상상할 수 있을 때에만 다른 사람을 미워할 수 있습니다. 반대의 경우도 마찬가지입니다. 만약 여태까지 다른 사람을 사랑해본 적이 없다면 다른 사람도 여러분을 사랑할 수 없으며, 만약 여태껏 다른 사람을 미워해본 적이 없다면 다른 사람도 여러분을 미워하지 않을 것입니다. 우리는 당연히 사랑만이 있고 미움이 없기를 바라지만 이것은 우리 생각대로 되지 않습니다.

정감이 본질적으로 동정감인 이상 정감은 또한 전달할 수 있고 반드시 전달해야 합니다. 또 정감이 전달할 수 있고 반드시 전달해야 하는 것인 이상 정감은 또한 대상화할 수 있고 반드시 대상화해야 합니다. 대상화도 전달도 목적은 모두 인간의 확증을 실현하는 것입니다. 따라서 정감을 대상화하는 형식과 정감의 전달로서의 예술은 본질적으로 인간의 확증입니다.

이렇게 해서 우리는 예술은 인간의 확증이라고 하는 세 번째 결론을 얻었습니다.

우리가 얻은 이 세 가지 결론은 서로 관련이 있고 단계가 있습니다. 정감을 대상화하는 형식은 예술의 특징이고, 정감의 전달은 예술의 기능이며, 인간의 확증은 예술의 본질입니다. 그리고 예술은 인간의 확증이기 때문에 정감의 전달이며 예술이 정감의 전달이기 때문에 그것은 정감을 대상화하는 형식이 되는 것입니다. 예술의 가장 핵심적인 비밀에 대해서는 모두 다 말한 것 같지 않습니까?

그렇다면 미와 심미는 어떨까요?

미감과 심미는 어떻게 다른가

예술의 비밀이 밝혀지면 미와 심미의 비밀 또한 낱낱이 드러납니다. 미와 심미와 예술이 내적 연계를 가진 총체인 이상 예술의 비밀은 미와 심미의 비밀이기 때문입니다. 여기에 대해서 조금 더 자세히 이야기를 하겠습니다.

이번에도 역시 거꾸로 미감부터 이야기를 시작하겠습니다.

앞에서 말한 바와 같이 미와 심미의 비밀은 이미 칸트에 의해서 밝혀졌습니다. 칸트의 연구 방법은 마르크스가 『자본론』을 쓸 때 사용했던 방법과 마찬가지로 가장 간단하고 보편적이고 기본적이면서도 가장 흔하며 평범한 관계로부터 출발했는데, 단지 그것이 마르크스에게는 상품 교환이었고 칸트에게는 취미 판단이었을 뿐입니다. 취미 판단의 네 가지 계기에 대한 분석을 통해서 칸트는 심미의 가장 본질적인 특징, 즉 공리를 초월하고 개념이 아니면서 목적을 갖지 않는 주관적 보편성을 밝혔습니다. 이것들은 모두 충분히 논증되었으며 유일하게 '공통감'의 내력이 분명하지 않다는 것이 문제가 되었습니다.

하지만 지금은 이 점이 문제가 되지 않는데, 이른바 '공통감'은 동정감이며, 전달할 수 있고 반드시 전달해야 한다고 하는 정감이기 때문입니다. 정감이 동정감이고 전달할 수 있으며 반드시 전달되어야 하는 것이기 때문에 정감으로서의 미감은 함께 향유할 수 있어야 하고 반드시 함께 향유해야 합니다. 함께 향유할 수 있을 뿐만 아니라 반드시 함께 향유하려면 심미 과정에는 반드시 '하나의 판단에 대한 모든 사람들의 찬성의 필연성'이 존재합니다. 실제로 이 '하나의 판단에 대한 모든 사람들의 찬성의 필연성'은 정감이 전달할 수 있고 반드시 전달해야 하는 규정성입니다. 이렇게 해서 미와 심미의 비밀은 실제로 이미 밝혀졌습니다.

하지만 이렇게 말하는 것으로는 신뢰성이 좀 부족할지도 모릅니다. 그래서 분석과 논증을 좀 더 진행해야 합니다. 게다가 마르크스가 상품에서 시작했듯 우리도 가장 간단하고 보편적이고 기본적이면서도 가장 흔하고 평범한 사실과 현상으로부터 출발할 것인데, 그것이 미감입니다.

심미 활동에는 미감이 있어야 합니다. 만약 여러분이 심미 활동 중에서 아무런 감각도 느끼지 못했다면 그것은 심미 활동이 아닙니다. 아무런 느낌이 없고 무관심하여 조금도 감각이 없다면 심미가 아니라는 점에는 문제가 없을 것입니다. 심미는 반드시 느낌이 있는 활동입니다. 이것이 첫 번째입니다.

두 번째는 이런 느낌이 대상의 미추에 관한 것이어야지, 대상의 참과 거짓, 선악에 관한 것이어서는 안 된다는 점입니다. 대상의 참과 거짓을 판단하는 활동은 인식이고 그것이 만들어내는 느낌은 이지감理智感입니다. 대상의 선악을 판단하는 활동은 도덕이며 그것이 만들어내는 느낌은 도덕감입니다. 대상의 미추를 판단하는 활동은 심미이고, 그것이 만들어내는 것은 심미감입니다. 인식 활동의 결과나 결론에는 진위眞僞 혹은 시비是非가 있지만 어떤 결과나 결론을 얻었든지 이 활동은 모두 인식 활동이며 이지감을 만듭니다. 가령 잘못에 대해 생겨난 의혹은 이지감입니다. 도덕 활동의 결과나 결론은 선과 악 혹은 좋고 나쁨, 옳고 그름이 있지만 어떤 결과나 결론을 얻었든지 이 활동 역시 모두 도덕 활동이며 도덕감을 만듭니다. 악행에 대해서 생긴 의분감義憤感 같은 것이 도덕감입니다.

마찬가지로 심미 활동의 결과나 결론은 미추를 가지지만 어떤 결과나 결론을 얻었든지 이 활동 또한 모두 심미 활동이며 모두 심미감을 만듭니다. 다시 말해서 심미감은 미의 느낌과 추의 느낌을 포함합니다. 미의 느낌과 추의 느낌은 인식의 느낌과 도덕의 느낌이 아니라 심미의 느낌이고 심미 활동의 결과와 증명으로, 당연히 넓은 의미로 심미감, 간단하게는 미감이라고 부릅니다.

이것이 광의의 미감입니다. 협의의 미감은 미에 대한 느낌을 가리킵니다. 서양 미학의 논리에 따르면 미에 대한 느낌은 우미감優美感과 숭고감崇高感을 포함하는데, 그중에서 우미감이 가장 좁은 의미의 미감입니다. 사람들이 미감을 이야기할 때 통상적으로 가리키는 것 역시 우미감입니다. 이 점은 중국에서도 마찬가집니다. 이는 우미감이 가장 전형적인 미감이라는 것을 말합니다. 가장 전형적이기 때문에 가장 좁은 의미가 되는 것입니다. 그래서 일반 사람들이 말하는 미감은 주요하게는 우미감을 가리킵니다.

그렇다면 미감은 무엇일까요? 우선 일종의 정감입니다. 만약 정감이 아니라면 미감이라고 부르지 않을 것입니다. 이 점에는 당연히 문제가 없을 것입니다. 다음으로, 고급한 정감입니다. 이 점에도 문제가 없을 텐데, 많은 심리학자가 이렇게 말을 했습니다. 고급한 정감은 이지감, 도덕감, 심미감을 포함하는데 후난사범대학교湖南師大校의 천샤오찬陳孝禪 교수 같은 심리학자는 그것들을 합해서 정조情操라고 불렀습니다. 천샤오찬 교수는 인간의 정감을 정서, 정감, 정조로 나눌 수 있는데, 정서는 저급한 정감이고 정감은 일반적인 정감이며 정조는 고급한 정감이라고 주장했습니다.

이 말은 이치에 맞습니다. 다만 정조라는 말을 선뜻 받아들이기가 쉽지 않을 뿐입니다. 일반 사람들의 관념 속에서 정조란 종종 오직 도덕감만을 가지며 절개와 연계되기 때문입니다. 다시 말해서 도덕적 정감은 도덕적 절개와 결합해서 정조가 됩니다. 미감을 정조라고 칭하면 오해를 일으키기가 쉽습니다. 하지만 지금도 적절한 단어를 생각해내지 못했기 때문에 정조라는 말로 이지감, 도덕감, 심미감을 통칭합니다. 다만 미감이 고급한 정감이라는 것을 기억하면 됩니다.

그렇다면 미감이 왜 고급한 정감일까요? 이 점에 대해 천샤오찬 교수는 언급하지 않았습니다. 사실 이것은 심리학자가 아닌 미학가의 임무입니다. 우리가 보기에 미감이 고급한 정감인 까닭은 그것이 전달을 거친 것, 즉 대상화된 것이기 때문입니다. 다시 말해서 미감은 대상화된 정감입니다. 대상화되어 '가공'되고 '개조'되었기 때문에 더 이상 원시적이고 투박한 일반적인 정감이 아니라 고급한 정감이 되는 것입니다.

하지만 분명히 해야 하는 것은 여기에서 '가공'과 '개조'에 인용부호가 붙어 있다는 점입니다. 다시 말해서 결코 우리가 이 정감에 뭔가를 꾸며서 어떻게 하는 것이 아닙니다. 정감은 여전히 정감이며, 다만 먼저 하나의 대상에 대상화되어 그 대상으로부터 공명을 얻을 따름입니다.

이 과정은 일찍이 옛사람이 주목했었습니다. 유협劉勰은 『문심조룡文心雕龍』의 「물색物色」편에서 "산이 첩첩이 쌓여 있고 물이 굽이돌며 나무가 각양각색이고 구름이 모여 있다. 눈은 이미 이리저리 살피고 마음도 다 털어놓았다가 다시 거두어들인다. 봄날은 길어서 날 저무는 것이 더디고 가을바람은 스스스 소리를 낸다. 정이 가서 주는 듯하고 흥이 와서 답하는 듯하다"라고 했는데, 여기에서 말하는 것이 이 과정입니다. '정이 가서 주는 듯하다'는 정감의 대상화를 말하고 '흥이 와서 답하는 듯하다'는 이 정감의 대상에게서 다시 공명을 얻었음을 말하는 것으로, 그것들은 단지 왔다 갔다 할 뿐입니다.

하지만 정감이 대상과 대상화 사이를 오가는 것과 그렇지 않은 것은 크게 다릅니다. 이것이 없으면 정은 여전히 일반 정감인 '정情'으로 머물러 있을 뿐 고급한 정감인 '흥興'으로 변할 수 없습니다. 여기에서 말하는 '흥'은 미감과 다릅니다. 흥은 '흥상興象'이라고도 부르며 심미 정감에 심미 의상意象, 즉 심미 이미지를 더한 의미입니다. 심미 정감과 심미 이미지를 더해 '흥상'이라고 부르는 것입니다. 이로써 '흥'이 확실히 미감의 의미를 가지고 있다는 것을 알 수 있으며, 상술한 과정에서 정감과 대상이 모두 변화를 일으켰음을 알 수 있습니다. 정감은 대상화되었기 때문에 일반 정감에서 심미 정감으로 변했고, 심미 주체의 머릿속에 반영된 대상은 정감화되었기 때문에 일반적인 표상에서 심미 이미지로 변했습니다. 그래서 심미는 정감이 대상화하는 과정이고 미감은 대상화된 정감입니다.

앞에서 정감이 반드시 대상화되어야 하는 까닭은 정감이 반드시 전달되어야 하는 것이기 때문이라고 말했습니다. 따라서 심미는 정감이 대상화되는 과정이고 미감은 대상화된 정감이라고 하는 것은 심미가 정감의 전달이며 미감이 전달된 정감이라는 말과 같습니다. 여기에서 대상화는 방식이고 전달이야말로 본질입니다. 정감을 전달하기 위해서는 반드시 정감을 대상화해야 합니다. 그래서 이 관점은 또한 '심미본질전정설審美本質傳情說'이라고 할 수 있는데, 그 의미는 심미의 본질은 정감 전달이라는 말입니다.

이 점을 분명하게 하기 위해서는 전달의 정의를 다시 한 번 이야기할 필요가 있습니다. 전달이란 다른 사람에게 같은 정감, 즉 동정과 공명을 체험하게 하는 것입니다. 각 개인의 정감 체험은 모두 다릅니다. 따라서 두 사람이 정감을 교류하려고 시도할 때, 그들은 분명 상호 지향적이지만 오히려 서로 지나쳐버릴 수도 있습니다. 가령 많은 부모가 자녀를 매우 사랑하지만 부모가 반드시 자녀에게서 사랑에 대한 회답을 얻을 수 있는 것은 아닙니다. 자녀는 부모를 사랑으로 대할 수도 있고 냉담, 멸시, 심지어는 난폭함으로 대할 수도 있습니다. 이때 부모들은 몹시 상심해서 우리가 어떻게 이렇게 배은망덕한 놈을 키웠는지 탄식할 것입니다.

이는 정감이 전달되어야 하는 것이기는 하지만 반드시 전달될 수 있는 것은 아님을 말해줍니다. 이론적으로 말하면 정감은 본질상 주관적이기 때문에 어떤 정감은 전달되고자 하며, 특히 사람과 사람 사이에 보편적으로 전달되려고 합니다. 이렇게 되기 위해서는 '중개물'의 힘을 빌려야 하는데 그것은 '정감 전달의 매개체'라고 불립니다. 〈초원의 밤草原之夜〉이라는 노래는 "아름다운 밤 빛깔이 얼마나 평온한지. 초원에는 내 거문고 소리만 남았네. 먼 곳의 아가씨에게 편지를 보내고 싶건만 애석하게도 마음을 전해줄 우체부가 없구나"라고 노래하고 있습니다. 여기에서 '중개물'이 얼마나 중요한지 알 수 있습니다. 여기에서의 중개물은 정감을 전달해줄 '우체부'입니다. 이 '중개물'이 없고 '우체부'가 없으면 여러분의 정감은 '먼 곳의 아가씨'에게 전달될 수 없고 초원에는 그야말로 여러분의 거문고 소리만 남을 뿐입니다.

혹시 이 노래가 우리의 공명을 일으켰기 때문에 그의 정감이 이미 전달되었다고 생각할 수도 있습니다. 그렇습니다. '우체부'가 없는 이 사람은 스스로 '우체부'를 찾는데 그것이 이 노래입니다. 이 노래는 '우체부'가 아닌 '우체부'입니다. 그의 정감은 이 노래를 통해 전달됩니다. '먼 곳의 아가씨'에게 전달이 되었는지 아닌지는 모르겠지만 적어도 우리에게는 전달되었습니다.

모든 예술품, 모든 심미 대상은 '정감 전달의 매개물'이며 '우체부'입니다. 우리가 같은 노래를 하고 같은 그림을 보고 같은 영화를 보고 감동할 때 우리의 정감 또한 전달됩니다. 심지어 예술은 전적으로 정감의 전달을 위해 만들어진다고 할 수 있습니다. '정감 전달의 매개물'의 역할을 맡는 외에 예술이 어떤 쓸모가 있는지 알 수 없기 때문입니다. 게다가 정감을 전달하는 것이 목적이기 때문에 예술은 정감과 마찬가지로 이치를 따지지 않습니다.

송나라 시인 여본중呂本中에게 이런 사詞가 한 수 있습니다. "그대가 강가의 누각에 걸린 저 달처럼 동서남북 어디든지 갈 수 있었으면 좋았을 것을. 그랬다면 동서남북 어디든지 그대가 가는 대로 오직 그대를 따라가면 이별이 없을 것인데. 그대의 마음이 강가의 누각에 걸린 저 달처럼 잠시 가득 차더니 금방 다시 이지러지는 것이 원망스럽구나. 잠시 가득 차더니 금방 다시 이지러지니, 언제 다시 둥글어지려나." 이 사를 읽고 도대체 달을 닮아야 한다는 건지, 달을 닮지 않아야 한다는 건지를 말해보라고 싸울 수는 없을 것입니다. '동서남북 어디든지 가는 것'이나 '잠시 가득 차더니 금방 다시 이지러지는 것'은 모두 자연의 법칙입니다. 이 사는 결코 달에 관한 것이 아닙니다. 마찬가지로 "장안長安에 한 조각 달이 밝은데 집집마다 다듬이질 소리 들려온다. 가을바람은 끊일 줄 모르니 모두가 옥문관玉文關에 있는 임 그리는 정이로다"라는 시에서 달은 '정감 전달의 매개체'일 뿐입니다.

모두들 눈치 챘는지 모르겠지만 달은 시인과 예술가가 가장 사랑하는 것입니다. 옛날에는 "이슬은 오늘밤부터 하얗게 되는데 달은 고향 달과 다름없이 밝기만 하구나"라고 달에 관해 쓴 시가 있었다고 한다면, 오늘날에는 "달이 내 마음을 대신하네"라는 유행가가 달을 노래합니다. 그리고 〈월광 소나타〉같은 것을 보면 중국사람은 물론이고 외국 사람도 달을 좋아한다는 것을 알 수 있습니다. 달은 가장 훌륭한 '정감 전달의 매개체'이기 때문입니다. 달은 희고 깨끗하고 부드러워서 사랑의 멜로디나 장력張力과 꼭 일치합니다.

더욱 중요한 것은 달은 누구나 볼 수 있다는 점입니다. "바다 위에 밝은 달이 휘영청 떠오르니 하늘 끝에 있는 그대도 지금 이 달을 함께 보고 있겠지", "오직 바라는 것이 있다면 그대가 오래 살아 천 리나 멀리 떨어져 있지만 아름다운 이 달빛을 함께했으면 하는 것이로다"라는 구절을 보십시오. 달이 정감 전달의 훌륭한 매개체인 이유는 이 '함께한다'라는 말에 있습니다. 함께하면 감정을 전달할 수 있고 공명할 수 있습니다. "보름달은 고향도 비추고 변방 지역의 관문도 비추네. 고요한 밤, 그대도 그리워하고 나도 그리워하네"라는 노랫가사에서 핵심은 '고요한 밤, 그대도 그리워하고 나도 그리워하네'라는 뒷구절에 있습니다. 그대도 그리워하고 나도 그리워하는 것이 바로 동정이고 동정감이며 정감의 전달이 아니겠습니까?

그래서 달은 시인과 예술가가 가장 사랑하는 것일 뿐만 아니라 인류에게 가장 중요한 심미 대상의 하나가 됩니다. 여기에서 우리는 심미 대상의 비밀을 볼 수 있습니다. 심미 대상이란 '정감 전달의 매개체'를 말합니다. 이런 의미에서 말하면 심미 대상은 예술품이고 예술품은 심미 대상이며 그것들은 모두 '정감 전달의 매개체'입니다. 예술품의 임무는 주로 사람과 사람 사이에 정감을 전달하는 것이고, 심미 대상의 임무는 주로 자신과 자신의 정감을 실현하는 것일 따름입니다. 이때 심미 대상은 다른 사람이 됩니다. 바로 '잔을 들어 밝은 달을 맞이하니 그림자가 나타나 세 사람이 되었네', "서로 바라보아도 싫증나지 않는 것은 오직 경정산敬亭山이 있을 뿐이구나"라는 것처럼 말입니다. 이제 이 문제에 대해서는 더 이상 이야기할 필요가 없을 것입니다.

미와 추를 나누는 기준은 무엇인가

앞에서 나는 여러분이 이미 예술은 정감을 대상화하는 형식이고 미감은 대상화된 정감이며, 예술은 정감의 전달이고 심미는 대상을 빌려 정감을 전달하는 활동과 과정이라고 하는 미와 예술 사이의 깊은 연계를 보았으리라고 생각합니다. 미와 예술이 이렇게 깊은 내적 연계를 가지고 있는 이상, 예술은 인간의 확증이고 미는 인간이 인간임을 확증해줄 수 있는 것이라는 결론 또한 이치에 맞습니다.

이 점에 대해서 나는 반대쪽, 즉 추에서부터 증명해보려고 합니다.

추를 말하기에 앞서 몇 가지 문제를 확실히 해야 할 필요가 있습니다. 첫째는 칸트 미학을 이야기할 때 언급한 적이 있는데 미와 추는 심미적인 것이며 미의 문제와 추의 문제 또한 미학의 문제로서, 참과 거짓이 논리학의 문제이고 선과 악이 윤리학의 문제인 것과 같다는 것입니다. 미와 추 이외에는 '비심미'가 있습니다. 비심미는 미도 아니고 추도 아니며 좀 더 정확하게 말하면 미추와 관계가 없습니다. 미추와 관계가 없는 것은 심미 대상이 아니며 미학의 연구 대상도 아닙니다. 물론 비심미가 미학과 전혀 관계가 없는 것은 아닙니다.

미학은 적어도 다음의 두 가지 문제에 대답을 해야 합니다. 첫째, 무엇을 심미라고 하고 무엇을 비심미라고 하는가 하는 심미와 비심미의 구별 문제입니다. 둘째, 비심미가 어떻게 심미로 변하는가에 대답해야 합니다. 세계에는 진위가 없듯 미추도 없습니다. 자연계는 여태껏 가짜를 만들지 않았으며 자연계의 모든 형상과 물건은 참입니다. 자연계는 또한 선악에 상관하지 않습니다. 이리가 양을 잡아먹는 것을 악이라고 하는 것은 사람의 견해지 자연계의 견해가 아닙니다. 자연계는 '견해'라는 것을 가지고 있지 않습니다. '견해'를 가지고 있지 않다는 것은 진위, 선악, 미추를 가지고 있지 않다는 말이기도 합니다. 그래서 자연계는 비논리적이고 비도덕적이며 비심미적입니다.

그렇다면 세상에 왜 진위, 선악, 미추가 생겼을까요? 한마디로 인간이 생겼기 때문입니다. 진위, 선악, 미추는 모두 사물에 대한 사람들의 평가이고 사람들의 가치 판단이며, 사람을 중심으로 세운 평가 기준입니다. 양을 잡아먹는 일을 가지고 말해봅시다. 사람들이 이리가 나쁘다고 말하고 나쁜 이리라고 부르는 것은 이리가 양을 잡아먹기 때문입니다. 하지만 인간도 양을 먹습니다. 단순히 먹는 정도가 아니라 아주 많이 먹습니다. 정말로 통계를 내본다면 사람이 먹는 분량이 이리가 먹는 분량보다 적지 않을 것입니다. 또한 이리는 야생의 양만을 잡아먹고 양은 잡아먹히기 전까지 초원에서 자유롭게 생활할 수 있습니다. 그러나 사람은 양을 우리에 가둬놓고 오로지 먹기 위해 사육합니다. 사람과 이리를 비교하면 도대체 어떤 쪽이 더 악할까요? 그러면 왜 똑같이 양을 먹는데도 인간은 선하고 이리는 악할까요?

그것은 선악의 기준을 사람이 정했고 사람을 위해 정했기 때문입니다. 정말로 사람들은 이리는 악하고 양은 선하다고 말합니다. 당연히 우리는 반대로 양은 악하고 이리는 선하며 양은 당연히 죽어야 하고 이리가 양을 잡아먹는 것을 '하늘을 대신해서 정의를 집행하는 것'이라고 할 수 없습니다. 정확하게 말하면 이리와 양은 모두 선악과 상관없습니다. 사마귀가 매미를 잡으려고 하는데 참새가 뒤에서 사마귀를 노리고 있다고 하는『장자』의 이야기처럼 어떤 것이 더 나쁘다고 말할 수는 없습니다. 그것들은 모두 자신의 생존을 위할 뿐이기 때문입니다. 이것이 우리가 명확하게 해야 하는 두 번째, 즉 진위, 선악, 미추는 모두 사람에 대한 말이라는 점입니다.

셋째, 진위, 선악, 미추가 모두 사람에 대한 것이기 때문에 그것들은 또한 모두 상대적인 것이며 상호 전화될 수 있습니다. 참은 거짓으로 변할 수 있고 선은 악으로 변할 수 있으며 미는 추로 변할 수 있고 그 반대도 마찬가지입니다. "신기한 것은 다시 썩어 냄새가 나고, 썩어 냄새가 나는 것은 다시 신기한 것으로 변한다"라는 장자의 명언은 이런 이치를 말하고 있습니다. 참과 거짓, 선과 악, 미와 추는 모두 부단히 변화하는 것들입니다. 가령 예전에는 쌍꺼풀이 미로 여겨졌습니다. 티베트에서는 쌍꺼풀을 가진 아이가 태어나면 인두세를 면제받을 수 있을 정도였습니다. 하지만 지금은 모두 홑꺼풀이 더 좋다고들 합니다. 홑꺼풀이 '쿨하니까요'. 어떻습니까, 변하지 않았습니까? 가치 기준이 바뀌었을 뿐만 아니라 심미 취향도 바뀌어서 '아름다운 것'에서 '쿨한 것'으로 변했습니다.

실제로 무엇이 미고 무엇이 추이며 무엇이 심미고 무엇이 비심미인가 하는 문제들에 대한 결론은 변화하고 있습니다. 비심미는 심미로 변하고 심미는 다시 비심미로 변하며, 미는 추로 변화하고 추는 다시 미로 바뀝니다. 더군다나 심미는 비심미에서 기원하고 미는 종종 추에서 나옵니다. 가령 꽃은 지금은 미입니다. 하지만 원시인의 조각이나 회화에서는 꽃이라고는 그림자도 찾아볼 수 없습니다. 원시인에게는 꽃, 풀, 나무 그리고 우리들이 자연미라고 부르는 것들이 모두 심미 대상이 아니라 비심미적인 것이었기 때문입니다.

원시인은 그것들에서 미를 볼 수 없었던 것이 아니라 보거나 듣고도 관심이 없었던 것입니다. 어린아이도 마찬가집니다. 여자아이는 여러 가지 꽃과 풀들에 대해서 특히 민감하겠지만 남자아이는 대부분 흥미가 없습니다. 그렇다고 해서 남자아이가 화초를 추하다고 여기지도 않을 것인데 화초에는 그저 관심을 가질 가치가 없을 뿐입니다. 따라서 남자아이에게 화초는 비심미입니다. 하지만 이는 그가 장래에 저명한 화조 화가가 되는 것과는 전혀 상관이 없습니다. 그때는 비심미가 심미로 바뀌는 것입니다.

추가 미로 변한 예는 그 밖에도 아주 많습니다. 황량한 사막은 예전에는 추였습니다. 부득이한 경우를 제외하면 고비사막의 황량한 모래톱에 가서 한가로이 돌아다니기를 원하는 사람은 없었습니다. 하지만 지금 황량한 사막은 이미 많은 예술가, 특히 촬영예술가가 가장 사랑하는 것이 되었습니다. 그들에게 황량한 사막은 청산녹수보다 더욱 관심을 가지고 살펴보는 심미 대상입니다. 사실 많은 '미'는 '추'에서 변한 것들입니다. 지는 연꽃과 시든 버드나무, 어지러이 흩어져 있는 돌과 험한 여울 같은 것들이 그렇습니다. "그해 벌어졌던 격렬한 싸움에 앞마을 담벼락에 총알이 관통했다. 저 담벼락이 관산을 장식하니 오늘 아침 더욱 보기 좋구나"라고 노래하고 있는 풍경은 추가 미로 변한 것입니다.

그렇지만 모든 것이 추에서 미로 변할 수 있는 것은 아닙니다. 쓰레기 같은 것들은 어쩌면 영원히 미로 변하지 않을 것입니다. 쓰레기가 아름답다고 생각하는 사람이 있다면 그는 정말 정신이 좀 이상한 사람일 것입니다. 쓰레기처럼 영원히 미로 변할 수 없는 것을 목록으로 만든다면 그것들은 거의 예외 없이 사람이 사람의 대상임을 증명할 수 없는 것들일 겁니다. 그것들은 분뇨처럼 사람이 내다버리려고 하는 것이거나, 질병처럼 사람이 피하려고 하는 것이거나, 죽음처럼 사람으로 하여금 사람이 되지 못하게 하거나, 시체처럼 이 모든 것들을 상징하는 대상일 것입니다.

동물 중에서 '아름답다'고 생각되기 가장 힘든 것이 원숭이입니다. 원숭이는 왜 종종 '유인원'라고 여겨질까요? 원숭이는 사람을 닮았지만 사람이 아니며 '사람이 아니라는' 특징을 아주 쉽게 볼 수 있기 때문입니다. 다른 동물은 사람과의 차이가 아주 커서 아예 비교가 불가능합니다. 거리가 생기면 미가 될 수 있습니다. 그래서 사람은 결코 원숭이가 아름답다고 말하지 않고 다만 그것을 가지고 놀고 웃음거리로 삼고 얕보는 대상으로 여길 뿐입니다. 그래서 심지어는 원숭이를 데리고 거리에서 쇼를 하며 구경꾼을 불러 모으기도 합니다. 만약 원숭이가 아름답다면 그렇게 할 수 있을까요? 이는 인간이 스스로 인간임을 의식할수록 자신의 비인간적인 형상에 반감을 가지며, 자신의 비인간적인 형상에 대해서 반감을 가질수록 자신의 인간적인 본질을 긍정함을 말해줍니다. 따라서 미는 인간이 인간이 되는 것을 확증해줄 수 있는 것인 반면 추는 인간이 되는 것을 확증해줄 수 없는 것이라는 결론을 얻을 수 있습니다.

자, 그렇다면 질병은 아름답지 않다고 했는데 병든 서시는 어떻게 설명할 수 있을까요? 이 문제에서는 서시가 병이 들었기 때문에 아름다운 것인가, 아니면 병이 서시로 인해 아름다운 것인가 하는 논리 관계를 명확하게 할 필요가 있습니다. 답은 아마도 후자일 것입니다. 병든 서시가 아름다운 까닭은 병이 난 사람이 서시이기 때문입니다. 서시는 원래 예뻤기 때문에 병이 들어 눈썹을 찌푸리니 사람들에게 더욱 연민을 느끼게 하고 더욱 아름답게 보이게 된 것이지만, 못생긴 동시東施는 그것도 모르고 서시를 따라 억지로 눈썹을 찌푸리고 다녀서 사람들이 더욱 동시를 싫어하도록 만들었던 것입니다.

그렇다면 동시는 병이 깊을수록 추하고 서시는 병이 깊을수록 아름다우니, 미추는 병의 유무와 그래도 어느 정도 관계가 있다고 말할 수 있을까요? 물론 약간은 있습니다. 그것은 조미료와 같습니다. 병든 서시가 아름다운 이유는 그녀가 원래 사랑스럽기 때문입니다. 그래서 병이 나자 더욱 사람들의 마음을 아프게 해서 더욱 아름답다고 느끼게 한 것입니다. 이는 달콤한 음식을 만들 때 소금을 약간 넣으면 더욱 달콤해지는 데에 비유할 수 있습니다. 그렇다고 해서 소금이 달다고 말할 수는 없지 않겠습니까? 따라서 병이 곧 미라고 말할 수는 없습니다. 만약 병이 곧 미라면 미인선발대회는 당연히 병원에서 열어야 할 것입니다. 병이 제일 심해서 곧 저세상으로 가려고 하는 사람을 일등으로 뽑으면 될 테니까요.

그리고 나는 원숭이가 아름답지 않다고 했지만 화가는 원숭이를 그립니다. 그들은 원숭이뿐만 아니라 죽은 사람도 그립니다. 아쉽게도 이것이 결코 원숭이나 사체가 아름답다는 것을 증명할 수는 없습니다. 어떤 대상이 일단 예술의 영역으로 들어갔다 하면 미추와 선악을 막론하고 일률적으로 미로 바뀌기 때문입니다. 예술에는 추가 없기 때문입니다. 어떤 '예술품'이 여전히 아주 '추'하다면 그것은 근본적으로 '예술'이나 '예술품'이라고 부를 수 없습니다. 가령 어떤 그림이 대단히 '더럽거나' 대단히 '저속하다거나', 목소리가 찍찍 '갈라지고' '불안한 음정으로' 노래해서 '듣기 싫어 죽을 정도'라면 예술이나 예술품이라고 할 수 있을까요?

이것은 '예술미'만 있고 '예술추'는 없으며 '미의 예술'만 있을 뿐 '추의 예술'은 없다는 말과 같습니다. 추를 표현하는 것, 다시 말해서 현실의 추를 표현하는 예술은 '추의 예술'이 아닙니다. 그 예술이 표현하는 대상 자체는 비록 추하지만 예술이 되고 나면 오히려 미로 변하기 때문입니다. 그러므로 진정한 화가가 원숭이를 그렸다면 그 그림은 틀림없이 미가 되었을 것이며 '미후왕美猴王', 즉 손오공이 되었을 것입니다. 여섯 살짜리 어린이가 연기하는 손오공을 볼 때 가장 아름다운 부분은 무엇일까요? 눈입니다. 하지만 그 눈은 원숭이의 눈이 아니라 사람의 눈입니다.

그래서 고대 그리스의 철학자인 헤라클레이토스Heracleitus는 가장 아름다운 원숭이도 사람에 비하면 추하다고 했던 것입니다. 이 명언은 인간이 인간임을 확증할 수 있는 것이 미라는 이치를 명시합니다. 예술에 추가 없는 까닭은 예술이 인간의 확증이기 때문입니다. 예술이 인간의 확증이기 때문에 일단 어떤 예술품이 추하다고 여겨지면 사람들은 차라리 그것을 '예술이 아니다'라고 하지, '추한 예술'이라고 하지 않습니다. 어떤 예술품에 대해서 '추한 예술'이라고 하는 것은 어떤 사람을 '겁쟁이 용사', '강인한 못난이'라고 하는 것처럼 앞뒤가 맞지 않습니다. 물론 어떤 인물을 '평범하면서도 위대하다'라고 말할 수는 있습니다. 하지만 평범함과 위대함은 모두 긍정적 평가이지, 부정적 평가가 아닙니다. 위대함과 반대되는 말은 보잘것없음입니다. 어떤 사람이 '위대하면서도 보잘것없다'라고 할 수는 없겠지요? 그와 마찬가지로 '예술이면서도 흉하다'라고 말할 수 없습니다.

우리는 지금 또 다른 문제인 예술과 미의 관계에 관해 대답을 했습니다. 이는 역사적으로 논쟁이 끊이지 않는 문제이기도 합니다. 많은 미학가가 미와 예술 사이에 등호를 긋는 것을 반대합니다. 그들한테 미는 미이고 예술은 예술일 뿐입니다. 가령 자연미는 예술이 아니며 예술 속에도 추가 있습니다. 그러나 이 점은 우리에게는 문제가 되지 않습니다. 예술 속의 추에 대해서는 이미 확실하게 이야기했으니까요.

자연미에 대해서는 넓은 의미의 예술미로 간주해도 무방합니다. 이른바 '강과 산이 그림과 같다'가 그런 뜻입니다. 실제로 자연계는 미추에 상관하지 않습니다. 우리가 예술품을 보는 눈으로 자연을 대할 때에만 자연계는 자신의 미를 표현해냅니다. 이것이 유종원은 소석담의 미를 발견했지만 많은 관광객은 그렇지 못했던 원인 중 하나입니다. 그래서 고대 그리스의 미학가들은 대부분 자연계를 예술품으로 간주했지만 다만 그것을 신의 예술이라고 생각했습니다.

실제로 미와 예술은 방식과 형태의 차이만 있을 뿐 본질적인 차이는 없습니다. 우한대학교武漢大學校 철학과의 덩샤오망鄧曉芒 교수와 내가 공동으로 중서 미학 비교론에 관해 쓴『황색과 남색의 교향黃與藍的交響』이라는 책에서, 우리는 미와 예술의 관계에 대해서 다음과 같이 기술했습니다. "과정으로서 정감을 대상화하는 것은 예술, 즉 미의 창조이고 결과로서 대상화된 정감은 미, 즉 예술품이다. 예술은 정감의 내용에게 대상화라는 형식을 주었고, 미는 대상화라는 형식으로 구현되고 있는 내용이다. 따라서 미는 응고된 예술이고 예술은 전개되고 있는 미다." 만약 관심이 있다면 이 책을 읽어보기 바랍니다.

그 밖에 내가 쓴『예술인류학』과『인간의 확증』을 추천하고자 하는데 두 권 모두 상하이문예출판사上海文藝出版社에서 출판되었습니다. 내 미학적 관점은 이상 세 권의 책에 모두 담겨 있으며 이번 수업에서 다 이야기하지 못한 것도 이 세 권에 있습니다. 내 미학적 관점은 우리의 이 수업에서는 일부분만 이야기했을 뿐 완전하지 않기 때문에 만약에 비판을 하려면 이 세 권을 모두 읽어야 할 것입니다.

마지막으로 모두들 인내심을 가지고 끝까지 수업을 들어줘서 고맙습니다.

여 덟 째 마 당

미학과
미학사의
흐름

- 서양 고전미학사
- 서양 현대미학사
- 중국 고전미학사

* 본 장의 논리 체계는 덩샤오망, 이중텐의 『황색과 남색의 교향』에 근거했음.

서양
고전
미학사

서양의 고전 미학은 고대 그리스 미학에서 시작되었고 고대 그리스 미학은 고대 그리스 철학에 포함되어 있습니다. 고대 그리스 철학은 고대 그리스의 자연과학에서 기원하는데, 그것은 '물리학의 뒤'로 간주되는 형이상학입니다. 형이상은 도道를 말하고 형이하는 도구를 말하는 것으로, 물리학(자연과학)은 '도구'에 관한 학문이며 '물리학의 뒤'(철학)는 '도'에 대한 사고입니다. 고대 그리스 미학도 마찬가지입니다. 그것이 대답하고자 하는 문제는 '미'라는 이 과제에 관한 가장 근본적인 문제, 즉 미의 본질과 미의 규칙(도)입니다.

따라서 서양 미학의 첫 번째 단계는 반드시 미의 연구이고 반드시 미의 객관성 연구이며 반드시 객관 미학이고 반드시 미의 철학인데, 이는 서양 미학이 철학을 포함하면서도 자연과학에서 기원하기 때문입니다. 하지만 미학은 어쨌든 과학(자연과학)이 아니며 철학(형이상학)과 같지도 않기 때문에 궁극적으로는 비교적 구체적인 문제로 돌아와야 합니다. 그것이 예술이며 미와 예술을 연계시킨 것이 심미입니다. 따라서 거의 모든 미학이 미, 심미, 예술이라는 이 세 가지 내용을 포함하는데, 가령 플라톤의 이데아설은 미의 연구이고 영감설은 심미의 연구이며 모방설은 예술의 연구입니다. 사실상 전체 서양 고전 미학은 미의 연구에서 심미의 연구에 이르고 다시 예술의 연구에 이르는 역정으로, 이 세 개의 높은 봉우리는 고대 미학이 미의 연구이고 칸트 미학이 심미의 연구이며 헤겔 미학이 예술의 연구라는 이 세 가지 주제를 딱 맞게 구현했습니다.

다만 이런 논리 관계는 고대 그리스 시기에는 그저 모호한 상태였습니다. 여기에 대해서는 개략적이나마 분석이 필요한데, 가령 미를 속성으로 간주했던 피타고라스는 순수하게 미를 연구했고, 미를 관계로 간주했던 소크라테스는 심미를 연구했으며, 미를 이데아로 간주했던 플라톤은 예술을 연구했다고 보아도 무방합니다. 실제로 피타고라스와 근대 인식론 미학, 소크라테스와 칸트 미학, 플라톤과 헤겔 미학 사이의 연계는 쉽게 발견됩니다.

하지만 미의 연구는 결국 고대 그리스·로마 미학의 주제이며 미의 객관성 연구는 기조입니다. 따라서 미의 연구 대상은 주요하게는 미와 예술일 수밖에 없는데, 미와 예술만이 객관적인 것으로 간주될 수 있었기 때문입니다. 또한 미의 객관성 연구로서, 미와 예술에 대한 연구는 최종적으로 통일되어야 했습니다. 그래서 고대 그리스·로마의 객관 미학은 미의 연구(피타고라스, 소크라테스, 플라톤), 예술의 연구(아리스토텔레스), 미와 예술의 연구(플로티누스)라는 세 단계로 표현됩니다. 여기에서 플라톤 미학은 예술의 연구로 간주해도 무방하지만, 아리스토텔레스에 비하면 상대적으로 미의 연구 쪽에 가깝습니다.

바로 미와 예술을 신이나 신의 목적으로 귀결 짓는 것으로 통일함으로써 고대 그리스·로마 미학은 자신의 신학판, 즉 중세기 신학 미학을 가지게 되었습니다. 그중에서 아우구스티누스는 플라톤 미학의 신학판(미의 연구)이고 토마스 아퀴나스는 아리스토텔레스 미학의 신학판(예술의 연구)이며 단테는 플로티누스 미학의 '부정판negative' 혹은 '인간학판'(미와 예술의 연구)입니다. 플로티누스는 천지만물의 근원을 가리키는 말인 '태일太一'을 통해서 미학을 신학으로 바꾸었고 단테는 『신곡』을 통해서 신학을 인간학으로 바꾸었습니다.

단테의 출현은 서양 미학이 신학에서 새로이 인간학으로 돌아왔음을 의미합니다. 그리스 종교는 예술 종교였고 그리스 정신은 인문 정신이었기 때문에 실제로 고대 그리스·로마 미학은 피타고라스와 플로티누스 이외에는 모두 인간을 중심에 두었습니다. 이 정신은 문예부흥을 통해서 마침내 서양 세계로 돌아왔으며 이로써 세 번째 역사 단계, 즉 근대 인문 미학 단계로 접어들게 되었습니다. 이 단계에서 칸트의 인식론적 미학(영국 경험론파와 대륙 합리론파를 포함) 이전은 미의 연구이고, 칸트 미학은 심미의 연구이며 헤겔 미학은 예술의 연구로, 서양 미학은 더욱 높은 단계에서 그것의 논리적 기점으로 되돌아왔습니다.

어떤 의미에서는 헤겔 미학과 플라톤, 플로티누스는 일맥상통합니다. 플라톤은 미를 이데아(형상)와 이데아의 세계에 대한 '회상'으로 귀결시켰고, 헤겔은 미를 절대정신과 그것의 '감성적 현현'으로 귀결함으로써 이 세 가지 미학이 모두 신학으로 걸어갔지만 마지막에 진정으로 신학으로 걸어간 것은 플로티누스뿐이었습니다.

플라톤 미학을 신학으로 걸어가는 기로에서 도로 끌어다 놓은 것은 아리스토텔레스였습니다. 아리스토텔레스는 미학을 이데아의 천국에서 인간세상으로 돌아오게 했고 예술에 존재의 이유와 권리를 부여했지만, 자신은 오히려 마지막에 신학적 목적론을 향해 걸어갔습니다. 헤겔 미학도 이런 위험에 직면했는데, 포이어바흐의 '자연적인 인간'이 기울어진 대세를 다시 만회할 수 없었기 때문입니다. 헤겔 이후 서양 미학은 사분오열되었는데 심지어 '미학 취소론'을 향해 나아갔던 것이 그것을 증명합니다.

진정으로 서양 미학의 이 '마법'을 제거한 것은 마르크스와 엥겔스였습니다. 마르크스와 엥겔스의 실천적 유물론은 미학의 전제로서의 인간의 본질 문제를 해결하기 위해 튼튼한 기초를 마련했고 실천 미학의 탄생을 위해 과학적 세계관과 방법론을 제공했으며 이로써 서양의 고전 미학을 종결지었습니다.

헤겔 이후의 서양 현대 미학에 대해서는 다른 글에서 소개하겠습니다.

서양 고전 미학의 요강은 다음과 같습니다.

고대 그리스·로마의 객관 미학

1. 미의 연구

■미의 합규칙성 연구

피타고라스Πυθαγόρας | 고대 그리스, 약 BC 580~약 BC 500

"미는 수와 수의 조화다."

피타고라스는 서양 미학의 첫 번째 인물이자 고대 그리스·로마의 객관 미학의 첫 번째 인물이었으며 과학 정신을 감성적 세계에서 이성적 사유로 전향하게 한 첫 번째 인물입니다. 그가 제기한 '미는 수와 수의 조화다'라는 주장은 고대 그리스 시대의 첫 번째 미학 명제이자 기초 명제였습니다. 그의 주장은 맹목적 선택이 아니라 과학적 인식이었으며 객관성과 본질성에 대한 파악이었습니다. 이에 따라 우주의 규칙성이 처음으로 거론되었고(엥겔스 말) 미의 규칙성 또한 처음으로 거론되었습니다. 미는 자연계 고유의 규칙성으로 규정되었습니다. 미학의 임무는 그것들을 발견하는 데 있었습니다.

피타고라스 미학은 역사적으로 철학의 각도에서 미의 본질을 탐색한 첫 번째 시도였으며 서양의 '과학적 미학'의 원천이었습니다.

■미의 합목적성 연구

소크라테스Σωκράτης | 고대 그리스, BC 469~BC 399

"미는 적합함이다."

피타고라스가 미의 합규칙성을 제기했다고 한다면 소크라테스는 미의 합목적성을 제기했습니다. 소크라테스는 처음에는 미를 속성이 아니라 관계, 즉 객관 사물의 인간에 대한 효용 관계로 간주했습니다. 그에게 세상의 모든 일과 사물은 목적을 가지고 있는데, 그것들 사이의 상호 적합함은 신의 의도를 구현했으며 인간은 신이 가장 뜻을 이룬 작품이었습니다. 미는 자연 사물의 '수'의 관계가 아니라 그것들과 신 사이의 목적 관계였습니다. 신의 목적을 구현한 것이 미였으며 또한 선善, 즉 '적합함'이었습니다. 따라서 "어떠한 미적인 것도 동일한 각도에서 보았을 때 또한 선한 것이며, 각각의 것들이 자신의 목적에 잘 부합하는 것이 선이자 미인 반면 제대로 부합하지 못하는 것은 악이며 추였습니다."

소크라테스의 또 다른 중요한 공헌은 처음으로 '영감설'을 문예이론으로 만들었다는 것인데, 보상케는 이것이 이후에 대두된 표현설의 중요한 전주곡이라고 생각했습니다.

소크라테스는 처음으로 미학의 시선을 자연에서 사람으로 돌리게 했습니다.

■미의 합규칙성과 합목적성 연구

플라톤Πλάτων | 고대 그리스, BC 429~BC 347

"미는 이데아(형상)이다."
"미감은 영혼이 광적인 상태에서 미의 이데아에 대해 가지는 회상이다."

객관 미학의 원칙은 플라톤에게서 이데아, 혹은 미의 이데아라는 확정적인 형식을 얻었습니다. 이 확정적인 형식에 의거해서 객관 미학은 서양 미학사에서 2000여 년 동안이나 강력하게 군림했습니다. 플라톤은 진정한 미는 이데아, 혹은 미의 이데아라고 생각했습니다. "이런 미는 영원한 것이고 시작도 끝도 없으며 탄생하지도 소멸하지도 않으며 증가하지도 감소하지도 않습니다. 다만 영원히 자유롭게 존재하며 형식의 완전함으로 인해 영원히 그 자신과 동일합니다. 모든 미적인 사물은 그것을 원천으로 삼기 때문에 그것이 생기면 모든 미적 사물은 비로소 미가 됩니다." 이 최고의 등급에서 미는 진, 선과 동일한데 그것은 바로 "본질적으로 자유로운 절대 정의, 절대 미덕, 그리고 절대적인 참지식"입니다.

플라톤은 이런 진정한 미는 예술의 모방으로 얻을 수 없으며, 오직 영혼이 광적인 상태에서 미의 이데아에 대해 가지는 회상일 수밖에 없다고 생각했습니다. 따라서 모방한 예술은 진실하지 않고 부도덕하며 쓸모가 없기 때문에 시인을 이상국에서 쫓아내야 했던 것입니다.

서양 미학사에서 플라톤이 지닌 또 다른 중요한 의의는 그가 처음으로 '미란 무엇인가'라는 미학의 기본 문제를 제기했고 철학의 추상적 방법이라는 미학의 기본 연구 방법을 확립함으로써 전체 서양 미학의 기초를 닦았다는 것입니다.

2. 예술의 연구

아리스토텔레스Αριστοτέλης | 고대 그리스, BC 384~BC 322

"예술은 모방이다."

아리스토텔레스는 미학사에서 '유럽 미학사상의 창시자'라고 칭해졌습니다. 체르니셰프스키는 아리스토텔레스에 대해 "처음으로 독립적 체계를 가지고 미학의 개념을 해석한 인물이며 그의 개념은 2000여 년 동안 강력하게 군림했다"고 말했습니다.

아리스토텔레스의 개념은 모방입니다. 예술 모방설은 아리스토텔레스 미학 사상의 핵심이며 신학적 목적론은 그가 수립한 예술 모방설의 기초이자 전제였습니다. 아리스토텔레스는 우주 만물은 모두 신의 예술품이며 인간은 이들 예술품 중에서 가장 우수하다고 생각했습니다. 따라서 미는 곧 신의 목적, 혹은 신의 목적을 실현한 것이라고 할 수 있습니다. 신의 목적을 실현했기 때문에 비로소 미이고 예술이며 예술품입니다.

인간의 예술은 신의 예술에 대한 모방이며 신의 목적에 대한 직접적인 모방이기 때문에 역사보다 더욱 진실합니다. "역사학자는 이미 발생한 일을 기술하지만 시인은 발생 가능한 일을 기술하기" 때문입니다. 시인(예술가)은 개연성과 필연성을 근거로 기술하고, 사물이 당연히 가지고 있어야 하는 모습을 모방하며, 개별성 속에서 필연성과 보편성을 발견해내기 때문에 더욱 진실한 것입니다.

이런 예술은 선할 뿐만 아니라 아름답기도 합니다. "인간은 모방한 작품에 대해서 언제나 쾌감을 느끼기" 때문인데, 이것이 미의 특징이며, 미가 쾌감을 일으키는 까닭은 "그것이 선이기 때문"입니다. 선이기 때문에 인간의 정신을 정화할 수 있습니다. 그래서 "화가가 그린 인물은 당연히 진짜 인물보다 더욱 아름다우며 정화 작용을 가진 노래는 무해한 쾌감을 만들 수 있습니다."

이런 모방은 창조이기도 합니다. 따라서 아리스토텔레스는 예술을 창조의 과학으로 간주함으로써 수학과 물리학과 같은 이론의 과학, 정치학과 윤리학과 같은 실천의 과학과 구별했습니다. 예술은 과학일 뿐만 아니라 인식이기도 했습니다.

3. 미와 예술의 연구

호라티우스Quintus Horatius Flaccus | 고대 로마, BC 65~BC 8

"한 편의 시는 미뿐 아니라 매력도 가지고 있어야 한다."

호라티우스의 관점은 이미 '표현설'의 조짐을 보이며, 그의 또 다른 중요 관점은 예술이 '즐거움 속에 가르침'을 담아야 함을 강조합니다.

롱기누스Λογγῖνος | 고대 로마, 213~273

"진정한 의미의 아름다운 문장은 사상의 찬란함이다."

롱기누스는 예술의 정감과 상상의 의의를 종합적으로 강조했으며 처음으로 '숭고'의 개념을 만들었는데, 그에게 인물을 표현하는 예술의 목적은 모방이 아니라 정감과 상상의 작용하에서 사람으로 하여금 "깊이 감동하고 매혹되고 빠져들게 하는" 것이었습니다. 이런 사상은 당시로서는 지나치게 전위적이었기 때문에 충분한 영향력을 형성하지 못했습니다.

플로티누스Plotinus | 고대 로마, 약 205~약 270

"미는 첫눈에 느낄 수 있는 특질이다."
"미가 아름다운 까닭은 태일을 함께 향유하기 때문이다."

플로티누스는 서양 미학사상 미와 예술을 하나의 미학 체계 안에서 성공적으로 통일한 최초의 인물입니다. 플로티누스는 최고로 높은 것이 '태일'이며 태일의 운동이 '범람'(방출)이라고 생각했습니다. 태일이 범람함으로써 지혜, 영혼, 감성과 물질이 차례로 태일의 미를 나누어 가지고 그것으로 미를 창조하는 활동이 예술입니다. 일체의 예술은 정신의 미를 표현하기 위한 것이기 때문에 일체의 미는 정신의 예술로 창조됩니다. 그래서 예술과 미는 미에서 통일되며 최고의 미는 태일인 것입니다.

태일을 관조하는 방법은 '정신을 극도로 집중하는 것'입니다.

플로티누스의 '태일설'은 중세기의 기독교적 신학적 미학의 근원이었습니다.

중세기의 신학적 미학

1. 참회의 미학

아우구스티누스Aurelius Augustinus | 로마, 354~430

"미는 신에게 있다."

아우구스티누스 미학은 플라톤 미학의 신학판입니다. 그는 기독교 일신론의 이름하에서 이데아와 현상의 대립을 극복했고 '삼위일체'의 신비주의로 플로티누스의 '태일설'을 대체했습니다. 또한 최고의 미와 진정한 미는 신에게 있으며 신앙을 통해서만 느낄 수 있다고 생각했습니다. 그는 신 이외의 다른 사물에게는 '부차적인 미'가 있을 뿐이며 신을 믿지 않으면서 부차적인 미를 추구하는 것은 범죄이므로 당연히 참회해야 한다고 보았습니다.

2. 감성의 미학

토마스 아퀴나스Thomas Aquinas | 이탈리아, 1225~1274

"무릇 첫눈에 봤을 때 사람을 유쾌하게 하는 것을 미라고 한다."
"자연의 모든 것은 신이 창조한 예술로, 신의 예술 작품이라고 할 수 있다."

토마스 아퀴나스 미학은 아리스토텔레스 미학의 신학판입니다. 그는 아리스토텔레스의 모방론을 부활시켜, 예술은 자연을 모방하는 것이며 신의 작품을 모방하는 것이라고 주장했습니다. 하지만 더욱 중요한 것은 "신이 어떻게 창조했는지를 모방하는 것", 즉 신의 작품 만이 아니라 신의 예술도 모방하는 것입니다.

3. 행동의 미학

단테|Durante degli Alighieri | 이탈리아, 1265~1321

"주제는 인간이다."
"신학은 시다."

단테는 순수한 철학가나 진정한 미학가가 아니라 '시인 신학가'였습니다. 그의 의의는 중세기의 신학적 미학을 예술 실천으로 바꿔 "시는 곧 신학이고 신학은 곧 시"(보카치오Boccaccio의 말)라는 기적을 창조했고, 자신의 작품의 '주제는 인간이다'라는 것을 명확하게 선포함으로써 미학을 신에서 인간에게로 되돌아오게 했으며, 서양 미학이 신학적 미학에서 인문미학으로 넘어가도록 준비했습니다.

근대의 인문 미학

1. 인식론적 미학

■선구자

데카르트René Descartes | 프랑스, 1596~1650

"미는 판단과 대상 간의 관계다."

데카르트 미학 사상의 의의는 그가 "나는 생각한다. 고로 나는 존재한다"라고 하는 유명한 '회의론'으로 '모든 것은 반드시 이성의 법정에서 자신의 존재를 위해 변호하거나 존재의 권리를 포기해야 한다'(엥겔스의 말)고 하는 서양 근대 철학과 근대 미학의 기초를 세운 데 있습니다. 따라서 데카르트는 근대 인문 미학의 선구자입니다.

■영국 경험론파 : 감성 인식으로서의 미감론

샤프츠버리Anthony Ashley-Cooper, 3rd Earl of Shaftesbury | 영국, 1671~1713

"미는 내면의 눈으로 판별하는 것이다."

"진정한 미는 아름답게 만드는 것이지 아름답게 만들어지는 것이 아니다."

허치슨Francis Hutcheson | 영국, 1694~1747

"미감 능력은 천부적인 것으로, '내적 감관'이라고 부른다."

샤프츠버리와 허치슨은 로크의 방법론을 미학에 사용했으며 미는 바로 '이차 감각 성질'이며 '심안'(샤프츠버리) 혹은 '제6감'(허치슨)에 근거해서 느껴야 한다고 생각했습니다. 이것은 객관 미학이 주관 미학으로 변화했다는 것을 나타내고 있습니다.

버크Edmund Burke | 영국, 1729~1797

"미는 물체 중에서 사랑 혹은 그와 유사한 정감을 일으킬 수 있는 어떤 성질이나 어떤 성질들이다."
"미의 특징은 사랑스러움이고 숭고의 특징은 두려움이다."

버크는 '제6감'이라고 하는 주장에 동의하지 않고 미감의 근원은 당연히 사회 정감('일반 사회 생활의 정감'이라고 칭함) 중에서 찾아야 하는데 그것이 사랑이고 동정이라고 생각했습니다. 따라서 '미는 물체 중에서 사랑 혹은 그와 유사한 정감을 일으킬 수 있는 어떤 성질이나 어떤 성질들'입니다. 버크 미학은 객관 미학이라는 이름하의 주관 미학입니다.

"미는 사물 자체의 속성이 아니라, 다만 감상자의 마음속에만 존재한다."

흄은 버크와는 달리 '미는 객관적 성질이다'와 '미는 주관적 감각이다' 사이에서 서성거렸습니다. 반대로 주관(주관적 인식)에서 또 다른 주관(주관적 정감)으로의 이동에 노력을 기울여, '미는 사물 자체의 속성이 아니라, 다만 감상자의 마음속에만 존재한다'고 명확하게 선포했습니다. 이로써 더욱 철저한 인식론의 기초 위에서 객관 미학을 전복시켰습니다.

■대륙 합리론파 : 이성 인식으로서의 미의 개념론

디드로Denis Diderot | 프랑스, 1713~1784

"미는 관계에 있다."
"미는 우리 마음속에서 유쾌한 관계에 대한 지각을 일으키는 효력이나 능력이다."
"진정한 미는 관계에 기탁한 감각 중의 미다."

대륙 합리론파에는 독일 미학가와 프랑스 미학가가 포함됩니다. 전자의 대표적 인물은 라이프니츠, 볼프, 바움가르텐이고, 후자의 대표적 인물은 디드로입니다. 디드로는 대륙 이성파에 속하지만 영국 경험파의 영향을 많이 받아서 실제로는 두 파 사이의 과도적 인물이기 때문에 여기에서는 시간적 순서를 무시하고 그를 라이프니츠와 볼프의 앞에 두었습니다.

디드로 미학의 핵심은 '관계에 대한 감각'입니다. 그는 "관계에 대한 감각이 미라는 글자를 창조했고 관계에 대한 감각이 미의 기초이며 진정한 미는 관계에 기탁한 감각 중의 미이기" 때문에 당연히 "미를 관계에 대한 감각이라고 결론지어야" 한다고 지적했습니다. 이 관점은 많은 미학서가 오해하고 있는 '미는 관계다'가 아니라 '미는 관계에 있다'라고 할 수 있습니다. 이 관점은 미, 미의 기초(관계), 양자 간의 중개(감각)라는 세 개의 고리를 포함하고 있습니다.

디드로 미학은 인간을 중심으로 하는 근대 표현론의 탄생을 예고하고 있습니다. 디드로는 이성주의 미학의 일반 원칙을 특수화했고, 나중의 바움가르텐은 이런 특수한 원칙을 개별화해, 이전 두 단계는 변증적으로 통일되었습니다.

라이프니츠Gottfried Wilhelm von Leibniz | 독일, 1646~1716

"미는 뚜렷하면서도 혼란스런 인식이다."

라이프니츠는 미가 사물의 질서와 다양함의 통일이며 우주의 조화와 완벽함이라고 생각했습니다. 이런 조화와 완벽함은 신이 '미리 정해놓은 예정된' 것이고 오직 신만이 그 내력을 알고 있지만 인간도 인식하고 파악할 수 있습니다. 심미는 인간이 자신의 선험적 이성인식(일반 개념)을 빌려 우주의 자연적 이성 구조(예정 조화)를 파악하는 활동입니다. 이런 인식은 무의식에 비하면 뚜렷하지만 이성 인식에 비하면 혼란스럽기 때문에 '뚜렷하면서도 혼란스런 인식'입니다.

볼프Christian Wolff | 독일, 1679~1754

"쾌감을 일으키는 것을 미라고 하고 불쾌감을 일으키는 것을 추라고 한다."
"미는 감성이 인식한 완벽함이다."

볼프의 공적은 라이프니츠의 학설을 통속화하고 체계화한 것으로, "미는 사물의 완벽함에 있으며, 오직 그 사물이 그것의 완벽함에 의거해서 우리의 쾌감을 쉽게 일으키기를 원한다"라고 제기했습니다. 다시 말해서, '미는 감성이 인식한 완벽함'이며, 그 '완벽함'은 바로 대상 자신의 것입니다.

바움가르텐Alexander Gottlieb Baumgarten | 독일, 1714~1762

"미는 감성 인식의 완벽함이다."

미는 감성 인식의 완벽함이라고 하는 바움가르텐의 주장과 미는 감성이 인식한 완벽함이라고 하는 볼프의 주장에는 차이가 있는데, 감성 인식의 완벽함이라고 한 전자의 경우는 자신을 인식하는 완벽함이자 주체에 속하는 데 반해, 감성이 인식한 완벽함이라고 한 후자는 사물 고유의 완벽함이고 객체에 속하며 오직 감성에 근거해서 인식해야 합니다. 따라서 미는 라이프니츠와 볼프에게 객관적이었던 반면 바움가르텐에게는 주관적이 되었습니다.
  더욱 중요한 것은 미를 사물의 완벽함으로 간주한 것은 미학을 사물에 관한 학문으로 간주한 것이고, 미를 인식의 완벽함으로 간주한 것은 미학을 인간에 관한 학문으로 간주한 것이라는 점입니다. 따라서 바움가르텐은 획기적인 이정표입니다. 더욱이 그는 원래 이름이 없었던 미학에 바로 미학이라는 뜻의 '에스테티카'라는 이름을 붙여주었습니다. 따라서 학술계는 일반적으로 바움가르텐이 『미학』을 출판한 1750년을 미학의 생일로 간주하고 바움가르텐을 '미학의 아버지'라고 부릅니다.

2. 인본주의 미학

■심미심리학

칸트Immanuel Kant | 독일, 1724~1804

"감상은 어떤 이해利害도 지니지 않은 기쁨이나 기쁘지 않음을 통해 하나의 대상이나 표상방식을 판정하는 능력이다. 이런 기쁨의 대상을 미라고 부른다."
"미는 개념이 없으면서도 보편적으로 사람이 좋아하게 하는 것이다."
"대상의 형식이 목적이 없는 표상이면서 대상에게서 지각된다고 한다면 미는 대상의 합목적적인 형식이다."
"취미 판단 속에서 가정하는 보편적인 찬성의 필연성은 일종의 주관적 필연성이며 그것은 공통감의 전제하에서 객관적인 것으로 표상된다."

칸트는 서양 미학사의 획기적인 인물입니다. 그가 진정한 근대 미학의 아버지이고 바움가르텐은 '대부'일 뿐입니다. 칸트의 의의는 '코페르니쿠스식 혁명'을 진행했으며, 미학의 기본 문제를 '미는 무엇인가'라는 전통적인 문제에서 '심미는 무엇인가'로 변화시킴으로써 근대 심미심리학의 시작을 알렸다는 데에 있습니다.

칸트는 심미를 취미 판단이라고 칭했는데 심미의 확실한 특징은 유쾌함의 생성이지만, 이런 유쾌함은 이해관계에 영향을 미치지 않기 때문에 '이해가 없으면서 유쾌함을 만든다'라고 지적했습니다. 바로 이해가 없기 때문에 보편적으로 사람을 유쾌하게 할 수 있지만, 이런 보편성의 대상은 개념이 아니며 심미의 보편성 또한 개념의 보편성이 아닙니다. 이것을 '개념이 아니면서도 보편성을 지닌다'라고 합니다. 이는 심미가 목적이 없으면서도 목적에 부합하지 않는 것이 없음을 말해줍니다. 만약 심미가 목적이 없는 것이 아니라면 이해가 있거나 보편성이 없을 것이며, 목적에 부합하지 않는다면 유쾌함이 생겨날 수 없을 것입니다.

따라서 심미의 목적은 '주관적 합목적성', '형식에 관련된 규정', '단순한 형식'인데, 그 이유는 각각 유쾌함을 만들고, 개념이 아니며, 이해가 없기 때문입니다. 심미는 보편성을 가지기 때문에 어떤 구체적인 객관적 목적도 아니며 어떤 구체적인 객관적 목적의 형식으로 출현하지도 않습니다. 칸트는 그것을 '구체적인 목적이 없는 일반 목적', '형식의 합목적성', 혹은 '목적이 없는 합목적적 형식'이라고 불렀습니다. 이를 '목적이 없는 합목적성'이라고 합니다.

미는 이해가 없으면서도 유쾌함을 만들고, 개념이 아니면서도 보편성을 가지며, 목적이 없으면서도 목적에 부합하지 않는 것이 없는데, 이것들은 모두 취미 판단에 필연성이 있음을 말합니다. 하지만 이런 필연성은 논리 판단처럼 이론적인 것이 아닐 뿐더러 도덕 판단처럼 실천적인 것도 아니며 감관 판단처럼 필연성이 없는 것이 더욱 아니며 다만 심리상의 패러다임, 즉 '공통감'일 뿐입니다. 그것은 '하나의 판단에 대해 모든 사람들이 동의하는 필연성'입니다.

취미 판단(심미)의 네 가지 계기에 대한 분석을 통해 칸트는 '취미 판단 속에서 가정하는 보편적 동의의 필연성은 일종의 주관적 필연성으로, 공통감의 전제하에서 객관적인 것으로 표상된다'는 미와 심미의 비밀을 성공적으로 밝혔습니다. 다시 말해서 미는 객관적인 것도 주관적인 것도 아니고 주객관의 통일도 아니며, '주관이 객관으로 표상된 것'이고 '객관적 표상의 형식으로 표현된 주관적인 것'입니다. 미의 가장 본질적인 특징은 바로 '공리를 초월하고 개념이 아니면서 목적을 갖지 않는 주관적 보편성'입니다.

칸트 미학의 내용은 대단히 풍부합니다. 그는 '미의 분석' 외에도 '숭고의 분석', 이를테면 예술, 천재, 미적 이상, 심미 이미지 등등의 문제에 대해서도 극히 정교한 견해를 발표하여 후세에 대단히 큰 영향력을 끼쳤습니다. '유희설', '표현설', '형식설' 등과 같이 근대 미학에서 성행했던 많은 관점들은 모두 칸트 미학에서 근원을 찾을 수 있습니다.

■ 예술사회학

실러Johann Christoph Friedrich von Schiller | 독일, 1759~1805

"미는 살아 있는 형상이며 인성의 완벽한 실현이다."
"미는 유희 충동의 대상이고 예술은 상상력 유희의 자유로운 활동이다."
"감성적인 사람을 이성적인 사람으로 변화시키는 유일한 방법은 먼저 그를 심미적인 사람으로 만드는 것이다."

만약 칸트가 현대의 철학적 인간학의 선구라고 한다면, 실러는 처음으로 미학적 인간학을 탐사했던 인물입니다. 실러는 인간의 순수한 개념은 이중성을 가지며, 이런 이중성이 사람들에게 두 종류의 충동을 가지게 하는데 그것이 '감성 충동'과 '이성 충동'이라고 생각했습니다. 이 두 가지 충동은 개인에게 강제성을 띠기 때문에 단독으로 보면 모두 단편적입니다. 이 두 가지 충동을 통일시켜 사람을 자유로운 경지로 들어가게 하는 것이 유희 충동입니다. "사람은 충분히 사람일 때에만 비로소 유희를 하며 사람이 유희를 할 때에만 비로소 완전한 사람이기" 때문입니다. 이것이 예술이고 미입니다. '미는 유희 충동의 대상이고 예술은 유희 과정에서의 상상력의 자유로운 활동입니다'. 바로 유희 충동이 자유로운 예술의 탄생을 가져왔습니다. 그러므로 자유는 예술의 기본 성질이고 미는 '살아 있는 형상'이며 '인성의 완벽한 실현'입니다.

따라서 '감성적인 사람을 이성적인 사람으로 변화시키는 유일한 방법은 먼저 그를 심미적인 사람으로 만드는 것입니다'. 이것은 곧 예술 교육이며 심미 교육이기도 합니다. 심미 교육은 사회의 폐단을 치료할 수 있을 뿐만 아니라 전 인류를 구할 수도 있으며 다 함께 진정한 자유의 사회를 향하게 합니다. 실러는 이런 사회를 '심미의 왕국'이라고 칭했습니다. 이 왕국 안에서 "인간은 단지 자유로운 유희의 대상으로서 인간과 대립합니다." 이 왕국의 '기본 법률'이 바로 '자유를 통해 자유를 부여하는 것'이기 때문입니다.

실러의 이 관점은 칸트 미학을 창조적으로 발전시켰다고 할 수 있습니다. 칸트는 『판단력 비판』에서 "사람들은 예술을 마치 유희와 같다고 간주한다"고 말했습니다. 시는 상상력의 자유로운 유희이고 그 밖의 예술은 감각의 유희입니다. 따라서 후대 사람들은 이런 관점을 '칸트-실러 유희설'이라고 칭했습니다.

■ 예술철학

헤겔Georg Wilhelm Friedrich Hegel | 독일, 1770~1831

"미는 절대정신의 감성적 현현이다."

　헤겔 미학은 그의 철학 체계의 일부분입니다. 이 철학 체계의 핵심은 이데아 혹은 절대이념, 혹은 절대정신인데 "이데아는 개념, 개념이 대표하는 실재 그리고 이 양자의 통일입니다." 이 정의 자체가 긍정, 부정, 부정의 부정이며, 정, 반, 합이라고 부르는 하나의 과정입니다. 따라서 이데아 혹은 절대정신은 반드시 운동해야 하며 운동의 결과가 이 세계입니다.
　그래서 헤겔은 서양 철학사에서 처음으로 천재적이고 창조적으로 세계를 '논리와 역사가 서로 일치하는' 과정으로 기술했습니다. 이를 좀 더 구체적으로 말하면 절대정신이 "자아 부정과 자아 확정을 통해 자아 인식을 실현하는 과정"입니다. 이 과정은 자연계, 인류 사회, 인간의 정신이라는 세 개의 고리로 구성되고, 인간의 정신은 또 예술, 종교, 철학이라는 세 개의 고리로 구성됩니다. 마지막으로 예술은 상징형 예술(건축), 고전형 예술(조각), 낭만형 예술이라는 세 개의 고리로 구성되고, 낭만형 예술은 회화, 음악, 시라는 세 개의 고리로 구성됩니다.
　헤겔에게 세계는 분명히 긍정(정), 부정(반), 부정의 부정(합)이라는 하나의 과정이었습니다. 예술은 세계의 역사 과정의 자연계, 인류 사회, 인간의 정신이라는 이 세 개의 고리 중 인간의 정신이라는 고리입니다. 또한 인간의 정신이라는 이 고리에서 예술은 정신이 감성(물질 형태)이라는 고리로 표현된 것입니다. 그러므로 예술은 절대정신의 감성적 현현입니다. 헤겔에게 미는 예술이고 예술미이기 때문에 미 역시 절대정신의 감성적 현현입니다.

하지만 '절대정신'과 '감성적 현현' 자체는 한 쌍의 모순이기 때문에 처음에는 불균형입니다. 이것이 '상징형 예술'입니다. 균형에 도달할 수 없다면 절대정신은 감성적 현현을 제대로 얻을 수 없기 때문에 균형을 이루어야 합니다. 이것이 '고전형 예술'입니다. 절대정신의 목적은 결코 '감성적 현현'이 아니라 '자유로운 사고'입니다. 그래서 예술이 균형에 도달하고 실현된 이후에는 다시 불균형을 향해 가야 합니다. 이것이 '낭만형 예술'입니다. 이것이 예술의 유형이며 예술의 단계입니다.

이외에도 물질적 재료와 표현 방식의 차이로 말미암아 예술은 건축, 조각, 회화, 음악, 시와 같은 다른 장르(종류와 등급)로 표현돼야 합니다. 개별 예술은 비록 각종 예술 유형으로 나타날 수 있지만, 반드시 특정한 유형에 속하는 장르여야 하며, 장르는 이런 유형에 가장 적합한 것이고 이런 유형의 대표여야 합니다.

따라서 예술은 이 세계처럼 하나의 과정입니다. 그 발전 논리는 불균형에서 균형에 도달하고 다시 불균형에 도달하며, 발전 방향은 물질에서 정신에 도달하는데, 그것들은 '진정한 미의 개념'을 처음에는 쫓아가고 그다음에는 실현하고 마지막에는 뛰어넘습니다. 낭만형 예술 단계에 도달하자 예술은 더 이상 갈 길이 없게 되었습니다. 그리하여 낭만형 예술은 물론이고 예술 자체도 해체되어야 했으며 종교에게 자리를 양보해야 했습니다. 종교는 예술과 마찬가지로 자연 종교(고대 이집트 종교), 예술 종교(고대 그리스 종교), 계시 종교(기독교)의 세 가지 단계와 유형을 가집니다. 그러나 종교 또한 절대정신이 인간의 정신 중에서 자신에게로 복귀하는 하나의 단계에 불과했기 때문에 예술과 마찬가지로 해체되어야 했으며 철학에게 자리를 양보해야 했습니다. 철학만이 절대정신의 진정한 자유로운 사고이며 진정한 귀결점입니다.

헤겔의 예술철학 체계는 정밀하면서도 풍부합니다. 그중에는 귀중한 사상적 재화財貨가 많이 내포되어 있습니다. 그에게 미는 절대정신의 감성적 현현이었지만 실제로는 '인간의 감성적 표현'으로 기술되었고 예술은 시대 정신의 반영으로 간주되었습니다. 그는 실제로 인간의 능동적 실천으로부터 인간의 본성을 이해했기 때문입니다. 이는 서양 미학사에 대한 크나큰 공헌입니다. 하지만 헤겔은 '단지 일종의 노동, 즉 추상적이고 정신적인 노동만을 알고 인정함'(마르크스의 말)으로써 결국 '인간학'을 '신학'(이른바 절대정신이란 신에 불과)으로 바꾸었고 '미학'을 '반反미학'으로 바꾸었으며 '예술철학' 또한 예술의 멸망을 선고한 '반反예술철학'으로 바꾸었습니다. 헤겔이 남긴 난제는 마르크스주의의 실천 미학만이 해결할 수 있었습니다.

3. 인간학적 미학관

■신비한 인간

셸링Friedrich Wilhelm Joseph Schelling | 독일, 1775~1854

"예술은 의식적 활동과 무의식적 활동의 통일이다."
"예술 작품의 근본적 특징은 무의식의 무한성이다."
"유한의 형식으로 표현된 무한이 미다."

셸링은 헤겔과 동시대 사람으로, 그의 철학과 미학은 논리적으로 헤겔의 앞에 위치하며 실천미학관 또한 아닙니다. 하지만 여기에서 이렇게 배열한 것은 서양 미학사의 논리 관계와 역사적 고리를 명확하게 명시하기 위해서입니다.

셸링 철학의 핵심은 자아의식입니다. 자아의식은 자연계에서 무의식적 잠재 단계를 거쳐 인간에게 자각되었습니다. 철학과 자아의식이라는 이 객관적 역정의 병행은 자연철학과 선험철학으로 표현됩니다. 선험철학은 칸트의 순수이성에 상당하는 이론철학과 칸트의 실천이성에 상당하는 실천철학을 포함하며, 그것들은 칸트의 판단력에 상당하는 예술철학에서 통일되었습니다. 예술철학의 임무는 '예술 형상으로 출현한 우주'를 연구하는 것이고, 우주의 배후에 존재하는 신비하고 예측할 수 없는 '절대'를 파악하는 것입니다.

'절대'는 먼저 철학가의 '이지적 직관'(소수인이 파악)에서 실현된 다음 예술가와 감상자의 '예술적 직관'(다수인이 파악)에서 실현됩니다. 예술가와 철학가가 그 신비한 '절대'를 '직관'할 수 있는 것은 완전히 천부적 재능에 의거합니다. 천부적 재능은 예술에서만 출현할 수 있으며 오직 천부적 재능만이 기적을 창조할 수 있습니다. 따라서 예술 충동은 항거할 수 없고 이해할 수 없는 것이며 예술 활동은 의식(기교)과 무의식(내용)의 통일로 표현되지만, 무의식이 있어야 '절대'를 파악할 수 있기 때문에 무의식이 더욱 중요합니다. 그래서 '예술 작품의 근본적 특징은 무의식의 무한성이며 유한의 형식으로 표현해낸 무한이 미입니다.'

■자연적 인간

포이어바흐Ludwig Andreas von Feuerbach | 독일, 1804~1872

"미와 예술은 진정한 인간의 본질적 현상 혹은 현시다."

헤겔과 마르크스 사이에 포이어바흐가 있습니다. 포이어바흐는 독일 철학을 천국에서 인간세상으로 돌아오게 했습니다. 그는 미가 '절대정신의 감성적 현현'이 아니라 '인간의 본질적 감성의 현현'이라고 생각했습니다. 자연계의 일부로서의 인간은 정신 활동 가운데에서 자신의 본질을 대상화하며, 따라서 대상 가운데에서 자신을 인식하고 자신을 감상합니다. 그렇기 때문에 미와 예술은 '진정한 인간의 본질적 현상 혹은 현시'입니다. 이 본질은 선천적인 것이고 자연계가 인간에게 부여한 것입니다. 자연계는 인간에게 두뇌와 신체의 내부 기관을 주었을 뿐 아니라 '전문적으로 음악을 감상하는' 귀와 '전문적으로 영롱한 빛을 발하는 천체를 감상하는' 눈을 주었습니다. 자연계는 인간 본질의 원천이며 미와 예술 본질의 원천이기도 합니다.

■ 실천적 인간

마르크스Karl Heinrich Marx │ 독일, 1818~1883

엥겔스Friedrich Engels │ 독일, 1820~1895

"무릇 이론을 신비주의의 방면으로 이끄는 신비한 것은 모두 인간의 실천 속에서, 이 실천에 대한 이해 속에서 합리적으로 해결될 수 있다."

칸트와 헤겔에서 셸링과 포이어바흐에 이르기까지 근대 독일 철학의 일관된 주제는 인간이었습니다. 거의 모든 거장들이 인간의 본질이라는 이 '스핑크스의 수수께끼'를 풀려고 시도했고 미와 예술의 비밀을 밝히는 전제로 삼았습니다. 하지만 칸트에게 인간은 객관적 사물과 마찬가지로 인식할 수는 없고 오직 가정할 수 있는 '물 자체'로 간주되었으며, 헤겔에게 인간과 인간의 본질, 인간의 정신, 인간의 자아의식은 인간에게 외재하는 '절대정신'으로 바뀌었습니다.

셸링과 포이어바흐는 인간을 인간으로 간주하기는 했지만, 셸링은 인간의 본질을 신비한 무의식으로 표현했고, 포이어바흐는 인간의 본질이 무의식의 자연계에서 비롯되었다고 주장했습니다. 인간은 셸링과 포이어바흐에게 무의식적인 것이었는데, 다만 셸링에게는 '신비한 인간'이고 포이어바흐에게는 '자연적 인간'일 따름이었습니다.

마르크스와 엥겔스에게 인간은 '실천적 인간'이었습니다. 실천은 의식과 목적과 정감을 가진 인간의 자유로운 자각적 활동입니다. 따라서 '실천적 인간'은 셸링과 포이어바흐와 구별되는 '의식을 가진 인간'인 동시에 칸트와 헤겔과 구별되는 '현실적 인간'입니다. '의식을 가진 생명 활동은 인간과 동물의 생명 활동을 직접적으로 구별합니다. 이 점으로 말미암아 인간은 비로소 유類적 존재물이 됩니다'(마르크스).

자아의식과 대상 의식을 포함한 인간의 의식은 하늘에서 떨어진 것도 신이 부여한 것도 아니며 영문도 모르게 원래부터 있었던 것도 아니라 실천의 산물입니다. 따라서 '무릇 이론을 신비주의의 방면으로 이끄는 신비한 것은 모두 인간의 실천 속에서, 이 실천에 대한 이해 속에서 합리적인 해결을 얻을 수 있습니다'(마르크스). 마르크스는 "신유물주의의 발판은 인류 사회 혹은 사회화된 인류다. 인간의 본질은 결코 단일한 개인의 고유한 추상물이 아니다. 그 현실성 위에서 인간의 본질은 일체의 사회 관계의 총화다"라고 선포했습니다.

그래서 '역사가 실천의 진정한 기초 위에 최초로 놓이게 되었고'(엥겔스) 미학 또한 실천의 진정한 기초 위에 최초로 놓이게 되었습니다. 이로써 실천적 미학관이 탄생했습니다. 마르크스와 엥겔스는 역사유물론적 실천미학의 체계를 수립하지는 못했지만, 실천적 유물론을 수립함으로써 미학의 전제로서의 인간의 본질에 대한 문제를 해결하는 탄탄한 기초를 세웠으며, 실천미학의 탄생에 과학적 세계관과 방법론을 제공했습니다. 이것이 인간학적 미학에 대한 마르크스와 엥겔스의 위대한 공헌입니다.

서양
현대
미학사

칸트와 헤겔은 미학의 기본 문제를 '미란 무엇인가'에서 '심미란 무엇인가'와 '예술이란 무엇인가'로 바꿨으며, 미학의 방향을 수정하는 것과 동시에 미학을 종결시켰습니다. 이 두 거장 이후 서양에는 사실 더 이상 전통적 의미의 미학이 존재하지 않았으며, 더 이상 과거와 같은 단선적인 논리 관계가 나타나지 않았습니다. 이른바 서양 현대 미학이란 실제로 '비非미학'과 '반反미학'으로 걸어간 하나의 과정, 즉 학설과 유파가 넘쳐나고 순식간에 많은 변화가 일어난 해체와 붕괴의 과정입니다. 서양 현대 미학은 이미 사람에 따라 유파를 나누기조차 아주 어려워졌는데, 한 미학가가 몇 개의 학문분야와 유파에 걸쳐 있는 것은 흔한 일입니다. 가령 그로스는 순수감정이입파에 속하면서 유희설을 주장했습니다.

그러나 결코 서양 현대 미학이 뒤죽박죽이고 자취를 쫓기가 힘들다는 말은 아닙니다. 칸트와 헤겔의 후계자이자 동시에 비판자이기도 한 서양 현대 미학은 대체로 6대 학파로 분류할 수 있습니다. 첫째는 칸트에서 발전한 자연과학적 형식주의로, 칸트 미학 중 '순수미'라는 형식주의 규정에 입각해서 근대 자연과학이나 자연과학적 성질을 가진 방법으로 미를 실증적으로 연구하고자 시도했지만 심리학적인 기술에 치우쳤습니다. 둘째는 칸트에서 발전한 비이성주의적 표현주의로, 칸트의 불가지론과 인본주의적 철학의 기초에 입각해서 인간의 주관적 능동성, 자유의 규정할 수 없는 성질, 정신 현상의 특수성을 강조하면서 과학주의를 반대하는 경향, 심지어 반이성주의적 경향을 지녔습니다. 셋째는 헤겔에서 발전한 이성주의적 표현주의로, 이성의 보편적 규칙을 사용해서 미와 예술의 일반 원리를 규범화하고 예술 창작과 심미 감상에 '공정하고 합리적인' 해석을 제공하고자 시도했습니다. 넷째는 헤겔에서 발전한 사회과학적 형식주의로, 헤겔 미학이 가지고 있는 인식론적 요소에서 후퇴해서 고대 그리스의 객관 미학으로 돌아갔는데, 미의 객관성은 사회성에 있으며 예술과 사회과학의 차이는 단지 형식에 있다고 생각했기 때문에 사회과학적 형식주의라고 불립니다. 다섯째는 자연과학적 형식주의에서 유도해낸 미감경험론으로 영국 경험파의 미학 전통을 계승했습니다. 여섯째는 사회과학적 형식주의에서 유도해낸 예술사회학으로, 특히 실러의 미학 방향을 발전시켰습니다.

이상 6대 학파는 대체로 심미의 6가지 요소, 즉 (1)심미 매개(자연과학적 형식주의) (2)심미 주체(비이성주의적 표현주의) (3)심미 관계(이성주의적 표현주의) (4)심미 객체(사회과학적 형식주의) (5)심미 감수(미감경험론) (6)심미 효과(예술사회학)에 상응합니다.

서양 현대 미학의 요강은 다음과 같습니다.

자연과학적 형식주의

1. 실험미학

헤르바르트Johann Friedrich Herbart | 독일, 1776~1841

침머만Robert von Zimmermann | 독일, 1824~1898

"미는 많은 복잡한 요소로 형성된 각종 관계를 완벽하게 깨달은 결과다."

헤르바르트와 그의 추종자인 침머만은 칸트의 형식주의를 직접적으로 계승한 인물들입니다. 그들은 시간과 공간, 질과 양의 방면으로부터 미의 형식에 대해 정성定性적 분석과 정량定量적 분석을 시도했으며, 미의 형식은 하나의 '집합체'이고 심미는 '마음속에서 수를 헤아리지만 숫자가 너무 커서 어떻게 해도 제대로 헤아릴 수가 없는 것'과 같다고 생각했습니다. 하지만 대상이 조화로워 동일성이 두드러진다면 헤아릴 필요가 없습니다. 그래서 미감이 생겨나는 원인은 '주의력을 줄였다'는 데에 있고 미의 전체 공식은 '먼저 어느 정도 규칙성을 상실한 다음 새로이 규칙성을 회복하는 것'입니다. 이 학파는 실험미학을 선도했습니다.

페히너Gustav Theodor Fechner | 독일, 1801~1887

"아래로부터 위로의 미학"

　페히너는 실험미학의 창시자입니다. 페히너는 과거의 미학은 모두 '위로부터 아래로'의 것이었다고 생각하고 '아래로부터 위로', 즉 경험적 자연과학처럼 일련의 목적과 단계를 가진 실험을 거친 후에 통계학적 결론과 법칙을 얻어야 한다고 주장했습니다. 그런 까닭에 페히너는 피실험자가 자신의 직접적인 인상을 이야기하는 인상법, 측정 기구를 사용해서 피실험자의 혈압과 맥박과 호흡을 측량하는 표현법, 피실험자에게 명제에 따라 자유롭게 창작하게 하는 제작법의 세 가지 실험 방법을 제안했습니다. 페히너는 이들 실험을 통해 13개 항목의 '미의 규칙'을 도출했습니다. 1932년에 후계자인 버크호프George David Birkhoff(1884~1944)는 M＝O÷C, 즉 '미감의 정도＝심미 대상의 미학 등급÷심미 대상의 복잡성'이라는 심미 가치 공식을 제기했습니다. 후에 어떤 사람은 이것을 수정해서 심미 공식이 M＝O×C가 되어야 한다고 주장하기도 했습니다. 실험미학의 방법은 '과학'적이었지만 결론은 대부분 황당했습니다. 그래서 약간 참고할 만한 결론이 있다고 하더라도 미학이라고 하기에는 부족했습니다.

2. 형식미학

클라이브 벨Arthur Clive Heward Bell | 영국, 1881~1966

"예술은 의미 있는 형식이다."

클라이브 벨은 형식주의의 대표 인물이며 그와 같은 길을 걸었던 로저 플라이와 허버트 리드는 모두 예술 작품의 가치가 내용이 아니라 형식에 있다고 생각했지만, 실험미학의 실패로 형식을 새롭게 인식했습니다. 1914년 벨은 새로운 학설을 제기했는데, 심미 정감을 일으킬 수 있는 형식을 '의미 있는 형식'이라고 함으로써 근본적으로 예술 형식과 그 밖의 다른 형식을 구별했으며, 심미 정감과 일상 정감을 구별했습니다. 하지만 그가 말한 '의미'는 우리가 통상적으로 말하는 주제 사상 같은 것들이 아니라 '비일반적 의미'인 의미, '비일상적 정감'인 정감입니다. 그것은 '사물 중의 신, 특수 속의 보편, 어디에나 존재하는 운율'이며 일종의 '최후의 존재'입니다. 따라서 그의 학설은 그다지 과학적인 맛이 없고 오히려 새로운 신앙에 훨씬 가깝습니다.

3. 구조주의

야콥슨Roman Osipovich Jakobson | 러시아계 미국, 1896~1982

"언어 문학 연구는 반드시 체계적인 과학이어야 한다."

야콥슨은 러시아 형식주의(모스크바 언어학파)의 창시자로, 1920년 체코로 이주한 후에 프라하학파를 창립했으며 1960년대에 한 시대를 풍미했던 파리 구조주의의 선구자가 되었습니다. 당시의 구조주의는 소쉬르 Ferdinand de Saussure(1857~1913)의 기표와 기의, 랑그와 빠롤의 차이에서 출발했는데, 언어 자체가 하나의 기표 체계 혹은 기호 체계이며 임의로 갖가지 기의를 집어넣을 수 있다고 생각했습니다. 하지만 언어라는 이 추상적인 틀은 오히려 표면적 의미 아래에 있는 심층적 의미를 결정하기 때문에, 문학비평은 언어학과 기호학에서 무의식적으로 작가를 지배하고 있는 언어의 심층 구조 방식을 찾아야 한다고 보았습니다.

4. 기호론미학

수잔 룬드그렌Susan Lundgren | 미국, 1895~1981

"예술은 인류의 정감을 표현하는 기호 형식을 창조한다."

수잔 룬드그렌은 형식미학과 구조주의미학 사상의 영향을 동시에 받았지만 출발점은 오히려 신新칸트주의자인 카시러Ernst Cassirer(1874~1945)의 인류문화철학이었습니다. 카시러의 기호학은 프라하학파와 구조주의를 계승했지만, 언어, 신화, 예술 등의 연구는 최종적으로 '인간은 무엇인가' 라는 문제를 해결하기 위한 것이라고 생각했습니다. 카시러는 자신의 철학을 '기호 형식의 철학'이라고 불렀으며 인간은 기호를 활용해서 문화를 창조할 수 있는 동물이라고 했습니다.

수잔 룬드그렌은 카시러의 영향을 깊이 받아 예술을 '인류의 정감을 표현하는 기호 형식을 창조하는 것'이라고 정의했으며, 정감과 기호 사이에는 '논리적 유사성'이 있지만 과학적 인식과 같은 유사성이 아니라 '다소 발달된 은유 혹은 일종의 비추리적 기호이며, 언어가 표현할 방법이 없는 것, 즉 의식 자체의 논리'를 표현한다고 생각했습니다. 따라서 예술 형식은 논리적 표현력을 가진 형식, 혹은 의미 있는 형식입니다. 그것들은 정감을 명확하게 표현하는 기호이기 때문에 비록 짐작하기는 힘들지만 대단히 익숙한 지각력 양식을 전달합니다.

5. 게슈탈트심리학

아른하임Rudolf Arnheim | 미국, 1904~2007

"표현성의 유일한 기초는 중력장이다."

　수잔 룬드그렌이 철학적 인류학과 인류 문화의 각도에서 형식을 연구했던 것과는 달리, 게슈탈트심리학은 다시 심미심리를 실험언어학과 과학적 고찰 아래에 두고 핵심적 역할을 하는 장場 개념을 추가했습니다. 아른하임은 인류의 지각은 '지각력장'을 구성하는데, 그것은 생리장일 뿐만 아니라 심리장이기도 하다고 주장했습니다.

　어떤 대상의 구조가 대뇌의 표피층에서 '장 반응'을 일으킬 때, 즉 신경계통의 균형을 깨뜨리고 심리장의 대항적 경향을 불러일으킬 때, 지각력에는 '힘의 기본 구조 패턴'이 수립되며, 이 패턴이 모종의 균형에 도달했을 때 미감이 발생합니다. 미감은 지각력이 불균형 중의 균형에 있는 것으로, 그 유일한 근거는 지각과 대상 사이의 '동일 구조성'입니다. 바로 이런 '동일 구조 대응' 혹은 '유질 동상 구조', '이질 동상 구조'는 외부 세계의 물리장과 내적 심리장을 반응하고 공명하게 합니다.

비이성주의적 표현주의

1. 의지론

쇼펜하우어Arthur Schopenhauer | 독일, 1788~1860

"의지가 단순한 공간적 현상을 통해 적절하게 객관화한 것이 미다."

쇼펜하우어는 현대 의지론의 시조입니다. 그의 입장에서 보면 세계와 인생은 모두 의지의 표현(표상)이 아닌 것이 없습니다. 의지가 있으면 반드시 고통이 따르기 때문에 인생은 괴롭습니다. 하지만 세계의 의지가 객관화된 후 의지는 다른 등급의 미로 나타납니다. 그리고 사람들은 세계의 의지의 표상을 순수하고 조용히 바라볼 때 인생의 괴로움을 벗어나서 심미의 유쾌함을 얻게 됩니다. 따라서 "미는 의지의 객관화이고 예술은 인간을 세속의 고난에서 구제하는 임시수단입니다"(죽음이야말로 인간을 철저히 해탈할 수 있게 합니다). 쇼펜하우어의 이 학설은 재현과 모방을 부정하고 표현을 중시하며 인식과 이성을 부정하고 체험을 중시한 당대 미학의 효시가 되었습니다. 쇼펜하우어는 비록 미는 객관적이지만 이 객관은 신의 객관도 사물의 객관도 아닌 주관적 의지의 객관적 표상이라고 생각했기 때문입니다.

니체Friedrich Nietzsche | 독일, 1844~1900

"예술은 생명의 최고의 사명이자 생명 본래의 형이상학적 활동이다."

미학에서 니체의 공헌은 주로 학문적 원리의 탐구가 아닌 인생의 태도에 있습니다. 니체는 바로 이런 태도에 입각해서 서양 미학을 재평가하면서 쇼펜하우어를 포함한 과거의 모든 미학가들의 미에 대한 이해는 모두 아폴론 예술을 토대로 한 것이었지만, 예술의 진정한 기원은 디오니소스 정신이라고 생각했습니다. 디오니소스 정신은 원시적 우주 의지의 충동에서 유래하며, 미가 아니라 비장함과 파괴와 창조, 힘과 운동을 구현합니다. 따라서 예술이 의지를 표현하려면 쇼펜하우어의 말처럼 자신의 의지를 버리고 냉정한 객관적 관조를 진행할 것이 아니라 반대로 자신의 의지를 세계를 지배하는 역량으로 확장하고 '초인超人'이 되도록 해야 했던 것입니다.

하르트만Karl Robert Eduard von Hartmann | 독일, 1842~1906

"미는 이념 속에 있는 자신의 기초와 목적에 대해 깨달은 사랑의 생활이다."

하르트만 역시 쇼펜하우어를 신봉한 인물이었지만 독일 철학의 이성주의적 전통에 더 가까웠습니다. 그는 미는 사랑이며 사랑은 의지라고 생각했습니다. 그에게 일체의 미 중에서 가장 낮은 등급은 형식이고 가장 높은 등급은 개성이었습니다. 하르트만이 말하는 개성은 쇼펜하우어의 '망아忘我'도 니체의 '초인'도 아니라 사랑을 통해서 자아를 대상에게 투사하여 전 인류의 '대아大我'로 확장하는 것이었습니다.

2. 직관주의

뮌스터베르크Hugo Münsterberg | 독일, 1863~1916

"고립이 곧 미다."

뮌스터베르크는 과학과 예술의 차이로부터 미를 연구했습니다. 그는 '과학은 연계이고 예술은 고립'이라고 생각했습니다. 주체가 대상을 '고립적으로' 취급해서 즉각적이고 직접적인 객체로 가슴을 가득 채울 때 인간은 충실과 만족을 느낄 수 있는데 이것이 미감입니다. 이런 느낌은 일체의 관계를 단절하기 때문에 오히려 대상 자체를 보존하며 그럼으로써 보편성을 갖습니다. 하지만 이런 보편성은 역사적 관계가 없습니다. 각각의 예술품과 미감은 모두 스스로를 폐쇄함으로써 영원한 가치를 가집니다. 그것은 아무런 쓸모도 없지만 그렇기 때문에 인생의 의의와 목적이 되며 영혼이 귀착하고 안식할 곳이 됩니다.

베르그송Henri-Louis Bergson | 프랑스, 1859~1941

"예술은 실재에 대한 보다 직접적인 구경일 뿐이다."

생명철학의 수립자는 독일의 철학가인 딜타이Dilthey이고, 베르그송은 생명철학에서 프랑스를 대표하는 최고의 인물입니다. 그는 생명철학을 예술과 심미에 체계적으로 운용함으로써 직관주의미학을 수립했습니다. 베르그송은 세계의 최고 실재는 '생명 충동'이라고 생각했습니다. 생명 충동은 개성이 시간 속에서 창조한 '끊이지 않고 이어지는 지속'으로, 이성과 의식은 파악할 수 없고 직관만이 검증할 수 있습니다. 예술의 목적은 바로 내면의 직관을 통해 실재를 드러내 보이며 정신 깊숙이 내재되어 있는 비밀을 드러내는 것입니다.

크로체Benedetto Croce | 이탈리아, 1866~1952

"심미는 직관이고 직관은 표현이며 표현은 창조다."

뮌스터베르크는 개체에 대한 직관(감상 심리)을 연구했고 베르그송은 주체에 대한 직관(창작 심리)을 탐구했으며, 크로체는 '직관'을 가지고 내용과 형식, 객체와 주체, 창조와 감상, 예술과 미를 모두 통일했습니다. 크로체에게 직관은 감상일 뿐만 아니라 동시에 표현이자 창조이기도 했습니다. 이른바 '미'란 '성공의 표현'입니다. 미는 정신을 자유롭게 발전시킴으로써 심미 유쾌(미감)를 만들어냅니다.

3. 표현주의

콜링우드Robin George Collingwood | 영국, 1889~1943

"진정한 예술은 상상을 통해 정감을 표현한다."

크로체는 직관주의의 최고 대표이며 표현주의를 가장 완벽하게 서술한 인물입니다. 그는 심지어 '표현주의의 거장'이라고 칭해졌고, 그와 콜링우드의 이론은 '크로체-콜링우드 표현설'로 불렸습니다. 콜링우드는 크로체의 원리에 근거해서 모든 인간은 직관을 가지고 있고 표현할 수 있기 때문에 예술가라고 생각했습니다. 하지만 예술가는 자신이 표현하려고 하는 정감을 감상자가 느낄 때 비로소 진정한 예술가가 될 수 있습니다. 따라서 예술가가 표현한 정감은 반드시 감상자와 일치해야 합니다. 그러나 이것은 예술가가 고려해야 할 일이 아니라 그의 작품에 대한 객관적인 사회적 반응입니다. 예술가의 임무는 직관과 상상에 근거한 창조이며 이것이야말로 예술가의 본분입니다.

4. 정신분석

프로이트Sigmund Freud | 오스트리아, 1856~1939

"예술은 무의식의 승화다."

프로이트는 예술이 인간의 무의식을 상징적으로 표현하며, 인간의 본능적 욕망이 다른 형태로 표현된 만족이자 가장假裝이며 인간이 보편적으로 가지고 있는 '보려고도 하고 보여지려고도 하는' 본능적 충동의 승화라고 생각했습니다. 이 주장은 비이성적인 것을 이성적으로 해석하려는 시도였습니다. 후에 그의 학생이었던 융Carl Gustav Jung(스위스, 1875~1961)은 프로이트의 한계를 타파하고 '집단 무의식'을 제기했습니다. 그는 인간의 무의식 속에는 전체 종족의 과거의 집단 경험과 표상이 축적되어 있으며, 예술의 임무는 개체가 상고上古 시기의 원시 집단 속으로 돌아가도록 돕는 것이 예술의 임무라고 주장했습니다.

5. 현상학

가이거Moritz Geiger | 독일, 1880~1937

"자아가 직관한 사물의 본질이 미다."

후설Edmund Husserls(1859~1938)에서부터 현상학적 미학은 주관파와 객관파로 나뉘는데 가이거는 주관파의 대표입니다. 가이거는 일반 예술이 관조하는 법칙에는 형식주의가 강조하는 형식의 조화, 재현 예술이 강조하는 모방성, 감정이입파가 강조하는 인격성의 세 종류가 있다고 생각했습니다. 이것들은 심미 대상의 세 가지 가치인 형식 가치, 모방 가치, 내용 가치에 상응합니다. 하지만 종류를 불문하고 모두 자아의식의 각종 '양식'이자 선험적 의식의 직관적 체험이며 창조성의 종합적 원리에 불과합니다. 이 점에서 출발해야 심미 가치의 유일무이성과 과거에 그것이 개별 예술가와 감상자의 독특한 개성을 구현했다는 것을 이해할 수 있습니다.

잉가르덴Roman Witold Ingarden | 폴란드, 1893~1970

"작품이 창조된 그 순간부터 작가의 체험은 더 이상 존재하지 않는다."

잉가르덴은 현상학적 미학의 객관파를 대표하는 인물입니다. 그는 예술품의 가치와 의의가 인간의 양식인 주관적 양식으로 귀결될 수 없으므로 작품의 양식인 객관적 양식을 찾아야 한다고 생각했습니다. 그것은 결코 물질적인 성질을 가진 객관적 양식이 아니라 객관적 '의의'이며, 객관적 구조에서 각 사람을 향해 드러낸 양식이기 때문에 개인적 자아의 양식이 아닙니다. 그래서 예술품은 비록 개인(예술가)이 자신의 목적을 위해 창조해낸 '의도적인 객체'지만 일단 존재하게 되면 작가와는 무관하며 그 심미 가치는 그것 자체의 의미 구조로 구성됩니다.

뒤프렌느Mikel Dufrenne | 프랑스, 1910~1995

"심미 경험은 인류와 세계의 가장 깊이 있고 친밀한 관계를 보여준다."

뒤프렌느는 현상학적 미학의 주객관 통일파라고 할 수 있습니다. 그는 전체 현상학의 목적이 인간과 자연의 가장 원시적인 관계로 되돌아가는 것, 즉 감각의 근원으로 되돌아가는 것이라고 생각했습니다. 따라서 현상학은 최종적으로 반드시 미학으로 귀결될 것인데, 왜냐하면 '심미 경험은 그것이 순수한 그 순간에 현상학적 환원을 완성하기' 때문입니다.

심미 활동이 파악한 '의도성'은 대상에 관한 진리도 아니고 대상을 둘러싼 실천이나 그 밖의 관계도 아닌 주체와 객체를 직접 연계시킨 감성, 즉 인류의 선험적 정감입니다. 그것은 객관 세계에 존재하며 세계적 '의의'로서 인간의 주체적 정감을 부릅니다. 이처럼 심미의 대상은 정감 대상이고 세계의 심미 성질은 정감적 성질이며 인간과 세계는 이 점에서 '동격'입니다. 이것은 인간의 본질, 인간의 의의일 뿐만 아니라 세계의 본질, 세계의 의의이기도 합니다. 객체와 주체의 연결점에서 느낌은 바로 표현입니다.

6. 실존주의

하이데거Martin Heidegger | 독일, 1889~1976

"인간은 시적詩的으로 산다."

후설의 학생이었던 하이데거는 현상학적 방법으로 인간의 존재를 연구했고 실존주의의 탄생을 이끌어냈습니다. 그는 인간의 본체론적 존재(현존재現存在)가 인간이 철저히 고독한 상태에서 체험한 정서 위에서 직접적으로 나타나기 때문에, 존재의 의의 또한 오직 이런 직접적인 체험들로부터만 이해를 얻을 수 있다고 생각했습니다. 한편 그는 현대인은 현실 생활 속에서 이미 자아를 상실했으며 시를 통해서만이 '고향으로 되돌아갈' 수 있다고 보았습니다. 철학은 유한한 속에서 무한함을 표현하고 있기 때문에 '시적인 사고'입니다. 언어는 시에서만 원시적인 힘을 보존하고 있습니다. 그것은 사람에게 '드러나게 함으로써' 자신의 존재를 느끼게 합니다.

사르트르Jean-Paul Charles Aymard Sartre | 프랑스, 1905~1980

"문학의 객체는 독자의 주관 외에는 다른 실질이 없다."

사르트르 역시 인간의 직접적인 느낌(돌이켜 생각하기 전의 내 생각)에서 출발했지만 그 일상성을 더욱 강조했습니다. 그는 인간이 자신의 의식을 의식하기 전의 '순수한 의식'을 가지고 있는데, 그것은 생래적으로 의도성을 가지고 있는 것으로, 인간의 사고를 가하지 않은 정서라고 생각했습니다. 이런 정서들은 최종적으로 모두 인간의 존재, 즉 자유를 향해 내뱉는 외침입니다. 문학 작품은 인간의 정감과 정서를 독자에게 전달하려고 하지만 강제로 주입할 수 없고, 오직 독자의 자유에 호소할 수 있을 뿐입니다. 그래서 독서는 작가와 독자 사이의 후하면서도 너그러운 계약입니다. 예술의 목적은 인간에게 '자유에 뿌리를 내린다'고 느끼게 하는 것이며 심미는 인류 전체를 최고로 자유로운 모습으로 출현하게 합니다.

이성주의적 표현주의

1. 감정이입학파

립스Theodor Lipps | 독일, 1851~1914

"심미는 직접 경험한 자아다."

이른바 '감정이입'이란 주체가 관조 대상에 정신을 집중해서 자신도 모르는 사이에 정감을 대상에 '이입'함으로써 '주객일치 물아동일'의 심리 과정을 체험하는 것입니다. 이때 우리는 이 대상이 미적이라고 느낍니다.

감정이입설은 서양의 근현대 미학사에서 영향력이 가장 크고 인원수가 가장 많은 학파였습니다. 감정이입설의 선구자는 독일의 미학가인 피셔 Friedrich Theodor von Vischer(1807~1887)였고, 가장 먼저 '감정이입'이라는 개념을 제기한 것은 그의 아들 로베르트 피셔Robert Fischer였습니다. 이외에도 독일의 로체Rudolf Hermann Lotze(1817~1881), 베롱Eugéne Véron(1825~1889), 그로스Karl Groos(1861~1946), 폴켈트Johannes Volkelt(1848~1930), 영국의 버넌리Vernon Lee(1856~1935)와 프랑스의 바슈Victor Basch가 있지만 감정이입설을 체계적인 미학 이론으로 발전시킨 사람은 립스였습니다.

립스는 심미 활동을 감상자가 자신을 대상에 투입해서 대상 속에서 생활하게 하고 그 대상이 되는 것이라고 생각했습니다. 또한 "심미 쾌감은 정말로 대상이 없다고 할 수 있다. 심미 감상은 결코 대상에 대한 감상이 아니라 자아에 대한 감상이다. 그 안에서 유쾌함을 느끼는 나의 자아와 나에게 유쾌함을 느끼게 하는 대상은 결코 분리되어 다른 것으로 변하지 않는다. 이 두 가지는 모두 하나의 자아, 즉 직접 경험한 자아다"라고 말했습니다.

2. 예술과학

우티츠Emile Utitz | 독일, 1883~1956

"예술의 목적은 정서와 정감을 움직이는 것이다."

감정이입파와 마찬가지로 우티츠 또한 예술 표현의 목적이 정감을 불러일으키는 데 있다고 생각하면서도 한편으로는 이런 순수한 의도로 창작을 하는 사람은 거의 없다고 보았습니다. 예술가가 창작을 할 때는 언제나 다른 목적이 섞여 있습니다. 우티츠와 데소이어Max Dessoir(1867~1947) 등은 미학과 일반예술학을 구별해야 한다는 관점을 가졌기 때문에 예술과학파에 속합니다.

3. 수용미학

야우스Hans Robert Jauß | 독일, 1921~1997

"첫 번째 독자의 이해는 세대를 계속해서 이어지는 수용의 고리 위에서 충실해지고 풍부해진다."

수용미학은 1960년대 독일에서 일어난 학파로, 수립한 사람들은 주로 콘스탄츠대학교의 젊은 학자와 교수였기 때문에 '콘스탄츠학파'라고 불렸습니다. 창시자로 야우스, 이저Iser, 슈트리터Jurij Striedter, 푸어만Manfred Fuhrmann, 프라이젠단츠Wolfgang Preisendanz 등이 있습니다. 그중에서 야우스는 처음으로 '수용미학'이라는 개념을 제기했으며, 그것을 위해 일곱 가지 기본 명제를 제공했기 때문에 가장 주요한 대표 인물로 간주되었습니다.

수용미학의 방법론적 무기는 해석학입니다. 해석학은 언어가 가지는 의의는 언제나 자체의 논리와 구조에서 고유한 것(본문)을 초월하며, 말하지 않은 대량의 내용을 가지고 있다고 생각합니다. 그것들은 그때 그곳에서 언어에 대해 이해하고 있어 말할 필요가 없는 이해에서 결정됩니다. 해석학의 임무는 이런 잠재된 의미를 읽어내는 것입니다. 다시 말해서 그때 그곳의 사회 환경과 왕래 관계를 새로이 체험하고 환경의 총체를 파악하는 것을 통해 작품을 파악합니다.

이에 따라 야우스는 문학 연구는 작가와 작품만을 대상으로 삼아서는 안 되고 독자를 대상으로 하는 것이 더욱 중요하다고 생각했습니다. 독자는 자신의 정감과 관념을 '기대지평'으로 삼아 작품을 요구하고 재창조를 통해 심미 감수를 만들기 때문에 또한 작가이기도 한데, 이는 작가 역시 독자인 것과 마찬가지입니다. 작품은 작가와 이후 시대의 독자를 포함한 독자가 공동으로 완성한 것이기 때문에 문학사는 영원히 새로 쓰여야 합니다.

사회과학적 형식주의

1. 반영론

벨린스키 Виссарио́н Григо́рьевич Бели́нский | 러시아, 1811~1848

"모든 미적인 사물은 생생한 현실 속에만 포함될 수 있다."

벨린스키는 반영론미학의 시조입니다. 그는 예술의 본질은 사회 생활 및 그 진리의 반영과 재현이라고 생각했습니다. 이 점에서 예술과 과학은 결코 차이가 없으며, 다른 점은 다만 과학은 개념의 방식으로 사회 생활을 반영하고 예술은 형상으로 반영한다고 하는 방식의 차이에 있습니다. 예술의 매력은 그것이 현실의 미를 심미의 형식 속에 융화시킬 수 있으며 현실의 미를 '전형화'하는 데에 있습니다. 하지만 예술 전형화의 목적은 사회과학과 마찬가지로 객관 현실의 본질과 규칙을 반영하기 위한 것이므로 심미 평가는 반드시 과학적 평가(사실은 정치적 평가와 도덕적 평가)에 종속되어야 하며 예술 작품의 내용과 형식의 통일 역시 사상성과 예술성, 정치 기준과 심미 기준의 통일로 이해되어야 합니다.

체르니셰프스키 Николай Гаврилович Чернышевский | 러시아, 1828~1889

"미는 생활이다."

체르니셰프스키는 철학에서는 포이어바흐의 유물론을 가지고 헤겔의 관념론을 비판했지만, 미학에서는 '자연'과 '생활'로 헤겔의 '절대정신'을 대체했을 뿐이기 때문에 사실은 헤겔을 계승했다고 할 수 있습니다. 그는 헤겔과 마찬가지로 '미추등급표'를 작성했으며 단지 자연미(현실미)가 예술미보다 고급하며 최고의 미는 생활이라고 인식했습니다. 하지만 동시에 체르니셰프스키는 미로서의 생활은 '우리의 이해에 의거했을 때 응당 이러해야 하는 생활'이라는 점을 강조했습니다. 여기에서 아리스토텔레스의 그림자를 분명하게 볼 수 있는데 다만 체르니셰프스키는 생활을 재현하고 설명하고 판단한다고 하는 '반영'이라는 개념으로 아리스토텔레스의 '모방'을 대체했으며 예술이 정치를 위해 이바지할 것을 더욱 강조했을 뿐입니다.

루카치 György Lukács | 헝가리, 1885~1971

"심미는 인간세상에서 출발해서 그것을 목표로 삼음을 반영한다."

오랫동안 '이단'으로 여겨져 왔던 마르크스주의 미학가로서, 루카치는 예전의 반영론을 근본적으로 수정했습니다. 그는 과학과 예술이 비록 모두 동일한 대상을 반영하지만, 과학은 사물을 중심으로 반영하고 예술은 인간을 중심으로 반영한다고 생각했습니다. 예술은 객관적 현실의 직접적인 반영이 아니라 능동적인 반영이며 반영에 관한 반영, 즉 의식의 내용이 물질적으로 객관화된 것이며 인간의 자아의식이 가장 적절하고 고급하게 표현된 형태입니다. 하지만 이것은 결코 미가 주관적임을 의미하지는 않습니다. 그와는 반대로 미는 객관적인 것이고 객관적 사물의 속성이며, 미감 판단은 실제로 과학적 인식이지만 다만 주관적으로 보일 뿐입니다. 그리고 바로 이런 원인으로 인해 예술의 전형화가 필요합니다.

2. 가치론

스톨로비치Leonid N. Stolowitsch | 구소련, 1929~

"진리는 한 종류만 있지만 진리에 도달하는 능력은 다양하지 않을 수 없다."

스톨로비치는 가치론적 미학을 대표하는 인물로서, 가장 먼저 '심미 가치'라는 단어로 '심미 속성'을 대체했습니다. 스톨로비치는 가치가 주관과 객관의 결합이지만 객관적 실천을 기초로 한다고 생각했습니다. 심미 가치의 특징은 감성적 형상과 사회 관계의 통일입니다. 만약 주체의 심미 평가와 대상의 윤리적 실질이 서로 모순된다면 '거짓 가치'가 생겨날 것입니다.

미감경험론

1. 쾌감설

산타야나George Santayana | 미국, 1863~1952

"미는 사물의 속성으로 간주되는 쾌감이다."

쾌감설 또는 쾌락설을 대표하는 인물로는 주로 알렌Grant Allen(영국, 1848
~1899), 귀요Jean-Marie Guyau(프랑스, 1854~1888), 마샬Henry Rutgers Marshall(미
국, 1852~1927), 설리James Sully(영국, 1842~1923) 등이 있지만 산타야나가 가
장 유명합니다. 그는 또한 자연주의미학의 대표 인물이기도 합니다. 산타
야나는 쾌감을 객관화할 수 있는 것과 객관화할 수 없는 것으로 나누었습
니다. 미는 객관화할 수 있는 쾌감입니다. 다른 사람들도 산타야나와 유
사한 이론을 가지고 있는데, 가령 미란 무엇인가 하는 것에 대해 마샬은
안정적이고 오래 지속되는 쾌감이라고 생각했고, 설리는 함께 향유할 수
있는 쾌감이라고 생각했으며, 알렌은 이해 관계가 없는 쾌감이라고 생각
했습니다.

2. 심리적 거리설

벌로프Edward Bullough | 영국, 1880~1934

"미학에서 대립되는 많은 범주들은 모두 심리적 거리라는 좀 더 근본적인 이 개념으로부터 그것들의 합류점을 찾을 수 있다."

벌로프는 심미 활동 중에서 주체와 대상 간에 꼭 적당한 '심리적 거리'를 가지고 있을 때에만 대상이 주체에 대해 비로소 미적일 수 있다고 생각했습니다.

3. 실용주의

듀이John Dewey | 미국, 1859~1952

"예술은 곧 경험이다."

벌로프의 심리적 거리설이 한동안 크게 유행했지만 곧이어 듀이로 대표되는 실용주의의 강렬한 저항에 부딪혔습니다. 듀이는 근본적으로 공리성과 생물성을 초월한 심미란 존재하지 않으며 미감은 인간의 생리와 환경의 부단한 충돌과 평형에서 온다고 생각했습니다. 그래서 예술은 곧 경험입니다. 심미 경험과 다른 경험에는 결코 근본적인 차이가 없습니다. 그것은 갖가지 경험이 충돌하는 속에서 평형에 도달하여 일으킨 만족이고, 경험의 가장 완벽한 표현이며, 인간의 생존과 직접적인 관계를 가집니다.

4. 분석철학

비트겐슈타인Ludwig Wittgenstein | 오스트리아, 1889~1951

"예술의 목적은 미이고 미는 인간을 행복하게 한다."

비트겐슈타인은 분석철학의 중요한 대표 인물입니다. 그는 세계를 두 가지로 나눌 수 있는데, 하나는 인식할 수 있고 기술할 수 있으며 실증할 수 있는 것이고, 또 하나는 인식할 수 없고 기술할 수 없으며 실증할 수 없는 것이라고 보았습니다. 미와 예술은 후자에 속합니다. 따라서 미학을 '미란 무엇인가를 연구하는 과학'으로 정의하는 자체가 우스운 일입니다. 왜냐하면 미는 인간을 행복하게 하는 것이고 행복은 말할 수 없는 것이기 때문입니다. 미를 목적으로 하는 예술은 당연히 말할 수 없습니다.

5. 신자연주의

토마스 면로Thomas Munro | 미국, 1897~1974

"미학자연주의는 미의 최종 본질이 무엇인지를 이해하려고 하지 않으며, 미
적 경험의 존재 현상에 대한 탐구에 만족한다."

쾌락주의는 미학을 심리학으로 바꿨고 분석철학은 미학을 말할 수 없
는 신비한 세계로 밀어 넣었지만, 신자연주의는 절대 개방을 표방하며 모
든 경험과 방법을 미학에 사용할 수 있다고 생각했습니다. 하지만 심미
경험에서 벗어난 모든 추상적 사고를 버릴 것을 주장했으며, 심지어 '미'
라는 개념조차도 이미 시대착오적이라고 생각했습니다. 토머스 면로는
미학이 당연히 과학기술의 한 분과로 취급되어야 하며 미학가는 자연과
학가처럼 작업을 해야 한다고 생각했습니다.

예술사회학

1. 유희설

콘라드 룬드그렌Konrad Lundgren | 독일, 1855~1921

"예술은 의식적인 자기기만이다."

역사적으로 '유희설'에는 두 종류가 있는데, 하나는 '칸트-실러 유희설'이고 하나는 '스펜서-그로스-룬드그렌 유희설'입니다. 전자는 철학이고 후자가 비로소 예술사회학인데, 그 대표 인물로 스펜서Herbert Spencer(영국, 1820~1903), 그로스, 콘라드 룬드그렌이 있습니다. 스펜서는 예술은 유희와 마찬가지로 사람들의 과잉 정력의 발산이라고 생각했고, 그로스는 예술은 유희와 마찬가지로 일종의 필요한 학습이라고 생각했습니다. 콘라드 룬드그렌은 예술과 유희가 모두 '가상' 혹은 '허구'의 성분을 가지고 있으며, '의식적인 자기 기만'이라는 뚜렷한 공통점을 갖는다고 생각했습니다. 따라서 유희는 아동 시대의 예술이고 예술은 형식이 성숙한 유희입니다.

2. 인간학적 미학

그로세Ernst Grosse | 독일, 1862~1927

"예술은 인생의 가장 고상하고 가장 진실한 목적의 완성이다."

유희설이 예술의 초超공리성을 강조한 것과는 반대로 문화인류학적 방법과 자료를 사용해서 연구를 했던 미학가들은 모두 예술이 원시 시대에 가지고 있던 공리설에 주목했습니다. 그로세는 원시 예술이 대부분이 거의 다 명확한 공리적 목적을 가지고 있었으며, 심미는 다만 부차적인 요구였다는 점을 지적했습니다. 그는 원시 예술과 문명 시대의 예술이 인류의 통일을 재촉했다는 공통점을 갖지만, 후자가 통일을 조성했을 뿐만 아니라 인류의 정신을 더욱 향상시킬 수 있었다고 생각했습니다.

프레이저James George Frazer | 영국, 1854~1941

"샤머니즘은 예술을 포함해서 모든 문명 활동의 기원이다."

현대의 서양 사회에서 샤머니즘은 예술의 기원에 관한 학설 중 가장 유행했는데, 그 대표 인물이 영국의 인류학자 타일러Edward Burnett Tylor (1832~1917)와 프레이저로, 그들의 학설은 '타일러-프레이저 이론'이라고 불립니다. 프레이저는 대량의 자료를 통해 원시인의 샤머니즘 활동이 상상의 방식으로 자연을 통제하려고 한 시도였으며, 상상과 정감을 특징으로 하는 이런 활동이 예술의 발원지임을 증명했습니다. 이 관점은 서양에 대단히 큰 영향력을 발휘했습니다.

플레하노프Плеханов, Георгий Валентинович | 러시아, 1856~1918

"예술은 생산 노동에서 기원한다."

플레하노프는 마르크스의 역사유물론에서 출발해서 예술의 기원 문제를 새로운 단계로 끌어올렸습니다. 그는 예술이 생산 노동에서 기원하며 생산 노동이 세계를 개조하는 방식이라고 생각했습니다. 생산력의 수준은 사람들의 심미 취미와 예술 관념을 결정하지만 이런 결정은 직접적인 것이 아니라 반드시 사회 심리라는 이 중간 고리를 통해야만 합니다.

3. 사회학적 미학

텐느Hippolyte Taine | 프랑스, 1828~1893

"미학 그 자체가 바로 일종의 실용식물학이다."

텐느는 서양의 사회학적 미학의 선구자로, 미학이 자연과학의 실증적 방법을 채용해 종족, 환경, 시대라고 하는 세 가지 역량의 역할로부터 예술의 발전 변화의 원인을 제시해야 한다고 생각했습니다. 종족은 예술가에게 선천적으로 유전된 민족적 기질이고, 환경은 주로 지리와 기후를 가리키며, 시대는 주로 역사 배경과 문화 유산을 가리킵니다. 텐느는 이 세 가지 역량이 일체의 예술 현상을 해석할 수 있다고 생각했는데 여기에서 수립된 미학이 바로 '실용식물학'입니다.

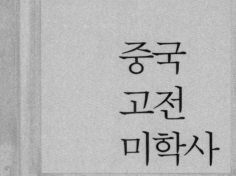

중국
고전
미학사

서양 고전 미학과 마찬가지로 중국 고전 미학도 처음에는 철학에 포함된, '도道'에 관한 사고였습니다. 고대 그리스 철학은 자연과학에서 기원했고 '물리학의 뒤'였지만, 선진先秦 시대 중국 철학은 사회정치학에서 기원했으며 '윤리학의 뒤'라는 데 차이점이 있었습니다. 이들은 서로 다른 '형이상학'이었습니다. 바로 이 점이 중국과 서양 미학으로 하여금 서로 다른 길을 걷도록 결정했습니다. 만약 서양 미학이 '미美'의 연구에서 시작되었다고 한다면, 중국 미학의 눈길은 먼저 예술로 향했습니다. '미'라는 글자는 중국 미학에서 결코 중요하지 않았습니다. 그것은 주로 예쁘다거나 감관의 즐거움(미색美色, 미성美聲, 미미美味)을 의미하는 낮은 차원을 가리켰습니다. 중국 미학에서 중요한 것은 예술이었습니다. 중국인에게는 예술의 미야말로 창조성을 가진 높은 차원의 미였습니다. 이처럼 기원전 6세기에서 기원전 5세기라는 인류 역사의 동일한 시기와 북위 30도에서 40도라는 비슷한 위도에서 탄생했지만, 중국 미학은 예술의 관점, 서양 미학은 미의 관점이라는 서로 다른 방향에서 인류사상의 기나긴 역정을 밝게 비추었습니다.

여기에 서로 다른 두 종류의 문화 및 사상의 핵심적 차이가 존재한다는 데는 의심의 여지가 없습니다. 서양 문화의 사상적 핵심은 개체 의식에 있으며, 사람과 사물의 관계를 통해 사람과 사람의 관계를 실현합니다. 반면에 중국 문화의 사상적 핵심은 집단 의식에 있고, 사람과 사람의 관계를 통해서 사람과 사물의 관계를 실현합니다. 그래서 서양인에게 사람과 사람의 관계는 모두 계약 관계(법률관계)지만, 중국인에게는 사람과 자연의 관계조차 일종의 혈연관계입니다(하늘은 아버지고 땅은 어머니로 간주). 사람과 사물의 관계를 통해서 사람과 사람의 관계를 실현했던 서양은 미(심미 대상)에 관심을 가졌고, 사람과 사람의 관계를 통해서 사람과 사물의 관계를 실현했던 중국은 예술(심미 관계)에 관심을 가졌습니다. 중국의 선진 시기에 이른바 '예술'은 기쁨과 즐거움을 의미하기도 했습니다. '악樂'은 단순히 음악만을 가리키는 것이 아니라, 그것을 포함한 온갖 예술의 통칭이었으며, 나아가 심미 쾌락을 포함하는 개념이었습니다. '악'에 대한 연구는 음악학만이 아니라 예술학 혹은 예술 미학이기도 했습니다.

'악'은 '예禮'와 병존했기 때문에 이들을 묶어서 '예악禮樂'이라고 칭했습니다. 예와 악이 처리하고 실현하려 한 것은 인간 관계였습니다. 예는 사람과 사람 사이의 행위 규범을, 악은 사람과 사람 사이의 정감적 교류를 가리킵니다. 예는 윤리이자 선이었고, 악은 예술이자 미였습니다. 예악 제도와 예악 문화의 창립자의 입장에서 보면 도덕과 규범의 통제를 받지 않는 미는 '참된 미'가 아니었고, 정감의 체험이 없는 선은 '거짓된 선'이었습니다. 선이 없으면 미가 아니고 미가 없으면 선이 아니었던 것입니다. 미와 선이 합일된 이상 윤리학은 곧 예술학이었고 예술학은 곧 윤리학이었는데, 이는 모두 미학이었습니다. 다만 이런 미학이 철학으로 자리 잡거나 철학적 의미와 성질을 구비했을 때만 미학은 '윤리학의 뒤'가 되었습니다.

사실상 선진의 모든 철학과 미학은 예악 제도와 예악 문화에 대해 다시 생각하는 작업이었습니다. 비판자로는 묵가墨家, 법가法家, 도가道家가 있고, 옹호자로는 유가儒家가 있습니다. 그러나 비판과 옹호를 막론하고 그 연구와 논증이 철학의 높이로 승화되었을 때는 모두 '윤리학의 뒤'가 되었습니다. 그래서 중국 고전 미학의 첫 단계는 반드시 예술사회학이어야 하며, 그 첫 번째 고리는 유가 미학이 됩니다. 여기에서 말하는 순서는 시간적인 것이 아니라 논리적인 것입니다. 논리적으로 볼 때 유가 미학은 당연히 선진 양한兩漢 미학의 정명제이고, 묵가, 법가, 도가와 같은 비유학적 미학은 반명제이며, 양한 미학은 종합명제여야 합니다. 유가와 도가가 상호 보완된 선진 잡가雜家를 기반으로 삼아 양한 미학은 다시 세 단계로 나아갔습니다. 즉 샤머니즘에서 예술로, 도가에서 유가로, 유학에서 경학經學으로 나아가 마침내 유가로 귀결되는 것입니다. 그러나 양한의 유학은 이미 선진 유학과 달랐습니다. 양한 유학은 이미 선진의 비非유가 사상(주로 도가 사상)을 지양된 순환 고리의 일부로서 자신 속에 포함한 종합명제이기 때문입니다.

하지만 양한 미학의 '합'은 결코 철학으로 귀결되지 않았습니다. 선진 미학이나 양한 미학이 철학의 이름으로 불렸다 해도, 실제로 그것은 정치윤리학이었기 때문입니다. 만약 미학이 철학에 속하지 않거나 그러한 수준에 도달하지 못했다면, 엄격한 의미에서 미학이라고 할 수 없습니다. 마찬가지로 예술에 대한 연구가 여전히 정치윤리학이나 예술사회학 단계에 머물러 있다면, 이런 예술학은 진정한 예술학이 될 수 없으며 그와 상응하는 예술 또한 진정한 예술일 수 없습니다. 따라서 중국 고전 미학은 마땅히 철학을 향해 나아가며, 중국 예술학 역시 반드시 순수 예술에 대한 연구로 나아가야 했습니다.

이것이 바로 위진남북조의 철학이고, 중국 고전 미학의 두 번째 역사 단계입니다. 이 역사 단계에서 철학은 진정한 철학(순수 사변)에 도달했고,

예술은 진정한 예술(순수 형식)을 이루었습니다. 철학은 더 이상 '세상을 다스려 백성을 구제하는' 경학이 아니라 '깊고 오묘한 사상'인 현학玄學이었으며, 예술(문학) 또한 더 이상 '뜻을 세우는 것'을 으뜸으로 삼지 않고 '문장을 잘 짓는 것'을 근본으로 삼게 되었습니다. 문학을 포함한 예술은 비로소 사회 기능이 아닌 심미 형식을 중시하게 된 것입니다. 이로부터 '철학적 예술'과 '예술적 철학'이 생겨났습니다.

철학적 예술은 세 가지 역사 단계를 거쳤습니다. 곧 정신과 형상을 초월한 품평(인물), 오묘한 이치만을 말하는 학설(현언玄言), 마음을 맑게 하여 형상을 음미하는 감상(산수)입니다. 예술적 철학은 조비曹丕, 육기陸機 등의 이론적 준비를 거친 후에 유협劉勰의 『문심조룡』에서 최고봉에 도달했습니다. 이것은 '문학의 자각 시대'(루쉰魯迅)이자 문예 이론과 미학의 자각 시대이기도 했습니다. 주나라의 시경, 초나라의 사辭, 한나라의 부賦, 당나라의 시詩, 송나라의 사詞, 원나라의 곡曲, 명나라와 청나라의 소설小說처럼 중국 역대의 왕조는 거의 모두 각 시대를 대표하는 예술 양식을 가지고 있었습니다. 그러나 오직 위진남북조만은 미학과 문예 이론을 자신의 표지로 삼았기 때문에 예술철학의 시대라 부르기에 손색이 없습니다.

유협의 출현이 중국 고전 예술철학의 절정을 의미한다면, 종영鍾嶸의 『시품詩品』은 이 역사 단계가 종결되었음을 말합니다. 실제로 예술에서 '왜'라는 사회적 기능과 '무엇인가'라는 철학적 본질 문제가 해결되고 나면, 나머지는 '어떻게'라는 창작과 감상의 방법입니다. 공자孔子의 표현 방식을 빌리면 선진양한 시기는 중국 고전 미학을 '아는' 단계였습니다. 이 단계의 주요한 특징은 사상가들이 사회 정치를 위해 예술이 '마땅히' 무엇이어야 하는가를 강조했다는 점입니다.

위진남북조 시기는 예술을 '좋아하는' 단계였습니다. 이 단계의 주요한 특징은 이론가들이 문학의 자각 정신에 입각해서 예술은 '아마도' 무엇일 것이라는 점을 다시 생각했다는 것입니다. 당, 송, 원, 명, 청은 예술을 '즐기는' 단계였습니다. 이 단계의 주요한 특징은 감상가들이 자신의 심미 경험에 근거하여 예술이 '실제로' 무엇인지를 기술했다는 점입니다. "그것을 아는 사람은 그것을 좋아하는 사람만 못하고, 그것을 좋아하는 사람은 그것을 즐기는 사람만 못하다"는 말의 핵심문제는 모두 '예술이란 무엇인가'(이 명제를 떠나서는 미학이 성립될 수 없습니다)에 대한 것이지만, 그 성격과 위상에는 각기 큰 차이가 있습니다.

중국 미학이 필연적으로 예술심리학을 향해 나아가는 데 큰 반향을 일으킨 것은 선종禪宗입니다. 선종 혹은 선학禪學은 중국화된 불학佛學으로서, 그 특징은 '문자에 의지해서 교를 세우지 않고, 마음으로 도의 본질을 전하며, 본성을 깨달으면 곧 부처가 된다'는 것입니다. '마음과 마음이 서로 통하고' '막대를 세우자마자 그림자가 나타나듯 즉시 효과가 나타나며' '고개를 돌리니 바로 피안이라는 깨달음'을 중시했고 '진리를 깨닫게 하는 지혜의 힘'과 '순간적인 깨달음'을 강조했습니다. 이는 예술심리학을 향해 나아간 중국 고전 미학의 내적 요구와 완전히 일치합니다.

사실상 이 시기의 주요한 인물들은 거의 모두 선禪으로 시를 읊고 불佛로 이치를 설명했으며 마음으로 깨닫고 이해했습니다. 엄우嚴羽의 '오묘한 깨달음妙悟'이나 이지李贄의 '어린 아이 같은 마음童心', 왕부지王夫之의 '사물의 형상을 그대로 깨달아 앎賢量'은 모두 선종의 이론을 취해 완성되었습니다. 선진 양한의 예술사회학은 유학을 반대하는 것에서 시작해서 유학을 떠받드는 것으로 귀결된 '유학儒學 단계'였고, 위진남북조의 예술철학은 담현談玄에서 시작되어 현담玄談으로 귀결된 '현학玄學 단계'였으며 당나라에서 청나라에 이르는 시기의 예술심리학은 오선悟禪에서 시작해서 선오禪悟로 귀결된 '선학禪學 단계'로서 각 단계의 특징이 분명합니다.

당나라로부터 청나라에 이르는 시기의 예술심리학은 또한 엄우로 대표되는 심미심리학, 이지로 대표되는 개성심리학, 왕부지로 대표되는 창작심리학의 세 단계로 나눌 수 있습니다. 엄우의 예술론은 심리학의 각도에서 문학과 비문학을 구분한 데에 의의가 있고, 이지 예술론의 의의는 부처의 교의에 얽매이지 않고 힘찬 기백으로 맞섰던 비판 정신과 경서의 도리를 따르지 않고 유가의 도덕 전통을 어긴 이단적 색채에 있습니다. 왕부지의 경우는 중국 고전 미학을 집대성했습니다. 왕부지의 예술론은 넓고 깊으며 심사숙고했다기보다, 불학이라는 도구를 능숙하게 운용해서 성공적으로 중국 고전 미학을 유가의 기점으로 되돌린 데 의의가 있습니다.

여기에서 중국 고전 미학의 발전 궤적이 일종의 순환 고리를 그린다는 것을 쉽게 알 수 있습니다. 우선 선진 시기에 유가가 추앙하고 옹호한 예악 제도와 예악 문화에서 출발하여, 묵가, 법가, 도가의 비판을 거쳐 양한 시기에 다시 유가로 돌아왔습니다. 그 가시적 성과는 순자학파荀子學派의 사상을 구현한 『예기禮記』「악기樂記」입니다. 다음으로 위진 현학의 충격을 거쳐 남북조 시기에 다시 유가로 돌아왔는데, 그 가시적 성과는 유협의 『문심조룡』입니다. 마지막으로 당나라와 송나라 때에는 선학의 개조를 거쳐 명나라와 청나라 때에 다시 유가로 돌아왔는데, 그 가시적 성과가 바로 왕부지의 미학입니다. 백가쟁명百家爭鳴은 결국 모두 유가로 귀결되었고, 중국 고전 미학은 언제나 이 '끊임없이 순환하는 범주'를 벗어나지 못했습니다.

이 끊임없이 순환하는 미학의 범주가 깨진 것은 서양 학문이 중국으로 들어온 이후였습니다. 량치차오梁啓超는 소설로 혁명을 일으켰고, 왕궈웨이는 비극으로 인생을 말했으며, 차이위안페이蔡元培는 미학 교육으로 종교를 대신했습니다. 이들은 모두 중국과 서양을 적절히 섞는 방식으로 중국 미학에 신선한 피를 공급함으로써 중국 근대 미학을 구성했습니다.

중국 현대 미학은 1940년대에 시작되었는데, 서양 미학의 전체 발전 과정을 거의 모두 답습했습니다. 1944년부터 1966년까지는 서양의 고대 그리스·로마 시기에 해당합니다. 차이이는 '자연속성설自然屬性說'을 주 장했는데, '미는 객관 사물이 그 본질적 진리의 전형을 드러낸 것'이며, '종種과 유類의 보편성과 필연성'이라고 인식했습니다. 아울러 자연 과학 의 분류 방식으로 심미 대상의 목록을 열거한 것은 고대 그리스의 피타고 라스학파와 상당히 유사합니다.

주광첸은 1949년 이후에는 '생산노동설'을 주장했습니다. 생산노동은 바로 "주관과 객관의 통일"이었기 때문에 이로부터 '미는 주관과 객관의 통일체'라는 관점이 제기되었습니다. 그러나 그는 예술을 단순한 물질의 생산과 동일시했기 때문에, 그의 '주객관통일성'은 사실 '주관이 객관에 서 통일된 것'입니다. 리쩌허우는 '사회속성설'을 주장했는데, 사회적 존 재가 객관적인 것이라면 사회적 속성을 띠는 '미'의 개념 또한 당연히 '객 관성과 사회성의 통일체'라는 견해였습니다. 이 역시 '객관에서의 통일' 을 의미합니다. 주광첸의 관점과 비교하면 더욱 객관파에 속하며 본질적 으로는 결코 차이이와 차이가 없습니다. 다만 차이이의 미의 객관성은 자 연적인 속성을 지녔지만, 리쩌허우의 미의 객관성은 본질적으로 사회적 이라는 점에서 차이가 있을 뿐입니다.

이런 리쩌허우와 주광첸의 미학에는 고대 그리스 미학의 소크라테스나 플라톤의 그림자가 드리워져 있습니다. 당시 영향력이 지극히 컸던 '반영 론'과 사회주의 리얼리즘 이론에 이르면, 완전히 아리스토텔레스의 모방 론까지 거슬러 올라갈 수 있습니다. 뤼잉이나 가오얼타이같이 확실하게 주관론을 주장했던 사람은 여러 차례 비판을 받았고 조류를 형성하지 못 했습니다. 이 시기는 객관론이 미학의 기조였으며 객관 미학을 위한 단계였습니다.

1966년에서 1976년까지는 서양의 중세기에 해당합니다. 하지만 정확하게 말하면 이 시기에는 미학은 없고 교조(문학예술 작품에서 인물을 형상화할 때 반드시 긍정적인 인물을 부각시키고, 긍정적인 인물 중에서도 영웅적인 인물을 부각시키며, 영웅적인 인물 중에서도 가장 영웅적인 인물을 부각시켜야 한다는 삼돌출三突出 원칙)만 있었으며, 예술은 없고 정치(경극의 형식을 현대화하고 혁명적 내용을 담은 혁명모범극)만 있었습니다. 심미는 없고 저속한 연극(마오쩌둥에 대한 충성을 표현하기 위해 충忠이라는 글자를 표현한 단체무용인 충자무忠字舞)만이 있었으며, 신학은 없고 샤머니즘(인민들이 아침저녁으로 집에 걸어둔 마오쩌둥의 사진을 보고 하루 일정을 보고했던 아침 보고와 저녁 보고)만 있어서 정말 뭐라고 말로 표현하기가 어렵습니다. 이는 이전 단계 객관 미학의 연속(전형이 모범으로 변화)이자 그 반동(객관이 주관으로 변화)이었으며, 개별 인간의 주관적 의지가 '객관적 진리'로 변한 것입니다. 이 두 가지 원인으로 말미암아 이 역사의 페이지는 아주 빨리 넘어갔습니다.

1978년 이후 중국 미학은 '인문 미학' 단계로 진입했습니다. 그 사이에 인식론적 미학이 있었고, 심미심리학, 예술사회학, 예술철학도 있었지만, 주류는 실천미학이었습니다. 『경제학-철학 수고手稿』와 세 명의 포이어바흐, 즉 마르크스의 「포이어바흐에 관한 테제」, 마르크스와 엥겔스의 『독일 이데올로기·포이어바흐』, 엥겔스의 『루드비히 포이어바흐와 독일 고전 철학의 종결』은 우리가 미학의 모호함에서 걸어 나오도록 이끌어준 가로등으로 간주되었습니다. 미학계는 다량의 연구 논문을 발표했으며 마르크스 말년의 마지막 수고인 「인간학 수고」를 출판했습니다. 마르크스가 창안한 철학적 인간학을 통해 새로운 미학 수립의 계기를 찾고자 한 것입니다.

유감스러운 점은 중국 미학계가 미처 사고의 방향을 정리할 겨를도 없이 이미 실천 미학을 '초월'했다고 서둘러 공표한 뒤 '현대', 심지어 '탈현대'를 향해 지체 없이 달려 나갔다는 사실입니다. 물론 이는 이해할 수 있는 일이며, 심지어 일종의 필연이라고 할 수도 있습니다. 다만 그럼으로써 중국 미학의 앞날은 더욱 예측하기가 어려워졌다는 점이 아쉬울 따름입니다. 그래서 여기서는 고전 미학으로 범주를 한정합니다.

중국 고전 미학의 요강은 다음과 같습니다.

선진 양한의 예술사회학

1. 유가 미학

■ 인애지심仁愛之心

공자孔子 | 춘추, BC 551~BC 479

"인심이 어진 땅에 있는 것이 미다."

"시는 사람의 감흥을 일으키며, 사물을 올바로 보게 하고, 남과 잘 어울리게
하며, 잘못을 원망할 수 있도록 한다."

"시에서 흥취를 일으키고, 예를 지켜 행하며, 악으로 완성한다."

공자로 대표되는 선진 유가는 예악 제도와 예악 문화의 옹호자이자 계
승자였으며 이를 확대, 발전시켰습니다. 공자는 이러한 제도와 문화에
'인仁'이라는 범주를 공헌하는 창조적 발전을 이루었습니다. 이른바 '사
람이 어질지 않으면 예는 무엇 할 것이며, 사람이 어질지 않으면 악은 무
엇 할 것이냐'라는 명제는 바로 예악 제도와 예악 문화를 '인'(인애지심)의
기초 위에 수립하려 했음을 의미합니다. 이 점에서 출발해서 공자는 인간
관계 위에 건립한 잘 짜인 윤리철학과 윤리미학을 제시했습니다. 그의 미
학은 윤리학적인 것이며, 그의 윤리학은 또한 미학적 의미를 지닙니다.
'인심이 어진 땅에 있는 것이 미다'라는 말은 미학적 명제는 아니지만, 이

로 인해 미학적 의의를 가지게 되었습니다.

미의 윤리학과 윤리의 미학을 연계시킨 것이 윤리 정감, 곧 '가족을 사랑하는 마음'입니다. 혈연관계를 기초로 형성된 육친의 사랑을 의미합니다. 공자는 이 사랑이 생래적이고 자연스러우며 당연하고 자명하며 환원될 수 없는 것이기 때문에 모든 이론의 출발점이 될 수 있다고 생각했습니다. '가족을 사랑하는 마음'에서 출발해서 '백성을 불쌍히 여기고, 널리 뭇 사람을 사랑하며, 사물을 아낀다'는 것은 곧 자신의 마음에 비추어 남을 헤아리고 사람의 경우에 비추어 사물을 헤아림을 의미합니다. 그럼으로써 세상은 사랑으로 가득차고 '사해四海 안의 모두가 형제'라는 사회 이상이 실현되는 것입니다. 이 이상적 사회는 곧 윤리적인 사회이고 사랑의 사회이며 아름다움의 사회입니다.

따라서 미학의 문제는 윤리학의 문제이며, 예술의 기준은 윤리의 기준이기도 합니다. 공자는 '가난하면서도 즐거워하고 부유하면서도 예를 좋아한다'는 도덕 수양으로부터 '깎고 다듬으며 쪼고 간 듯하다'는 시구를 연상할 수 있다면 시를 이야기할 만하다고 했습니다. 또한 '그림을 그리는 일은 흰 바탕이 있은 뒤에야 가능하다'는 것으로부터 '예는 인의 뒤에 있기 때문에 예를 배우려면 먼저 인을 닦아야 한다'는 데 생각이 미친다면 곧 예술을 이해한 것이라고 생각했습니다. 시와 예술은 결국 사회정치 윤리에 이바지해야 하기 때문입니다.

시가 존재의 가치를 지니는 까닭은 그것이 '사람의 감흥을 일으키며, 사물을 올바로 보게 하고, 남과 잘 어울리게 하며, 잘못을 원망할 수 있도록' 하기 때문입니다. 나아가 '즐거워 하되 지나치지 않고, 슬퍼하되 마음을 상하지는 않도록' 하여 '생각에 사악함이 없도록' 하기 때문입니다. 이 도덕적 기준을 지키지 않으면 비판당하고 배척당하게 되는데(혼합색인 자주가 원색인 빨강의 자리를 뺏음을 미워하고, 사악한 정鄭나라의 음악이 아악雅樂을 어지럽힘을 미워하며, 말재주를 부려 나라를 뒤엎는 자를 미워한다), 이러한 주장은 진실하지도 도덕적이지도 않고 쓸모조차 없는 모방 예술을 이상 국가에서 축출하려 한 플라톤의 생각과 서로 통합니다. 만약 윤리도덕 질서와 대립하는 공공연한 도발(천자天子만이 추게 할 수 있는 팔일무八佾舞를 일개 대부가 자기 집 뜰에서 추게 한다)을 "참아 넘길 수 있다면 무엇인들 참지 못하겠습니까."

시와 예술은 사회 이상을 실현하는 동시에 이상적인 인격을 빚어내는 수단입니다. '군자'는 마땅히 "도에 뜻을 두고 덕을 지키며 인에 의지하고 예에서 노닐어야 합니다." 또한 예와 시를 배워 '시에서 흥취를 일으키고, 예를 지켜 행하며, 악으로 완성되는' 존재입니다. 여기서 이른바 '악'은 음악(예술)일 뿐만 아니라 쾌락(심미)이기도 한데, 음악처럼 리듬감을 가지면서도 주선율이 다양하게 통일된 조화로운 상태를 가집니다. 이것이 '중中'이고 '화和'이며 "외형적 치장과 내면적 실질을 모두 갖춘 것文質彬彬"입니다. '빈빈彬彬'은 '서로 절반씩인 모습'으로, 지나치게 꾸미지도 않고 (치장이 실질을 이기면 화려하다) 지나치게 소박하지도 않은 것(실질이 치장을 이기면 거칠다)을 말하는데, 이야말로 최고의 선이자 최고의 미이며 이상적인 '군자'의 모습입니다.

인간에게는 예술과 마찬가지로 도덕적 내용과 심미적 형식의 통일이 요구됩니다. 따라서 인간은 수양이나 정조와 같은 도덕적 내용을 가지는 동시에 반드시 기질이나 풍도와 같은 심미적 형식도 지녀야 합니다. 반대의 경우도 마찬가지입니다. 범과 표범(군자)은 무늬를 지녔지만 소와 양(소인)에게는 무늬가 없습니다. 미와 선은 공자에게서 고도로 통일되었습니다.

■ 의리지기 義理之氣

맹자孟子 | 전국, 약 BC 390~BC 305

"선善이 몸속에 가득 차는 것을 미라고 한다."
"어진 말은 어진 소리가 사람에게 깊이 전해지느니만 못하다. 선한 정치는
선한 가르침이 민심을 얻느니만 못하다."

만약 공자의 미학이 예악 제도와 예악 문화에 '인仁'이라는 범주를 공헌
했다면, 맹자 미학의 의의는 '의義'를 사용해서 '인학'과 대립 및 보완 구
조를 구성했다는 데 있습니다. 인은 인간관계(측은하게 여기는 측은지심惻隱
之心)를 이야기하고, 의는 인격(의롭지 못한 것을 미워하는 수오지심羞惡之心)
을 이야기합니다. 맹자의 미학은 인격에 관한 미학입니다. 맹자는 '선이
몸속에 가득 차는 것을 미라고 한다'고 했는데, 사람의 마음속이 '호연지
기'(정기正氣)로 가득할 때가 바로 '미'이며, 이런 '미'가 장관을 이루어 휘
황찬란하고 요순堯舜처럼 높고 우뚝하며 넓고 커서 그 사람 외에는 문장
을 가지고 이 세상에 밝은 빛을 드러낼 사람이 없을 때가 '대大'(충실하며
광휘가 있는 것을 대라고 한다)입니다. 은덕이 만물에 미쳐 천하로 화하고 전
체 사회에 영향을 미칠 수 있을 수 있을 만큼 크다면 '성聖'(커서 감화를 일
으키는 것을 성이라고 한다)이며, 이런 영향과 교육으로 인해 은연중에 감화
되어 자신도 느끼지 못할 정도로 자연에 가까워 사람의 힘으로 하는 것이
아닌 것처럼 보일 때가 '신神'(성스러워 알 수 없는 것을 신이라고 한다)입니다.
미, 대, 성, 신은 맹자의 인격미의 네 등급으로, 후대에 이르러 심미 감상
의 지위와 등급을 나누는 이론의 효시가 되었습니다.
맹자의 '의'는 비록 개인의 인격 수양에 착안했지만, 그 가치 판단은 오

히려 집단의 생존을 지향하고 있습니다. 집단의 이익을 위해 개인을 희생하는 것이야말로 '의'(목숨을 버리더라도 의리를 지키거나 큰 뜻을 위해 골육의 사사로운 정을 끊는다)의 진정한 의미입니다. 따라서 맹자는 미감의 보편성과 예술의 사회성을 강조했고 '사람의 입은 똑같이 좋다고 느끼는 맛이 있고, 귀는 똑같이 즐겨 듣는 소리가 있으며, 눈은 똑같이 아름답다고 느끼는 것이 있다'고 생각했습니다. 통치자는 "백성과 더불어 즐거워하고" 예술 교육을 정치 수단으로 삼아야 한다고 주장했습니다. "어진 말은 어진 소리가 사람에게 깊이 전해지느니만 못하고, 선한 정치는 선한 가르침이 민심을 얻느니만 못하기" 때문입니다. '어진 소리와 선한 가르침'(예술 교육)으로 천하를 변화시키고 "내 집 어른을 섬기는 마음으로 남의 집 어른을 섬기며, 내 집 아이를 사랑하는 마음으로 남의 집 아이를 사랑하기만" 하면 "천하를 손바닥에서 움직일 수 있습니다". 이 관점은 이미 위로는 공자를 계승하고 아래로는 순자에게 깨우침을 주었습니다.

맹자가 후세에 끼친 영향은 미학적 관점에 있다기보다는 주로 그 미학적 경향, 즉 '하늘이 장차 큰 소임을 이 사람에게 내릴 것'이라는 사회적 책임감, '내가 어찌 저것을 두려워하랴'라고 하는 두려움 없는 정신에 있습니다. 또한 '사람은 모두 다 요순이 될 수 있다'라는 숭고한 이상, '어른이면서 어린아이의 마음을 잃지 않는' 순진한 마음, '나는 내 호연지기를 잘 양성한다'라는 고도의 자신감, 『서경書經』의 내용을 다 믿는다면 『서경』이 없는 편이 낫다'고 하는 비판적 태도, '부귀에 마음이 흔들리지 않고, 가난함에 지조가 꺾이지 않으며, 권위와 무력에 절개를 굽히지 않는다'는 꿋꿋한 기개에 있습니다. 그리고 강물이 세차게 흐르는 듯, 바람이 가는 곳마다 초목을 쓰러뜨리는 듯 거침없는 문장의 미학적 풍격에 있습니다. 그래서 『맹자』를 읽으면 군영에서 나팔 소리를 듣는 것처럼 다투어 앞으로 나가라고 고무되는 느낌입니다.

■예악지위 禮樂之僞

순자荀子 | 전국, 약 BC 313~BC 238

"개조되지 않는 한 본성은 미가 될 수 없다."

공자는 인간관계를 이야기했고 맹자는 인격을 이야기했으며 순자는 인성을 이야기했습니다. 순자는 인간의 '성性' 즉 타고난 본성은 본래 악하며 '선함은 만들어지는 것'이라 생각했습니다. 다시 말하자면, 인성은 본래 악한 것이지만 선을 지향하는 것은 뒷날 개조된(위僞) 결과라는 것입니다. 뒷날의 인공적 개조(위)가 없으면 선천적인 악(성性)은 스스로 선善으로 바뀔 수 없고 선천적 추(정情) 역시 스스로 미로 변할 수 없는데, '개조되지 않는 한 본성은 미가 될 수 없다'는 말은 이를 의미합니다. 추와 악을 미와 선으로 변하게 하는 작업을 '본성을 변화시켜 작위적으로 꾸민다'(세계관의 개조)고 합니다. 순자는 중국에서 최초로 '세계관의 개조'를 주장한 인물이었습니다.

개조의 수단은 예와 악입니다. 예는 성을 개조하고 악은 정을 개조합니다. 성과 정은 연관을 가지면서도 차이가 있습니다. "나면서부터 그러한 것을 성性이라고 하고, 성의 호오와 희노애락을 정情이라고 하며" 이 둘을 합해서 '성정性情'이라고 합니다. 성이 예에 의해서 개조되지 않으면 소란이 일어나기 때문에, "선왕이 그러한 어지러움을 혐오한 까닭에 예의를 정하여 분별이 생기도록 했습니다". 정이 악에 의해서 개조되지 않으면 넘치기 때문에, "선왕이 그러한 어지러움을 혐오한 까닭에 아송雅頌의 소리를 만들어 길들였습니다".

순자에게 예(정치 윤리)와 악(예술 심미)은 본질적인 차이가 없었습니다.

개조 대상(성 혹은 정)만이 서로 달랐는데, 그조차 원래는 같은 것(정은 성에서 나왔다)이었습니다. 따라서 '문예는 정치 윤리에 이바지한다'(좋은 풍속은 전하고 나쁜 풍속은 바꾸면 천하가 모두 평안하고 미와 선이 서로 기꺼이 어울린다)라는 주장 또한 자연스러운 것입니다.

순자는 '문예는 정치윤리에 이바지한다'고 주장했을 뿐만 아니라 통치자(선왕과 그 후계자)가 예술 교육과 사상 개조의 주도권을 확실히 장악해야 함을 강조했습니다. 만약에 공자에게 사상 개조와 도덕 수양이 개인의 자아 완성에 관한 일(인仁이 자신으로부터 나오는 것이지, 남으로부터 나오는 것이겠느냐?)이었다면, 순자에게는 통치 수단(사람을 다스리는 데 중요한 수단이다)에 불과했습니다. 그렇기 때문에 그의 제자인 한비韓非와 이사李斯는 순자 사상이 지닌 이 '유학의 한 갈래'를 손쉽게 철두철미한 전제주의의 법가 학설로 바꿀 수 있었습니다. 그리고 선진 유학은 이에 이르러 끝을 맺었습니다.

2. 비유학적 미학

■공리적 미학

묵자墨子 | 춘추, 약 BC 480∼BC 420

"음식은 모름지기 배가 부른 후에야 아름다움을 추구하며, 옷은 모름지기 따뜻하게 된 후에야 아름다움을 구하며, 거하는 곳은 모름지기 편안해진 후에야 즐거움을 추구한다."

"음악을 즐기는 것은 잘못이다."

가장 먼저 예술과 심미를 포함한 예악을 반대하고 나선 사람이 묵자입니다. 묵자는 중국미학사에서 미와 공리의 관계를 제기한 첫 번째 인물이자 철저한 공리주의자였습니다. 그는 인류의 육체적 생존과 물질적 요구에 비하면 예술과 심미는 전혀 중요하지 않다고 생각했습니다. 사람은 물질적 요구가 만족되고 난 후에야 예술과 심미의 문제를 고려할 수 있기 때문에(음식은 모름지기 배가 부른 후에야 아름다움을 추구하며, 옷은 모름지기 따뜻하게 된 후에야 아름다움을 구하며, 거하는 곳은 모름지기 편안해진 후에야 즐거움을 추구한다) 그 전까지는 확실히 시기상조입니다.

반대로 예술과 심미는 대량의 인력, 물력, 재력을 소비하고 사회의 물질적 생산을 최대한 방해하며 이로움은 없이 폐해만 있기 때문에 당연히 금지해야 합니다(음악을 즐기는 것은 잘못이다). 이런 공리주의와 실용주의는 너무 협소해서 순자는 묵자를 "실용에 가려서 꾸미는 것을 알지 못한다", 즉 지나치게 실용을 중시하여 예술과 심미를 알지 못한다고 비판했습니다.

한비韓非 | 전국, 약 BC 280~BC 233

"술지게미도 배불리 먹지 못하는 자는 질 좋은 쌀밥과 고기반찬을 먹으려 애쓰지 않고, 거친 천으로 만든 형편없는 옷조차 입지 못하는 자는 곱게 수놓은 옷을 기대하지 않는다."
"사물이 꾸며진 후에 사용되는 것은 그 본질이 아름답지 않기 때문이다."

묵자 미학은 사실상 '반反미학'으로서 중국 역사상 그 영향력이 극히 미약했고 법가만이 어느 정도 관심과 동감을 표현했습니다. 한비는 "술지게미도 배불리 먹지 못하는 자는 질 좋은 쌀밥과 고기반찬을 먹으려 애쓰지 않고, 거친 천으로 만든 형편없는 옷조차 입지 못하는 자는 곱게 수놓은 옷을 기대하지 않는다"고 했는데, 이 관점은 묵자와 판에 박은 것처럼 꼭 같습니다.

실제로 한비 역시 공리주의자이자 실용주의자였습니다. 이에 한비는 '장식에 치중하다가 실질에 해를 입히는' 이치를 설명하기 위해 많은 고사를 예로 들었습니다. 가령 초楚나라 사람이 화려하게 장식한 목란 상자에 진주를 넣어 정鄭나라로 팔러 갔는데 정나라 사람이 상자가 예쁘다고 생각하여 상자만 사고 정작 진주는 돌려주었다는 초인죽주楚人鬻珠 고사, 진백秦伯이 자신의 딸을 진晉나라 공자에게 시집 보내면서 호화로운 의상으로 치장시키고 화려한 옷을 입은 칠십 명의 시녀를 딸려 보냈는데 공자는 미모의 시녀를 첩으로 삼고 진백의 딸은 잊었다는 진백가녀秦伯嫁女 고사, 한 식객이 주나라 군주를 위해 3년에 걸쳐 젓가락에 그림을 그렸으나 언뜻 보기에는 여느 옻 젓가락과 다를 바 없어 군주가 알아보지 못하고 화를 냈다는 주군화협周君畵莢 고사 등이 있습니다.

한비는 철학적 두뇌와 수양을 지닌 실용주의자로서 그의 비판적 무기는 모순론이었습니다. '모순'이라는 단어를 발명한 한비의 관점에서 내용과 형식, 실용과 심미, 도덕과 예술은 창과 방패처럼 함께 사용할 수 없는 것으로, 이른바 '얼음과 숯불은 같은 그릇에서 오래가지 못하고, 추위와 더위는 같은 때에 오지 못하는' 것이었습니다. 실용적인 것은 아름답지 않으며 아름다운 것은 절대 실용적일 수 없습니다. 따라서 실용을 위해서는 반드시 심미를 제거해야 하는 것입니다.

이 관점에 따르면 문文과 질質 또한 한 쌍의 모순이며 함께 사용될 수 없습니다. 문은 꾸미는 것이고, 질은 속성이자 본질이며 꾸며지는 것입니다. 한비의 관점에서 보면 사물의 본질이 충분히 아름답다면 굳이 꾸밀 필요가 없습니다. 한비는 "화씨和氏의 구슬은 다섯 가지 색으로 꾸미지 않았고, 수후隨侯의 진주는 은이나 황금으로 꾸미지 않았다. 그 본질이 아름다워 다른 사물로 꾸밀 필요가 없었기 때문이다. 무릇 사물이 꾸며진 다음에 사용되는 것은 본질이 아름답지 않기 때문이다"라고 했습니다.

예악은 사회를 '꾸미는' 것입니다. 예악이 필요한 사회는 아름답지 않은 사회입니다. 따라서 아름다운 사회에는 예악이 필요치 않습니다. 사회에 필요한 것은 법률이며, 예술의 심미를 고취하는 유가와 폭력과 무력투쟁을 주장하는 협俠은 모두 사회의 공해입니다(유가는 학문으로 법을 혼란스럽게 하고 협객들은 무예로 금령을 어긴다). 한비는 이처럼 예악 제도와 예악 문화를 비판했으며, 이로 인해 실용주의 혹은 예술취소론의 '반反미학'을 제기했습니다.

한비와 법가의 영향은 비교적 컸습니다.

■초공리적 미학

노자老子 | 춘추, 미상

"천하가 모두 아름다움을 알고 아름답다 여기는 것은 이미 더러움을 알고 있기에 가능하며, 모두가 다 선함을 알고 선하다고 여기는 것은 이미 선하지 않음을 알고 있기에 가능하다."

"다섯 가지 색깔은 사람의 눈을 어둡게 하고, 다섯 가지 소리는 사람의 귀를 멀게 하며, 다섯 가지 맛은 사람의 입을 상하게 한다."

"큰 소리는 듣기 힘들고 큰 모양에는 형태가 없다."

"천지는 큰 미를 지니고도 떠들지 않는다."
"진정한 즐거움에는 즐거움이 없고, 진정한 명예에는 명예가 없다."
"아름다운 것은 신기하고, 미운 것은 썩어 냄새가 난다."
"참이란 지극히 순수하고 성실함이다. 순수하지 않고 성실하지 않으면 사람을 움직일 수 없다."
"말은 생각을 전하기 위해 있는 것이니 생각하는 바를 알고 나면 말은 잊는다."

중국 고대의 가장 뛰어난 철학이자 철학가로서, 유가, 도가, 법가는 모두 각자의 '모순론'을 가지고 있습니다. 그들은 세계가 모순적인 두 대립항으로 구성된다는 점을 인정했습니다. 중국 철학의 '음양관'은 곧 일종의 모순론입니다. 각 학설의 차이점은 유가가 동일함을 강조한 반면 법가는 투쟁을 강조하고, 도가는 상호 전화轉化를 강조했다는 데 있습니다. '복福은 화禍가 의지하는 곳이고 화는 복이 숨어있는 곳이다'라는 말은 모순적인 두 대립항은 언제나 상호 의존하며 일정한 조건하에서 상호 전화된다는 의미입니다. 미와 추 또한 이렇기 때문에 '천하가 모두 아름다움을 알고 아름답다 여기는 것은 이미 더러움을 알고 있기에 가능하며, 모두가 다 선함을 알고 선하다고 여기는 것은 이미 선하지 않음을 알고 있기에 가능합니다.'

미추가 상호 전화하는 조건은 주체의 태도와 주관적 정감입니다. 말하자면 '아름다운 것은 신기하고, 미운 것은 썩어 냄새가 난다'는 것입니다. 여기에서 말하는 '미'는 동사로 '긍정하다, 감상하다'의 의미이고 '오惡(여기에서는 오라고 읽습니다)' 역시 동사로 '부정하다, 혐오하다'라는 뜻입니다. 어떤 사람이 하나의 대상에 대해 긍정하고 감상한다면 그것은 그 사람에게 있어서 아름다운 것입니다. 반대로 부정하고 혐오한다면 그 대상은 추한 것입니다. 물론 주체의 태도와 주관적 정감은 변할 수 있으므로, '미'와 '추'의 개념도 변할 수 있습니다. 이를 일컬어 '썩어 냄새 나는 것은 다시 신기하게 되고, 신기한 것은 다시 썩어 냄새 나게 된다'라고 합니다.

미와 추가 상대적이고 상호 전화할 수 있는 것인 이상, 현실 생활 속의 미와 예술에 집착하는 것은 우스꽝스러울 뿐더러 해롭기까지 합니다(해로움이 생겨난다). '다섯 가지 색깔은 사람의 눈을 어둡게 하고, 다섯 가지 소리는 사람의 귀를 멀게 하며, 다섯 가지 맛은 사람의 입을 상하게 하기' 때문입니다. 따라서 '음악의 기본이 되는 여섯 소리를 흐트리고, 우竽와 슬瑟 같은 악기를 태워 없애며, 악사 고광師曠처럼 음률에 밝은 사람의 귀를 막아버리면' 세상 사람들의 귀가 비로소 밝아지며, '문장을 없애고, 다섯 가지 색깔을 없애며, 눈 밝은 사람의 눈에 아교를 칠해버려야' 세상 사람들의 눈이 비로소 밝아질 수 있습니다(장자의 주장). 한마디로 예술은 부정되어야 하는 것입니다.

표면적으로 이는 묵자와 한비의 관점처럼 예술취소론이며 반미학입니다. 하지만 묵자와 한비는 예술이 쓸모없다고 여겨서 거기에 반대했던 반면, 노자와 장자는 예술이 대단히 쓸모 있다고 생각해서 반대했습니다. 묵자와 한비가 철저한 공리주의자였던 것과 마찬가지로, 노자와 장자는 대단히 철저한 초공리주의자였기 때문입니다. 그들은 사람의 감관에 호소할 수 있는 미는 모조리 배척했습니다. 그들이 추구하려고 했던 것은 소리와 색과 냄새와 맛과 같은 물질적 형태를 초월한 '큰 미'였습니다. 이 '큰 미'는 절대적이고 무한하며 영원하고 유일한 것입니다. 그것은 최고의 진선미에 도달하여 의심할 수도 없고 전화할 수도 없는 절대적인 '미',

바로 도道였습니다.

'윤리학의 뒤'로서 도가의 '도'는 마찬가지로 예악 제도와 예악 문화에 대한 비판으로부터 나온 것입니다. 즉 예악 제도가 탄생하기 전 원시 사회의 기본 법칙으로서 '큰 도가 행해지면 천하가 공평하다'고 할 때의 '도'입니다. 이는 "도를 잃은 뒤에 덕이 있고, 덕을 잃은 뒤에 인이 있으며, 인을 잃은 뒤에 의가 있고, 의를 잃은 뒤에 예가 있다"는 노자의 말과 장자의 관련된 논술로부터 짐작할 수 있습니다.

하지만 이런 사회 이상과 정치 주장은 노자와 장자에게서 이미 철학의 높이로 상승하여 소리도 색도 없고, 맛도 모양도 없으며, 언어와 형상을 초월하고, 잡념이나 사리사욕이 없고, 모사할 수 없으며, 말로 표현하기 힘든 생명의 본체에 이르렀습니다. 그래서 "소박하여 천하는 감히 그와 아름다움을 다툴 수 없는" 것입니다. 이른바 "천지는 큰 미를 지니고도 떠들지 않는다"거나 "큰 소리는 듣기 힘들고 큰 모양에는 형태가 없다"거나 "진정한 즐거움에는 즐거움이 없고, 진정한 명예에는 명예가 없다"라는 것은 모두 '도'와 '큰 미'의 특징으로 혼돈, 자연, 무위를 말합니다. 이는 또한 노자와 장자가 생각한 원시 씨족 사회의 특징이기도 합니다.

진정한 심미는 '도'에 대한 파악과 관조입니다. 이런 의미에서는 도가는 결코 심미를 반대하지 않았습니다. 자연계와 이상 사회를 '도'의 작품으로 간주한다면, 도가는 또한 예술에 반대하지도 않았습니다. 심미는 시공을 초월하고, 물아의 경계를 지우며, 생과 사를 하나로 여기는 것으로 "도와 하나입니다". 그것은 눈과 귀와 입과 코의 감각에 호소할 수 없으며, 오로지 초감관적 경험과 이성적 직관에만 호소할 따름입니다.

초감관적 경험을 획득하는 방법은 '생각하는 바를 알고 나면 말은 잊으라는 것'이요, 이성적 직관을 획득하는 길은 '마음의 티끌을 깨끗이 제거하여 사물의 진상을 꿰뚫어 보는 것'입니다. 이른바 '생각하는 바를 알고 나면 말은 잊어버린다'는 곧 사물에 입각하여 보되 사물에 막혀 있지 않는 것입니다. 사물에 입각해서 봐야 하는 까닭은 '큰 소리는 듣기 힘들고, 큰 모양은 형태가 없으므로', 사물에 입각해서 보지 않으면 파악할 방도가 없기 때문입니다. 또한 사물에 막혀 있지 않아야 하는 까닭은 사물에 막히게 되면 반드시 도에 실패하기 때문입니다.

따라서 형태가 없어도 안 되고 형태가 있어도 안 됩니다(형태를 형태로 간주). 이른바 '마음의 티끌을 깨끗이 제거하여 사물의 진상을 꿰뚫어본다'는 함부로 보지 않고 사물의 형상을 초월하여 먼지를 제거하며 때를 씻고, 멀리서 비추고 깊이 보며, 본다는 것의 극에 이르러 도와 동일한 것입니다. 그것은 심재心齋(귀로 듣지 않고 마음으로 들으며, 마음으로 듣지 않고 기氣로 듣는 것)와 좌망坐忘(사지를 잊고 귀와 눈을 내침으로써 형상을 떠나 대도大道와 하나가 되는 것)을 포함하며, 마지막에는 "자기도 없고 공功도 없으며 이름마저 없는" 경지에 이름을 일컫습니다.

도가 미학은 실질적으로 중국 예술에 대한 영향력이 가장 컸습니다. 선진 제자諸子의 사상이 예악 제도와 예악 문화에 대해 다시 생각하는 것이었다 하더라도, 묵가는 '윤리학의 앞'이고, 유가와 법가는 '윤리학의 가운데'이며, 도가만이 진정으로 '윤리학의 뒤'라고 할 수 있습니다. 도가 사상만이 예악 문화를 다시 생각하고 예악 문화를 초월했기 때문입니다. 도가 미학은 가장 철학적 의미를 가졌고, 가장 예술성과 시적 정취를 추구했으며, 심리학적 내용을 갖추었습니다. 중국 고전 미학의 나머지 두 단계인 예술철학과 예술심리학은 모두 그 영향력을 표현하고 있습니다.

■유가와 도가의 상호 보완적 단초

굴원屈原 | 전국, 약 BC 340~BC 278

"나는 선천적으로 내면의 미뿐만이 아니라 수려한 외모도 가지고 있다."

중국 고대 사회의 정통 사상(유가)과 가장 철학적 의미 및 예술적 기질을 갖춘 학설(도가)로서 유가와 도가의 영향은 모두 일반적인 수준을 뛰어넘었습니다. '유가와 도가의 상호 보완'은 중국 미학사의 표제 가운데 절대 빠뜨릴 수 없습니다. 선진 후기에 이런 경향을 표현했던 사람이 굴원과 여불위呂不韋입니다.

굴원은 고대 중국에서 개인의 이름을 분명히 밝히며 창작했던 최초의 작가이자 시인이었고 철학가입니다. 그의 사상은 제자백가를 두루 취하여 이용했는데, 가령 백성을 불쌍히 여기고 사물을 아낀 것은 공자와 비슷하고, 천하를 잘 다스리는 것을 소임으로 여긴 것은 맹자와 비슷하며, 법도를 가다듬고 명확히 해야 한다고 주장한 것은 순자와 비슷합니다. 개혁의 실시는 상앙商鞅과 비슷하고, 세계의 본원 추구는 노자와 비슷하고, 천지에 유유자적한 것은 장자와 비슷하며, 몸을 던져 도를 위해 목숨을 바친 것은 묵자와 비슷합니다.

그러나 노자가 정이 부족한 반면 굴원은 정이 넘쳤고, 맹자가 사리 분별에 밝았던 반면 굴원은 회의가 많았습니다. 장자가 초탈했다면 굴원은 집착했고, 공자가 현실적이었다면 굴원은 낭만적이었습니다. 따라서 굴원의 사상은 또한 나름의 개성을 지녔다 하겠습니다.

굴원은 내면의 미와 외모의 수려함이 통일된 인격미(나는 선천적으로 내면의 미뿐만이 아니라 수려한 외모도 가지고 있다)를 주장했습니다. 이른바 '내면의 미'란 주로 하늘이 내려준 고귀한 품성과 소질과 기질을 가리키며, '수려한 외모'란 용모, 몸매, 몸차림, 복식을 포함한 풍채와 풍도風度를 말합니다. 분명 굴원의 미는 '천(내면의 미)인(수려한 외모)합일'의 미지만, 이 '천인합일'은 '천'에서 합해지는 것이었습니다(천지와 함께 수명을 다하고 일월과 함께 빛을 다한다).

여불위呂不韋 | 전국, BC 290~BC 235

"음악은 유래한 지가 오래되었다."

여불위는 상인이면서 정치적 야심이 큰 인물이었습니다. 『여람呂覽』이라고도 하는 『여씨춘추呂氏春秋』는 그가 편찬을 주관한 방대한 저술로, 유가를 위주로 백가의 학설을 겸용했습니다. 유가와 도가를 상호 보완하여 천인합일의 경향을 명확하게 표현했고, 선진 제자의 학설을 적극 받아들이면서도 신중을 기하여 비교적 합리적으로 총결했습니다.

『여씨춘추』의 미학적 가치는 예술의 본체론과 발생학을 제기한 데 있습니다. 이른바 '음악은 유래한 지가 오래되었다'는 이 두 방면의 내용을 포괄하고 있습니다. 첫째, 음악(예술)은 '도량度量에서 생겨났고 태일太一에 근본을 두고 있다'고 하는 본체론입니다. 둘째, 예술(음악과 무용)의 기원에 대해 원시 씨족 사회로까지 거슬러 올라가 '음악은 유래한 지가 오래되었으며, 홀로 단번에 만들어진 것이 아니다'라는 결론을 얻었는데, 이것은 발생학 혹은 예술사입니다. 이로부터 '많은 사람들을 편안하게 하고'(샤머니즘적 기능), '신에게 제를 올리며'(종교적 기능), '제왕의 덕을 기린다'(정치적 기능)는 음악(음악과 무용, 예술)의 3대 기능을 누리게 되었습니다.

더불어 이로부터 마음이 평온하고 기운이 조화로우며 행동이 적절하고 쾌락을 즐긴다는 예술심리학의 규칙도 얻었습니다. '악이 갖추어지면 반드시 좋아하는 것을 절제해야 하고', '악이 만들어지도록 하려면 반드시 평온해야 하기' 때문에 '악은 마음을 조화롭게 하는 데에 힘쓰고 마음은 행동이 적절한 데에서 조화롭게 된다'고 생각했습니다. 하지만 "평온함은 공정함에서 나오고 공정함은 도에서 나오기" 때문에 "오직 도를 얻은 사람만이 음악이 가져다주는 쾌락을 향유"할 수 있습니다. 이는 유가와 도가를 혼용한 전형적인 사례입니다.

『여씨춘추』는 후대에 어느 정도 영향을 끼쳤으며, 실제로 양한 미학의 물길을 열었습니다.

3. 양한 미학

■ 샤머니즘에서 예술에 이르기까지

『주역周易』

"음과 양으로 이루어진 것을 도라고 한다."

우리가 지금 보는 『주역』은 경經과 전傳 두 부분을 포함하고 있습니다. 주나라 초기에 출간된 『역경易經』은 원래 점치는 책으로 샤머니즘적이었습니다. 전국 말기에서 서한 초기 사이에 완성된 『역전易傳』은 『역경』을 연구했던 유생들이 공동 완성한 것으로 보이는데, 세계관과 방법론은 순자학파와 비슷하며 하늘과 인간의 관계를 탐구하는 경향이 뚜렷하기 때문에 철학이라고 할 수 있습니다. 이 철학은 중국 예술에서 매우 큰 영향력을 발휘했습니다. 『주역』이 경으로부터 전에 이르는 일련의 과정은 중국 예술이 샤머니즘에서 예술에 이르는 과정과 동시에 진행되었습니다. 그리하여 그 미학 사상을 양한 미학에 귀속시키고 이러한 갈래의 대표로 꼽게 된 것입니다.

　『주역』 철학의 특징은 추상적이고 간단한 부호와 부호 체계를 사용해서 자연, 사회, 인사를 포함하는 세계 전체를 개괄하고 이성적으로 파악하려 했다는 데 있습니다. 부단히 변화하는 현상의 배후에서 영원불변하는 본질적 규칙을 전면적으로 면밀하게 이해하려는 시도였습니다. 그 사상은 유가와 도가를 융합하고 하늘과 인간을 동일시하며, 본원을 탐구하고 인사를 말하는 우주 도식과 세계 패턴을 제공했습니다. 이른바 '역易'에는 간역簡易, 변역變易, 불역不易(불변)이라는 세 가지 의미가 있고 '주周'에는 주대周代, 두루 미친다周遍, 부단히 순환한다周而復始라는 세 가지 의미가 있습니다. 이를 '쉽고 간결하면 천하의 이치를 얻을 수 있다'라고 합니다. 이것이 전형적인 한漢나라의 사상이었습니다.

　『주역』 철학은 세계의 본체 혹은 본원은 도(역에는 태극太極이 있어서 양의兩儀를 낳고 양의는 다시 사상四象을 낳으며 사상은 팔괘八卦를 낳는다)이고, 도의 본질은 음양(음과 양으로 이루어진 것을 도라고 한다)이며, 도의 기능은 생육生育(천지의 큰 덕을 생생이라고 하며 생을 낳는 것을 역易이라고 한다)이라고 생각했습니다. 도는 음양, 강유剛柔, 인의仁義라는 세 쌍의 범주로 표현됩니다.

　음양은 하늘의 도(하늘의 도를 세우는 것을 음과 양이라고 한다)이고, 강유는 땅의 도(땅의 도를 세우는 것을 강과 유라고 한다)이며, 인의는 인간의 도(인간의 도를 세우는 것을 인과 의라고 한다)입니다. 이 세계는 생명과 리듬이 있으며 부단히 운동하면서도 질서 정연하여 아무리 변해도 그 본질을 벗어나지 않는 것이기 때문에(존귀함과 비천함에는 순서가 있고 강함과 부드러움에는 형체가 있으며 움직임과 고요함에는 일정함이 있다), 변화變도 있고 통함通도 있습니다(서로 한 번씩 열리고 닫혀서 교차하는 것을 변화라고 하며, 오고감이 끝이 없는 것을 통함이라 한다. 이것이 나름대로 나뉘고 작용하는 것을 변화라 하고, 이러한 법칙들이 행해지는 것을 통함이라 한다). 세계나 심미도 마찬가지입니다. 따라서 미는 강유(양강의 미와 음유의 미)를 가지며 예술은 변통(계승과 발전)을 가집니다. 이것이『주역』철학이 중국 예술과 중국 미학에 영향을 끼친 첫 번째 범주인 도입니다.

두 번째 범주는 상象입니다.『주역』철학은 "형이상학적인 것을 도라고 하고 형이하학적인 것을 기器라고 하는데", 양자 사이에 있으면서 아래위로 소통할 수 있는 것이 '상'이기 때문에 성인은 "상을 세워 뜻을 남김없이 표현했습니다". 상에도 현상現象, 표상表象, 의상意象의 세 가지가 있습니다.

현상은 형기形器에서 나옵니다. 이른바 '기'란 물질적 대상을 말합니다. 실체로서는 기이고 형식으로서는 형이며(형은 곧 기라고 한다), 이들을 합해서 '형기'라고 부릅니다. 형기가 물질적 존재인 이상 필연적으로 표현되고 드러남이 있는데, 이를 현現(『주역』원문에는 '見'이라고 되어 있는데 이는 '현'으로 읽으며 뜻도 '현現'입니다)이라 부르고 표 '현'되는 것을 '상'이라고 부르며(현을 곧 상이라고 한다), 합해서 '현상'이라 칭합니다. 현상이 사람의 머릿속에 반영된 것이 표상이고 표상이 사람들의 인식, 체험, 사상, 감정과 결합해서 다시 표현되어 나온 것이 의상입니다.『주역』에서 말하는 괘상卦象이 곧 의상이며, 예술가가 창조한 형상 역시 의상입니다. 그것들은 모두 '상을 세워 뜻을 남김없이 표현하기' 때문입니다. 중국 미학과 예술이 객관을 중시하는 모방론이나 주관을 중시하는 표현론을 이야기하지 않고 주관과 객관이 통일된 의상론(부비흥賦比興)을 이야기했던 것은『주역』의 영향입니다.

세 번째 중요한 범주는 신神입니다. "음양을 예측할 수 없는 것을 신이라고 합니다". "신은 일정한 규범에 국한됨이 없고 역은 형체가 없다"와 같이 『주역』에서 신을 이야기하는 곳은 많습니다. 그렇다면 신이란 무엇일까요? 『주역』에서는 신은 "오묘한 만물의 법칙을 말하는 것"이라고 생각했으며, 『대대례기大戴禮記』에서는 "양陽의 정기를 신神이라고 하고 음陰의 정기를 영靈이라고 한다"라고 했습니다. 신은 기氣에서 오기 때문에 신기神氣라고 하며, 또한 이 기 가운데에서도 정精에서 오기 때문에 정신精神이라고 부르기도 합니다. 정, 기, 신, 영은 생명의 근본이며 예술의 근본입니다.

중국 예술이 형태의 유사함인 형사形似를 추구하지 않고, 신의 유사함인 신사神似를 추구했으며, 초상을 그릴 때 그 사람의 정신을 전하는 전신사조傳神寫照, 신의 무늬가 아름답다는 신채혁혁神采奕奕, 신의 기가 충분하다는 신완기족神完氣足, 신이 여유로우면 기가 안정된다는 신한기정神閑氣定, 기운이 살아 움직인다는 기운생동氣韻生動, 문장을 단숨에 지어내는 일기가성一氣呵成을 중시한 것은 '음과 양으로 이루어진 것을 도'라고 하는 철리가 침투되어, "음양의 변화에 통달하여 그 이로움을 모두 취하고 고무하여 신묘함을 다할" 것을 애써 구한 결과입니다.

네 번째 중요한 범주는 문文입니다. 문은 중국 미학에서 미(주로 형식미)의 의미를 가지고 있으며 천문天文, 인문人文, 금수지문鳥獸之文과 같이 자연, 사회, 예술의 각 영역을 포함합니다. 문은 문장文章이라고 칭하기도 합니다. '문'은 형식(문채文采)이고, '장'은 규칙(장법章法)입니다. 문이 없으면 장이 없고, 장이 없으면 문도 없습니다. 총체적인 규칙은 '다양하면서도 통일되는 것입니다'(사물의 모습이 서로 섞이고 교차하기 때문에 문이라고 한다). 또한 이것이 도(음과 양이 번갈아 바뀌는 것이 꼬리를 물고 일어나 변화무궁하다)입니다. '천문을 보고 시절의 변화를 살피고 인문을 보고 천하를 바꾼다'라는 말은 형상을 세워 뜻을 남김없이 표현해야 할뿐더러 문을 보고 도를 얻어야 한다는 점을 강조한 것입니다. 자연미와 예술미는 모두 '자연의 이치를 설명하는 문장'이라는 『문심조룡』의 관점은 여기에서 직접적으로 나왔습니다.

■ 도가에서 유가에 이르기까지

유안劉安 | 서한, BC 179~BC 122

"미를 구해도 미를 얻지 못하지만 미를 구하지 않아도 미가 있다."

유안은 유방劉邦의 손자이자 서한의 회남왕淮南王으로, 그가 편찬을 주관한 『회남자淮南子』(『회남홍열淮南鴻烈』)는 도가의 관점을 위주로 제자諸子의 관점을 뒤섞은 책입니다.

가령 "다섯 가지 색깔이 눈을 어지럽혀 눈을 어둡게 만들고 다섯 가지 소리가 귀를 어지럽혀 귀를 잘 들리지 않게 만든다. 다섯 가지 맛은 입 안을 흐려놓아 입을 병나고 상하게 만든다"라는 구절은 명백히 노자의 인용입니다. 하지만 "좋아하거나 싫어하는 판단은 마음을 어지럽혀 본성을 날아가게 만든다"라는 구절을 덧붙였습니다. "만물은 본디 자연인데 성인이 또 무슨 일을 하랴", "덕이 쇠하게 되면 인仁이 생겨나고 행동이 저지당하면 의義가 서며 조화를 잃게 되면 소리가 고르게 되고 예가 지나치면 모습이 꾸며진다"라는 인식은 도가의 관점과 같습니다. 이 밖에 "악에서 그 소리를 들으면 풍속을 알 수 있고, 풍속을 보면 교화를 알 수 있다"라

고 한 것은 유가에 가까우며, "사람이 살아가는 것은 입는 것과 먹는 것에
의거한다"라고 한 것은 묵가에 가깝습니다. "백옥이 조탁되지 않고 아름
다운 구슬이 꾸며지지 않는 것은 본질로서의 미가 충분하기 때문이다"는
말은 한비자를 그대로 인용한 것입니다.

『회남자』에서 주목할 만한 것은 다음의 몇 가지입니다. 첫째, 미와 추
는 상호 전화할 수 있다고 여겼으며 비非심미의 문제를 제기했습니다(미
를 구해도 미를 얻지 못하지만 미를 구하지 않아도 미가 있다. 추를 구해도 추를 얻지
못하지만 추를 구하지 않아도 추가 있다. 미를 구하지 않고 또 추를 구하지 않으면 미
도 없고 추도 없다. 이를 현동玄同이라고 한다). 둘째, 심미는 주관성뿐만이 아
니라(슬픈 사람은 노랫소리를 듣고도 울고, 즐거운 사람은 곡哭을 하는 사람을 보고도
웃는다) 보편성도 가진다(진秦, 초楚, 연燕, 위魏나라의 노래는 각각 다르지만 다
른 나라의 노래를 들어도 모두 즐거워하며, 구이九夷, 팔적八狄의 곡소리는 비록 다르
지만 다른 곡소리를 들어도 모두 슬퍼한다)고 인식했습니다. 셋째, 심미 능력은
신기神氣에 의지한다(기氣가 충족되려면 신이 베틀의 씨줄과 날줄을 감는 북이 되
어야 한다)고 생각했습니다. 넷째, 노동이 미를 창조한다(청주淸酒의 좋은 맛
은 그 재료를 경작하는 가래에서 시작되고, 수놓은 옷의 아름다움은 베틀의 북에 있다)
고 생각했습니다.

사마천司馬遷 | 서한, 약 BC 145~?

"『시경』 삼백 편은 무릇 성현이 발분하여 지은 것이다."

사마천의 부친인 사마담司馬談은 도가를 추앙한 인물이었지만, 사마천
의 사상은 오히려 도가에서 유가로 들어갔습니다. 하지만 결코 오직 유가

의 도만을 떠받들었던 것은 아닙니다. 중국 미학사에서 그 의의는 "운율이 없는 이소離騷"라 불렸던 『사기史記』를 완성한 데 있을 뿐 아니라, 역대의 걸작이 모두 작가가 '마음에 울분이 쌓여 발분해서 지은 것'이라고 생각함으로써 유가의 온유돈후溫柔敦厚한 시교詩教의 틀을 깨뜨린 데 있습니다. '공평치 못한 경우를 당하면 운다'고 주장한 한유나 '분노하지 않으면 짓지 않는다'고 주장한 이지 같은 후세의 문인들은 이러한 영향을 직접 받았다고 하겠습니다.

유향劉向 | 서한, BC77~BC6

"악樂이란 덕德의 기풍이다."

유향의 사상은 이미 기본적으로 순수하게 유가를 지향했습니다. '악이란 덕의 기풍이다'라는 인식처럼 그 미학 역시 주로 공자의 관점에 따라 기술하고, 그 주지를 발양했습니다. 그러나 문文과 질質의 관계를 논한 부분에서 주목할 만한 가치가 있습니다. 특히 공자의 입을 빌어 '본질로서 미가 충분한 것은 장식하지 않는다'라고 말한 것은 아주 의미심장합니다.

양웅揚雄 | 서한, BC 53~18

"성인은 문文과 질質의 조화를 이룬 자이다."

양웅은 정통 유가라고 자처한 인물로 그의 미학 사상의 중심은 미와 선의 통일이었습니다. 구체적으로는 문질文質 관계에 대한 기술로 표현되었습니다. 이에 근거하여 "시인의 부賦는 아름다우면서도 법도가 있지만(아름다우면서도 성인의 도에 합당하다), 사인辭人의 부는 아름다우면서도 음탕하다(화려하면서도 주색에 빠져 인간의 도를 돌아보지 아니한다)"는 유명한 관점을 제기했습니다. 또 다른 중요한 관점은 '심성심화설心聲心畵說'로, 말은 마음의 소리고 글은 마음을 나타낸 그림이므로 "소리를 형상으로 그릴 때 군자와 소인이 구분된다고 생각했습니다".

왕충王充 | 동한, 27~97

"본성은 가슴속에 있지만 그것을 표현한 시문이나 서화는 죽간과 비단에 나타난다."
"세상을 위해 쓰이는 것은 백 편이라도 무해하지만, 쓰이지 않는 것은 한 장章도 도움이 되지 않는다."

정통 유가라고 자처했던 양웅이 강조한 것이 미와 선의 통일이었다고 한다면, 왕충이 관심을 가졌던 것은 미와 진眞의 관계였습니다. 그의 미학 사상은 "허망함을 반대하고 성실함을 강조하며 참된 미를 구하여 세상을 위해 쓴다"로 개괄할 수 있습니다. "그는 문인의 붓은 권선징악을 표현한다"고 생각해, 성심으로 일에 충실해야 하며 말재주를 부려 대중의 환심을 사고 겉만 번지르르하면서 실속 없는 것을 엄격히 금했습니다. 이 사상은 유가에 묵가와 법가를 합친 것으로, 당시로서는 이단적인 내용을 담고 있었습니다. 왕충의 출현은 이미 경학이 된 유학이 공격과 비판의 대상이 되리라는 사실을 의미합니다.

■유학에서 경학에 이르기까지

"대악은 천지와 더불어 동화된다."

　『역전』처럼『예기』도 여러 시대에 걸쳐 여러 사람이 쓴 것으로 서한 때에 완성된 유가 논문집이지만, 사상적으로는 더 말할 나위 없이 순자학파와『역전』의 영향을 받았음이 분명합니다.『예기』가운데 미학과 관계가 가장 깊은 것은「악기」입니다. 이 책은 중국 역사상 최초의 음악 이론 저작이자 전문적인 문예 이론을 수록한 최초의 미학 저작으로 유가 미학 사상을 총결하는 성질을 뚜렷하게 띠고 있으며, 처음으로 예술과 비예술을 구분하는 기준을 제기하여 그 의의가 매우 큽니다.

　예술사회학 단계를 대표하는 성과물로서『예기』「악기」는 예술 심미(악)와 정치 윤리(예)의 차이로부터 '악'(문학, 음악, 무용을 포함한 종합예술)의 본질적 특징을 기술했습니다. 따라서 예악의 차이에 대한 주장이 반복적으로 제기되어 있습니다. 가령 "악은 같은 것을 통합하고 예는 다른 것을 변별하며", "악이 지극하면 자연 그대로가 되고 예가 지극하면 다투지 않는다" 등의 문장이 이에 해당합니다. 중요한 것은 "악은 마음에서 나오고 예는 밖에서 만들어지기" 때문에, 예술은 당연히 내적 심리 요구로 간주되어야 한다는 점입니다. 이 점에서 출발하여『예기』「악기」는 반복적으로 음악의 특징을 기술했습니다. "무릇 음音이란 사람의 마음에서 생긴 것이다. 정情이 마음속에서 움직이기 때문에 소리로 나타난다. 소리가 글로 나타난 것을 음이라고 한다"는 견해는 음악의 본질에 관해 결론적 성격을 띠고 있습니다.

이는 대단히 깊이 있는 미학 명제입니다. 이 관점에 근거하면 예술은 정감의 표현에서 기원한 것이며, 또한 본질적으로 정감의 표현이기도 합니다(정이 마음속에서 움직이기 때문에 소리로 나타난다). 음악뿐만이 아니라 다른 예술도 마찬가집니다(시는 마음속의 뜻을 말하는 것이고 노래는 소리를 읊조리는 것이며 춤은 모습을 움직이는 것이다. 이 세 가지가 마음에 근본을 둔 연후에 악의 기운이 그것을 따르게 된다. 이런 까닭으로 정이 깊으면 문文이 밝다). 하지만 정감의 표현은 심미 형식을 갖출 때에야 비로소 예술이 될 수 있습니다(소리가 문文을 이룬 것을 음이라고 한다). 바꾸어 말하자면, 예술은 '형식을 가진 표현' 혹은 '정감의 형식화'입니다. 표현이기 때문에 정이 깊고, 형식을 가지기 때문에 문이 밝습니다(문이 밝다는 것은 심미 가치를 나타냅니다). '정이 깊으면 문이 밝다'고 한 것은 이러한 의미입니다.

더욱 중요한 점은 유가 미학의 총결로서 『예기』 「악기」는 예술이 정감과 형식뿐만이 아니라 윤리적 내용을 가져야 한다고 인식했다는 것입니다. 즉 심리적이거나 심미적인 의미는 물론이고 윤리적인 의미(악이란 덕을 상징한다)를 가져야 한다는 것입니다. 심리적인 의미만을 가진 것은 '소리'고, 심리적인 의미와 심미적인 의미를 동시에 가진 것은 '음'이며, 심리적이고 심미적이며 윤리적인 의미, 이 세 가지가 모두 겸비된 것이야말로 '악'입니다. 따라서 "소리만 알고 음을 알지 못하는 것은 금수이고, 음만 알고 악을 알지 못하는 것은 뭇사람이며, 오직 군자만이 악을 알 수 있습니다". 왜냐하면 군자만이 예술을 정치로 바꿀 수 있고 심미를 윤리로 바꿀 수 있기 때문입니다. 이를 일컬어 "소리를 살펴 음을 알고 음을 살펴 악을 알며 악을 살펴 정치를 알아서 나라를 다스리는 도를 갖춘다"고 합니다.

이상의 내용은 단지 유가 미학을 체계화한 것입니다. 그러나 『예기』 「악기」는 선진 유학과는 달리 이 체계를 우주 유형의 높이까지 끌어올려

(『예기』「악기」 중에 많은 구절이 『역전』을 거의 그대로 인용했습니다) 일련의 '천인합일'적인 결론을 얻었다는 의미를 지닙니다. 그 결론이 "큰 악은 천지와 더불어 조화를 이루고 큰 예는 천지와 더불어 하늘에 제를 올린다", "악이란 천지의 조화이고 예란 천지의 차례다", "악은 하늘로 말미암아 만들어지고 예는 땅의 법칙을 가지고 만들어진다", "악은 조화를 돈후하게 하여 신神을 거느리고 하늘을 따르며 예는 마땅함을 분별하여 귀鬼와 더불어 살며 땅을 따른다"는 것입니다. 이는 전형적인 한나라의 사상입니다.

동중서董仲舒 | 서한, BC 179~BC 104

"인仁의 미는 하늘에 있다."

백가를 내치고 오직 유가의 도만을 떠받들 것을 건의함으로써 역사서에 이름을 남긴 동중서는 처음으로 천인합일 사상을 체계적으로 기술한 인물이기도 합니다. 이른바 천인합일이란 하늘과 인간은 동일 구조다(인간은 천운에 부합한다), 하늘과 인간은 감응한다(종류가 같은 것은 서로 반응한다), 하늘과 인간은 서로 통한다(인간은 하늘이다)는 명제를 포함하는 체계입니다. 이 체계는 중국 심미 의식의 감정 이입 전통과 서로 결합하여 중국 예술의 독특한 자연관을 형성했습니다. 즉 자연계는 생명뿐 아니라 도덕과 정감을 가진 존재(하늘 역시 희로애락의 기운과 마음을 가지고 있다)라는 인식입니다.

"희喜는 봄의 대답이고 노怒는 가을의 대답이다. 낙樂은 여름의 대답이며 애哀는 겨울의 대답이다"라고 하는 문장은 이런 인식을 잘 설명해줍니다. "봄 산은 담야淡冶하여 웃는 것 같고, 여름 산은 창졸蒼翠하여 눈물을 흐리는 것 같다. 가을 산은 명징明淨하여 단장한 것 같고 겨울 산은 참담慘淡하여 잠을 자는 것 같다"(곽희郭熙『임천고치林泉高致』)거나 "산은 봄에는 기쁜 것 같고 여름에는 경쟁하는 것 같으며 가을에는 병든 것 같으며 겨울에는 정지된 것 같다"(심호沈灝『화진畵塵』)라는 후세의 언급은 모두 동중서의 영향입니다.

동중서가 제기한 또 다른 중요한 관점은 "시에는 해석이 필요하지 않다"(『시』는 해석이 필요치 않고 『역』은 점點이 필요치 않으며 『춘추』는 수식이 필요치 않다)는 것입니다. 이는 유가 해석학에 대한 이론적 총결입니다.

동중서의 출현은 유가 학설이 민간 사상에서 관변 철학으로 변하기 시작했음, 곧 유학에서 경학으로 변하기 시작했음을 의미합니다.

「모시서毛詩序」

"시는 마음속의 생각을 둔 곳이다."

「모시서」는 비교적 체계가 완전하면서도 간결하고 압축적인 유가의 시학에 관한 논문입니다. 저자는 시가 마음속의 뜻을 언어로 나타낸 것이라 보는 언지설言志說(시는 마음속의 생각을 둔 곳이다. 마음속에 있으면 생각이고 말로 내뱉으면 시가 된다. 감정은 마음속에서 움직이며 말을 통해 드러나기 때문에, 말하는 것이 부족하면 탄식을 하게 되고 탄식하는 것이 부족하게 되면 노래를 하며 노래하는 것이 부족하게 되면 자신도 모르게 손과 발을 움직여 춤을 추게 된다)을 주장했습니다. 시의 가치는 "득실을 바로잡고 천지를 움직이며 귀신을 감화시키는"데 있고, 시의 기능은 "부부의 기율을 세우고 효와 공경을 이루며 인륜을 두텁게 하고 교화를 아름답게 하며 풍속을 바로 하는"데 있다고 생각했습니다. 따라서 시의 창작은 당연히 "감정을 표현하되 예의에 맞게 해야 하는데", 이렇게 해야만 "윗사람은 풍風으로 아랫사람을 교화하고 아랫사람은 풍으로 윗사람을 풍자할" 수 있습니다.

이런 미학 관점들은 모두 후대에 널리 전해져 받아들여지고 있습니다. 이 밖에 "시는 풍風, 아雅, 송頌, 부賦, 비比, 흥興의 육의六義를 가진다"는 것 역시 「모시서」의 중요한 내용입니다.

위진남북조의 예술철학

1. 선구자

■철학의 선구자

왕필王弼 | 삼국, 위, 226~249

"뜻을 얻으려면 형상에 얽매어서는 안 되고 형상을 얻으려면 말에 얽매어서는 안 된다."

위진남북조 예술철학의 선구는 위진 현학魏晉玄學이며 왕필은 위진 현학의 대표 인물입니다. 중국 미학에서 그 의의는 '뜻을 얻으면 말을 잊는다'고 한 『장자』와 '형상을 세우면 뜻을 다하는 것'이라고 한 『역전』의 명제를 종합해서 '뜻을 얻으면 형상을 잊는다'라는 명제를 제기한 데 있습니다. 왕필은 말의 목적이 '형상을 분명하게 하는 것'이고, 형상의 목적은 '마음속의 생각을 드러내는 것'이라고 생각했습니다. "뜻은 형상을 통해 표현되고 형상은 말을 통해 뚜렷해지며, 뜻을 다하는 것은 형상만한 것이 없고 형상을 다하는 것은 말만한 것이 없습니다". 하지만 수단은 목적보다 중요할 수 없기 때문에 "형상을 세워 뜻을 남김없이 표현하면 형상은 잊을 수 있고 그림을 중시하여 정을 남김없이 표현하면 그림은 잊을 수 있습니다".

이것은 의심할 바 없이 일종의 초월, 즉 유한한 물상物象을 초월해서 무한한 본체를 파악하는 것입니다. 한편 철학과 예술이 서로 통하는 곳이기도 합니다. 따라서 왕필의 이 명제는 미학이 아니면서도 중국 미학에 심원한 영향을 끼쳤습니다.

갈홍葛洪 | 동진, 284~363

"문장은 비록 덕행보다 아래이기는 하지만 필요하지 않다고 할 수 없다."

왕필이 추구한 것이 '무한'이라고 한다면 갈홍이 추구한 것은 '불후不朽'였습니다. 그가 불로장생의 약을 만든 것은 육체의 불후를 추구한 결과이며, 책을 쓴 것은 정신의 불후를 추구한 결과입니다. 따라서 갈홍은 '덕을 행하는 것이 근본이고 문장은 말단이다'는 관점에 반대했고, 비록 본말의 차이가 있기는 하지만 "근본이 반드시 모두 진귀한 것은 아니며 말단이 반드시 모두 천한 것은 아니다"라고 생각했습니다. 하물며 덕은 쉽게 구분할 수 있지만 문은 정교하기 때문에, 문장을 짓는 일이 결코 선을 행하는 일보다 더 쉬운 것은 아닙니다. "덕행은 행하는 일이 있어 우열을 쉽게 가릴 수 있지만 문장은 미묘해서 그 본체를 식별하기가 힘든" 것으로, 예술 감상은 도덕 판단보다 훨씬 어렵기 때문에 전혀 뒤지지 않습니다. 이러한 주장은 분명 '문학의 자각'이라는 일종의 시대정신의 구현입니다.

『세설신어世說新語』| 남조, 송

"마음에 흡족한 곳이 반드시 멀리 있는 것은 아니다."

남조의 유의경劉義慶이 편찬한 『세설신어』는 이론서가 아니며 뚜렷한 미학적 관점을 제기한 저술도 아닙니다. 그러나 이 책은 중국 미학사에서 단테의 『신곡』과 같은 의의와 지위를 가지고 있습니다. 인간 정신이 어떻게 관변 이데올로기(경학)의 속박 및 감금, 억압으로부터 해방되었으며, 또 어떻게 자연계로 투사되었는지를 보여주기 때문입니다. 이 책은 위진의 풍도를 가장 감성적으로 기록했으며, 위진 현학을 가장 유미적으로 예술화했습니다. 풍골風骨, 풍운風韻, 정치情致 등과 같이 이 책에서 제기된 일련의 심미 범주는 후대에 깊은 영향을 끼쳤습니다.

■문학의 자각

조비曹丕 | 삼국, 위, 187~226

"문장의 품격은 작가의 기氣에 달려 있다."

루쉰은 이런 말을 했습니다. "조비의 시대는 '문학의 자각 시대'라고 할 수 있을 것이다. 또는 근대에서 이른바 예술을 위한 예술을 주장한 일파라고 할 수도 있다." 이러한 시대의 대표 인물로서 조비는 『전론典論』「논문論文」에서 문학에 지극히 높은 지위를 부여하고, 문학이 "나라를 다스리는 대업이며 불후의 중요한 일"이라고 선언했으며, "수명은 다하는 때가 있고 영화도 삶과 더불어 끝나게 되므로 양자가 반드시 오래도록 존재하기는 해도 문장처럼 무궁하지는 않다"고 생각했습니다. 아마도 이 때문에 루쉰은 위진이라는 이 '문학의 자각 시대'를 '조비의 시대'라 칭했을 것입니다.

혜강嵇康 | 삼국, 위, 224~263

"음악의 소리는 자연과 같은 조화를 가지며 인정과는 관계가 없다."

조비의 『전론』「논문」이 경학에서 떨어져 나온 문학의 '독립선언'이라고 한다면 혜강의 「성무애락론聲無哀樂論」은 예술 왕국의 '건국 강령'입니다. 이 불후의 논저에서 혜강은 처음으로 예술 자체의 규칙에서 출발해 유가 미학을 거세게 비판함으로써, 『예기』「악기」가 기초를 닦아놓은 전통 음악 이론을 뒤집은 중국 형식 미학의 첫 번째 인물이 되었습니다. 그 시간은 오스트리아의 한슬릭보다 1600년이나 빨랐습니다.

혜강은 음악이 본질적으로 독립적 의의와 가치를 지니며 정치 윤리의 부속물이 아니라고 생각했습니다. 음악이 "사람을 가장 깊이 감동시키는" 이유는 특수한 형식(음률이 조화를 이루고 성음이 어우러진다)을 가지고 있기 때문입니다. 이런 형식은 "금석에서 이루어지고, 관현에서 얻어지는 것이지, 인정과는 관계가 없습니다". 만약 억지로 근원을 찾는다면 자연의 법칙에서 그것을 얻는다(천지가 덕에 부합하니 만물이 생기고 추위와 더위가 바뀌니 오행이 이루어진다. 그리하여 오색을 분명하게 하고 오음을 발한다)고 할 수 있을 따름입니다. 다시 말해, 음악의 미는 자연계 고유의 것(천지 사이에 있다), 영원히 불변하는 것(비록 혼란을 만나도 그 본체는 변함이 없다), 주관적 정감으로 전이하지 않는 것(어찌 애증으로 풍치를 바꾸고 애락이 풍채를 바꾸겠는가)입니다. 이것은 객관적인 미입니다.

미가 이런 자연의 조화인 이상 음악은 당연히 사회생활의 반영도 아니고 윤리도덕의 표현도 아닙니다. 음악에는 미추만이 있을 뿐이며(원문은 '음악은 선악을 표현하는 것을 주된 일로 삼는다'지만 이 선악은 오늘날 말하는 윤리학적 의미의 선악이 아니라 미학적 의미의 미추입니다), "애락哀樂과는 관계가 없는데", 애락은 정감적인 일(애락은 정감을 담당한다)이며 "음악과 관계가 없습니다". 그래서 계찰季札이 소리를 듣고 여러 나라의 풍속을 알 수 있었다느니, 사광師曠이 피리를 불어 초나라 군사들이 반드시 패할 것을 알았다느니 운운하는 것들은 모두 터무니없는 말입니다(모두 속된 유생들이 거짓되게 기록한 것을 신기한 것으로 믿었을 뿐이다). 혜강의 이런 비판과 견준다면, 완적阮籍의 「악론樂論」은 크게 부족합니다. 천여 년 전의 관변 미학이 혜강에게 기대어 객관 미학과 형식 미학으로 비평의 도구를 삼은 것은 대단히 의미심장합니다.

육기陸機 | 서진, 261~303

"시는 감정에서 기인하지만 형식은 화려하다."

'문학의 자각 시대'에 출현한 또 한 사람의 대표적 인물이자 저작으로서, 육기의 「문부文賦」는 다음과 같은 몇 가지 의의를 가집니다. 첫째, '시는 감정에서 기인한다'는 주장으로 "시란 마음속의 생각을 언어로 나타낸 것"이라는 설을 대체하였습니다. 이는 문학이 정치 윤리(시는 마음속의 생각을 언어로 나타낸 것이며 문장은 도를 실어야 한다)를 탈피하여 정감과 형식을 주요 목적(하나는 정감, 즉 감정에서 기인한 것을 표현해야 한다는 것이고, 또 하나는 형식의 아름다움, 즉 화려해야 한다는 것입니다)으로 하는 진정한 문학이 되었음을 의미합니다.

둘째, 처음으로 예술 창작의 심리 상태에 대해 꼼꼼하게 기술하는 동시에, 상상(신령스런 집오리가 온 세상을 다니며 마음은 한없이 높은 곳을 노닌다. 고금을 보는 것도 잠시고 사해를 어루만지는 것도 일순간이다), 영감(오는 것을 막을 수 없고 가는 것을 붙잡을 수 없다. 생각의 바람은 마음에서 생겨나고 말의 샘은 입술과 이에서 흘러나온다), 창작 쾌감(저 맛있는 일의 즐거움은 본디 성현이 부러워하는 것이다), 예술의 다양성(본체는 일만 가지나 될 정도로 다 다르고 사물은 하나의 고정된 분량이 없다. 많고 어지러워서 함부로 헤프게 쓰면 형은 상이 되기 어렵다) 등의 문제를 언급했습니다.

셋째, "시는 감정에서 기인하면서도 화려하고, 부賦는 사물을 본체로 하면서도 맑고 깨끗하다"는 등 각종 문체의 특징을 연구하여 유협이 제기한 『문심조룡』 문체론의 효시가 되었습니다.

넷째, '미'라는 개념을 정식 심미 범주로 간주했습니다. 중국 미학은 비록 역대로 맛으로 미를 말하는 전통이 있었는데, 선진 미학 중의 맛은 음식의 맛(미감味感)이었지 예술의 맛(미감美感)이 아니었습니다. 육기가 어떤 문학 작품을 '양념하지 않은 고깃국에서 맛볼 수 있는 뒷맛이 부족하다'고 한 비평은 여전히 음식을 통한 비유지만 실제로 말하는 바는 이미 예술적인 측면입니다. 종병宗炳이 '마음을 맑게 하여 형상을 음미한다'는 설을 제기하고 종영鍾嶸이 '오언시五言詩는 문사文詞 중에서 아주 중요한 자리를 차지하고 있어 여러 시체 중에 가장 맛이 있다'는 관점을 제기했을 때, 여기서 맛은 곧 맛을 보는 것(심미 감상), 혹은 예술적 품격과 지위(심미 가치)를 가리키는 것으로 완전한 미학 범주입니다.

혜강의 음악 이론, 육기의 문학 이론, 조비의 문예 이론은 더불어 '문학

의 자각 시대'에 금자탑을 세웠으며, 유협의 『문심조룡』의 서곡을 울렸다
고 할 수 있습니다.

■심미의 초월

고개지顧愷之 | 동진, 약 346~약 407

"아름다운 구슬을 하나의 형상으로 확정짓는 것은 대상을 깨닫고 그 정신을
통하게 하는 것과는 다르다."

인물은 위진 시기 예술과 심미의 중요한 주제였습니다. 『세설신어』는
인물을 평가했고(인물 품평) 고개지는 인물을 그렸는데(인물 묘사), 그들의
공통된 특징은 인물의 표면적 형태(형形)를 초월하여 내적 정신과 사상 성
격, 그리고 기질적 풍모(신神)의 파악을 요구한 것입니다. 그래서 고개지
는 인물을 그릴 때 수년 동안이나 눈을 그리지 않았습니다. 어떤 사람의
외모가 잘생기고 아니고는 결코 중요하지 않으며(신체가 아름답고 못생기고
는 본디 오묘함과 관련이 없다), 그 내적 풍모를 전달하는 것은 눈에 달려 있
다(초상을 그릴 때 그 사람의 정신을 전하는 것은 바로 눈동자에 있다)고 여겼기 때
문입니다. 따라서 "아름다운 구슬을 하나의 형상으로 확정짓는 것은 대상
을 깨닫고 그 정신을 통하게 하는 것과는 다른 것이었습니다"(스케치를 할
때 모양을 제대로 보는 것은 확실히 중요하지만 더욱 중요한 것은 상대방의 정신으로
들어가는 것입니다).
　이는 의심할 여지없이 심미를 초월한 것이며, 위진 현학과 밀접한 관계
가 있습니다. 외형과 정신의 관계는 본래 현학의 중요한 명제였으며, 현

학이 중시한 것은 현묘하고 심원한 것, 즉 현원玄遠이었기 때문입니다. "현묘하고 심원함을 마음에 새겼기 때문에 정신의 이치를 중시하고 외형을 버렸습니다"(탕용동湯用 의 말). 인생에서 표현된 것이 '위진 풍도'이고, 회화에서 표현되면 '초상을 그릴 때 그 사람의 정신을 전함', 생각을 옮겨 오묘함을 얻음', '대상을 깨닫고 정신을 통함'이 됩니다. 이른바 '생각을 옮겨 오묘함을 얻음'이란 상상일 뿐만 아니라 감정 이입을 의미합니다. 즉 주체가 자신의 정감을 대상에게 이입하여 상대방의 내적 정신을 체험하는 것이기 때문에 '생각을 옮긴다'고 합니다. '생각을 옮겨야'만이 말로 전달할 수 없는 오묘한 바를 얻을 수 있습니다. 그리하여 그림에서 표현된 것이 곧 소동파蘇東坡가 제기한 '마음먹은 생각이 있는 곳'입니다. 이는 이렇게 말할 수도 있겠지요. '초상을 그릴 때 그 사람의 정신을 전함'은 목적이자 기준이고, '생각을 옮겨 오묘함을 얻음'은 경로이자 방법이며, '마음먹은 생각이 있는 곳'은 비결이자 관건입니다.

따라서 탕용동은 "고개지의 그림 이론 역시 아마도 '뜻을 얻으면 형상을 잊는다'는 학설의 표현일 것이다"라고 말했습니다. 사실 『장자』에서 '뜻을 얻으면 말을 잊는다'는 주장이 제기되었고, 『역전』에서는 '형상을 세워 뜻을 남김없이 표현한다'는 주장이 제기되었으며, 왕필은 '뜻을 얻으면 형상을 잊는다'는 주장을 제기한 바 있습니다. 동진 시기에 이르러 이러한 학설들은 이미 하나의 체계적으로 미학 관념으로 성립되었습니다. 그 관념이란 예술은 형상을 세워 뜻을 남김없이 표현하고 뜻을 얻으면 형상을 잊는다, 문학은 말로써 뜻을 표현하며 뜻을 얻으면 말을 잊는다, 인물(인물과 인물화)은 외형으로 정신을 전하고 뜻을 얻으면 외형을 잊어버린다(외형에 얽매이지 않거나 외형의 유사함을 중시하지 않는다)는 것입니다. 여기서 말하는 '잊는다'는 바로 초월입니다.

종병宗炳│ 남조, 송, 375~443

"성인은 도를 가지고 사물을 대하며 현자는 마음을 맑게 하여 형상을 음미한다."

고개지는 현호으로 인물을 대했지만, 종병은 현으로 산수를 대했습니다. 종병이 보기에 산수 자체는 물질적인 것이고 실체였지만 산수의 미는 정신적인 것, 형체가 없는 정신이기 때문이었습니다. 이를 '산수는 모양이 있지만 흥취는 신령스럽다'고 합니다. 그러므로 마땅히 "마음을 맑게 하여 형상을 음미하는 자세로" 산수를 보아서 "눈으로 대하고 마음으로 이해해서" 창작해야 합니다. 이른바 '마음을 맑게 하여 형상을 음미한다'는 마음에 잡념이나 망상이 없어 조용하고 고요한 물에 비치는 밝은 달의 경치와 같은 심경으로(마음을 맑게 하여) 물상物象과 물상의 미(상象)를 세세하게 맛을 봐야(미味) 한다는 뜻입니다. 또한 이른바 '눈으로 대하고 마음으로 이해한다'는 눈으로 볼 뿐 아니라(눈으로 대하고) 정신으로도 체험해야 함(마음으로 이해한다)을 가리킵니다. 이렇게 해야 비로소 "정신을 초월하여 이치를 얻을" 수 있습니다. 이것이 바로 이치理이며 도입니다. '성인은 도를 가지고 사물을 대하고, 현자는 마음을 맑게 하여 형상을 음미한다'고 하지만 산수 또한 도의 표현이기 때문입니다. "성인은 정신으로 도를 본받으며 현자는 이것과 통하게 되고, 산수는 형상으로 도를 아름답게 하며 인자는 이를 즐거워하니", 하늘과 사람과 성인과 현자는 본디 서로 통하는 것으로, 도와 통합니다.

"기운생동"

사혁의 '기운생동'은 중국 미학사에서 영향력이 매우 컸을 뿐 아니라 논쟁도 아주 많았던 명제입니다. 논쟁의 초점 가운데 하나는 '육법六法' 가운데 첫째인 이 명제 때문인데, 도대체 '기운이 살아 움직여야 하는 것' 인가 아니면 '기운은 곧 살아 움직임'인가의 문제로 다투었습니다. 하지만 회화에서 '마땅히 기운이 살아 움직여야 하든', 아니면 '기운 자체가 곧 살아 움직임'이든 간에, 이 명제는 위진남북조 미학이 예술철학의 단계를 뛰어넘어 예술심리학으로 가려고 했음을 의미합니다.

2. 집대성자

■ 예술철학

유협劉勰 | 남조, 양, 약 465~약 532

"문장의 덕은 지극히 크다. 그것은 천지와 함께 생겨났다."

"마음이 생겨나면 언어가 확립되고 언어가 확립되면 문채가 분명해진다. 이것이 자연의 도이다."

예술철학 시기의 대표적인 성과물로서 유협의 『문심조룡』은 높은 곳에서 병 속의 물을 쏟아 붓는 것처럼 그 기운이 세차고 규모와 체계가 포괄적일 뿐 아니라 치밀하다 하겠습니다. 중국 미학의 기타 저작과는 달리 이 책은 보기 드물게 거시적인 태도와 엄밀한 논리를 지녔습니다. 이 점에서 『문심조룡』이 이전 미학을 집대성한 예술철학 저작이라는 데 의심의 여지가 없습니다.

유협의 예술철학 체계는 도가의 자연 법칙을 이론적 외표로, 유가의 윤리 미학을 사상의 핵심으로 삼고, 현학의 본체론을 철학적 기초로, 불교의 인명학因明學을 논리적 방법으로 삼아 구성되었습니다. 그 핵심은 '자연의 도'입니다. 유협은 이렇게 생각했습니다. 문(문장文章, 문채文采)은 심미 형식과 범심미 형식, 예술 형식과 범예술 형식이며, 그 의의와 기능과 기세가 모두 대단히 큽니다(문의 덕은 지극히 크다). 그 이유는 문은 천지와 함께 생겨났기 때문입니다. 그것이 천지와 함께 생긴 까닭은 '도'의 표현이자 산물이기 때문입니다. 천지 만물의 심미 형식은 자연의 이치를 설명하는 문장을 가리킬 뿐 아니라, 문학, 예술, 심지어 철학, 종교, 도덕, 정치를 포함한 인류의 문화와 문명(모두 '문'으로 통칭) 전체를 아우릅니다. 인간 자체가 도의 표현이자 산물이기 때문입니다.

　도는 천지 만물을 낳았을 뿐 아니라 인간을 창조한 만물의 정화(오행의 정수)이며 천지의 정신(천지의 마음)입니다. 일단 정신이 형성되면 언어가 확립되고(마음이 생겨나면 언어가 확립된다), 언어가 확립되면 미가 생깁니다(언어가 확립되면 문채가 분명해진다). 무릇 형태가 있고 소리가 있으면 미가 있는 법입니다(형태가 확립되면 아름다운 무늬가 이루어진다. 소리가 생기면 문이 생긴다). 의식이 없는 동식물이나 무기물에게도 모두 미가 있는데(의식이 없는 사물들에게도 풍부한 무늬가 있다), 천지의 정신인 인간에게 어찌 미가 없을 리 있겠습니까(마음을 지닌 인간에게 어찌 문이 없겠는가)? 이를 일컬어 "마음이 생겨나면 언어가 확립되고 언어가 확립되면 문채가 분명해진다. 이것이 자연의 도이다"라고 했으니, 곧 본체론입니다.

　이는 곧 자연미와 예술미, 인류의 모든 문명을 포함한 문을 도라는 본체에서 파생된 것으로 규정했습니다. 그것은 도에서 파생되어 나온 것이므로 보편성과 필연성을 지닙니다. 도가 문을 파생하는 것은 자신을 나타내기 위해서입니다. 유협이 보기에 이는 아주 자연스러운 것이며 논증할 필요가 없는 것이기에 '자연의 도'라 일컬었습니다. 하지만 도는 본체로서 결코 직접적으로 자신을 나타낼 수 없으며, 반드시 일정한 중개를 통해야 하는데, 그 가운데 가장 중요한 것이 성聖(성인)입니다. 성인은 "자연의 도가 지닌 정수를 밝혀 문장으로 드러냈고, 신령스런 계시를 탐색하여 가르침의 내용을 세웠으며" '경經'을 창조했습니다.

　경은 가장 이른 인간의 문장이면서 가장 중요한 인간의 문장인데 그 가운데 가장 원시적이고 본원적인 것이 효爻와 괘卦(『역경』)입니다. 왜냐하면 그것들은 성인이 하늘의 계시와 신의 지시(하도河圖와 낙서洛書)를 통해 창조한 최초의 부호(인류의 문장은 그 기원을 태극에 둔다. 그 신기한 원리를 밝히도록 도와주는 최초의 것이 『역경』안에 있는 괘의 형상이라고 생각된다)이기 때문입니다. 그 창시자는 복희씨伏羲氏(복희씨가 그렸다는 팔괘에서 시작되었다)이고, 해석자는 공자(공자가 십익十翼을 보완함으로써 완성되었다)입니다. 게다가 도는 본질상 심미적인 것이고 그 아름다움은 우선 하늘과 땅에서 표현되기 때문에, 공자는 하늘과 땅을 대표하는 건괘乾卦와 곤괘坤卦를 해석할 때 특히 미문학美文學의 형식을 채용했으며, 그것을 「문언」(건괘와 곤괘에 대해서는 오직 문언을 통해서 해석했다)이라고 했습니다. 그것이 하늘과 땅의 정신인 인간의 표현이기 때문입니다(언어의 문채는 천지의 마음이다).

그래서 도는 성을 통해 자신의 미를 나타내고 명시했으며, 성은 문을 통해서 도를 인식하고 천명합니다. 도와 문 사이는 성이 중개하고, 성과 도 사이는 문이 중개합니다. 이를 일컬어 "도는 성인이 쓴 문장을 통해서 분명하게 드러나며, 성인은 문장을 써서 도를 밝힌다"라고 합니다.

성인이 창조한 '경'은 절대적 진리(항구적인 진정한 도는 깎아낼 수 없는 훌륭한 가르침)이자 모범이 되는 문학(뜻은 성정을 다 표현하고 언사는 문장의 이치를 밝히는 데 빼어나다)이며, 일체의 정신적 산물과 문학 양식의 본원(논論, 설說, 사辭, 서序의 문장 양식은 『역경』에서, 조詔, 책策, 장章, 주奏의 양식은 『상서尙書』에서 발원했으며, 부賦, 송頌, 가歌, 찬贊의 양식은 『시경』을 근본으로 삼았다. 명銘, 뇌誄, 잠箴, 축祝의 양식은 『예경禮經』에서 비롯하며, 기紀, 전傳, 맹盟, 격檄의 양식은 모두 『춘추春秋』에 뿌리를 두고 있다)이기도 합니다. '경'의 인도로 말미암아 문학이 탄생했습니다. 이것이 발생학입니다.

본체론과 발생학의 문제가 해결되자 비로소 문체론과 본질론을 이야기하게 되었습니다. 유협은 "문의 도를 세우는 방법에는 세 종류가 있다. 첫째는 다섯 가지의 색채로 구성되는 형문形文이고, 둘째는 다섯 가지의 음률로 구성되는 성문聲文이며, 셋째는 인간이 지니고 있는 다섯 가지의 성정으로 구성되는 정문情文이다"라고 주장했습니다. '형문'은 미술이고

'성문'은 음악이며 '정문'은 문학입니다. 문학이 '정문'인 이상 마땅히 "성정으로 문장을 만들어야지 문장으로 성정을 만들" 수는 없습니다. 이는 내용과 형식의 관계입니다. 유협은 내용과 형식을 '성정과 문채情采'라 이름 했습니다. 문채도 중요하지만(성현의 서사를 문장이라고 총칭하는데 문채가 아니면 무엇이겠는가), 성정이 더욱 중요합니다. 정감의 원칙은 문학의 최고 원칙이며 정감의 진실은 문학의 최고 진실입니다. 정감의 진실을 위해서는 생활의 진실을 초월하여 단어를 과장하고 적은 것으로 많은 것을 총결하며 추를 미로 만들어 "정감의 형상을 남김없이 드러낼" 수 있습니다. 그러나 다만 표면적인 겉치레라면 그 심미 가치가 반드시 상실될 것입니다(지나치게 꾸미기만 하고 감정이 부족하면 반드시 질리게 된다). 이것이 본질론입니다.

따라서 문학가는 당연히 정감적 태도로 생활을 체험해서 "경물을 따라 거기에 천천히 몰입할" 뿐만 아니라 "마음과 함께 서성거리고, "눈은 이미 이리저리 살피고, 마음은 다 털어놓았다가 다시 거두어들이며" 감정이입을 통해 주객전화, 물아교융物我交融, 천인합일(정이 가서 주는 듯하고 흥이 와서 답하는 듯하다)을 실현합니다. 이것이 체험론입니다.

창작은 체험도 필요하고 상상도 필요합니다. 유협은 상상을 신사神思라고 불렀는데 그 특징은 시간(조용히 생각을 모으면 생각은 천 년의 세월을 접한다)과 공간(조용하게 얼굴을 움직여 만 리를 본다)을 초월하여 자유로이 내달리는 것입니다. 하지만 "정신이 사물의 형상을 이용해서 소통하는 것"은 곧 "생각의 변화가 잉태되는 것"이며 상상의 목적은 정감을 전달하는 것입니다. 따라서 마땅히 "마음속에 있는 것을 적절하게 표현하고, 마음을 자연의 도리에 따르게" 해야 하며, 또한 정신을 여유롭게 하고 기운을 안정시키며 편안한 상태에서 힘든 작업을 함으로써 작가 정신의 자연스런 표출로 문학 작품이 이루어지게 해야 합니다. 이것이 창작론입니다.

'조용한 가운데 감정을 순응하게 하며 마음을 편안하게 가지면서 적절한 시기를 기다리는 것'의 전제 조건은 수양입니다. 작가는 마땅히 "학식을 축적함으로써 귀중한 것을 저장하고 사물의 이치를 분명하게 밝힘으로써 재능을 풍부하게 해야 하며, 마음을 여유롭게 가져 재능이 예리하게 기능하도록 하고 글을 쓸 때에는 정력이 넘치도록" 해야 합니다. 마찬가지로 비평가는 마땅히 많은 작품을 읽어야 합니다. "천 개의 악곡을 연주해본 다음에야 소리를 이해할 수 있고, 천 개의 검을 살펴본 다음에야 보검을 식별할 수 있기" 때문입니다. 그러므로 "대상을 객관적으로 관찰하는 방법은 무엇보다 먼저 많이 보는 것"입니다. 많이 봐야 "분간하지 못하는 형태가 없고, 이해하지 못하는 이치가 없을" 수 있습니다. 따라서 "훌륭한 글들이 책상 위에 가득하면 탁월한 식별력을 기를 수" 있습니다. 이것이 비평론입니다.

비평의 기준은 심미 이상입니다. 유협의 심미 이상은 강건剛健, 독실篤實, 휘광輝光, 자연이라는 여덟 글자로 개괄할 수 있습니다. 강건은 '풍채와 뼈대의 도'(풍)를 말하고, 독실은 '작품의 골력이 지극히 뛰어난 것'(골)을 말합니다. "표현이 강건하면서도 충실하게 하면 작품이 새로운 빛을 발하게 되는데" 이것이 바로 '채采'입니다.

구체적으로 말하면 "첫째는 감정이 깊이가 있어 그릇됨에 빠지지 않는 것이고, 둘째는 풍격이 맑아 잡스럽지 않은 것이며, 셋째는 사실이 믿을 만하여 거짓에 빠지지 않고, 넷째는 의미가 정확하여 왜곡이 없으며, 다섯째는 체제에 군더더기가 없어 장황하지 않고, 여섯째는 글이 아름다우면서도 지나침이 없는 것"입니다. 이 가운데 첫째와 둘째는 '풍'을 말하고, 셋째와 넷째는 '골'을 말하며, 다섯째와 여섯째는 '채'를 말합니다. 혹은 첫째와 셋째는 '진', 둘째와 넷째는 '선', 다섯째와 여섯째는 '미'를 말합니다. 따라서 유협의 심미 이상은 바로 풍, 골, 채의 통일이며, 진, 선,

미의 통일입니다. 이는 모두 '자연'에서 통일되는데, 자연이 도이기 때문입니다. 유협이 거듭 '자연의 흥취', '자연의 위세', '자연은 반드시 오묘하다'라고 말한 것은 '마음이 생겨나면 언어가 확립되고, 언어가 확립되면 문채가 분명해지는 것이 곧 자연의 도이기' 때문입니다. 이것이 이상론입니다.

유협의 이 이상은 유가적입니다. 유가의 경전만이 이 사상을 실현했기 때문입니다. 따라서 시대적 병폐를 교정하는 유일한 경로는 "고전으로 되돌아가 거기서 출발하는 것"이었습니다. 유협은 도가 사상과 위진 풍도였던 '자연의 도'를 유학화했습니다. 중국 미학사는 유협에게서 다시 유가의 원점으로 돌아왔습니다.

3. 종결자

■문학과 음악

심약沈約 | 남조, 양, 441~513

"오묘함이 이 뜻에 도달해야지 비로소 문을 이야기할 수 있다."

유협 이후 중국 미학은 더 이상 철학적 흥취를 부활시키지 않았습니다. 유협과 동시대이면서 유협보다 더 일찍 이름을 알렸던 심약조차 그러했습니다. 심약의 영향력은 사성팔병설四聲八病說을 제기하고, 예술은 "다섯 가지 색깔이 서로 어우러지며 여덟 가지 악기가 화합하여 조화를 이루어서" 다양하면서도 통일되게 해야 한다(하나의 대쪽 안에서도 음운이 극히 다르고 두 구절 중에서도 경중이 모두 다르다)고 인식했으며, 형식미의 규칙을 이해해야 비로소 예술을 토론할 자격이 있다(오묘함이 이 뜻에 도달해야지 비로소 문을 이야기할 수 있다)고 인식한 데 있습니다.

■ 문학과 미감

종영鍾嶸 | 남조, 양, ?~약 518

"오언시는 문사 중에서 아주 중요한 자리를 차지하고 있으며 여러 시체 중에 가장 맛이 있다."

심약은 시는 성률을 중시해야 한다고 여겼고, 종영은 시는 맛이 있어야 한다고 생각했습니다. 맛은 미감美感을 말합니다. 만약 "이치가 그 문사를 앞지른다면 담담하기만 할 뿐 맛은 부족합니다". 시의 미는 형식에 있다는 것을 알 수 있습니다. 오언시五言詩가 사언시四言詩를 대체하게 된 까닭은 그 형식의 미감이 가장 뛰어나기 때문입니다(오언시는 문사 중에서 아주 중요한 자리를 차지하고 있으며 여러 시체 중에 가장 맛이 있다). 형식과 형식미는 시가詩歌 미학의 중요한 과제입니다.

종영은 형식을 중시했을 뿐만 아니라 표현을 중시했으며, 시가의 창작이 자연에서 발생한다고 생각했습니다(기가 만물을 움직이게 하며 그 만물이 사람의 감흥을 자아낸다. 따라서 사람의 정서를 격동시키며 춤이나 노래에서 형상화된다). 따라서 그는 전고典故를 인용하고 일부러 어려운 문자를 쓰는 것에 반대하고 '덧붙이고 거짓된 것'을 비판했으며 '마음을 직접 표현할 것'을 제창했는데, 우수한 작품은 모두 천재적인 예술가의 직관의 산물이라고 생각했습니다. 이는 대단히 보기 드문 식견으로 그의 미학은 유협 이후 가장 걸출한 사상입니다.

종영의 또 다른 의의는 처음으로 시인과 시 작품의 등급을 판정하였다는 데 있습니다. 이는 위진 시기 인물 품평의 유풍이며 여운이었습니다. 조비가 건안칠자建安七子의 득실을 품평한 것에서부터 이러한 기풍이 점차 시작되었습니다. 그리하여 사혁에게는『화품畫品』이 있었고, 유건오庾肩吾에게는『서품書品』이 있었으며, 심약에게는『기품棋品』, 종영에게는『시품詩品』이 있었습니다. 이것들은 모두 중국 미학이 장차 연구에서 감상으로, 즉 예술철학에서 예술심리학으로 나아갈 것임을 보여주었습니다. 종영은 의심할 나위 없이 당시 문학의 조류를 일으킨 대표적 인물이었으므로,『시품』이 끼친 영향은『문심조룡』보다 훨씬 컸습니다.

■문학과 비문학

소통蕭統 | 남조, 양, 501~531

"일은 깊이 생각하는 데에서 나오고 뜻은 시가로 표현된다."

중국 미학사에서 예술과 비예술을 구별하는 기준은 모두 세 차례 제기되었습니다. 첫 번째는『예기』「악기」이고, 두 번째가『소명문선昭明文選』입니다.『소명문선』은 중국 역사상 최초의 순수 문학 작품 선집이었기 때문에, 편찬을 주관한 소명태자昭明太子 소통은 특별히 문학과 비문학을 구분하는 기준을 제시했습니다. '문장에 능한 것을 근본으로 삼는 것'인지 '뜻을 세우는 것을 으뜸으로 삼는 것'인지를 보아야 한다는 것이었습니다. 전자는 심미의 형식을 본질적 특징으로 삼는 것으로 순문학 작품이고, 후자는 미문학의 형식으로 비문학의 내용에 이바지하는 것으로 범문학 작품입니다. 이것은 의심할 바 없이 예술철학의 기준입니다. 그래서 소통은 이 기준으로 예술철학 시대를 총결했는데, 이는 문학의 진정한 독립과 자각을 나타냅니다.

당송원명청의 예술심리학

1. 심미심리학

■유학의 견지

공영달孔穎達 | 당, 574~648

"정감과 뜻은 하나다."

『문심조룡』은 비록 다시 유학으로 되돌아가기를 희망했으나, 당나라 때 유학은 결코 이전과 같은 독보적인 지위를 갖지 못했습니다. 미학 영역에서는 더욱 주류가 아니었습니다. 그리하여 '시란 마음속의 뜻을 언어로 나타낸 것'이라는 관점에 대해 공영달은 새로운 해석(자신에게 있는 것이 정감이고 정감이 움직여서 뜻이 되기 때문에 정과 뜻은 하나다)을 내놓았습니다. 이것은 '시란 마음속의 뜻을 언어로 나타낸 것'이라는 시언지설詩言之說 과 '시는 감정에서 기인한다는 시연정설詩緣情說'을 조화시켰으며, 심리 활동을 더욱 중시하는 경향을 나타냈습니다.

"시라는 것은 감정에 뿌리를 두고 언어로 싹을 틔우며 소리로 꽃을 피우고 뜻으로 열매를 맺는다."

당대 유가 미학의 대표 인물로서 백거이는 문학의 사회적 기능이 정치를 살피는 데 도움이 되며, 민심을 드러내고 다스리는 것"이기 때문에 "문장은 때에 합당하게 지어야 하고 노래와 시는 일에 합당하게 지어야 한다"고 생각했습니다. 이는 전형적인 유가의 주장이지만 그 영향력은 결코 후대에서 말하는 것처럼 그리 크지 않았습니다. 백거이 본인 또한 모든 작품을 "임금을 위하고 신하를 위하고 백성을 위하며 사물을 위하고 일을 위해 지었던" 것은 아니었습니다. 그래서 주희朱熹는 그와 한유韓愈 등이 "좋은 문장을 지으려 한 것은 다만 다른 사람들에게 칭찬을 받기 위해서였다"고 비판했습니다. 한유, 유종원, 백거이의 관념은 진부했으나, 작품은 아주 뛰어났던 원인이 여기에 있습니다. 이런 이중성은 이 시기 문인 사대부들의 전형적인 심리이기도 했습니다.

"글은 도를 담고 있어야 한다."

문예는 정치 윤리를 위해 이바지한다는 것은 유가의 일관된 주장입니다. 이는 당나라 한유의 "글은 도를 꿰뚫고 있어야 한다"는 주장과 유종원의 "글은 도를 밝혀야 한다"는 주장을 거쳐, 북송의 주돈이에게서 정식으로 '글은 도를 담고 있어야 한다'는 이론을 형성하여 크게 영향을 끼쳤습니다. 주돈이는 문학을 수레에 비유하여 거기에는 도를 실어야 하고 바퀴축을 장식할 필요는 없다고 했습니다. 더욱이 아무것도 싣지 않고 비워두어서는 안 된다(수레바퀴를 장식하면 사람이 사용하지 않아 쓸 데 없이 장식한 것이 된다. 하물며 수레를 비워두는 것이야)고 생각했습니다. 이 관점은 정호程顥와 정이程頤와 주희에게 이어져 '시를 배우는 것은 일을 방해하며 산문을 짓는 것은 도를 해친다'고 하는 극단으로 발전했고, 점차 자기 부정(공자 가라사대 '시를 배우지 않으면 할 말이 없다')의 방향으로 나아갔습니다. 유가 미학이 당나라와 송나라 시기에 이르러 경직화하여 쇠미하기 시작했음을 여기서 어느 정도 알 수 있습니다.

■선종의 영향

사공도司空圖 | 당, 837~908

"맛을 분별한 후에야 시를 말할 수 있다."

당나라와 송나라 때 진정으로 영향력을 행사했던 것은 선종이었습니다. 선종은 중국화된 불교입니다. 종교적인 측면에서는 세속화되었고 철학으로서는 예술화되었으며 중국화된 불교로서는 유학화되었다고 하겠습니다. 그리하여 출입진퇴 사이에서 배회하며 가슴에는 수신제가치국평천하修身齊家治國平天下의 이상을 품고, 수시로 산림에 은거하며 원래의 자연 상태로 돌아가려 했던 문인 사대부들로부터 크게 환영받았습니다.

더욱 중요한 것은 선종이 심리학적 성질과 내용을 갖춘 종교이며 철학이었다는 사실입니다. 선종은 '문자에 의지해서 교를 세우지 않고 사람의 마음을 직관하며 천성을 깨달으면 부처가 된다'고 주장했으며, 불(깨달은 자)과 중생(깨닫지 못한 자)의 차이는 단지 생각 하나의 차이(혜매면 부처도 중생이고 깨달으면 중생도 부처다)에 있다고 여겼습니다. 그래서 '금방이라도 깨달으면 중생도 부처가 되며, 괴로운 바다가 끝이 없더니 고개를 돌리니 피안이다'라고 한 것입니다. 이것은 중국 미학의 발전 추세와 일치합니다. 그리하여 선종 철학의 영향과 추동하에 예술심리학은 크게 유행했고 (전술한 유가 예술사회학의 주장은 실효를 고려하지 않은 형식적인 일에 불과했습니다), 그 대표 인물이 사공도와 소식蘇軾과 엄우였습니다.

사공도 미학의 뚜렷한 특징은 그 이론적 시각이 더 이상 선진 양한 예술사회학의 정교政敎를 주장하거나 위진남북조 예술철학의 형이상학적인 도를 추구하지 않고, 심미 주체의 미감 경험, 즉 글 밖의 맛에 이르렀다는 데에 있습니다. 이른바 '맛을 분별한 후에야 시를 말할 수 있다'는 미감을 체험한 주체만이 심미 주체이며 심미 주체에 대해 말할 때에만 대상은 비로소 심미 대상이 되며 예술 또한 비로소 예술이 된다는 것을 의미합니다.

사공도의 미학은 중국 미학을 아주 크게 발전시켰습니다. 선진 양한은 공리를 중시했기 때문에 맛은 음식의 즐거움과 같았고, 위진남북조는 형식을 따졌기 때문에 맛은 말의 흥취에 있었습니다. 양자는 모두 미가 객체에 있다고 생각했습니다. 하지만 사공도는 예술은 비록 물질적인 재료를 벗어날 수 없지만(음식은 짠 맛과 신 맛을 내는 소금과 매실이 없을 수 없다), 그 심미 가치는 심미 감수로 확증될 수밖에 없다(그 미는 항상 짠 맛과 신 맛의 바깥에 있다)고 생각했습니다. 이른바 "미는 짠맛과 신맛의 바깥에 있다"(허인방許印芳이 사공도를 논한 말)는 사실 '미는 정신 속에 있다'는 말이기도 합니다. 이는 전형적인 예술심리학입니다.

이는 또한 내력이 있는 학설입니다. 왕필이 '뜻을 얻으면 형상을 잊는다'라는 관점을 제기한 후, 사혁은 '형상 밖의 것을 취한다'는 설을 내놓았고, 호연皓然은 '무늬의 기이함은 형상 밖에 있다'는 이론을 내놓았으며, 유우석劉禹錫은 '경계는 형상 밖에서 생겨난다'고 말했습니다. 사공도는 예술의 이런 초월성을 대대적으로 드높여 느낄 수만 있고 실증할 수는 없는 '형상 밖의 형상', '경치 밖의 경치'와 체험할 수만 있고 말로 전할 수는 없는 '운 밖의 풍치', '맛 밖의 뜻'을 가지고 유한한 형상(象象, 경景)과 형식(운韻, 미味)을 뛰어넘었습니다. 이것이 당나라 문학의 뛰어난 점입니다. 나중에 엄우가 당나라 사람의 취미는 "영양羚羊이 뿔을 나무에 걸어둔 것처럼 자취를 찾을 수 없다"고 말한 것은 당연한 일입니다.

소식蘇軾 | 북송, 1037~1101

"군자는 사물에 뜻을 기탁할 수 있지만 사물에 연연해서는 안 된다."

굴원과 마찬가지로 소식 역시 이론으로 중국 미학과 중국 예술에 영향을 미친 사람은 아닙니다. 굴원이 주로 인격과 정신적인 면에서 영향력을 행사했다면, 소식은 주로 인생 태도의 면에서 영향을 끼쳤습니다. 선학禪學의 시대에 소식은 진정으로 선종의 정수를 깨닫고 인생에 대처할 수 있었던 소수의 사람들 가운데 하나였습니다. 그 정수란 집착을 깨는 것입니다. 선종은 최고의 진정한 기다림과 진정한 깨달음을 깨우쳐야 한다고 이야기하는데, 그러려면 첫째로 아집我執을 깨야 하고 둘째로는 법집法執을 깨야 하며 셋째는 공집空執을 깨야 합니다. 집착하면 혜매게 되고 혜매게 되면 깨닫지 못하기 때문인데, 이것을 '집미불오執迷不悟'라고 합니다.

소식이 훌륭한 점은 바로 그가 선종의 이런 정신을 심미 의식 속에 적용하여 일종의 심미적 인생 태도로 발전시키고 문인 기풍을 열었다는 데 있습니다.

소식은 우주와 인생에 대한 이 투철한 깨달음으로부터 창작에 있어서의 유희적 태도를 힘껏 제창했습니다. 창작은 인생과 같기 때문에, '진흙 위에 발자국을 남긴 것은 우연이고 높고 멀리 날아갔거늘 어찌 다시 동서 간의 거리를 계산하랴'는 것입니다. 우주의 목적도 없고 절대 이념도 없으며 진선미의 최고 중재자도 없습니다. 일체가 모두 우연이며 일체가 모두 순간이며 필연과 영원은 바로 이 무수한 우연과 순간 중에 있습니다.

이는 의심할 나위 없는 전형적인 선의禪意지만 보다 광대하며, 의심할 나위 없는 철학이지만 훨씬 감성적입니다. 이 선의와 철학으로 예술을 대하면 심미에서는 '사물에 뜻을 기탁하되'(집착하지 않음) '사물에 연연하지'(집착함) 않게 됩니다. 창작에서는 "크게 깨달으면 구름이 가고 물이 흐르는 것처럼" 하고 싶은 대로 하고 되어가는 대로 두게 되며, 감상에서는 "문인화를 볼 때 세상의 뛰어난 말을 살피는 것과 같이 그 말의 의기가 도달하는 곳을 취하게" 됩니다. 풍격에 있어서는 도연명과 사공도를 추앙하여 "당시에 그 오묘함을 알지 못한 것을 한스러워합니다". 소식의 출현은 중국의 미학과 예술이 이미 소년의 호기심과 중년의 성숙을 끝마치고 조용하고 자유로우며 활달하고 도량이 큰 노년을 향해 나아갔음을 의미합니다.

"시에는 독특한 성질이 있어서 산문과는 관계가 없으며 시에는 독특한 흥취
가 있어서 이치와는 관계가 없다."

소식이 선禪을 시에 적용했다고 한다면 엄우는 선으로 시를 읊었습니
다. 엄우의 의의는 먼저 이전 사람들이 말을 할 때 반드시 요堯, 순舜, 탕
湯, 무武와 같은 고대 제왕들과 공자, 시경 등 성현의 말을 끌어다 사용했
던 사유와 표현의 패턴과는 달리 단도직입적으로 '무릇 선의 도는 오직 오
묘한 깨달음에 달렸으며 시의 도 역시도 오묘한 깨달음에 달렸다'는 관점
을 제기했다는 데에 있습니다. 이는 '시의 도는 정치 윤리에 있다'고 하는
유가의 견해와는 그야말로 완전히 다른 것입니다. 엄우도 비록 '시는 정성
情性을 읊조리는 것이다'는 점을 이야기했지만, 그가 말한 '정성의 읊조
림'은 유가에서 말하는 '성정性情의 읊조림'과 본질적인 차이가 있습니다.

유가 미학의 관점에서 보면 시는 곧 '성정의 읊조림'이기 때문에 모름
지기 감정에서 발하되 예의에서 그치며 마지막에는 윤리에 합당해야 합
니다. 하지만 엄우는 시의 본질이 '정성의 읊조림'인 이상 '정성' 이외의
것, 가령 정치 윤리 같은 것은 시학 연구의 대상이 아니며 시인이 고려할
문제도 아니라고 생각했습니다. 이른바 '시에는 독특한 성질이 있어서 산
문과는 관계가 없으며, 시에는 독특한 흥취가 있어서 이치와는 관계가 없
다'는 것입니다. 그렇다면 시는 무엇과 관계가 있을까요? '흥취'와 '오묘
한 깨달음'입니다.

'흥취'란 주관적 심미 경험(미감)이고 '오묘한 깨달음'은 주관적 직관의
감수(심미)입니다. 오묘한 깨달음이 없으면 흥취를 얻을 수 없고(심미를 진
행할 수 없으면 미감이 없습니다), 흥취를 알지 못하면 오묘한 깨달음을 얻을

도리가 없습니다(미감을 알지 못하면 또한 심미를 진행할 수 없습니다). 그래서 시의 도는 오직 오묘한 깨달음에 있을 뿐만 아니라 오직 흥취에 있습니다. 성당盛唐 시기의 시인은 그 창작이 오직 흥취에 있었기(오직 미감을 목적으로 했기) 때문에, 그 작품은 "이치의 노선에 얽매이지 않고 언어의 통발에 빠지지 않는" 상품上品이 되었고, 그 절묘한 곳(미감)은 "확실하고 영롱하지만 가까이 다가설 수가 없어" 그야말로 "공중의 소리와 같고 외형 속의 색깔과 같으며 물속의 달과 거울 속의 허상과도 같아서, 영양이 뿔을 나무에 걸어둔 것처럼 자취를 찾을 수 없는 듯했으니 언어는 다했어도 그 의미는 무궁했습니다".

이런 미감을 얻는 것은 당연히 하나의 경로, 즉 오묘한 깨달음뿐 입니다. 오묘한 깨달음은 '말할 수 없을 만큼 오묘한 깨달음'일 뿐만 아니라 '말로 전할 수 없을 정도의 오묘함을 깨닫는 것'(오묘悟妙)입니다. 따라서 "오직 깨달음만이 마땅히 할 일이고 본연의 것입니다". 그래서 엄우는 중국 미학을 위해 예술과 비예술을 구분하는 세 번째 기준인 '이치의 노선'을 제공했는데 역시 '오묘한 깨달음'입니다.

『예기』「악기」는 기능을 중시해서, 정감을 조화롭게 함(같은 것을 합치는 것)은 예술이고 질서를 유지함(다른 것을 변별하는 것)은 비예술로 보았습니다. 이는 사회학적 기준에 따랐기 때문입니다. 『소명문선』은 목적을 중시해서, 목적이 형식에 있으면(문장에 능한 것) 예술이고 목적이 사상에 있으면(뜻을 세우는 것) 비예술로 보았습니다. 이는 예술철학적 기준에 따른 것입니다. 『창랑시화滄浪詩話』는 파악 방식을 중시해서 심미 직관에 호소(오묘한 깨달음)하면 예술이고 이성 사유에 호소(이치의 노선)하면 비예술로 보았습니다. 여기서 엄우의 기준이 심리학적인 것임을 쉽게 알 수 있습니다. 이 기준에 의하면 시인은 당연히 오직 "한결같이 오묘하게 깨달아야 할 따름입니다".

■ 예술의 추구

심미 관계

손과정孫過庭 | 당, 미상

"자연과 같은 오묘함이 있다."

중국 미학사의 예술심리학 단계로서 당, 송, 원, 명, 청 시기의 뚜렷한 특징은 예술가가 점차 더 많이 철학가와 문예이론가의 자리를 차지하며 미학의 주요한 발언자가 되었다는 점입니다. 그들은 자신의 심미 추구와 예술 실천에서 출발해서 미감 경험을 중심으로 일련의 중요한 미학 문제를 토론했습니다.

제일 먼저 제기된 것은 심미 관계였습니다. 당나라 때의 서예가인 손과정은 예술가가 창조한 심미 이미지는 당연히 자연을 조화롭게 하는 것과 똑같은 성질, 즉 자연과 같은 오묘함이 있어야 한다고 인식했습니다. 이른바 '오묘함이 있다'는 정조情調를 말합니다. '무너진 구름처럼 무겁고', '매미의 날개처럼 가볍다' 운운하는 것은 서예가가 무너진 구름과 매미의 날개를 모방하거나 그리는 것을 말하는 것이 아니라 그들의 필의筆意, 필력筆力, 필세筆勢, 필법筆法이 무너진 구름과 매미의 날개와 똑같은 장력 구조를 가지고 있다는 것, 즉 똑같은 정조 혹은 형식감을 지녔다는 사실을 의미합니다.

하지만 이런 정조를 '오묘함이 있다'고 부르는 이상 그것은 일반적인 미감이 아니라 의미 있는 형식감입니다. 이는 자연계에 대해 '사물의 진상을 꿰뚫어 보는' 능력에서 비롯됩니다. 당나라 초의 우세남虞世南

(558~638)은 '서예의 현묘함'(「필수론筆髓論」)을 말했고, 장회관張懷瓘(미상)은 '현묘함을 더함'(「문자론文字論」)을 말했으며, 손과정 자신은 우수한 서예가는 "사물의 진상을 꿰뚫어 보는 것에 정통했기 때문에 눈과 귀에 머물지 않는다"라고 말했는데 모두 같은 이치입니다.

장조張璪| 당, 미상

"밖으로는 자연의 조화를 스승으로 삼고 안으로는 마음의 근원을 터득한다."

당나라 때의 화가인 장조는 『회경繪境』이라는 책을 저술했지만 이미 실전되고 '밖으로는 자연의 조화를 스승으로 삼고 안으로 마음의 근원을 터득한다'라는 이 구절만이 전해집니다. 그러나 이 명제는 중국 미학사에서 불후의 지위를 차지하며 역대 산수화가들이 이 구절을 모범으로 받들었습니다.

형호荊浩| 오대, 미상

"사물의 형상을 넘어 그 참된 것을 취한다."

손과정의 명제는 오대 시기의 형호에 이르러 '사물의 형상을 넘어 그 참된 것을 취한다'는 주장으로 발전했습니다. '참'은 '비슷한 것'과는 다릅니다. "꽃과 나무의 때가 맞지 않고 집은 작으며 사람은 크고 나무가 산보다 높으며 다리가 언덕에 세워지지 않은" 것처럼 물리物理가 진실하지 않은 것은 비슷하지 않은 것이고 형태를 가진 결함, 즉 볼 수 있는 결함입니다.

반면에 "기운이 모두 없어지고 물상이 전부 어그러져 필묵을 아무리 더해도 생명이 없는" 것처럼 심리가 진실하지 않은 것은 참이 아닌 것이며 형태가 없는 결함, 즉 볼 수 없는 결함입니다. "비슷한 것은 그 형태를 얻고 그 기운을 남겨두지만 참된 것은 기운과 본질이 모두 완전한데", 회화의 목적은 참을 그리는 것, 즉 자연 생명을 표현하는 심미 이미지를 창조하는 것입니다. 그러므로 자연계를 생명체로 간주하고 인간과 자연의 심미 관계를 생명과 정감의 체험 관계로 간주해야 비로소 "마음이 가는대로 붓이 움직이며 형상을 취하는데 의혹이 없을" 수 있습니다.

심미 품위

황휴복黃休復 | 북송, 대표작은 1006년에 완성됨

"그림의 일격逸格은 그것과 어우러질 수 있는 것을 찾기가 가장 어렵다."

심미는 품위가 있어야 한다는 것을 강조하고 예술가와 예술 작품을 품급으로 평가한 것은 위진 이래로 꾸준히 있어 왔던 관념이자 작법이었습니다. 가장 일찍 회화의 품급을 나눈 사람은 남제의 사혁(『화품』)이었고, 서법의 품급을 나눈 사람은 남량의 유견오(『서품』)였습니다. 당나라 사람인 장회관은 『서단書斷』과 『화단畫斷』을 저술했고 서법과 회화 작품을 모두 신神, 묘妙, 능能의 삼품으로 나누었습니다. 그 후에 주경현朱景玄은 『당조명화록唐朝名畫錄』을 저술하여 장회권의 삼품 외에 '일품逸品'을 추가했습니다.

가장 일찍 '일품'이라는 개념을 제기했던 사람은 초당의 이사진李嗣眞으로, 서예 작품에 이 개념을 사용했습니다. 북송의 황휴복은 일품(황휴복은 일격逸格이라고 칭했는데 격은 곧 품이자 품격입니다)을 신, 묘, 능 삼품의 상위에 열거하고, '원과 네모를 그리는 도구인 규구가 오히려 원과 네모를 그리는 데에 서툴게 하고 아름다운 벼루가 오히려 채색 그림을 그리는 데에 촌스럽게 하니 간결한 붓으로 형이 갖추어질수록 자연스러움을 얻게 되며 본보기가 되는 것은 뜻밖의 것에서 나온다'라고 주장하여 이로부터 마침내 정론이 되었습니다.

이른바 일, 신, 묘, 능이란 예술 작품의 심미 품위를 가리킵니다. 그중에서 능품은 기술적 단계에 그치며(천지자연의 조화를 똑같이 모방하고 형상이 생동적이다) 품급이 가장 낮습니다. 묘품은 기교적 단계에 도달한 것으로(소의 뼈와 고기를 발라내는데 칼날이 움직이는 대로 내버려두는 것과 같고 코를 베어내는데 도끼를 움직이는 것과 같다) 품급이 상대적으로 높습니다. 신품은 천재적인 단계에 도달한 것으로(천지조화의 오묘함이 대단히 높고 생각과 정신이 합치된다) 품급이 매우 높습니다. 오직 일품만이 자유로운 단계에 도달했기 때문에(범속함을 초월하였고 세속을 벗어났으며 사소한 것에 구애받지 않는다) 품급이 가장 높습니다.

이런 심미 경향은 회화에서 '생각을 그리는 것寫意'으로 표현됩니다. 하지만 모든 생각을 그리는 것이 아니라 청일淸逸, 초일超逸, 고일高逸한 생각, 즉 '일기逸氣'라 총칭하는 특정한 생각을 그립니다. 원元나라의 서예가이자 화가였던 예찬倪瓚(1306~1374)은 "그림이란 빼어난 붓의 움직임으로 재빨리 그려 형태의 유사함을 구하지 않고, 편안하게 자신을 즐겁게 할 따름이며, 편안하게 가슴 속의 빼어난 기운逸氣을 그릴 따름이다"라고 했는데, 바로 이것을 일컫습니다.

심미 취미

장언원張彦遠 | 당, 815~875

"형상의 유사함을 얻으면 그 기운이 없어지고 채색을 하게 되면 그 필법을
잃게 된다."

당나라 때 산수화의 중요한 변혁은 수묵으로 청록을 대체했다는 것입
니다. '형상의 유사함을 얻으면 그 기운이 없어지고 채색을 하면 그 필법
을 잃게 된다'라는 장언원의 말은 기운과 필법이 조형의 색채보다 중요함
을 의미합니다. 기운은 외형보다 더욱 생명의 본체에 가깝고 필법은 색채
보다 더 최고의 진실에 가깝기 때문입니다.

저자를 왕유王維(701~761)라고 속여서 유명해졌던 『화산수결畵山水訣』
은 원래 송나라 사람인 이징수李澄叟의 저서로, "무릇 그림의 도 중에서는
수묵이 최상인데 자연의 본성을 바로 잡고 조화의 효과를 만든다"는 말이
실려 있고, 장언원은 "오묘하게 되면 말이 필요 없고 정신이 만든 것은 홀
로 움직인다"라고 한 바 있습니다. 또한 자연계는 원래 색을 칠하는 데 애
를 쓸 필요가 없기 때문에(초목이 무성한 것은 붉은 색과 녹색이 채색되기를 기다
리지 않고, 구름과 눈이 흩날리는 것은 흰색 안료를 칠해서 하얗게 되기를 기다리지 않
는다) 오직 수묵만으로 오색을 모두 갖추는 것이 바로 최고의 진실을 파악
한 것이며(수묵을 사용해서 오색을 갖추는 것을 뜻을 얻었다고 한다), 실제로 여러
가지 색을 쓰면 오히려 진실하지 않다고 했습니다(뜻을 오색에 두면 사물의
형상이 틀어진다). 이는 확실히 철학인 한편 흥취인데, 이런 철학적 의미를
가진 흥취는 곽희에게서 의경意境으로 발전했습니다.

중국 고전미학사 _ 435

곽희郭熙 | 북송, 미상

"몸이 곧 산천이니 그를 취한다."

　북송 시대 곽희의 미학 사상은 장언원의 사상뿐만 아니라 장조의 사상을 발전시킨 것이기도 했습니다.
　손과정의 명제는 형호에게서 '사물을 넘어 참을 취한다'는 설'로 발전했고, 장조의 명제는 곽희에게서 '몸이 곧 산천이라는 설'로 발전했습니다. 이른바 '몸이 곧 산천이니 그를 취한다'는 감정 이입의 태도로 자연을 관조함을 말하므로, 그렇게 하면 자연의 미를 발견할 수 있습니다(산수의 뜻은 보는 것을 뛰어넘는다). 감정 이입이고 심미인 이상, 심미의 정신이 있어야 합니다.
　곽희는 이를 '수목이 울창하고 샘물이 흐르는 산중과 같은 마음'이라 칭하고 이런 마음(심미 정신)으로 자연을 대하면 자연계의 심미 가치가 높고(가치가 높다) 그 반대는 낮다(교만하고 오만한 눈으로 임하면 가치가 낮다)고 생각했습니다. 이른바 '수목이 울창하고 샘물이 흐르는 산중과 같은 마음'이란 우선 공리를 초월한 심미 태도(일만 번 생각하여 차분해지고 가슴 속이 너그럽고 상쾌해지며 마음이 기쁘고 편안해진다)이고, 다음은 다각도의 관찰 체험(멀리 바라봄으로써 그 기세를 취하고 가까이 봄으로써 그 본질을 취한다)이며, 다시 다음으로는 전방위의 총체적 파악(골고루 원만하게 서로 응하여 확실하게 스스로를 충족시킨다)인데, 만약 그렇게 할 수 있다면 "산의 미는 충분하고, 물의 모양은 풍부합니다". 당나라와 송나라의 미학에서 관심을 가졌던 심미 관계의 문제는 곽희에게서 심미 태도로 발전한 것입니다.
　마찬가지로 장언원의 취미는 또한 곽희에게서 일종의 의경으로 발전했는데 그것은 '원遠'입니다. 곽희는 산에는 세 가지 원이 있는데 첫째는

'고원高遠'(산 아래에서 산꼭대기를 올려다보는 것)이요, 둘째는 '심원深遠'(산의 앞쪽에서 산의 뒤쪽을 바라보는 것)이며, 셋째는 '평원平遠'(가까운 산에서 먼 산을 바라보는 것)이라고 했습니다. 이로써 산에 대해 말하자면 "고원의 색은 청명하고 심원의 색은 매우 어두우며 평원의 색은 밝음도 있고 어두움도 있습니다". 사람에 대해서 말하면 "고원한 사람은 명료하고 심원한 사람은 섬세하며 평원한 사람은 맑고 깨끗합니다".

확실히 이런 의경은 도가 철학과 위진 현학의 확장으로서 도道에서 현玄으로, 현에서 원遠으로 발전한 것입니다. 현은 원이고 원은 도와 통합니다. 『세설신어』는 현원玄遠, 청원淸遠, 광원曠遠을 거론했고, 『임천고치』는 고원, 심원, 평원을 말했으며, 장언원은 나아가 "지척이 만 리"임을 말했는데, 이는 산수나 인체와 같은 유한한 형질을 뚫고 나아가 눈길을 멀리 둠으로써 유한을 통해 무한을 파악해야 한다는 의미입니다.

범온范溫 | 북송

"남은 뜻이 있는 것을 운韻이라고 한다."

장언원의 흥취(기운과 필법)는 곽희에게서 '원'으로 발전했고 북송 때의 범온에게서 '운韻'으로 발전했습니다. 범온은 '운'에 관한 갖가지 정의를 일일이 비평한 후에 '남은 뜻이 있는 것을 운이라 한다'는 결론을 얻었습니다. 곧 운을 언어학 범주(성운聲韻)에서 심미 범주로 바꾸고, 일반 심미 범주(속되지 않다, 맑고 깨끗하다, 생동적이다, 간결하면서도 이치를 다한다)에서 주요 심미 범주(갖가지 오묘함을 포괄하고 모든 것이 옳은 것)로 변화시킨 것입니다. 범온은 운이 미의 극치極致라고 생각했습니다. "모든 일은 그 미를 다 하려면 반드시 운이 있어야 하며 운이 구차하여 뛰어나지 못하면 미도 없습니다". 문학은 각종 풍격을 가질 수 있지만, 운이 있는 한 "세상에 서서 명성을 떨칠 수 있습니다". 범온의 이 관점은 대표성을 지닌 것으로, 매요신梅堯臣, 구양수歐陽修, 소동파蘇東坡, 황정견黃庭堅 등 많은 사람의 사상을 개괄했을 뿐 아니라, 엄우의 관점에 직접적인 영향을 미쳤습니다.

2. 예술심리학

■ 시화합일詩畵合一

왕리王履│ 명, 1332~?

"나는 마음을 스승으로 삼고 마음은 눈을 스승으로 삼으며 눈은 화산華山을 스승으로 삼는다."

북송의 소식이 처음으로 "시 속에 그림이 있고 그림 속에 시가 있다"라고 노래한 후로 시화합일詩畵合一(시와 그림은 본래 같은 것으로 자연의 기교와 청신함을 가지고 있다)은 어느 정도 정론이 되었습니다. '시화합일'은 사실 천인합일이며 그 핵심 문제는 여전히 인간과 자연의 심미 관계입니다. 시에서 표현하는 것은 정情과 경景이고, 그림에서 표현하는 것은 의意와 형形입니다. 왕리는 '그림은 비록 형상을 가진 사물이지만 주요한 것은 뜻에 있다'고 인식했습니다. 따라서 그림의 뜻이 없으면 형상은 예술 형상이 아니지만(뜻이 부족하면 형상이라고 할 수 없다), 형상이 없으면 그림의 뜻

또한 그림의 뜻이 될 수 없습니다(형상을 버리고 어떻게 뜻을 구할 수 있겠는가). 심미 의식은 심미 경험에 의지하고 심미 경험은 심미 대상에 근원을 두는데, 이를 '나는 마음을 스승으로 삼고 마음은 눈을 스승으로 삼으며 눈은 화산을 스승으로 삼는다'라고 일컬었습니다. 왕리의 이 관점은 중국식 '반영론'이라고 할 수 있습니다.

축윤명祝允明 | 명, 1460~1526

"자연의 조화를 스승과 본보기로 삼고 형을 갖춘 그릇에서 상을 취함으로써 무언의 오묘함을 기탁한다."

왕리는 형形을 말했고 축윤명은 상象을 말했으며 왕리는 의義를 말했고 축윤명은 운韻을 말했습니다. 왕리는 그림의 뜻은 형에 있으므로 형을 버리면 뜻을 추구하는 바가 없다고 생각했고, 축윤명은 그림의 운은 상에 있으므로 상이 없으면 운이 되지 않는다고 생각했습니다. 따라서 그는 '자연의 조화를 스승과 본보기로 삼고 형을 갖춘 그릇에서 상을 취함으로써 무언의 오묘함을 기탁한다'라고 주장했습니다. 다시 말하자면, 자연의 조화를 본보기로 삼고(자연의 조화를 스승과 본보기로 삼고) 대상(형을 갖춘 그릇)으로부터 의상을 획득하는데(상을 취한다), 이렇게 해야 비로소 생명의 오묘한 이치를 담고 있는 미를 표현할 수 있습니다(무언의 오묘함을 기탁한다).

"언어가 실재를 취하면 여운이 적고 감정이 직설적이면 감동적이기 어렵기 때문에 의상意象을 보여야 한다."

왕리는 형과 의의 모순을 보았고, 축윤명은 상과 운의 모순을 보았는데, 이 모순을 통일시키는 것이 의상意象, 즉 이미지입니다. 왕정상은 언어가 지나치게 실재적이면 정취가 없고(언어가 실재를 취하면 여운이 적다), 정감이 지나치게 드러나면 감동적이기 어려운데(감정이 직설적이면 감동적이기가 어렵다), 가장 좋은 방법은 '의상을 보이는 것'이라고 생각했습니다. 의상이 있어야만 사물에서 말미암되 사물에 막혀 있지 않으며 정에서 연유하지만 정에서 흘러넘치지 않고 다시 생각해보고(생각하며 곱씹는다) 공명하게(느끼고 합치된다) 할 수 있기 때문입니다.

■아속공상雅俗共賞

"무릇 동심이란 진심이다."
"분노하지 않으면 글을 짓지 않는다."

전술한 당, 송, 명 초기 많은 사람들의 이론 속에서 문학과 예술의 평민화되고 세속화된 경향을 엿볼 수 있기는 해도 문학과 예술은 여전히 문인들의 고상한 문화였습니다. 하지만 이지 등이 추앙하고 제창했던 것은 평민들의 속된 예술이었습니다. 이는 당시 비록 미성숙하나마 시민 계층이 초보적으로 형성된 사회 상황과 밀접한 관계가 있을 뿐만 아니라 선종의 영향과도 아주 큰 관계가 있습니다. 선종은 평민적이고 세속적인 종교인데, 그 성공은 유학의 변형轉型을 불러왔습니다. 하지만 주희가 열었던 서원이나 육구연陸九淵이 했던 강연은 모두 유학이 서재에서 서원으로 들어갔으며 다시 서원에서 시정市井으로 들어갔음을 의미할 따름입니다. 이지의 학설만이 유학사에 있어서 보기 드물게 부처를 꾸짖고 욕했으며 경서의 도리를 무시하고 도덕적 전통을 어겼습니다.

이지는 선종의 '사람의 마음을 직관한다', 육구연의 '본심을 명백히 밝힌다'와 왕양명王陽明의 '마음이 밝은 것이 바로 하늘의 이치'라는 사고의 방향을 계승했지만 '마음'에 대해 새로운 정의를 내렸습니다. 이지는 철학의 출발점으로서의 '마음'은 선종의 '불성佛性'도 아니고 이학理學의 '하늘의 이치'도 아니며, 태어날 때부터 사람들이 모두 가지고 있는 사심私心이라고 생각했습니다. 이는 자연적인 천성이기 때문에 동심童心이라 부르기도 합니다. 동심은 곧 진심眞心입니다. "만약 동심을 잃는다면 곧 진심을 잃는 것이며 진심을 잃어버린다면 곧 참된 사람을 잃는 것입니다". 시서를 배불리 읽은 유가의 무리는 "진심을 잃어버린 거짓된 사람들"이며 『논어』와 『맹자』를 포함하는 유가 경전은 "도학의 구실이며 거짓된 자들이 많이 모이는 곳"입니다.

이 진실성(그것은 동시에 최고의 진실성이기도 합니다)에서 출발한 이지는 사마천의 '발분한 바를 글로 짓는다'는 관점과 한유의 '공평치 못한 경우를 당하면 운다'라는 관점을 계승하여 '분노하지 않으면 글을 짓지 않는다'는 원칙을 제기했고, '분노하지 않으면서 글을 짓는 것'은 춥지 않은데도 벌벌 떨고 병이 없으면서도 신음하는 것이라고 생각했습니다. 반대로 '발분한 바를 글로 짓는다'는 것은 감정이 핍진하고 억제할 수 없어서 "차라리 보는 자와 듣는 자로 하여금 이빨을 갈고 깨물며 죽이고 베어 버리고 싶게 하여 마침내 참지 못하고 명산名山에 숨어 고통을 던지는 것입니다". 당연히 이런 문학 작품만이 진정한 문학이고 좋은 문학입니다.

마찬가지로 이 진실성에서 출발해서 이지는 『서상기西廂記』와 『수호지』 같은 속문학 작품을 높이 평가했는데, 그것들은 모두 "동심을 가진 자의 자신의 글"이기 때문이었습니다. 따라서 그는 "시는 어째서 옛것에서 고르고 문장은 선진을 따라야 하는가!", "무슨 육경을 다시 말하고 무슨 논어 맹자를 다시 말하겠는가!"라고 했습니다.

이지의 사상은 당시 아주 큰 영향을 끼쳤으며 신문예 계몽 사조를 형성했습니다.

탕현조湯顯祖 | 명, 1550~1616

"정에 의지해서 꿈을 꾸고 꿈에 의지해서 연극을 만든다."

이지 사상의 핵심이 마음(동심)이라고 한다면 탕현조 사상의 핵심은 '정情'입니다. 탕현조는 예술의 본질이 '정'(세상은 모두 정으로 이루어져 있으며 정은 시가를 낳는다)이라고 생각했습니다. 정은 이치理와 다르며 법法과도 다릅니다. 이치와 법은 모두 후천적이고 인위적이므로(순자가 말한 '위僞') 진실하지 않습니다. 정은 선천적이고 자연적이기(사람은 태어나면 정을 가진다) 때문에 진실합니다. '정을 가지고 있는 사람'을 '참사람'이라고 부르고 '정을 가지고 있는 세상'을 '봄春'이라고 부릅니다(여기에서 이지의 영향을 볼 수 있습니다). 하지만 봄은 이상일 뿐이고 현실은 '법을 가지고 있는 세상'입니다. 따라서 꿈을 꿀 수 있을 뿐인데, 이를 '정에 의지해서 꿈을

꾼다'고 합니다. 꿈이 일단 심미 형식을 받아들이면 예술이 되는데, 이를 '꿈에 의지해서 연극을 만든다'라고 합니다.

예술이 꿈에서 온 것인 이상 자신의 독특한 진실성을 가집니다(꿈속의 정이라고 참이 아닐 필요가 있는가). 그것은 다만 정감의 진실이자 정신의 진실(이지의 동심 혹은 노자의 어린아이의 마음)일 뿐, 물리적 진실이나 논리적 진실이 아닙니다. 탕현조는 일부 사람들은 고지식해서 정감에도 나름의 논리가 있다는 것을 알지 못한다(오직 이치가 없다는 것만을 이야기하니 어찌 정이 있다는 것을 알겠는가)고 했습니다. 이런 사람과는 더불어 예술을 논할 수 없습니다(세간에 오직 유학만을 취하는 노생老生은 더불어 문을 이야기할 수 없다). 진정한 예술가는 반드시 영기靈氣가 있는 사람, 천기天機를 아는 사람, 의취意趣를 이해하는 사람입니다. 물론 반드시 정감을 가진 참사람이기도 합니다.

요컨대 예술 영역, 즉 몽환의 세계에서는 정감이 모든 것을 결정합니다(정이 생겨나는 이유를 알지 못하지만 정이 깊으면 산 자도 죽을 수 있고 죽었어도 살 수 있다). 예랑藥朗의 말을 빌리자면 환상은 현실을 변화시킬 수 있고, 영기는 일반적인 격식을 극복할 수 있으며, 내용은 형식을 압도할 수 있습니다. 따라서 탕현조의 관점은 유정설惟情說이라고 부릅니다.

원종도袁宗道ㅣ 명, 1560~1600
원굉도袁宏道ㅣ 명, 1568~1610
원중도袁中道ㅣ 명, 1570~1623

"오직 성령을 토로하는 것만이 격식에 얽매이지 않는 것이며 자신의 가슴에서 흘러나오는 것이 아니면 글을 써서는 안 된다."

이지 사상의 핵심은 '마음'이고, 탕현조 사상의 핵심은 '정'이며, 공안삼원公安三袁이라 불리는 이들 원씨 삼형제의 사상 핵심은 '성령性靈'입니다. '성령'의 함의에는 '성'(진정) 외에도 '영'(재기)이 있는데, 공안삼원은 이를 '혜힐지기惠黠之氣'라고 했습니다. 이와 같은 천부적 재능으로 말미암아 예술만이 가지는 가장 귀중한 '취趣'가 생겨납니다. 이것은 마음으로만 이해할 수 있을 뿐 말로 전할 수는 없습니다(오직 마음을 이해하는 자만이 그것을 안다). 공안삼원의 성령설은 분명 이지 동심설의 미학화라 할 것입니다. 곧 심미 취미라는 매개를 통해 동심의 표현을 미학의 추구로 바꾸었으며, 동시에 예술의 품위를 속俗에서 아雅로 돌아오게 했습니다(탕현조의 예술은 아속공상雅俗共賞이라고 할 수 있습니다). 공안삼원의 공헌과 한계가 모두 여기에 있습니다.

■남북의 구분

동기창董其昌 | 명, 1555~1636

"무릇 문장에는 반드시 진정한 혈통이 있다."

동기창의 미학 사상은 풍부한 편이지만, 이전 사람을 뛰어넘는 부분은 많지 않습니다. 가령 그는 "천지를 스승으로 삼을 것"을 주장했고 '시는 산천을 경境으로 삼고 산천은 시를 경으로 삼는다', '글은 신기를 얻어야 하며', '배우는 것에 있는 것이 아니라 오직 깨닫는 데 있다'고 생각했습니다. 영향력이 비교적 컸던 관점은 선禪으로 그림을 논하고 '남종南宗과 북종北宗'을 나누었으며, 남종을 문인화의 정종正宗으로, 왕유를 남종의 시조로 받든 것입니다. 문인화라는 개념도 동기창이 명명한 것으로 문인지화文人之畵라고 칭했는데, 명나라 말기와 청나라 초기 때 화단畵壇에서 많은 사람들이 이를 따랐습니다. 그는 "만 권의 책을 읽고 만 리 길을 가서 많은 지식을 쌓고 많은 것을 보고 들으며 경험을 쌓을" 것을 주장했는데 훗날 사람들이 이를 신조로 받들었습니다.

3. 창작심리학

■예술의 경험

명청 소설 미학

엽주葉晝 | 명, 미상

"오묘한 곳은 모두 인정과 사물의 이치에 있다."

엽주는 실제로 소설 평점評點을 창시한 인물 가운데 한 사람이었습니다. 그러나 글을 팔아 술빚을 갚느라 서명권을 함부로 했기 때문에 오래동안 알려지지 않았습니다. 엽주는 소설이야말로 사회생활의 진실한 반영(세상에는 먼저『수호지』라는 책이 있었고 그런 다음에 시내암施耐庵과 나관중羅貫中이 필묵을 빌려 그것을 끌어냈다)이라 여겼습니다. 그렇지 않으면 '곧 문인으로 하여금 아홉 해 동안 벽을 마주하고 열 말이나 되는 피를 토하게' 하더라도 생생히 살아 있어 거짓으로 진실을 숨기는 수준까지 도달할 수는 없다고 했습니다. 하지만 소설은 하나의 예술로서 천하의 문장과 마찬가지로 "흥취趣를 제일로 여깁니다". 흥취에 뜻을 둔 이상, "실제로 그 일이 있으며 실제 그 사람이 있을 필요가 있을까요?" 소설의 문자는 "원래가 거짓이고" 인물과 사건 또한 반드시 실제일 필요가 없지만 정리情理(인정과 사물의 이치)는 진실된 것입니다. "진정으로 묘사하기만 하면 천지와 더불어 영원히 함께할 수 있습니다".

김성탄金聖嘆 | 청, 1608~1661

"세간의 좋은 문장은 원래 세상에서 오랜 세월 동안 사람들의 마음속에 있는 공공의 보물이다."

김성탄은 명청 소설 비평의 최고 인물입니다. 다른 소설 이론가들과 마찬가지로 김성탄 역시 진실성 문제에 관심을 가졌고(이는 소설 미학이 거의 외면할 수 없는 문제이기도 합니다), 그 견해는 확실히 다른 사람에 비해 탁월했습니다. 그는 소설과 역사, 예술과 현실에 본질적인 차이가 있다고 생각했습니다. 『사기』로 대표되는 소설과 역사는 "문장으로 사건을 기록한" 것이고, 『수호지』로 대표되는 예술과 현실은 "문장에 의해 사건이 만들어진" 것입니다.

문장으로 사건을 기록하는 데는 사건(생활 진실)이 가장 중요하고, 문장에 의해 사건이 만들어지는 데는 문장(예술 진실)이 제일 중요합니다. 소설이 갖가지 중대한 문제를 사소하게 만들고 조그마한 제재로 큰 문장을 지으며 부분으로 전체를 개괄하고 불필요한 부분을 제거하는 것과 같은 작법을 가지는 이유는 "모두 다 문장을 위해 계획한 것이지, 사건을 위해 계확한 것이 아니기 때문입니다". 그러나 어떻게 소재를 취사선택하고 과장하고 허구로 꾸미고 상상하든지 간에 반드시 모두 정리에 합당해야 합니다. 따라서 소설의 진실은 "필연적인 문장이 아니면서도 틀림없는 일이어야 하는 것"입니다.

소설의 진실은 상상과 정리의 통일이며, 소설이 추구하는 것은 평이함과 특이함의 통일입니다. "지극히 사람에 가까운 붓"을 사용해서 "지극히 사람을 놀라게 하는 일"을 쓰는 것입니다. 문필이 사람에 가깝다는 것은 통속적이며 이해하기 쉽고 받아들이기 쉬움을 말합니다. 이야기가 사람을 놀라게 한다는 것은 아슬아슬하고 색달라서 흡인력이 큼을 의미합니다. 이는 참으로 전문가다운 말입니다.

김성탄 이후에 중요한 소설 비평가로는 장죽파張竹坡(1670~1698)와 지연재脂硯齋(미상)가 있는데, 그들의 관점은 엽주나 김성탄과 대체로 같습니다. 가령 장죽파는 '문장을 짓는 것은 정리에 불과하다'고 생각했고, 지연재는 소설의 진실에 대해 '소설에서 다루는 일은 진짜가 아니지만 이치에 합당해서 반드시 그럴 듯해야 한다'고 여겼습니다. 그 밖의 관점들은 기본적으로 일반 문예 이론과 문학비평에 속하므로 생략합니다.

모종강毛宗崗 | 청, 미상

"만물을 창조하는 자연의 문장을 읽으면서 또 오늘날 사람들이 만들어내는 문장을 읽을 필요가 있을까."

명청 시기 소설 비평가 중에서 모종강의 관점은 약간 특이합니다. 그는 『삼국지三國志』가 "문장 중에서 가장 훌륭한데", 이 소설은 "실제에 근거해서 진술한 것으로 상상한 것이 아니며, 진실하여 곰곰이 생각할 만하기"때문이라고 생각했습니다. 이것은 이 책이 "관아에서 노복에게 전하는 말"에 불과하다고 했던 김성탄의 관점과 완전히 반대입니다. 모종강역시 '문장의 절묘함은 추측할 수 없는 것에 있다'라고 생각했지만 이와동시에 그는 역사 자체가 연극성을 가지고 있으며, 작가는 다만 그것을파악해서 창작을 할 줄 아는 것이라고 여겼습니다.

명청 희곡 미학

이어李漁 | 청, 1611~1679

"종래로 유희와 신통함은 모두 문인의 손에서 나왔다."

이어는 희곡이 속문학으로서 시, 문, 사, 부 등의 아문학과는 다르다고 생각했습니다. "문장은 지식인이 보기 때문에 어려워도 탓하지 않지만, 희곡은 지식인이나 지식이 없는 사람이 똑같이 보고, 또 책을 읽지 않는 부녀자나 어린 아이들도 함께 보기 때문에 어려운 것을 높이 평가하지 않습니다". 하지만 한 편의 희곡이 후세에 대대로 전해지는 작품이 되려면 반드시 다음의 세 가지 조건을 구비해야 합니다. 사건이 기이하고(감정과 사건이 기이하지 않으면 전해지지 않는다), 문장이 경이로우며(문사文詞가 기발하지 않으면 전해지지 않는다), 궤도가 바른 것(궤도가 올바르지 않고 권선징악에 무익해서 보고 듣는 사람들이 기가 막혀 한번 웃고는 따르지 않게 하는 것 역시 결국은 전해지지 않는다)이 그것입니다. 따라서 "무릇 기이한 것을 지어내는 자는 성실하고 순후한 마음을 남기는데 힘써 잔인하고 모진 일을 지어내지 말아야 합니다. 무릇 인정과 사물의 이치를 말하면 천고에 널리 전해질 것이지만 황당하고 괴이함에 관한 것은 당일로 썩을 것입니다".

명청 원림과 회화 미학

계성計成 | 명, 1582~?

"원림의 절묘함은 빌려온 것을 따르는 데에 있고 정교함은 체제가 적절한 데에 있다."

계성은 원림의 미학 기준이 정교함과 절묘함에 있다고 생각했습니다. 정교함은 형태가 꼭 알맞은 것에 있고, 절묘함은 자연의 경물을 빌어 감정을 일으키는 데 있습니다. 따라서 원림을 만드는 데 반드시 따라야 할 규칙은 없지만(원림을 이루는 데에는 격식이 없다), 규칙이 있다면 따를 수 있으며(경물을 빌리는 것은 이유가 있다), 창의가 기술보다 더욱 중요합니다(삼 할은 장인匠人이고 칠 할은 주인이다).

이 밖에 이어가 지은 『한정우기』, 주량공周亮工(1612~1672)이 편찬한 『척독신초尺牘新鈔』, 그리고 명나라 말기 장대張岱(1597~1679)와 청나라 건륭 연간의 원매袁枚(1716~1797)는 모두 원림 문제에 대해 적지 않은 견해를 발표했습니다.

■학자적 사고

왕부지王夫之 | 1619~1692

"악이란 하늘과 땅 사이에 본래 있는 것이다."

"신체가 겪는 것, 눈이 보는 것은 엄격한 제약이 된다."

"정경합일하여 스스로 오묘한 말을 깨닫는다."

"다만 현량現量이 분명하도록 읊조리면 마음을 유쾌하게 하고 원망을 풀지 못한 것이 없다."

왕부지는 중국 미학의 예술심리학 단계에서 엄우와 이지의 뒤를 이어 이정표가 되는 또 한 사람입니다. 학자형 미학가로서 그의 앞에는 황종희黃宗羲(1610~1695)와 고염무顧炎武(1613~1682)가 있었고, 뒤로는 장학성章學誠(1738~1801)과 유희재劉熙載(1813~1881)가 있었지만, 그들은 모두 왕부지만큼 선인의 업적을 계승하거나 발전시키지 못했고 이론도 넓고 깊지 못했습니다. 이들 가운데 왕부지만이 거성이라 칭할 만합니다.

왕부지는 중국 미학이 사공도와 엄우 이후로 주체적 정신을 지향하던 추세를 뒤집어 명확하게 미를 객체로 결론지었으며, "악이란 하늘과 땅 사이에 본래 있는 것으로 만물의 정수, 문장의 색깔, 경사스러운 기운, 하늘과 땅 사이의 미"라고 생각했습니다. 이른바 '만물의 정수'란 객관 사물의 본질미를 말하고, '문장의 색깔'이란 객관 사물의 형식미를 말하며, '경사스러운 기운'이란 객관 사물의 기운미, '하늘과 땅 사이'는 천지간을 말합니다. 왕부지에게 미는 확실히 객관적이었습니다.

미는 객관적이었지만(내 몸 바깥에서 형태를 이루는 것이 조화다), 미감은 주관적이었습니다(내 몸 안에서 생겨나는 것은 마음이다). 모든 사람이 다 객관적인 미를 파악할 수 있는 것은 결코 아닙니다(만약 속인의 식견이 없는 안목이라면 길이를 알지 못하고 투박하기가 소의 눈과 같으니 취하는 경景 또한 어찌 사람에게 말할 수 있겠는가). 심미를 진행하는 사람만이 주객일치, 심물교융, 천인합일을 할 수 있습니다. 하지만 이런 주객관의 통일은 주관이 객관에 부합할 수 있을 뿐(사람이 하늘과 합한다), 객관이 주관에 부합할(하늘이 사람에게 따르도록 한다) 수는 없습니다. 따라서 '신체가 겪는 것, 눈이 보는 것은 엄격한 제약입니다'. 객관적 심미 대상에 대한 직접적인 감상과 지각을 벗어나면 말할 만한 심미가 없습니다.

이에 따라 왕부지는 불교의 인명학에서 '현량現量'이라는 단어를 차용하여 심미 관조의 심리적 특징을 설명했습니다. 양量은 지식 혹은 지식을 획득하는 근원이자 방식이며 판단 기준입니다. 지식에는 비량非量, 비량比量, 현량의 세 종류가 있습니다. 비량非量은 "감정은 있지만 이치는 없는 망상"으로 상상을 말합니다. 비량比量은 "갖가지 일을 가지고 갖가지 이치를 비교하는 것"이며 논리를 말합니다.

왕부지는 미감은 비량非量도 아니고 비량比量도 아니며 현량이라고 생각했습니다. 현량 또한 세 가지 층위의 함의를 지닙니다. 하나는 현재(과거를 가지고 그림자를 만들지 않는다)이고, 또 하나는 현성現成(접하자마자 느껴서 헤아리고 비교할 겨를이 없다)이며, 나머지는 진실의 현현(그것의 성격은 본래 이와 같아 틀림없는 것을 현현하고 날조된 것을 섞지 않는다)입니다. 가령 "끝없이 흐르는 강물 저 너머로 떨어지는 석양이 둥글다고 하는 것은 애초부터 확정된 경치가 아니었으며, 시내 건너 저 편 나무꾼에게 묻는다는 것은 애초부터 생각했던 것이 아니었다. 그것들은 곧 선가禪家에서 말하는 현량이다"고 한 예를 들 수 있습니다.

왕부지의 현량이란 분명 심미 이미지입니다. 하지만 모든 심미 이미지가 아니라 주체가 눈앞에서 즉각적으로(현재) 직관을 통해(현성) 획득한 것이 대상의 본질적 특징을 구현하는 것(진실의 현현)입니다. 비량非量은 순수하게 마음이 만들어내는 것으로 실증할 수 없으며 진실하지 않은 것입니다. 비량比量은 개념에 호소하고 감지할 수 없으며 비심미적인 것입니다. 현량만이 진실이면서 감성이기 때문에 예술 창작의 원천입니다. 왕부지가 말하는 현량은 상상도 아니고 개념도 아닌 직관적인 미감 경험입니다.

미는 객관적인 것이고 심미는 직관적인 것이며 미감은 즉각적으로 얻어지는 것이라고 하는 것들은 모두 심미 이미지는 필연적으로 정경합일이어야 한다는 점을 결정했습니다. 정경합일은 왕부지 미학의 또 하나의 중요한 내용입니다. 현량설에 의거하면 '정과 경은 이름은 다르지만 실제로는 떨어질 수 없는 것이다. 시에 있는 신은 오묘함이 끝없는 것이다. 절묘함이란 정 속에 경이 있고 경 속에 정이 있는 것이다'라는 결론을 얻게 됩니다. 그래서 "경이란 정의 경이고 정이란 경의 정"이라고 말한 것입니다. 창작은 바로 이런 미감 경험을 말로 표현하는 것일 뿐입니다.

이는 전형적인 예술창작심리학으로 이런 심리학은 다만 현량이라는 이 일엽편주 위에 세워졌을 따름입니다. 이 일엽편주는 최후에는 유가가 설정한 목표를 향하려고 했습니다. 현량이 분명하도록 읊조리는 목적은 '흥興, 관觀, 군群, 원怨, 즉 사람의 감흥을 일으켜줄 수 있고 사물을 올바로 볼 수 있게 하며 남과 잘 어울릴 수 있게 하고 잘못을 원망할 수 있는 것을 하나의 화로에 두는 것'이며 정경합일의 흥취는 온유돈후이기 때문입니다. 이 때문에 왕부지는 두보를 질책했고(두보는 '시문을 잘 지었지만 자유분방했다'), 소식을 비판했습니다(소식은 '큰 강이 동쪽으로 흐른다'고 노래했다). 또한 사람들이 당시唐詩를 우러러 받드는 것을 심히 비난했으며 이지 등이 추앙하던 신문예를 더욱 적대시했습니다. 왕부지는 유가 미학 최후의 대가였습니다.

■최후의 여음餘音

엽섭葉燮 | 1627~1703

"문장이란 천지만물의 원래 모습을 표현하는 것이다."

왕부지 이후 중국 미학에는 이미 거론할 가치가 있는 사람이 없으나, 그런대로 언급할 만한 사람으로는 엽섭, 석도, 유희재 정도가 있고 그중 가장 중요한 사람이 엽섭입니다.

엽섭은 문학예술은 본질적으로 객관 사물에 대한 묘사(문장이란 천지만물의 원래 모습을 표현하는 것이다)라고 생각했습니다. 객관 사물은 아주 많고 형형색색이며 얼기설기 뒤엉켜 있지만 결국은 "이理, 사事, 정情"으로 포괄됩니다. 이理는 사물의 내적 논리(발생할 수 있는 것)이고, 사事는 사물의 실재존재(이미 발생한 것)이며, 정情은 사물의 표현형태(상태)인데 "세 가지 중 하나만 부족해도 사물을 이룰 수 없습니다". 크게는 우주 천지에 이르기까지, 작게는 초목과 금수에 이르기까지 이렇지 않음이 없고 "이를 총괄하여 지니며 조목별로 꿰뚫는" 것은 기입니다.

이와 사와 정과 기를 모두 갖춘 것이 미입니다. 만약에 "자연스럽게 흘러가는 기"가 시종일관된다면 자연스레 법이 되는데, 그것이 최고의 미(천지만물의 최고의 문장)입니다. 하지만 기는 끊어질 수 있고 끊어지면 없어집니다. 물론 그렇다고 이, 사, 정이 이로 인해 소실되는 것은 아닙니다. 가령 "초목은 기가 끊어지면 곧 시들게 되는데" 이것은 이(필연성)이고, "시들면 고목이 되는데" 이것은 사(현실성)입니다. 고목도 자신의 형태를 가지고 있는데 이것이 정(표현성)입니다. 그래서 이, 사, 정은 없는 곳이 없고 없을 때가 없습니다.

따라서 "천지만물의 상태를 표현"하려면 반드시 "이를 마주하고 사를 확실히 하며 정을 가려서 택해야" 합니다. 이것이 또한 '법'입니다. 하지만 모든 이, 사, 정이 다 그렇게 명확한 것은 결코 아니며 '이름 지을 수 없는 이, 볼 수 없는 사, 곧바로 도달할 수 없는 정'이 있습니다. 문학예술가의 임무 혹은 그들의 뛰어난 점은 보통 사람들이 볼 수 없는 것을 보고 보통 사람들이 말할 수 없는 것을 말하며, 보통 사람들이 파악할 방법이 없는 것을 파악하는 데 있습니다. '아득함으로 이를 삼고 상상으로 사를 삼으며 어렴풋한 것으로 정을 삼아야' 한다는 것입니다. 다시 말해, 예술이 반영하는 이는 심오함을 가지고, 예술이 반영하는 사는 상상성을 가지며, 예술이 반영하는 정은 모호성을 띠는데, 모호하기 때문에 정교하고 오묘함과 서로 통합니다.

상술한 목표를 실현하려면 "재능, 담력, 지식, 힘"에 의지해야 합니다. 문학예술가와 보통 사람의 차이는 우선 재능을 가지는 것(사람들이 알지 못하는 것에 대해 오직 나만이 알 수 있는 재능이 있고 사람들이 말할 수 없는 것에 대해 오직 나만이 말할 수 있는 재능이 있다)에 있기 때문에, "지극한 이치가 존재하고 만사가 정확하며 깊은 정이 기탁하도록" 만들 수 있습니다. 재능은 담력에 의지하고(오직 담력만이 재능을 만들 수 있다), 담력은 지식에서 기원합니다(지식이 없기 때문에 담력이 없다). 지식이 있으면 반드시 담력이 있고, 담력이 있으면 반드시 재능이 있습니다. 지식과 담력과 재능을 갖추면 반드시 힘이 생기는데 "그렇기 때문에 견고하여 꺾을 수 없게 됩니다".

제일 마지막은 법(방법, 법칙)입니다. 법 역시 이, 사, 정에서 유래하는데, 그는 '먼저 이理를 헤아려서 그릇되지 않으면 이를 얻게 된다. 다음으로 모든 사事를 취하는데 어그러지지 않으면 사를 얻게 된다. 마지막으로 모든 정情을 깨끗하게 하는데 통할 수 있으면 정을 얻는다. 세 가지가 얻어졌으면서도 바뀔 수 없으면 자연의 법이 서게 된다'라고 생각했습니다.

이른바 '자연의 법' 또한 이, 사, 정의 법입니다. 이, 사, 정은 변화무쌍하기 때문에 법은 유동적인 법이고, 이, 사, 정은 거짓으로 의지할 수 없기 때문에 법은 고정된 법입니다. 결론적으로 모든 것이 이, 사, 정에 귀결됩니다.

이것은 확실히 완벽한 논리 체계로서 논리가 엄밀하고 체계가 정연하여 왕부지뿐만이 아니라 유협도 능가했습니다. 엽섭의 『원시原詩』와 비교하면 『문심조룡』은 철리적인 것이 아니라 미문학적인 것이라고 할 수 있습니다. 하지만 이론의 넓이와 깊이에서 엽섭은 유협과 왕부지에 미치지 못합니다.

석도石濤 | 1642~약 1718

"하나의 그림은 다수의 근본이며 만물의 뿌리다."

화가가 그림을 이야기하는 것은 본디 이상한 일이 아닙니다. 하지만 일반적으로 모두 경험한 것만을 이야기합니다. 석도의 『화어록畵語錄』의 우수성은 사물의 표면적인 현상만으로 사물을 논한 것이 아니라, 예술의 근원에까지 거슬러 올라갔다는 데 있습니다.

석도는 이렇게 말했습니다. "태고 시대는 한 덩어리의 혼돈으로 물상도 없고 법칙도 없이 다만 완벽하게 하나로 녹아든 최고의 소박함만이 존재했다(태고에는 법칙이 없이 최고의 소박함이 하나로 뭉쳐 있었다). 혼돈이 타파되자 최고의 소박함은 더 이상 완벽하지 않았고 드디어 법칙이 탄생했다(최고의 소박함이 흩어지자 법칙이 만들어졌다). 법칙은 어디에서 탄생한 걸까? 하나의 그림(법칙은 어디에서 만들어지는 것인가? 하나의 그림에서 만들어진다)으로부터다." '하나의 그림'만이 가장 간단하고 가장 소박하며 가장 원시적인 부호이기 때문입니다. 하나가 있게 되면 둘이 있고 셋이 있고 다수가 있고 만물이 있을 것입니다. 그래서 '하나의 그림은 다수의 근본이며 만물의 뿌리입니다'. 근본을 붙잡으니 사물을 붙잡을 수 있는 것입니다. 이것이 석도가 '하나의 그림'을 말하려고 했던 원인, 즉 "법칙이 없는 것에서 법칙이 생겨나고 법칙이 생겨나면 많은 법칙이 줄을 잇게 된다"는 것입니다. 이는 분명 경험이 아니라 철학이며, 석도의 어록이 미학으로 일컬어지는 이유입니다.

유희재劉熙載 | 1813~1881

"문장을 짓는 자가 어찌 문장이 생겨나는 이유를 생각하지 않을 것인가."

엽섭 미학의 탁월성은 계통성에 있고, 석도 미학의 깊이는 본체론에 있으며, 유희재 미학의 우수성은 변증법에 있습니다. 유희재는 어떤 일을 하든지 사물의 근본을 붙잡아야 하는 법인데, 문학을 하면서 어찌 문학의 유래를 확실히 하지 않을 수 있겠느냐(문장을 짓는 자가 어찌 문장이 생겨나는 이유를 생각하지 않을 것인가)고 했습니다.

그렇다면 문학의 유래는 무엇일까요? 유희재는 모순적 대립의 통일이며 세계의 다양성이며 "강약이 서로 이루어지고 강유가 서로 형태를 이룬" 것이라고 생각했는데, 이 생각은 유희재가 서개徐鍇의 『설문통론說文通論』에서 인용한 것입니다. 이 때문에 유희재는 "사물을 읊는 것과 생각을 읊는 것, 진실과 황당함, 내용을 가득 채우는 것과 여백 처리로 신묘함을 표현하는 것, 실재에 근거해서 형상을 그리는 것과 허구에 기대어 상상을 그려내는 것" 등을 포함하여 예술 창작의 갖가지 모순 관계를 골라 냈으며 문학은 곧 심학心學(문은 곧 심학이다)이라는 관점을 제기했습니다.

유희재의 심학은 당, 송, 원, 명, 청 시기 예술심리학을 구성하는 마지막 고리였으며, 그의 『예개藝槪』가 완성된 것은 이미 중국 조정이 붕괴되기 시작했던 1차 아편전쟁 때였습니다. 중국 고전 미학은 이미 자신의 모든 역정을 마쳤으며, 새로운 시대와 신문화 속에서 새로운 탄생을 기대하고 있었습니다.

옮긴이의 말

이 책은 미학 입문서입니다. 그야말로 쉽고 재미있는 미학 입문서입니다.

이미 상당히 많은 번역서를 통해 우리나라에도 잘 알려져 있는 저자는 특유의 필력을 발휘하여 어렵고 딱딱한 듯 보이는 미학을 쉽고 재밌게 풀어내고 있습니다.

이를 위해 저자는 형식에 있어, 학생들에게 강의를 하듯이 재밌고 풍부한 예를 적절하게 들어가며 어려운 이론을 설명하는 방법을 취하고 있어 귀에 속속 들어오게 합니다. 그런 속에서 종종 질문을 던지는 형식을 사용함으로써 독자들이 책을 읽는 과정에서 사고를 훈련시키고 내용을 보다 깊이 받아들일 수 있게 하고 있습니다.

내용에 있어서는 저자가 이 책의 또 다른 이름이라고 밝히고 있는 '미학의 문제와 역사'를 모두 서술하고 있습니다. 하지만 이 많은 내용을 보다 명확하고 효율적으로 전달하기 위해 역사 발전의 순서대로 기술을 하되 그 경중을 달리 했습니다. 미학의 범주를 미, 심미, 예술의 세 부분으로 나누고 플라톤, 칸트, 헤겔을 각각의 중심인물로 잡고 관련된 미학가와 미학이론을 설명하는 방식을 취한 것입니다. 그리하여 직관, 감정이입, 심리적 거리, 게슈탈트, 정신분석이론, 예술의 장르와 유형, 역사적 발전 단계, 모방설, 표현설, 유희설, 형식설, 피타고라스에서 마르크스와 엥겔스, 클라이브 벨에 이르기까지 서양 미학 전반은 물론이고 중국의 현대 미학가와 미학 유파에 대한 언급도 볼 수 있습니다. 또한 이런 서술 방식의 허점을 보완하기 위해 전체 서양 미학사와 중국 고전 미학사 요강을 곁들임으로써 내용의 완전성과 체계성을 기하는 배려도 잊지 않았습니다.

결국 이렇게 하여 이 책은 미란 무엇인가라는 문제에서부터 미의 문제에 대한 해답까지 횡적, 종적으로 모두 아우르게 되었다고 할 수 있습니다.

지난여름, 더위의 한가운데서 이 책을 만났습니다. 유난히 더운 날씨 속에 눈만 뜨면 종일 책과 씨름을 하고 있자니 육체적, 정신적 고통이 적지 않았습니다. 그래서 종종 라디오를 켜놓고 가끔씩은 그 속에서 흘러나오는 음악 소리에 어깨를 들썩이기도 하고, 큰 소리로 노래를 따라 부르기도 했습니다. 그러고 나면 기분이 좋아져서 다시 오랜 시간 책 속에 파묻힐 수 있었습니다. 또 올림픽이 한창일 때는 연일 이어져오는 우리 선수들의 승전보와 뒷이야기들에 가슴 뭉클함과 카타르시스를 느끼기도 했습니다. 그즈음 번역을 마쳤던 칸트의 '심미의 유쾌함'을 직접 체험한 셈입니다. 정말 내게 밥을 주지도, 옷을 주지도 않는 저 음악이, 나랑은 하등 관계도 없는 저 스포츠가 정말 나를 유쾌하게 하는구나를 절실히 느끼며, 칸트가 제시한 '이해관계가 없으면서도 유쾌함을 생겨나게 하는' 심미의 능력을 피부로 깨달았던 것이지요.

어느새 겨울이 된 지금은 많은 이들이 피겨스케이팅에 열광하고 있습니다. 심심찮게 연주회나 뮤지컬 공연 소식도 들려옵니다. 미술품에 대한 관심도 높아졌고, 라디오, 텔레비전 할 것 없이 주말이면 영화나 책을 소개하거나 책을 읽어주기도 하는 코너나 프로그램이 있습니다. 미와 예술이 정말 우리와 동떨어지고 어려운 것이 아니며 우리는 활발하게 심미 활동을 하고 있었던 것입니다.

다만 우리가 그것들을 어렵고 멀게만 느꼈을 뿐입니다. 게다가 '학문'이라는 이름을 달고 있는 '미학'은 더욱 그랬던 것 같습니다. 하지만 우리가 스포츠에 열광하고, 음악과 영화에서 유쾌함을 얻는 것이 곧 미와 가까이 있는 것임을 생각한다면 미학에 다가가는 것도 어려운 일이 아니라고 생각합니다. 저자의 말처럼 총명함을 잃지 않되 미련한 시간을 들여서 스스로 '지혜를 깨우쳐' 미를 통해 유쾌해질 수 있으면 우리의 생활이 참으로 행복해질 것 같습니다. 이 책이 그런 징검다리가 되기를 바랍니다.

책을 번역하면서 독자들에게는 더 없이 큰 장점이 역자에게는 크나큰 골칫거리가 아닐 수 없었습니다. 이미 말했다시피 풍부한 예를 통해 어려운 이론을 재밌게 풀고 있는 것은 이 책이 가지고 있는 장점입니다. 하지만 그 대상이 중국의 독자였기 때문에, 마치 개그콘서트를 한 번도 본 적이 없는 사람에게 그 내용을 재밌게 전달해주거나, '꼭짓점댄스', '노가리댄스', '엄친아', '엄친딸' 같은 용어를 외국어로 적절히 번역해야 하는 것과 동일한 어려움과 난감함이 역자를 무척이나 곤혹스럽게 했던 것입니다. 다행히 여러 차례의 수정과 보완으로 그런대로 의미와 어감이 전달될 것 같아 보입니다. 적지 않은 원고를 읽는 수고로움과 조언을 아끼지 않으셨던 분들과 편집부의 노고로 가능했습니다. 이 자리를 빌려 진심어린 감사를 드립니다.

곽수경

인명